Jung, na und!

Heinz Moser

Jung, na und!

Was Eltern über Jugendliche wissen müssen

Ein Ratgeber aus der Beobachter-Praxis

Der Autor dieses Buches, Professor Heinz Moser, ist Dozent für Pädagogik an der Höheren Fachschule im Sozialbereich Basel

Ausserdem haben folgende Personen durch ihre kritischen Anmerkungen dieses Buch mitgestaltet: Emil Deutsch, Beat Grossrieder, Urs Hagenbuch, Ruth Hauert, Felix Krucker, Ruth Reichmuth, Pasqual Wagner. Ihnen allen herzlichen Dank!

Beobachter-Buchverlag 1992
2. Auflage 1997
© Jean Frey AG, Zürich
Alle Rechte vorbehalten

Herausgeber: Der Schweizerische Beobachter, Zürich
Fotos: Claude Giger (63, 140, 144, 220, 264), Beat Grossrieder (24), Martin Jeker (144, 184, 196, 221), Ursula Markus (10, 17, 30, 36, 37, 50, 101, 220, 256, 273), Ruedi Staub (73, 87, 130, 162, 248), Gian Vaitl (185)
Umschlag: Benker & Steiner, Zürich; Foto: David de Lossy, Image Bank

ISBN 3 855 69 137 1

Inhalt

Vorwort

1. Sag mir, wer ich bin	11
Turbulenzen im Wachstum	13
Wie sich das Denken verändert	18
Wie häufig sind Jugendkrisen?	20
Konstruktiv streiten	21
Tina: «Ich bin meistens gut drauf»	25
Und ausserdem	27
2. Notwendige Entscheidungen stehen an	31
Das Patchwork-Selbst	33
Die Sexualität – ein heisses Eisen in vielen Familien	36
Die «dunklen» Seiten der Sexualität	46
Eltern und Kinder müssen loslassen	52
Ausziehen von zu Hause	58
Die Qual der (Berufs-)Wahl	64
Evi: «Ich will kein Rädchen in der Masse sein»	73
Und ausserdem	75
3. Frust oder Lust in Stifti und Schule	89
Prüfung: unter Stress sein Bestes geben	93
Anfang auf Probe	97
Wie man das Lernen verbessern kann	99
Was die Lehrzeit bringt	101
Rechte und Pflichten im Arbeitsalltag	107
Berufsschulen	114
Fachhochschulen	116
Das schweizerische Bildungssystem	117
Stipendien: Das Geld liegt nicht auf der Strasse	125
Harry: «Mir hats in der Schule immer gestunken»	130
Und ausserdem	132
4. Wirklich lebe ich nur in der Freizeit	141
Freizeit ist oft wichtiger als die Arbeit	143
Jugendliche sind ungewöhnlich freizeitorientiert	146
Organisiert oder doch lieber ungebunden?	158
Freizeit ist Medienzeit	172

Freizeit in der Stadt – auf dem Land	182
Serge: «Ich will fit sein für die Zukunft»	185
Und ausserdem	187

5. Flucht aus dem grauen Alltag — 197
Die wichtigsten Gründe — 199
Flucht in die Drogensucht — 201
Droge ist nicht gleich Droge — 204
Wie man der Drogensucht vorbeugen kann — 220
Konsumieren wie irr — 223
Hand an sich legen — 226
Nur nicht zu dick werden — 228
Abtauchen in eine Sekte — 230
Es bleibt nur eins: driischloo — 239
Fernsehsucht und -brutalität — 243
Sacha: «Ich lege Wert auf Anarchie» — 248
Und ausserdem — 250

6. Was das Gesetz für Jugendliche bestimmt — 256
Drogenkonsum und -handel — 258
Geldfragen — 261
Haftung — 263
Heimeinweisung — 265
Mündigkeit — 267
Rekurse verfassen — 269
Schule und Lehrer — 272
Strafrecht — 275
Unterhalt — 277
Unterstützungspflicht — 280
Vormund, Beistand — 285
Zusammenleben ohne Trauschein, Konkubinat — 287

Anhang — 289
Notfälle — 289
Soziale Dienste — 290
Beruf und Ausbildung — 293
Freizeit — 303
Beratung zu diversen Problemen — 305
Register — 316

Vorwort

Einige Aussagen von Erwachsenen über die «heutige Jugend»:
- Sie ist ungezogen, wild und frech.
- Viele wollen nicht arbeiten, sondern leben auf anderer Leute Kosten.
- Die Jugend ist locker und nicht so verknorzt wie früher, sie will frei sein.
- Junge sind gewalttätig, aggressiv und ohne jeden Respekt.
- Sie sind dem Konsum verfallen, desinteressiert und total angepasst.
- Jugendliche sind begeisterungsfähig, idealistisch und selbständiger als früher.
- So, wie manche Junge heute, wäre man früher nie herumgelaufen.

Finden Sie, dass an den meisten Aussagen etwas dran sei? Beim zweiten Hinschauen bemerkt man aber auch, wie widersprüchlich sie sind. Dieses Buch soll Ihnen helfen, in die Welt der heutigen Jugend einzutauchen und sich darin zu orientieren.

Als «Jugendzeit» definieren wir jene Zeit des Umbruchs, die mit der Pubertät beginnt und mit dem Hineinwachsen in die Gesellschaft und dem Übernehmen von Erwachsenenrollen ausklingt. Schwerpunkt ist also das Alter zwischen etwa 13 und 18 Jahren, ohne dass die Grenzen exakt angegeben werden können. Gehören Studenten noch zu den Jugendlichen, weil sie nicht erwerbstätig sind? Müsste man eine junge Frau, die mit achtzehn heiratet, zu den Erwachsenen zählen? Aus solchen Ermessensfragen soll keine Prinzipienreiterei entstehen. Wichtiger ist der Nutzen des Dargestellten für Jugendliche, junge Erwachsene und ihre Eltern. Aus diesem Grund behandelt der Ratgeber auch Problemkreise wie RS, Hochschulstudium, Weiterbildungsfragen, die nur noch am Rande zum Jugendalter gehören.

Dieses Buch führt in eine Welt, die gleichzeitig fremd und vertraut ist: Auch wir Eltern und Erwachsene haben ja den Übergang von der Kindheit zum Erwachsenendasein durchgemacht. Vielleicht können wir uns an jene Zeit erinnern, als wir uns schon gross und erwachsen fühlten, oft aber auch froh waren, unvermittelt wieder in die Rolle des umhegten und beschützten Kindes schlüpfen zu können. Es ist dieses wechselhafte Verhalten, das uns als Erwachsene oft am meisten irritiert. Wir haben den Eindruck, es nie recht machen zu können; denn nehmen wir sie als das eine, so wollen sie bestimmt gerade das andere sein. Und dann die Erziehung? Hat sie in diesem Alter überhaupt noch einen Platz, wo Jugendliche beweisen müssen, dass sie sich im Leben selbständig durchzuschlagen vermögen, und bald von zu Hause ausziehen werden.

Jene Idee einer partnerschaftlichen Erziehung, die schon die Leitlinie des im gleichen Verlag erschienenen «Erziehungsratgebers» darstellte, wird in diesem Buch fortgeführt. Gemeint ist dabei eine Haltung, wonach das Kind von allem Anfang aktiv den Erziehungsprozess mitgestaltet und – soweit möglich – in der Familie Mitverantwortung übernimmt. Dies gilt noch mehr für Jugendliche. Denn sie sind schon sehr nahe am Erwachsensein und sollten deshalb möglichst viel Selbstverantwortung übernehmen können. Erziehung bedeutet denn auch meist nicht mehr die direkte Einflussnahme der Eltern (schimpfen, drohen, Anweisungen geben, verbieten). Mutter und Vater werden vielmehr zu Begleitern und Beratern ihrer Kinder. Sie sind dann da, wenn sie gebraucht werden, und ziehen sich bewusst zurück, wo sie den Heranwachsenden Raum für die eigene Entfaltung gewähren wollen.

Angesprochen sind mit diesem «Jugendratgeber» primär Eltern und Erzieher und nicht die Jugendlichen selbst. Dennoch sind die Jugendlichen auch direkt einbezogen, als Partner im Dialog der Generationen. Dies geschieht in diesem Buch durch zwei Elemente: Einmal äussern sich Junge am Ende jedes Kapitels zu den Themen, die ihnen wesentlich erscheinen. Dies erfolgt unabhängig und ohne Einfluss von Autor und Verlag – in der Meinung, dass die Jugendlichen nach eigenem Gutdünken loswerden sollen, was ihnen zu den verschiedenen Themen wichtig ist. Zum anderen finden sich im Text immer wieder Diskussionsanregungen, die Eltern und Junge ins Gespräch bringen sollen – manchmal auch Hinweise, worauf Eltern den Finger legen könnten, wenn sie ihre Kinder beraten.

Heinz Moser

Sag mir, wer ich bin

«Ich glaube, Mam, ich werde aus der Schule austreten und eine Buchhändler-Lehre machen, sagte ich also. Und Mam, die so schön verschlafen war, setzte ihre Kaffeetasse so hart ab, dass der Kaffee über den Rand schwappte und ihren weissen Morgenrock versaute. Aber das schien ihr gleichgültig zu sein. Ruhig sagte sie: Das kommt nicht in Frage. Du wirfst nicht alles hin, dieses eine Jahr bringst du jetzt noch über die Runden. Und wenn du dann noch Buchhändlerin lernen willst – o. k. O. k. – das sagt sie immer, und das ärgert mich. Soll wohl jugendlich wirken. Vermutlich hätte ich nicht viel gesagt, wenn sie nicht eben diesen Ausdruck verwendet hätte, dieses lässige o. k. – Das ist mein Leben! wandte ich ein. Stimmt doch auch. – Vorläufig bist du noch meine minderjährige Tochter, und ich habe da auch mitzureden, sagte Mam.

Idiotisches Argument, das kann sie doch in dieser Zeit einfach nicht mehr bringen, das gehört in die Grossmutter/Grossvater-Zeit. Morgen schon hätte ich einen Job und könnte mir ein Zimmer mieten, das weiss sie ganz genau. Und gerade wollte ich ihr dies alles mit Schwung vor die Nase knallen, da meinte sie gelassen: Du kannst, auch wenn du die Schule verlässt, nicht vor dir selbst davonlaufen. Dich musst du nämlich mitnehmen, auch in eine Buchhandlung oder sonst in einen Job, der dir vielleicht vorschwebt.

Neuerdings ist Mam auf einem Psychologie-Trip. Sie glaubt, sie könnte mir mit einer Lupe in die Seele schauen, bloss, weil sie ein paar Psychologie-Bücher gelesen hat und einige Kurse besucht. Das Eklige ist, dass ich ihr nicht gewachsen bin, wenn sie mit diesem Kram kommt. Ich werde dann nur aggressiv. – Grübelst du wieder in meiner Seele herum? fragte ich spöttisch. Hinterfrag doch erst mal dich selbst, bevor du deine Tochter sezieren willst, verdammt noch mal!

Und dann bin ich aufgestanden, die gemütliche Stimmung war ohnehin zum Teufel, und Mam rieb mit einem Lappen an ihrem Morgenrock herum und sagte schliesslich ruhig: Du fühlst dich doch ganz einfach in deiner Klasse nicht mehr wohl, das ist der Punkt. Es ruft dich niemand mehr an, es besucht dich keiner mehr, offenbar machst du es mit deinen Freunden wie mit mir: Du lässt niemanden mehr an dich ran, blockst alles ab, bist kalt und abweisend wie ein Eisberg.

In diesem Moment hätte ich Mam umbringen können. Ich schlug die Tür hinter mir zu und setzte mich in mein Zimmer. Wenigstens dort fühle ich mich meist noch wohl. Mein Nest. Meine Burg. Der flauschige Teppich, die bunten Vorhänge, der Bettüberwurf, den ich selbst gehäkelt habe. Meine Stofftiere auf dem Schrank und die Poster von Phil Collins an der Wand.»

Maja Gerber-Hess erzählt in ihrem Jugendbuch «Das Jahr ohne Pit» (Luzern/Stuttgart 1989, Rex-Verlag), wie Monika den Selbstmord ihres Freundes Pit überwindet. Dieses Ereignis überschattet das Leben des Mädchens wie eine dunkle Wolke und verstärkt Gefühle und Reaktionen, wie sie für viele Junge in diesem Alter typisch sind:

• Monika rebelliert gegen die Erwachsenen, indem sie die Schule in Frage stellt. Sie provoziert damit ihre Mutter. Im Moment bezweifelt die Tochter, ob Mam für sie überhaupt genügend Verständnis hat, und besteht darauf: «Das ist mein Leben!» Doch ihre forsche Haltung ist nur Fassade; dahinter versteckt sich grosse Unsicherheit. Monika ist in Wirklichkeit sehr verletzlich; schon das hingeworfene «o. k.» ihrer Mutter bringt sie auf die Palme.

• In ihrer Lebenskrise lässt sie weder ihre Mutter noch die ehemaligen Freunde aus der Schulklasse an sich heran. Anderen gegenüber zeigt sie sich kalt und abweisend. Ihr Zimmer erscheint ihr als einziger Zufluchtsort, wo sie sich geborgen und daheim fühlt.

• Gegen aussen versteckt sie ihre augenblickliche Verletzlichkeit hinter einem guten Stück Altklugheit: «Hinterfrag doch erst mal dich selbst, bevor du deine Tochter sezieren willst», wirft sie lässig hin. Dabei weiss Monika genau, dass sie ihrer Mutter (noch) nicht gewachsen ist.

Besonders schwer hat es Monika, weil sich ihre Mutter – wie sie hellsichtig bemerkt – selbst auf dem Psychologie-Trip befindet und alles zu verstehen scheint. Da wird es schwierig, mit dem eigenen hilflosen Protest durchzukommen (da auch er ja schon verstanden scheint). Und doch hilft die einfühlende Haltung der Mutter, die auch Unangenehmes auf den Punkt bringt, dass Monika aus ihrer Krise zurückfindet und ihre Lebenslust als nun junge erwachsene Frau am Ende des Buches zurückgewinnt.

Turbulenzen im Wachstum

Die Jugendzeit – oder wie es wissenschaftlich heisst: die Adoleszenz – beginnt mit den grossen körperlichen Veränderungen der Pubertät. Damit verbunden sind beim Heranwachsenden oft auch seelische Umbrüche – verknüpft mit gemischten und widersprüchlichen Gefühlen. Welch ein Kontrast zur vorausgehenden ruhigen Zeit des Primarschulalters – der sogenannten Latenzzeit –, in der sich das körperliche Wachstum verlangsamt. Ganz allgemein verläuft die Entwicklung in dieser Phase gemächlich und in ruhigen Bahnen. Die Kinder fühlen sich im Elternhaus behütet und geborgen; die Eltern sind noch Vorbilder, ihre Autorität ist anerkannt. Die Latenzzeit ist damit wie geschaffen zum Lernen und Erforschen der Umwelt. In der Schule lernen die Kinder rechnen und schreiben; sie erkunden die Natur, basteln und konstruieren mit Lego und Baukästen die schönsten Dinge und sammeln alles Mögliche (Blätter, Briefmarken, Starbilder etc.). Sie wollen wissen, wie die Dinge funktionieren und gemacht sind. Aus geschichtlichen Erzählungen und Begebenheiten erwerben sie erste Begriffe von der Vergangenheit.

Am Ende dieser Entwicklungsphase, meist zwischen dem elften und vierzehnten Altersjahr, beginnen sich die Ereignisse zu überstürzen. Eine Zeit des schnellen Wachstums und Umbruchs setzt ein. Schon körperlich gerät vieles aus dem Lot. Bei Jungen und Mädchen wachsen Beine, Arme und der Hals schneller als Kopf und Rumpf. Das gebe, so die amerikanischen Psychologen L. Joseph Stone und Joseph Church, den jungen Menschen ein «langbeiniges, ungeschicktes, fohlenhaftes Aussehen». Sie fahren fort: «Bei den Jungen werden die Schultern wesentlich breiter, während sich bei den Mädchen das Becken vergrössert. Mädchen und Knaben in den mittleren Kindheitsjahren kann ein Künstler mit im Wesentlichen gleichen Proportionen zeichnen; wenn sie jedoch heranwachsen, muss er sehr grosse Gestaltungsunterschiede berücksichtigen. Auch die Gesichtsproportionen ändern sich, und die Nase und das Kinn werden stärker ausgeprägt. Stärker als die Jungen entwickeln die Mädchen eine subkutane Fettschicht, die die Gesichts- und Körperumrisse abrundet und weicher macht, während die Jungen ein mageres, kantigeres und muskulöseres Aussehen bekommen als die Mädchen.»

Physiologisch gesehen hängt dieser Entwicklungsschub mit erhöhten Drüsenfunktionen zusammen. Die Hormonproduktion nimmt zu; das aktiviert wiederum andere wachstumsregulierende Drüsen, wie die Schilddrüse, die Nebenniere und die Keimdrüsen. Diese körperlichen Veränderungen haben auch psychische Folgen. Der biologische Wachstumsschub bringt oft das seelische Gleichgewicht des Heranwachsenden aus dem Lot. Man spricht von typischen «Jugendkrisen».

Phasen hektischer Aktivität wechseln mit unendlicher Müdigkeit und Lustlosigkeit. Bald fühlt man sich klein und schutzbedürftig wie ein Kind und im nächsten Augenblick gross und mächtig wie ein Erwachsener. Jugendliche können jetzt stundenlang vor dem Spiegel stehen: Die Jungen beobachten dabei besorgt ihren Haarwuchs auf der Oberlippe, die Mädchen die wachsenden Brüste. «Bin ich noch, wer ich bisher war?» Kein Wunder, dass jetzt die Fragen der Schönheit und der Ästhetik für Jugendliche wichtig werden. Bald betrachten sie ihr Spiegelbild selbstverliebt und wohlgefällig, denn körperlich sind die Zeichen des Erwachsenwerdens nicht mehr zu verkennen. Handkehrum fühlen sie sich wieder als «hässliches Entchen».

Diese Empfindlichkeit wird noch dadurch verstärkt, dass die Pubertät mit einer Neigung zu egozentrischem Denken verbunden ist – ganz wie es Johann Wolfgang von Goethe in einem Brief schreibt: «Auch glaubt jeder in seiner Jugend, dass die Welt eigentlich erst mit ihm angefangen und dass alles eigentlich um seinetwillen da sei.» Der amerikanische Psychologe David Elkind hat dieses Verhalten wissenschaftlich untersucht. Er kommt zum Schluss, dass sich Jugendliche zwischen 12 und 15 Jahren so verhielten, als würden sie ständig vor einem Publikum stehen und beobachtet. Weil der junge Mensch glaube, er sei für andere interessant, betrachte er sich und seine Gefühlswelt als einzigartig. So handle er nicht selten auf eine Weise, wie wenn für ihn als «besonderes Wesen» Ausnahmeregelungen gälten.

Vielen Jugendlichen fällt es schwer, diese Gleichzeitigkeit von körperlicher Verunsicherung und narzisstischer Grundhaltung auszuhalten. Denn sie fällt in eine Phase, in der man sich von der Familie ablösen beginnt und neue Beziehungen aufnimmt. Um so drängender stellt sich die Frage: Wie reagieren Jungen und Mädchen auf mich? Werden sie mich so akzeptieren, wie ich bin?

Erwachsene belächeln oft dieses gestelzte und selbstverliebte Gehabe und die Wechselbäder der Gefühle von Jugendlichen. Dabei handelt es sich für sie um existentielle Probleme. Gerade jetzt brauchen sie das Gefühl, von den Eltern akzeptiert und getragen zu werden. Entwürdigend sind etwa die folgenden Reaktionen:

- «Das haben wir alles in unserer Jugend auch schon erlebt. Auch du wirst noch erwachsen werden.»
- «Komm doch aus deinem Schneckenhaus heraus. Es gibt auf der Welt viel bedeutendere Probleme.»
- «Du kannst ja gleich auch noch im Badezimmer schlafen.»
- «Komm endlich. Du versaust uns noch den ganzen Sonntagsausflug, wenn wir nicht bald abfahren können.»

Für Jugendliche ist der Hinweis auf die Jugend der Eltern kein Trost. Schliesslich müssen sie ganz allein diese Zeit durchstehen, zynische Bemerkungen oder die Ungeduld der Erwachsenen helfen ihnen nicht weiter. Was von aussen merkwürdig und seltsam aussieht, kann auf eine innere Not hindeuten. Ein 16-jähriges Mädchen vertraut ihrem Tagebuch an: «Mir scheint, dass ich mich immer mehr von mir entferne. Jeden Abend grüble ich über mich nach, aber ich komme nicht weiter. Vielleicht kommt es daher, dass ich so allein bin. Ich habe niemanden, mit dem ich über meine Probleme sprechen könnte.»

Dabei wären verlässliche Erwachsene für die Heranwachsenden jetzt besonders wichtig – jemand, dem sie sich anvertrauen können, der ihnen seine Lebenserfahrung anbietet. Eltern, die jetzt den Draht zu ihren Kindern nicht verlieren, haben die Chance, deren Sorgen, Nöte, Ängste und Freuden aus erster Hand kennen zu lernen. Das dabei nötige Vertrauen kann aber nur wachsen, wenn die Erwachsenen weder gleich belehren noch moralisieren oder gar abwerten. Bewährt haben sich für solche Gespräche folgend Regeln:

- erst einmal ruhig zuhören und den Jugendlichen nicht gleich ins Wort fallen,
- weder sarkastische Kommentare abgeben noch das Verhalten der Jugendlichen gleich kritisieren,
- keine vorschnellen Lösungsversuche anbieten, die die Jugendlichen überfahren.

Unreine Haut

Akne und Pickel können in diesem Alter die angesprochenen Probleme noch verschärfen. Sie entstehen aus einer Überproduktion der Drüsen. Wie gravierend dies für das Selbstwertgefühl sein kann, zeigt sich schon daran, dass diese Frage in Jugendzeitschriften und in der Werbung ein Dauerbrenner ist. Dabei ist es wichtig, den Heranwachsenden klarzumachen, dass sie dafür nichts können und dass sich diese körperliche Störung meist von selbst zurückbildet. So wird ein Junge zum Beispiel von selbst lernen, dass eine Beziehung zu Mädchen von anderen Qualitäten abhängt als von einer reinen Haut.

Als Behandlungsmethode kann empfohlen werden: Hautstellen täglich mehrere Male gut mit Seife waschen. Pickel sollten keinesfalls ausgedrückt werden. Dies kann hässliche Narben hinterlassen und neue Infektionsherde verursachen. In schlimmen Fällen ist der Arzt aufzusuchen. Beraten kann auch das «Hallo Akne»-Telefon, wo Hautärzte jeden 1. Donnerstag im Monat von 14–17 Uhr Auskunft geben (Tel. 157 01 85).

Sind Jugendliche frühreif?

Heute beginnt die Pubertät beim Mädchen durchschnittlich mit 11 bis 13 Jahren, beim Knaben oft etwas später. Dabei gibt es sehr grosse Schwankungen: Manche Jungen und Mädchen «pubertieren» schon mit zehn Jahren, während in einzelnen Ausnahmefällen die Pubertät erst mit achtzehn beginnt. Heutige Jugendliche sind grösser, wirken viel früher schon wie Erwachsene und erscheinen «reifer» als ihre Altersgenossen vor fünfzig oder hundert Jahren. Man nennt dies «Akzeleration», also eine Beschleunigung der Entwicklung. Zum Beispiel ist ein Mädchen heute im Durchschnitt gut vier Jahre früher sexuell ausgereift als vor hundertfünfzig Jahren. Dazu kommt, dass die 15- und 16-jährigen heute durchschnittlich grösser und schwerer werden als ihre Vorfahren.

Früher nahm man an, die Akzeleration führe zu einer seelischen Überforderung der Jugendlichen. Während sie körperlich ausgereift und erwachsen seien, befänden sie sich geistig noch auf der Stufe eines Kindes. Untersuchungen haben jedoch gezeigt, dass diese These ins

Reich der Märchen gehört. Man geht heute davon aus, dass die Akzeleration umfassend ist. So erreichen Jugendliche bei Intelligenztests Werte, die etwa zehn Punkte über denen ihrer Altersgenossen von vor dreissig Jahren stehen. Der Intelligenzquotient von 12-jährigen entspricht demjenigen von damaligen 14-jährigen.

Dies heisst nicht unbedingt, dass Kinder und Jugendliche heute «gescheiter» sind. Aber sie müssen sich mit einer Welt auseinandersetzen, die sich verändert hat – vor allem auch weniger «handgreifliche» Anforderungen stellt: Die Handarbeit ist durch Maschinen und Computer verdrängt worden. Vieles ist anonymer und abstrakter geworden. Wer sich im alltäglichen Strassenverkehr bewegt, muss sich in einem ganzen Geflecht von Regeln und Vorschriften auskennen. Und oft haben Ereignisse in fast unvorstellbarer Ferne direkte Auswirkungen bis in das idyllischste Bergdorf. Man denke nur an den sauren Regen oder die Katastrophe von Tschernobyl. So setzen sich bereits Kinder und Jugendliche mit komplexen Umweltproblemen oder den beunruhigenden Fragen um die Atombombe auseinander. Oder sie unterstützen Aktionen des World Wildlife Fund (WWF) zum Schutz aussterbender Tierarten in der Dritten Welt.

Sind solche Kinder nicht altklug, leben sie nicht auf einem anderen Stern als ihre Altersgenossen in früheren Zeiten? Die Erde hat sich verändert, die junge Generation wird schliesslich mit dem Ozonloch oder einer aussterbenden Tierart leben müssen. Wenn wir überlegen, was wir Erwachsene alles mit dieser Welt angestellt haben, so steht es uns nicht an, Jugendliche zu belächeln, die sich verantwortungsvoll um solche Probleme bekümmern.

Wie sich das Denken verändert

Im Denken findet ein besonders grosser Sprung vom Kindes- zum Jugendalter statt: Primarschulkinder leben im Hier und Jetzt; sie denken vorwiegend in Wenn-Dann-Beziehungen oder suchen Begründungen in Weil-Darum-Zusammenhängen. Mit unheimlicher Spannung lesen sie beispielsweise Abenteuergeschichten über Indianer; deren eigentliche Problematik und die Kolonialisierung Amerikas bleiben für die Kinder dagegen Nebensache.

Schüler der vierten und sechsten Klasse erhielten folgende Aufgabe: «Stellt euch vor, euch würde ein drittes Auge gegeben und ihr könntet euch die Stelle aussuchen, wo ihr dieses Auge an eurem Körper anbringen wollt.» Ein neuneinhalbjähriges Kind antwortete: «Ich möchte mein Auge neben den beiden anderen haben, damit ich weiter sehen könnte, wenn ich eines verliere.» Ein gleichaltriges Mädchen meinte: «Ich möchte ein drittes Auge, um besser zu sehen.» Ganz anders, viel weniger dem konkreten Hier und Jetzt verpflichtet, antworten ältere Kinder, die bereits am Beginn der Pubertät standen. Ein elfeinhalbjähriger Junge zeichnete ein Auge in die Mitte seiner linken Handfläche und erklärte: «Ich könnte um Ecken herumsehen und könnte sehen, was für ein Guetsli aus der Keksdose ich kriegen werde.» Ebenso einfallsreich und abstrakt phantasierend war die Antwort eines Elfjährigen, der das Auge in seinem Mund platzierte: «Ich möchte ein drittes Auge in meinem Mund, denn ich möchte sehen, was ich esse.»

Im Jugendalter geht es immer stärker um das Warum, das, was hinter der Realität steckt. Jugendliche beginnen abstrakt zu denken, fragen nach Zielen und Zwecken. Philosophische Fragen nach den «letzten Dingen» beginnen sie zu beschäftigen. «Mit sechzehn begann sich unser Sohn plötzlich für das Hellsehen und Gläserrücken zu interessieren. Stundenlang konnte er mit uns über Geister diskutieren», erinnert sich Gerda Z. mit Schrecken. «Dabei kamen wir einfach an kein Ende. Denn er war offensichtlich viel besser informiert als wir alle zusammen. Wenn wir ihm aber einmal zustimmten, dann begann er garantiert, auch dagegen wieder Gründe zu suchen.»

Ähnlich verläuft die Entwicklung des moralischen Denkens. Schulkinder handeln, um sich die Achtung und das Vertrauen der Eltern und anderer Bezugspersonen zu erhalten. Erst Jugendliche können mit allgemeinen moralischen Prinzipien umgehen oder sich für den Sinn von Gesetzen und Regeln interessieren. Während eine Zehnjährige ihrem kleineren Bruder ein Stück Torte abgibt, weil sie sein Wohlwollen und dasjenige der Eltern nicht verlieren will, meint ein 14-jähriger: «Wo kämen wir denn hin, wenn jeder nur für sich schaut? Es gehört dazu, dass der Stärkere dem Schwächeren etwas abgibt.» Die Heranwachsenden haben grosse Freude daran, sich Regeln und Regelsysteme abstrakt vorzustellen. Der Entwicklungspsychologe Jean Piaget beschreibt das Verhalten von älteren Jungen vor einer Schneeballschlacht. Anstatt gleich loszuwerfen, wenden sie erst einmal eine gute Viertelstunde dafür auf, einen Präsidenten zu wählen, die Wahlregeln festzulegen, zwei Parteien zu bilden, die Wurfdistanzen festzulegen und schliesslich Sanktionen für das Übertreten dieser «Gesetze» zu beschliessen.

Aus solchen Überlegungen zum Denken Heranwachsender lassen sich zwei Folgerungen ziehen:
- Wer Kinder und Jugendliche für ihr Verhalten haftbar machen will, muss ihre geistige Entwicklungsstufe berücksichtigen. Es hat keinen Sinn, ein sechsjähriges Kind mit abstrakten Überlegungen über Gerechtigkeit und andere Tugenden zur Ordnung zu rufen. Es versteht diese «grossen Worte» ohnehin nicht. Doch auch nicht jeder Vierzehnjährige versteht, mit einer abstrakten Moral umzugehen, auch wenn er sich äusserlich erwachsen gibt. Besser wäre es dann, mit einfachen Beispielen und Worten zu argumentieren, etwa: «Du hättest doch auch keine Freude, wenn man dir das antäte.»
- Anders ist es dagegen, wenn Jugendliche zum Nachdenken und Grübeln bereit sind. Dann wollen sie ausprobieren, wie weit sie ihr Denken trägt. Erwachsene sollten sie darin unterstützen und auf ihre «philosophischen» Fragen nach bestem Wissen antworten – auch wenn sie dieses ewige Kritisieren und Hinterfragen eigentlich satt haben.

Wie häufig sind Jugendkrisen?

Die Veränderungen und Umbrüche des Jugendalters führen häufig zu Labilität und Stimmungsschwankungen. Dazu kommt die Notwendigkeit, sich vom Elternhaus abzulösen und eine eigene Persönlichkeit und Identität zu gewinnen. Typisch für diese Situation ist die Aussage des weiter oben zitierten 16-jährigen Mädchens, das sich total einsam und verlassen fühlt. Es hat die schützende Geborgenheit des Elternhauses seelisch schon verlassen, hat aber noch Schwierigkeiten, «draussen» Kontakte zu knüpfen und sich durchzusetzen.

Andere Reaktionen sind: ein tief empfundenes Gefühl für Ungerechtigkeiten und soziale Missstände – der sogenannte jugendliche Idealismus –, weil man sich jetzt auf den Standpunkt einer allgemeinen Ethik stellt, die für Menschen aller Rassen und Klassen gelten soll. Gleichzeitig sieht man jedoch, wie wenig die wirkliche Welt solchen Massstäben entspricht. Or man rebelliert gegen alles, was den Eltern gut und teuer ist, weil man fühlt, dass man auf andere Weise dem Sog des Elternhauses nicht zu entrinnen vermag. Oft wechseln die Stimmungen mit grosser Schnelligkeit. Fühlt man sich erst depressiv und am Boden wegen des Elends in der Welt, ist man handkehrum wieder «total gut drauf» – etwa im Tagtraum, dass man beruflich ein bekannter Journalist wird, der sich für Gerechtigkeit und die kleinen Leute einsetzen wird. Oder man fühlt sich an der Party in Hochstimmung und von seiner Clique voll getragen. Kaum zu Hause, mehren sich die Zweifel, ob das die richtige Gruppe für einen ist und ob man darin überhaupt akzeptiert wird.

Dennoch ist umstritten, wie kennzeichnend Krisen für das Jugendalter sind. «Eine totale Krise habe ich nie erlebt», meint der 18-jährige Georg, und er ist keine Ausnahme. «Natürlich gab es auch einmal ein Puff mit der Freundin. Aber im Grund war es geil, neue Kollegen zu finden und mit ihnen auf der Gasse etwas zu unternehmen.»

Viele Jugendliche haben also durchaus ein positives Lebensgefühl. Dieses prägt sie viel eher als die kleineren oder grösseren Krisen, die sie durchmachen. Diese sind zudem in ihrer Intensität sehr verschieden – je nach den konkreten Lebensumständen. Im anfangs zitierten Jugendbuch «Das Jahr ohne Pit» ist es der Selbstmord des Jungen, welcher bei Monika eine tiefe Lebenskrise auslöst. Ihre Zukunft und ihre Berufswahl erscheinen durch dieses schmerzliche Ereignis in Frage gestellt. Für das Mädchen ist es eine Prüfung, an deren Ende sie als gefestigte Persönlichkeit dasteht. Andere Jugendliche haben kleinere Krisen, immer wieder einmal Ärger mit den Eltern oder Depressionen, wenn eine Freundschaft in die Brüche geht. Bei all dem sollte man aber auch nie vergessen: Krisen sind nicht nur destruktiv und negativ; sie sind oft Herausforderungen, an denen die Jugendlichen zu wachsen vermögen.

Konstruktiv streiten

Jugendkrisen sind Momente, in denen alles unsicher erscheint. Dabei spielen Widerspruch und Kritik eine wichtige Rolle: Um sich selbst zu erproben und einen festen Grund zu finden, müssen Junge die Auseinandersetzung suchen. Dabei können sie sich undiplomatisch und hartnäckig äussern. Doch was sich wie Besserwisserei und Sturheit anhört und Erwachsene manchmal schrecklich nervt, ist oft der Versuch, herauszufinden, wie weit man den Älteren bereits gewachsen ist. In der Auseinandersetzung mit den Werten und Vorstellungen der Eltern, die Jugendliche bis anhin ohne grosses Nachdenken akzeptierten, müssen sie jetzt ihre eigenen Standpunkte finden.

Gegenseitiges Streiten kann also produktiv sein, auch wenn die Positionen im Moment festgefahren erscheinen. So kann man verschiedene Denkweisen kennenlernen und mit Argumenten experimentieren. Das gilt auch für die Eltern: Sie stehen in der Mitte des Lebens und haben sich darin eingerichtet – mit beruflicher Karriere und vielleicht sogar einem Einfamilienhaus. Da ist es gar nicht schlecht, wenn ihre heranwachsenden Sprösslinge sie aus ihrer Selbstzufriedenheit aufrütteln und ihnen die Fragen nach dem Sinn des Lebens neu ins Bewusstsein rücken. Vielleicht regt sie das Verhalten ihrer Töchter und Söhne auch nur deshalb auf, weil sie dadurch mit einigen unangenehmen Wahrheiten konfrontiert werden.

Um so wichtiger ist es, einen Stil zu finden, der gegenseitiges Verständnis fördert und nicht noch tiefere Gräben aufreisst bzw. die Konflikte erst recht schürt. Vor allem sollte sich die Auseinandersetzung nicht darin erschöpfen, dass sich beide Seiten gegenseitig heruntermachen und mit Vorwürfen überschütten. Sonst geht es bald nicht mehr um die Sache, sondern man tut sich gegenseitig nur noch weh. Konstruktives Streiten sollte daher zwei Dinge beachten:

Regel 1: Versuchen Sie, aus dem, was der/die andere sagt, nicht nur das herauszupicken, was Sie hören wollen. Bewährt haben sich Methoden wie das «aktive Zuhören» oder die Verwendung einfacher «Türöffner».

Thomas, ein 14-jähriger Jugendlicher, meint zum Bespiel: «Margrit will plötzlich nichts mehr von mir wissen. Ich glaube, sie hat einen neuen Freund.» Seine Mutter wiegelt ab: «Ach komm, mach dir keine Sorgen, das ist ja doch kein Umgang für dich.» Anstatt über das Problem von Thomas zu sprechen, beurteilt die Mutter die Situation unverzüglich aus ihrer Sicht. Dabei ginge es erst einmal darum, die hinter der Aussage stehenden Gefühle zu entschlüsseln und Thomas merken zu lassen, dass man ihn versteht. Hilfreich wären Reaktionen wie:

- «Das macht dich traurig.»
- «Das gibt dir zu beissen.»
- «Du weisst nicht mehr, wo du stehst.»

Dies würde Thomas helfen, die hinter seiner Enttäuschung stehenden Gefühle besser zu verstehen. Er kann der Mutter aber auch zu verstehen geben, dass sie falsch entschlüsselt hat. Vielleicht resultiert daraus ein ernsthaftes Gespräch, das Thomas einen Schritt weiterbringt und die Mutter an seinen Gedanken und Empfindungen teilhaben lässt. Geduldiges Zuhören bedeutet im Übrigen, dass sich die Eltern generell zurückhalten; sie können aber auch mit «Türöffnern» dem Gegenüber helfen, sich selbst auszudrücken. Dazu dienen schon einfache Erwiderungen wie:

- «Hmmm.»
- «Im Ernst?»
- «Erzähl mehr darüber.»
- «Oh.»

Damit bekunden wir Erwachsene, dass wir die Jugendlichen ernst nehmen. Wir geben ihnen zu verstehen, dass sie das Recht haben, auszudrücken, was sie empfinden – und dass wir sie nicht sogleich verurteilen, weil sie etwas sagen, was uns nicht passt.

Regel 2: Benutzen Sie «Ich-Botschaften». Eltern verpacken das, was ihnen an ihren Kindern missfällt, oft in Du-Sätze: Du bist..., du sollst..., du kannst nicht einmal... Bei Margrit zu Hause klingt es zu Beginn ihrer Freundschaft mit Thomas so:

- «Du bist nicht mehr unser liebes, fröhliches Kind.»
- «Wenn du so weitermachst, kommst du bald noch mit einem Kind bei uns an.»
- «Mit vierzehn ein Freund. Du benimmst dich wie ein Flittchen.»

Obwohl es eigentlich die Eltern sind, die sich verletzt fühlen, tun sie so, wie wenn etwas an ihrer Tochter nicht stimmte. Damit wird bei ihr nur weitere Rebellion und Widerstand provoziert. Für den Psychotherapeuten Thomas Gordon ist es weitaus weniger bedrohlich, einem Kind aufrichtig die Wirkung seines Verhaltens zu übermitteln, als zu signalisieren, dass irgendetwas an ihm böse ist, weil es dieses Verhalten zeigt. Dies kann man seiner Meinung nach durch Ich-Botschaften erreichen, indem man von sich selber, seinen Gefühlen und Empfindungen spricht, also:

- «Ich habe im Moment noch Mühe zu akzeptieren, dass neben uns Eltern jetzt eine weitere wichtige Person in dein Leben tritt. Doch ich weiss natürlich auch, dass dieser Punkt einmal kommt.»
- «Meine Gefühle stammen halt noch aus einer anderen Zeit. Da wartete man noch länger, bis man miteinander übernachtete. Sonst galt man schnell als Flittchen.»
- «Ich habe einfach Angst, dass du plötzlich schwanger wirst. Dabei ist dies ja blöd. Denn ich kenne dich so gut und weiss, dass du auf dich aufpassen kannst.»
- «Ich brauche noch eine gewisse Zeit, um mich daran zu gewöhnen. Aber eigentlich gefällt mir Thomas ganz gut.»

Checkliste für Eltern

Versuchen Sie, sich Ihren letzten Streit mit Ihren Kindern zu vergegenwärtigen:

☐ Haben Sie/Ihre Kinder beim Streit Ich- oder Du-Botschaften benutzt? Versuchen Sie sich an einige konkrete Aussagen zu erinnern.

- ☐ Glauben Sie, dass Sie verstanden haben, was Ihre Kinder wollten?
- ☐ Haben Sie allein Ihren Standpunkt klargemacht, oder interessierte Sie auch die Meinung Ihrer Kinder?
- ☐ Betrachten Sie die von Ihnen vertretenen Werte als einzige und absolute Wahrheit, oder akzeptieren Sie auch andere Haltungen?
- ☐ Versuchten Sie die Gefühle Ihrer Kinder mit aktivem Zuhören zu entschlüsseln, um dadurch besser zu verstehen, was der andere will?

Diskutieren Sie nun die Situation mit Ihren Kindern. Hätten diese die Fragen gleich beantwortet? Was könnten Sie in Ihrer Familie verbessern?

Tina: «Ich bin meistens gut drauf»

Jugendkrisen sind für Tina G. aus Giffers FR kein grosses Problem. Das Auf und Ab meistert die 15-jährige Sekundarschülerin mit einer ausgefüllten Freizeit und mit einer gesunden Portion Selbstbewusstsein. Ihren Mumm kann Tina gut gebrauchen, denn sie möchte ein Studium in Angriff nehmen und später Jugendanwältin oder Sportlehrerin werden.

«Sport ist für mich unheimlich wichtig. Ich mache Leichtathletik, und zwar Kugelstossen, Weitsprung und Sprint. Jeden Dienstag und Donnerstag habe ich Training; die Wettkämpfe finden meist an den Wochenenden statt. Am Mittwoch spiele ich immer Volleyball, und am Freitag gehe ich zum Tennisunterricht. Zwischendurch nehme ich auch mal an einem Orientierungslauf teil oder gehe ‹byken›. Daneben spiele ich gerne Klavier und elektrische Gitarre und mache beim Blauring mit. Die übrige Freizeit lese ich, höre Musik, schreibe Briefe oder male.

Reden kann ich gut mit den Eltern
All diese Sachen geben mir Mumm, wenn ich mal ein bisschen in einer Krise stecke. Dann kann ich am Morgen aufstehen und mir sagen: ‹Au fein, heute Abend darfst du ins Training›, und schon geht der Tag vorbei wie im Flug. Bin ich trotzdem noch muff, sage ich meinen Kolleginnen und Kollegen, sie sollen mich besser in Ruhe lassen. Gehts auch nach der Schule nicht besser, flüchte ich in mein Zimmer und höre Musik, und zwar am liebsten hart und laut. Oder ich setze mich ans Klavier und spiele einfach drauflos. Ich kann aber auch zu den Eltern gehen und mit ihnen alles besprechen. Reden kann ich gut mit den Eltern. Irgendwie gelingt es mir immer, solche Tiefpunkte zu überwinden. So bin ich eigentlich meistens gut drauf.

Das Militär finde ich daneben

Wo ich aber nicht so leicht drüber hinwegkomme, das sind die vielen Probleme, die den Menschen heute zu schaffen machen. Zum Beispiel finde ich das Militär total daneben. Und ich sehe überhaupt nicht ein, wieso die Schweizer Armee ein neues Kampfflugzeug braucht. Darüber habe ich mich schon oft mit einem Klassenkameraden gestritten, der voll aufs Militär abfährt. Dabei könnte all das viele Geld doch viel sinnvoller ausgegeben werden.

Ich werde als grün abgestempelt

Am meisten Sorge aber macht mir die Umweltzerstörung. Erst kürzlich habe ich dazu ein interessantes Buch gelesen. Es heisst ‹Wenn die Nachtigall verstummt›, und beschreibt, wie das Leben auf der Erde nach dem Jahr 2000 nur noch unter einer Strahlenschutzglocke möglich sein wird. Und wenn ich heute die Nachrichten höre, habe ich oft den Eindruck, dass wir tatsächlich mal so enden werden. Sobald ich das aber jemandem sage, werde ich als grün abgestempelt. Schade, denn so kann man nicht miteinander diskutieren.

Mehr Toleranz und Anpassungsfähigkeit

Ich aber versuche, mit allen gut auszukommen. Ich nehme die Leute so, wie sie sind. Viele schauen nur auf die Kleidung, die der andere trägt. Oder auf die Musik, die er hört. So will man jeden Menschen in eine Schublade stecken. Sobald einer da nicht reinpasst, wirds schwierig, denn wer anders ist, hat keine Chance. Mein Rat: viel mehr Toleranz und Anpassungsfähigkeit. Das heisst nicht, dass ich jedem einfach hinterherlaufe, aber ich gebe mir Mühe, die anderen zu verstehen. Die totale Abgrenzung bringt nichts. Viel besser ist eine gewisse Persönlichkeit und Charakterstärke. Wenn man das hat, kommt man nämlich auch mit anderen Meinungen gut zurecht.»

Und ausserdem

Anlagen und Umwelt bestimmen die persönliche Entwicklung des Heranwachsenden. Was man von seinen Genen her mitbringt, legt bereits einiges fest – etwa die Augenfarbe, die körperliche Gestalt oder die persönliche Konstitution. Doch in allen übrigen Bereichen hängt es wesentlich davon ab, wie die Anlagen durch die Umwelt – zum Beispiel durch Elternhaus und Schule – geformt und gefördert werden.

Das Ineinanderspielen dieser beiden Seiten scheint besonders in der Jugendzeit widersprüchlich: Einerseits ist man allem Neuen gegenüber so offen, so experimentier- und risikofreudig wie später nie mehr. Man hat das Gefühl, die ganze Welt stehe einem offen. Andererseits spürt man zum erstenmal im Leben bewusst auch seine Grenzen, und man ahnt, wie viel durch die Kindheit bereits festgelegt ist. Über das Ausmass kann man sich streiten: Dennoch sind sich alle Fachleute darüber einig, dass wesentliche Fundamente für das spätere Leben schon in den ersten paar Lebensjahren gelegt werden. Genau das muss der Jugendliche denn auch lernen: in neue Dimensionen auszugreifen und gleichzeitig seine Grenzen zu erkennen.

Ausländische Jugendliche haben oft besondere Probleme, ihre eigene Identität zu finden. Sie befinden sich zwischen Stuhl und Bank, weder in der schweizerischen noch in der Heimatkultur richtig integriert. Wer aber nicht weiss, wo er dazugehört, in der Schweiz, in Italien oder Portugal, der weiss oft auch nicht, wer er ist. Wenn die Eltern dann noch mit dem Gedanken spielen, möglichst bald wieder ins Heimatland zurückzukehren, müssen solche Jugendliche mit einer dauernden existentiellen Unsicherheit leben. Vielfach fühlen sie sich zudem von den Schweizern ausgeschlossen und isoliert. Sie schliessen sich unter Ihresgleichen zusammen und kompensieren die Isolationsgefühle dadurch, dass sie den eigenen Lebensstil bewusst zelebrieren. Italienische Jugendliche hören dann nur noch italienischen Rock, fahren Fiat und tragen Mode aus Rom.

Verschärft zeigt sich die Problematik bei ausländischen Jugendlichen, die aus unteren Schichten stammen und auch von der beruflichen Perspektive her benachteiligt sind. So ist es kein Wunder, dass viele dieser Jugendlichen die Ghetto-Ideologie des amerikanischen Hip

Hop aufsaugen, weil sie sich in der schweizerischen Gesellschaft in einer ähnlichen Position fühlen.

Entwicklung: Die Entwicklung des Menschen verläuft nicht beliebig, sondern nach einem Muster, das in seinem genetischen Bauplan vorgegeben ist. Dennoch besteht auch eine grosse individuelle Bandbreite – etwa, wenn die Pubertät des einen Mädchens mit zehneinhalb Jahren beginnt, diejenige eines anderen erst mit vierzehn. Eltern sind da manchmal übertrieben besorgt, wenn sie bemerken, dass andere Jungen bereits den ersten Anflug von Bart zeigen oder die Freundinnen ihrer Tochter viel «erwachsener» aussehen. Solche Unterschiede sollten niemanden beunruhigen; sie liegen innerhalb des «normalen» Entwicklungsverlaufs.

Entwicklungsaufgaben sind jene typischen Herausforderungen, die jeder Heranwachsende auf dem Weg zum Erwachsenwerden zu bestehen hat. Wie ein Säugling lernen muss, sich zu bewegen, zu kriechen und dann aufzustehen, so wird sich ein Jugendlicher mit sich selbst auseinandersetzen und sich einen Platz in der Gesellschaft suchen müssen. Misslingt es, solche Entwicklungsaufgaben zu bewältigen, können daraus ernste Lebenskrisen entstehen.

Hemmungen hängen oft mit der körperlichen Entwicklung in der Pubertät zusammen. Man weiss nicht, wie man auf andere wirkt, und empfindet in ihrer Gegenwart ein unerklärliches Schamgefühl. Vreni P. berichtet, wie sie diese Entwicklungsphase überwand: «Ich zog mich, als ich 13-jährig war, eine Zeitlang von allen zurück. Alle Leute schienen nur mich zu mustern und an mir Unzulänglichkeiten festzustellen. Ich begann sogar wieder zu stottern, wenn mich jemand ansprach. Aus meinem Schneckenhaus kam ich erst heraus, als ich – mit Unterstützung der Eltern – in den Turnverein ging. Ich hatte da Erfolgserlebnisse und merkte, dass ich grosse Freude an der Bewegung hatte.» Wichtig sind also positive Erfahrungen, die den Jugendlichen zeigen, dass sie von anderen als interessante Partner akzeptiert werden. Auf diese Weise können sie zu einer Grundhaltung finden, die es ihnen erlaubt, auf andere Menschen wieder aktiv zuzugehen. Hier könnte zum Beispiel das Engagement in einer Jugendgruppe, ein Tanzkurs, das Mitmachen im Fussballclub etc. weiterhelfen.

Hygiene und Sauberkeit sind ein Thema, das Jugendliche oft übermässig beschäftigt. So pützeln manche dauernd an sich herum. Dies hat erst einmal mit der Pubertät zu tun. Denn die Hautbeschaffenheit hat sich verändert. Es werden jetzt mehr Stoffe abgesondert, die regelmässig abgewaschen werden müssen, da sich sonst starker Körpergeruch bildet oder Bakterien Entzündungen hervorrufen können. Auch die Intimpflege wird wichtig. Aus diesem Grund ist es gerechtfertigt, wenn Jugendliche der Sauberkeit eine grössere Wichtigkeit beimessen als früher. Da kann man es auch in Kauf nehmen, dass sie während einer gewissen Zeit übertreiben und dem körperlichen Eindruck allzu grosse Beachtung schenken.

Negative Gefühle. Heranwachsende können ob sich selbst erschrecken, wenn sie bemerken, dass auch «negative» Gefühle wie Hass und Aggression in ihnen stecken. Nachdem sie gerade gelernt haben, mit allgemeinen und abstrakten moralischen Massstäben umzugehen, ist dies für sie oft besonders bitter. Doch sie werden akzeptieren müssen, dass moralische Strenge als Leitlinie des Handelns schwer zu verwirklichen ist. Eltern können den Jungen dabei helfen, indem sie in Gesprächen zeigen, wie sie selbst mit solchen Problemen umgehen und trotz den abgründigen Seiten, denen auch sie sich nicht entziehen können, die Selbstachtung bewahren.

Seelische Störungen. In der Jugendzeit treten psychische Störungen gehäuft auf. Dies hängt mit dem durch die Entwicklung bedingten Umbruch zusammen. Allerdings muss nicht jedes merkwürdige Verhalten gleich als tiefer liegende Störung betrachtet werden. Wenn sich Jugendliche isolieren, leicht depressiv sind, plötzliche Gefühlsausbrüche zeigen, unerklärlichen Gefühlsschwankungen unterworfen sind, so ist dies erst einmal nicht beunruhigend. In den allermeisten Fällen finden die Jungen selbst aus diesem Verhalten heraus. Anders ist es, wenn sich dieses verfestigt und immer extremer wird, wie im Fall von Lorenz A. Seine depressive Haltung bewirkte, dass er völlig arbeitsunfähig wurde. Er fühlte sich wie gelähmt und unfähig, am Morgen überhaupt aus dem Bett zu steigen. Als seine Lehre ernstlich in Gefahr war, begab er sich in psychiatrische Behandlung. Denn allein konnte er seine Probleme nicht mehr meistern.

Oft sind es auch äussere Belastungsfaktoren, die solche Störungen auslösen können: Tod oder Trennung eines Elternteils, Alkoholismus oder Kriminalität in der Familie, emotionale Spannungen zwischen den Eltern. In all diesen Fällen sollten Eltern die Krisenverläufe sorgfältig beobachten. Zeigt sich ein Stillstand in der Entwicklung oder verfestigt sich das problematische Verhalten immer mehr, sollte man sich an eine Jugendberatungsstelle oder an einen Jugendpsychiater wenden.

2. Kapitel

Notwendige Entscheidungen stehen an

«Ich habe seit meiner Lehrzeit das Gefühl, etwas verpasst zu haben», meint der heute vierzigjährige Sandro M. Er stammt aus einer typischen Gastarbeiterfamilie aus Italien. «Mein Vater arbeitete auf dem Bau», berichtet er weiter. «Für ihn bedeutete die Schule rein gar nichts, da er kaum alle Volksschuljahre absolviert hatte.» Nicht zuletzt deswegen war für Sandro die Schule erst eine fremde Welt gewesen. Sie verwandelte sich aber bald in ein grosses Abenteuer. Er lernte gut und fleissig, wurde gar zum Büchernarr. «Gott sei Dank hielt die Mutter zu mir und steckte mir immer wieder einmal ein Buch zu», erinnert er sich. «Der Vater wurde schon fuchsteufelswild, wenn er mich lesen sah.»

Am Ende der Sekundarschule war es Sandros grosser Wunsch, ins Gymnasium zu gehen. Doch der Vater liess überhaupt nicht mit sich reden. Als sich dann auch noch der Lehrer einschaltete, kam es zum grossen Krach. Der Vater warf ihn förmlich aus der Wohnung. Sein Sohn sollte etwas Rechtes werden – und das hiess für ihn, einen Beruf erlernen, wo man «noch etwas mit den Händen» tat. Studiert habe noch keiner in der Familie, da könne er sich bei den Verwandten gar nicht mehr zeigen. Am Schluss liess sich Sandro erweichen; er stieg in eine Mechanikerlehre ein und schaffte so recht und schlecht seinen Abschluss. Doch Freude hatte er an seinem Beruf nie. Als er eine Möglichkeit sah, zur Zeit der Hochkonjunktur als besseres «Mädchen für alles» aufs Büro einer grösseren Firma zu wechseln, griff er zu. Doch für eine weitere Karriere fehlte dann halt der Schulsack. Resigniert meint Sandro M.: «Es wird sicher irgendwie weitergehen. Doch ich ärgere mich jeden Tag wieder von neuem, dass ich meinen Kopf nicht durchstierte.»

Das Beispiel zeigt, dass es im Jugendalter nicht allein um die Entwicklung neuer Bedürfnisse und Fähigkeiten sowie um das Bewältigen von Krisen geht. Vielmehr stellt sich gleich die nächste Frage: Können die Jugendlichen ihre neu erworbenen Kräfte und Fähigkeiten verwirklichen, können sie sich im Leben bewähren? Denn es stehen im Jugendalter Weichenstellungen an, die das ganze Leben prägen werden. Viel hängt deshalb für die weitere Entwicklung der Heranwachsenden davon ab, wie sie diese Aufgaben meistern und ob sie «richtig» oder «falsch» einspuren. Man bezeichnet sie auch als «Entwicklungsaufgaben», weil sie von jedem, der im Jugendalter steht, durchlaufen werden müssen:

- Man sucht seine Identität in der Auseinandersetzung mit anderen («Das Patchwork-Selbst»).
- Man verliebt sich zum ersten Mal in seinem Leben («Sexualität – ein heisses Eisen in vielen Familien»).

– Man löst sich von seinen Eltern ab («Eltern und Kinder müssen loslassen»).
– Man zieht vielleicht gar aus («Ausziehen von zu Hause»).
– Man wählt einen Beruf («Die Qual der [Berufs-]Wahl»).

Wer es nicht schafft, für sich tragfähige Lösungen zu finden, und zum Beispiel wie Sandro M. das Gefühl hat, den falschen Beruf gewählt zu haben, wird daran vielleicht sein ganzes Leben zu kauen haben. Es sind aber auch die ersten Lebensentscheidungen, die die Jugendlichen letztlich ganz allein treffen müssen. Das unterstreicht, dass sie sich von den Rockschössen der Eltern gelöst haben. Dennoch werden immer wieder Fragen auftauchen, für die man sich Rat von der Lebenserfahrung der Erwachsenen erhofft.

Das Patchwork-Selbst

Entscheidungen fallen heute nicht allein deswegen schwer, weil Eltern völlig unverständig («verkalkt») wären oder «jugendlicher Leichtsinn» den Ernst des Lebens verkennt. Vielmehr ist es aus objektiven Gründen schwer, sich heute in der Gesellschaft zu orientieren. Denn es fehlt generell an gültigen Wertmustern, an denen man sich ausrichten kann. Viel häufiger liefern die Erwachsenen Fragen anstatt klare und gültige Antworten. Nicht einmal mehr die Religion vermag in unserer säkularisierten Welt klare Richtlinien zu liefern. Die traditionellen Werte haben ihre Gültigkeit eingebüsst. In einer Untersuchung über die «Werte der Schweizer» stellte die Forscherin Anna Melich 1991 fest, dass nur 13 Prozent der 20- bis 25-jährigen glauben, dass es klare Normen zur Beurteilung von Gut und Böse gebe. Sie kommt zum Schluss, dass die überwiegende Mehrheit der Befragten aus allen Altersstufen es als notwendig erachtet, die Wahl des Lebenszieles ständig neu zu überdenken – und dies, ohne dass man über ein Muster oder Wertesystem verfügt, aus dem man entnehmen könnte, was unter allen Umständen das Bessere ist.

Beispiele gefällig? Haschisch ist zwar verboten. Unter der Hand heisst es aber, niemand nehme heute dieses Verbot noch ernst. Wen soll man zur vorehelichen Sexualität befragen? Der Pfarrer vertritt vielleicht noch eine streng kirchliche Sexualmoral. Bei der «Lebensberatung» im «Bravo» oder einem anderen Heftli tönt es viel liberaler, und bei den Eltern ist nur eines herauszuspüren: Eine Schwangerschaft muss um jeden Preis vermieden werden. Soll man Kernkraftwerke abschalten, oder handelt es sich hier um die einzige «saubere» Energie?

Besonders verwirrend ist es, dass in unterschiedlichen Lebensbereichen ganz verschiedene Regeln gelten, die kaum mehr zusammenzubringen sind. Je nach Situation muss man eine ganz andere Person darstellen. Eindrucksvoll zeigt dies ein Porträt der 20-jährigen Daniela S., das in der Zeitschrift «Wir Eltern» erschienen ist. Erst einmal ist Daniela ein Teddy-Girl: «Sie steht auf Rock 'n' Roll und Petticoats, gesteifte, volantbesetzte Halbunterröcke aus den 50er und 60er Jahren. ‹Ich lebe mit all meinen Gedanken in den Fifties. Da war noch alles besser und sauberer. Heute ist alles kalt und oberflächlich.›» Dazu passt das Styling: Rotweisse Baseball-Jacke, nach hinten hochgekämmte schwarze Haare und grellrot geschminkte Lippen. Doch wie bringt sie damit ihre anderen Seiten zusammen? Gemäss dem Zeitschriften-Bericht hat Daniela nach einer Lehre als Verkäuferin die Aufnahmeprüfung für die Polizeischule gemacht. In ihrer Freizeit spielt sie Eishockey bei der Damenmannschaft des SC Bern. Zusammenfassend sagt sie: «Ich weiss zwar nicht, wie das mit meiner sonstigen Einstellung unter einen Hut passt, aber irgendwie werde ich es schon schaukeln.»

Daniela mag ein extremes Beispiel sein. Dennoch ist es für Jugendliche (und oft sogar für uns Erwachsene) eine häufige Erfahrung: Wir geben uns ganz anders, je nachdem, ob wir zu Hause, bei der Arbeit oder mit Freunden und Freundinnen zusammen sind. Die verschiedenen Erwartungen, die dabei an uns gestellt werden, können wir kaum noch zusammenbringen. Wir fragen uns, wer wir wirklich sind: die brave Lehrtochter oder fleissige Büroangestellte vom Nachmittag, die wagemutige Gleitschirmfliegerin, die flippige Disco-Queen oder die wohlerzogene Tochter beim Besuch der Gotte. Die Identität, die Jugendliche heute erwerben, ist eine Patchwork-Identität, eine Art Flickenteppich, zusammengesetzt aus unterschiedlichsten Teilen, die nicht immer zusammenpassen.

Früher war das noch anders. Die Jugend galt als eine Zeit des Experimentierens, in der man herausfinden wollte, woran man zu glauben hatte und was im Leben wertvoll war. So fanden Jugendliche bald ihren Platz in der Gesellschaft und erwarben eine feste Identität – einen Standort, von dem aus sie alles überschauen und bewerten konnten. Nach dem amerikanischen Psychologen Erik Erikson, der diese «alte»

Identität wissenschaftlich untersuchte, ist das menschliche Wesen erst dann, wenn es seine Identität gefunden hat, so weit wie der junge Vogel, der sein Nest verlässt und sich ganz auf seine eigenen Flügel verlässt. Heute «hält» dagegen diese Identität nicht mehr ein ganzes Leben lang. Man bleibt vielmehr «labil», tauscht immer wieder einzelne «Flicken» aus und muss zusehen, wie daraus wieder ein einigermassen harmonisches Ganzes entsteht.

«Es fehlt eben den Jungen an einem starken Kern», bestätigt ein Vater diese Wahrnehmungen und kritisiert: «Die heutigen Jugendlichen sind unstet, flippig und laufen jeder Mode nach.» Das mag richtig sein. Doch auf der anderen Seite kann man zurückfragen: Ist ein starres Verhalten nicht auch hinderlich, weil es auf den schnellen Wandel unserer Zeit nicht genügend rasch zu reagieren vermag? Wer zum Beispiel im beruflichen Bereich zu lange die Informatik verschlief oder sich weigerte, am Computer zu arbeiten, geriet in den letzten Jahren bald ins Hintertreffen. Und auch politisch ist zu fragen: Wäre etwas mehr Flexibilität uns Schweizern nicht zuträglich, wenn wir nur zum Beispiel an die kommenden Herausforderungen in Europa denken?

Konzentration auf das Wesentliche ist nötig

Dieses neue Patchwork-Selbst ist Spiegelbild eines veränderten Lebens, das hektisch, instabil und in dauerndem Wandel ist. Dennoch wäre es billig, nur die positiven Seiten zu sehen. Hektik und Stress, denen Kinder und Jugendliche viel mehr als früher ausgesetzt sind, bedeuten auch: Die Jungen haben heute grössere Mühe, sich zu konzentrieren, als frühere Generationen. Sie scheinen immer auf Draht, irgendwie oberflächlich – aber im Bestreben, ja nichts zu verpassen. Es wäre also an den Erwachsenen vorzuleben, wie erfüllend die Konzentration auf das Wesentliche sein kann. Mit seinen heranwachsenden Kindern sollte man auch einmal:
– gemeinsam eine Theateraufführung besuchen und danach miteinander diskutieren,
– zu Hause Gespräche führen, anstatt vor der Glotze zu sitzen und zu konsumieren,
– am Sonntag eine Wanderung unternehmen und dabei an einem Feuer bräteln, anstatt die obligate Ausfahrt mit dem Auto zu unternehmen,
– bewusst auch Ruhe und Stille pflegen (als Zeiten des Nachdenkens und der Meditation).

Die Sexualität – ein heisses Eisen in vielen Familien

«Mit vierzehn hat man noch keinen Freund», meint Albert K., Vater der vierzehnjährigen Sandra, kurz und bestimmt. «Der Grundsatz meiner Eltern, dass vor der Lehre ein solches ‹Geschleipf› nicht in Frage kommt, hat sich in unserer Generation bewährt.» Was sich indessen so bewährt haben soll, das will er konkret nicht sagen. Für ihn gilt noch die alte Regel: «Über so etwas Intimes wie die Sexualität spricht man nicht.» Ganz anders die Tochter. Sie findet ihren Papa von vorgestern und spiessig. Schliesslich haben schon viele Schulkolleginnen in ihrer Klasse einen festen Freund.

Für manche Angehörige der älteren Generation ist der Wandel schwer zu verstehen, der sich im Bereich der Sexualität seit etwa zwanzig Jahren vollzogen hat: Softpornos findet man heute in jedem Fernsehprogramm. Sogar in den Unterhaltungssendungen am Samstagabend

wird offen über Fragen der Sexualität verhandelt. Am Kiosk liegen – für jeden zu sehen – Heftli auf, in denen jener Intimbereich unverblümt zur Schau gestellt wird, den frühere Generationen den Kindern und Jugendlichen möglichst lange vorenthalten wollten. Die Schlagzeilen der Boulevardpresse berichten ohne Scham von «Kinderschändern» und «Busenwundern» und liefern im Kleinanzeigenteil gleich auch noch Adressen und Bezugsquellen für alle möglichen Pornoartikel nach.

Auch wenn solche Auswüchse ärgerlich sind, bleibt die Tatsache: Wir leben in einer Zeit, in der die Sexualität ein Teil des Lebens ist, der offener zur Schau gestellt wird als früher. Manche Plakate, die heute öffentlich aushängen, hätten früher nicht als «jugendfrei» gegolten. Aber auch im Verhalten hat ein Wandel stattgefunden: Voreheliche Sexualität wird heute in der Gesellschaft weitherum akzeptiert. Und es ist auch kein Ärgernis mehr, wenn sich ein junges Paar auf offener Strasse abküsst. Selbst die Gesetze haben sich den neuen Ansichten seit der 1992 vom Volk angenommenen Revision des Strafgesetzbuches angepasst. Pornographie ist nicht mehr generell strafbar, wobei allerdings ein gewisser Jugendschutz für Kinder und Jugendliche unter 16 Jahren weiter besteht.

Der Umbruch in der Pubertät

Dazu kommt, dass die Sexualität für Jugendliche ohnehin einen grossen Stellenwert einnimmt. Sie spüren an sich selbst, wie mit dem Eintritt der Pubertät Entscheidendes passiert, wissen aber oft gar nicht so recht, was dies bedeutet. Irgendwie muss es mit dem Erwachsenwerden zu tun haben. Schon rein körperlich passiert in diesen wenigen Jahren viel:

- Brüste, Penis, Hoden entwickeln sich zur erwachsenen Grösse.
- Der Junge erlebt den ersten Samenerguss, das Mädchen die erste Monatsblutung.
- Die Schamhaare entwickeln sich, bis sie den ganzen Genitalbereich umgeben. Unter den Achseln und um die Brustwarzen des Jungen bilden sich ebenfalls Haare.
- Die Haut wird beim Jungen wie beim Mädchen gröber; die Poren vergrössern sich.
- Unüberhörbar ist beim Jungen der Stimmbruch, das Ergebnis einer Vergrösserung des Kehlkopfs. Vor allem die Zeit des Übergangs zur tiefen Erwachsenenstimme kann belastend sein – wenn die Stimme plötzlich von einer in die andere Stimmlage umkippt.

Die erwachende Sexualität wird von Jungen und Mädchen oft ganz unterschiedlich erlebt und empfunden. Für Knaben bedeutet der Samenerguss meist ein Lusterlebnis; er entspricht männlicher Stärke und Aktivität (sofern die Sexualität nicht durch die Erziehungs- und Moralvorstellungen mit Schuldgefühlen und Angst belastet ist). Bei der Frau dagegen ist dieser Bereich oft noch stärker tabuisiert. Eine sexuelle Beziehung ausserhalb der Ehe galt bis weit in dieses Jahrhundert vor allem für das weibliche Geschlecht als verwerflich und als erster Schritt in die Verwahrlosung und Prostitution. Die Sexualität der Frau sah man in einer rein dienenden Funktion – zur Zeugung von Kindern. Lust durfte dabei nicht sein.

Diese Einstellung hat sich in den letzten Jahrzehnten Gott sei Dank gewandelt. Trotzdem reagieren Mädchen oft noch stärker verunsichert oder sogar ablehnend auf die Sexualreife als die Jungen – vor allem wenn Monatsblutung, Schwangerschaft, Geburt und Mutterschaft ihnen immer nur als eine Belastung dargestellt wurden. Die Folge davon kann Frigidität sein – also die Unmöglichkeit, sexuelle Befriedigung zu erfahren. Insgesamt leben Frauen heute ihre Sexualität dennoch viel aktiver als früher aus. Sie wollen ihre eigenen sexuellen

Wünsche und Vorstellungen erfüllen und sind nicht mehr allein auf die Bedürfnisse der Männer bezogen. Auch wenn dies wiederum manchen jungen Machos Mühe macht, sollten sich die Mädchen nicht beirren lassen: In einer partnerschaftlichen Beziehung ist auch die Sexualität ein gegenseitiges Geben und Nehmen.

Mit den körperlichen Veränderungen wächst generell die Bedeutung der Sexualität. Die Entwicklungspsychologen L. Joseph Stone und Joseph Church schreiben: «Der männliche Jugendliche lebt in einer libidinösen (triebbestimmten) Welt, in der fast alles eine sexuelle Bedeutung annehmen kann. Das Anschwellen des Penis ist jetzt von einem starken und eindeutigen Drang zum Samenerguss begleitet.» Aber auch Mädchen können in einer erotisierten Welt leben, in der sich alles um die Beziehung zu Männern dreht – wenn sie es gelernt haben, die Sexualität in ihrem Leben als etwas Schönes und Erstrebenswertes zu akzeptieren.

Dennoch bedeutet dies nicht den ersten Schritt zu sexuellen Ausschweifungen. Wie eine Umfrage des Meinungsforschungsinstituts Publitest belegt, gehen Jugendliche heute – im Sinn der allgemeinen Akzeleration – zwar früher Freundschaften ein; häufig schon mit 13 oder 14 Jahren. Doch führen diese keineswegs direkt ins sexuelle Lotterbett: Nicht einmal fünf Prozent haben in diesem Alter bereits Sex gehabt. Erst bei den 16- und 17-jährigen nimmt dies zu: rund 18 Prozent sowohl bei den Mädchen wie bei den Jungen. Fazit: Entgegen den Vorurteilen vieler Älterer wissen die Jungen durchaus mit ihrer neu gewonnenen Freiheit umzugehen. Sie verwechseln Liebe und Zärtlichkeit also nicht mit blossem Sex. Geborgenheit und Vertrauen, Reden und Zärtlichkeit stehen für sie weit mehr im Zentrum. Zudem hat die stabile Zweisamkeit auch im Zeitalter der Sexfilme und Pornos ihre Anziehungskraft nicht verloren. Zwar dauern die ersten Freundschaften oft nur Tage, Wochen oder Monate. Schliesslich muss man erst einmal lernen, Beziehungen aufzunehmen, und spüren, wie unterschiedlich Freundschaften sein können. Immerhin sind bereits rund 21 Prozent der 14- bis 15-jährigen Burschen und 17 Prozent der Mädchen dieser Altersgruppe in festen Händen.

Dass für viele Junge ein Hauch Romantik und Verliebtheit dazugehört, belegt der Bericht der frisch verliebten 16jährigen Regula L.: «Seit vierzehn Tagen kenne ich Patrick. Er ist total lieb. Ich habe das Gefühl, dass ich seither schwebe, und bin in der Schule ziemlich abwesend. Jeden Tag treffen wir uns nach dem Unterricht am Glacestand. Dort haben wir uns auch kennen gelernt. Als mich dieser nette blonde

Junge ansprach, da funkte es gleich. Im Kino haben wir uns gestreichelt und miteinander geschmust. Das fand ich sehr schön. Ob daraus auch Sex wird, das weiss ich noch nicht. Vorderhand ist das Wichtigste, dass wir uns jeden Tag sehen und miteinander reden können. Das ist es, was ich Liebe nenne.» Regula L. bringt es auf den Punkt: Streicheln, Umarmen, ein liebes Wort gehören zur Basis jeder Liebesbeziehung. Ein positives Körpererlebnis gibt die Grundlage für die Fähigkeit, Lust und Freude zu geben und zu nehmen; dadurch wächst dann oft erst auch das Bedürfnis nach dem eigentlichen sexuellen Kontakt.

Sex unter Druck

Manchmal kann sich ein Mädchen oder ein Junge vom Partner oder der Partnerin bedrängt fühlen. «Mein Freund verlangt von mir», erzählt die 15-jährige Corinne ihrer Mutter, «dass ich mit ihm ins Bett gehe.» Soll die Mutter ein Machtwort sprechen? Sie würde damit wohl kaum viel erreichen. Eltern können in solchen Fällen ihren Kindern die Entscheidung nicht abnehmen. Corinne muss in ihrem Innersten selbst wissen, wie sie zu ihrem Freund steht und ob sie zu diesem Schritt bereit ist. Hilfreich kann es hingegen sein, wenn die Mutter nachfrägt:

– «Wie stehst du zu ihm?»
– «Möchtest du mit ihm schlafen?»
– «Fühlst du dich unter Druck?»
– «Hast du Angst, ihn zu verlieren?»

Auf diese Weise kann sie die Tochter unterstützen, eine selbständige Entscheidung zu finden, zu der diese nachher auch stehen kann.

Als Konsequenz der früheren sexuellen Reife heutiger Jugendlicher ist 1992 das Sexualstrafrecht geändert worden. Zwar hat man trotz ausführlichen Diskussionen um die Herabsetzung des Schutzalters von 16 auf 14 Jahre an der bisherigen Lösung festgehalten. Straffrei sind jedoch neu freiwillige sexuelle Beziehungen zwischen fast gleichaltrigen Jugendlichen (nicht mehr als drei Jahre Altersunterschied).
Positiv am neuen Recht ist die Entkriminalisierung der Jugendliebe. Wenig sinnvoll ist es dagegen, zwei Massstäbe anzulegen und lediglich die Beziehungen zwischen Gleichaltrigen freizugeben. Denn

der Gesetzgeber masst sich damit ein Urteil darüber an, welche Beziehungen eines Jugendlichen zu tolerieren sind und welche nicht. Die angedrohte Strafe ist eher kontraproduktiv; aus Angst davor wird über unerlaubte Beziehungen der Mantel des Schweigens gebreitet – wo doch das offene Gespräch erst eine fruchtbare Auseinandersetzung ermöglichen würde. Dabei genügte die ohnehin durch das Gesetz bestimmte Grenze, um Missbräuche zu ahnden: Sind nämlich Gewalt, Drohung, Zwang oder ein Abhängigkeitsverhältnis im Spiel, können die Täter auch nach altem Recht wegen sexueller Nötigung und Vergewaltigung bestraft werden.

Ängste im Zusammenhang mit der Sexualität

Für einen Jungen kann es erschreckend sein, wenn er mit einer «nassen Hose» erwacht. Heranwachsende haben oft intensive erotische Träume, die unwillkürlich einen Samenerguss auslösen. Aber auch sonst haben sie manchmal das Gefühl, die Kontrolle über sich selbst zu verlieren. Der 16-jährige Joe N. blickt zurück: «Es war eine merkwürdige Zeit. Wie habe ich mich geschämt, als ich plötzlich beim Turnen in der Schule einen steifen Penis bekam.» Ähnlich bedrängt fühlt sich ein Mädchen, das plötzlich in seinem Bett einen blutigen Fleck entdeckt. «Ist es normal, dass ich einfach so blute», wird es sich vielleicht fragen.

Erste Menstruation – ein Grund zum Feiern

Immer noch erleben junge Mädchen ihre erste Menstruation als etwas Negatives. Der ungewohnte Blutverlust macht Angst; und die Mutter verunsichert zusätzlich, wenn sie gleich mit Binden, Hygienevorschriften und Tabletten gegen Krämpfe reagiert.

Dabei ist die erste Monatsblutung ein freudiges Ereignis – aus dem Mädchen ist eine Frau geworden. Viele Naturvölker kennen Riten, mit denen dieser wichtige Schritt begleitet wird. Weshalb sollten nicht auch wir die erste Menstruation festlich begehen? Mutter und Tochter könnten etwas Besonderes zusammen unternehmen. Oder die ganze Familie könnte den Anlass bei einem gemeinsamen Essen feiern.

Jedenfalls hängt auch fürs spätere Körpergefühl einer jungen Frau viel davon ab, wie sie als Mädchen auf die erste Monatsblu-

> tung vorbereitet worden ist. Wer schon beim ersten Mal erschrickt, sich ekelt und die blutigen Binden verstecken muss, wird später Mühe haben, die Menstruation als natürlichen und wichtigen Prozess des Körpers zu akzeptieren (mehr zur Menstruation unter «Und ausserdem», Seite 83).

Eine Entlastung von den starken Gefühlen der Sexualität bringt oft die Selbstbefriedigung (Onanie). Obwohl nach neueren Untersuchungen fast hundert Prozent der männlichen Jugendlichen und sechzig Prozent der Mädchen mehr oder weniger regelmässig onanieren, kreisen um dieses Thema immer noch viele Ängste und Vorurteile. Denn bis vor wenigen Jahrzehnten betrachtete man die Selbstbefriedigung als schädlich: Sie schwäche die Sexualkraft und sei ein Zeichen beginnender sexueller Verwahrlosung. Nichts von dem ist wahr; vielmehr handelt es sich beim Onanieren um eine Form der sexuellen Erfahrung, die völlig natürlich und normal ist. Problematisch kann es nur dann werden, wenn Jugendliche Mühe haben, Kontakte zu Gleichaltrigen aufzunehmen, und in der Selbstbefriedigung verharren. Doch auch in diesem Fall würde man mit einem Onanierverbot das Symptom anstatt die Ursache bekämpfen.

Oft erschrecken Eltern noch aus einem anderen Grund. Dann nämlich, wenn ihre Kinder plötzlich eine Vorliebe für gleichgeschlechtliche Beziehungen zeigen. «Wird er, wird sie homosexuell?», fragen sie sich dann besorgt. Nicht weniger beunruhigend können solche Gefühle für die Heranwachsenden selbst sein, die sich Vorwürfe machen und sich selbst nicht mehr verstehen. Dabei ist eine solche Phase mit gleichgeschlechtlichen Neigungen bei der Ablösung vom Elternhaus recht häufig. Meist hat sie mit der endgültigen Prägung auf das männliche oder das weibliche Geschlecht wenig zu tun. So betont die Tiefenpsychologie, dass sich ein Junge durch diesen Zwischenschritt von den tief liegenden Bindungen zu seiner Mutter befreien könne. Indem er das Weibliche vorübergehend ablehnt, gelingt es ihm, zur Selbständigkeit zu finden. Aus der damit verbundenen sexuellen Verunsicherung entwickelt sich zum Schluss in aller Regel eine gegengeschlechtliche Bindung. Andererseits können diese Gefühle bei einzelnen Jugendlichen auch ein Hinweis darauf sein, dass sie sich lebensbestimmend vom eigenen Geschlecht angezogen fühlen.

Hinzuzufügen ist, dass Homosexualität weder eine Krankheit noch eine Schande ist, sondern eine der natürlichen Möglichkeiten, um sich in einer Beziehung zu verwirklichen. Schwule und Lesben haben die gleichen Bedürfnisse wie heterosexuelle Männer und Frauen: miteinander reden, sich küssen und umarmen, sich streicheln, miteinander schlafen. In den letzten Jahrzehnten hat sich denn auch die Einstellung gegenüber Homosexuellen in weiten Kreisen entschärft. Strafrechtlich ist die Homosexualität mit der Revision von 1992 der heterosexuellen Beziehung gleichgestellt worden (auch im Militärstrafrecht ist sie seit diesem Zeitpunkt kein Tatbestand mehr).

Besonders wichtig: Weder mit Erziehung noch mit Bestrafung ist etwas zu erreichen, wenn ein Junge einen Mann, ein Mädchen eine Frau liebt. Natürliche Neigungen umzuprogrammieren, würde nichts anderes als eine Art von Vergewaltigung bedeuten. Etwa fünf Prozent aller Menschen sind homosexuell; daneben gibt es eine grössere Anzahl, die in ihrem Leben ein- oder mehrmals gleichgeschlechtliche Beziehungen eingehen.

Schlimm ist nicht die Anlage, sondern die Reaktion der Umwelt auf Schwule und Lesben, die oft dazu führt, dass sich die Betroffenen verstecken und es nicht wagen, sich ihren Eltern und Bekannten zu öffnen. Dabei wäre alles so einfach, wenn beide Seiten offen und ehrlich darüber sprechen könnten. Ein betroffener Vater: «Als ich es erfuhr, war es erst einmal ein Schock. Mein Sohn, ein ‹warmer Bruder›, durchfuhr es mich. ‹Was werden die Nachbarn sagen?› Es ist gut, dass wir danach in der Familie viel und intensiv darüber geredet haben. Unser Verhältnis ist heute völlig normal. An Weihnachten bringt Stefan seinen Freund genauso selbstverständlich mit wie seine Schwester ihren Mann. Nur meine Frau leidet noch etwas darunter. Sie hätte halt von ihrem Ältesten furchtbar gerne einen Enkel gehabt.»

Hilfe von Gleichgesinnten

Wer mit der Zeit merkt, dass es ihn zum eigenen Geschlecht hinzieht, fühlt sich zuerst oft ausgeschlossen von seinen Arbeits- und Schulkollegen, einsam und allein. Kontakte zu Gleichgesinnten vermitteln homosexuelle Arbeitsgruppen beider Geschlechter (Adressen im Anhang, Seite 312). Das sogenannte Coming out, dass man zu seiner Veranlagung offen stehen kann, ist in einem solchen Kreis oft leichter zu bewältigen.

Wann ist «Aufklärung» angesagt?

Die Schwierigkeiten von Kindern und Jugendlichen mit der Sexualität hängen oft mit den Eltern zusammen, deren eigene Befürchtungen und Ängste das Verhalten ihrer Kinder mit beeinflussen. Margrit S.: «Als meine 14-jährige Tochter Tanja immer häufiger mit dem gleichaltrigen Mittelschüler Roland V. zusammen war, begann ich unwillkürlich die Kontakte mit Sperberaugen zu beobachten. Plötzlich kam es in unserer Familie zum Krach über die Ausgehzeiten. Erst langsam kam ich dahinter, dass ich irgendwie eine panische Angst hatte, meine Tochter könnte schwanger werden. Mir stand immer noch das Beispiel einer Klassenkameradin während meiner eigenen Schulzeit vor Augen. Sie fehlte plötzlich im Unterricht. Später haben wir erfahren, dass sie schwanger geworden war und deshalb das Gymi abgebrochen hatte.» Ein Gespräch unter vier Augen brachte es an den Tag, wie unbegründet die Ängste der Mutter waren. Tanja konnte ihr klarmachen, dass das überhaupt nichts «Ernstes» war. Und sie fügte hinzu: «Zudem gäbe es bei mir ohne Präservativ keinen Sex. Schon wegen Aids. Ich glaube, du meinst, ich lebe noch hinter dem Mond.»

Offenheit ist das Grundelixier jeder Sexualerziehung. Das beginnt schon vor dem Kindergartenalter: Fragen, die die Geschlechtsunterschiede oder den Sex betreffen, sollten von Anfang an ruhig und gelassen beantwortet werden – genauso wie alle anderen Kinderfragen. Vor allem sollte man auch Klartext reden und die «richtigen» Worte gebrauchen. Sonst kann es zu peinlichen und manchmal folgenreichen Missverständnissen kommen. Margot F. zum Beispiel hat Mühe mit einer unbefangenen Sexualität. Sie erinnert sich immer wieder, dass es bei der Menstruation der Mutter jeweils geheissen hatte: «Heute ist Mama wieder krank.»

Wer diesem Grundsatz der Offenheit nachlebt, wird später nie in die Situation kommen, dass in der Pubertät plötzlich «Aufklärung» fällig wird. Im Verlauf des Aufwachens haben die Kinder auf natürliche Weise mitbekommen, was sie wissen müssen.

Ziel der Sexualerziehung

Sexualerziehung soll zum Verständnis führen, dass jede Entwicklungsphase und die Veränderungen in ihr gut sind und einen Zweck haben. Kinder sollten die Sexualität als positiven und schönen Teil des Lebens ansehen und ohne Hemmung und Scham darüber sprechen können.

Das bedeutet jedoch nicht, dass man sich im Jugendalter guten Gewissens um diese Fragen drücken kann. Denn jetzt werden sie plötzlich aus eigenem Erleben der Kinder brennend aktuell und «neu». In Zeitschriften, beim Gespräch mit Freunden und Freundinnen hören sie ganz verschiedene Meinungen, die der Klärung bedürfen. Die Eltern als «erfahrene» Erwachsene können dabei ein gutes Stück helfen. Ausgangspunkt ist aber nicht eine falsch verstandene «Aufklärung» – wie wenn die Jugendlichen noch gar nichts wüssten. Vielmehr geht es darum, bei den Fragen, die gerade «brennen», eine ehrliche Auseinandersetzung zu führen. Positiv ist es auch, wenn Eltern ein Interesse an den Freunden und Freundinnen ihrer Kinder zeigen. Sie sollten diese auch ins Haus bringen dürfen. So kann man einander auf ungezwungene Weise kennen lernen – was oft hilft, Vorurteile abzubauen.

Manchen Eltern fehlt indessen der Mut, offen über die Sexualität zu reden, oder sie haben aufgrund ihrer eigenen Erziehung Mühe damit. Wenn sie zu Beginn der Pubertät meinen, jetzt müsse ein Aufklärungsgespräch doch noch sein, kommt es meist schief und verkrampft heraus. Um den Peinlichkeiten solcher gekünstelter Gespräche zu entgehen, sollten Eltern ihren Kindern besser ein gutes Buch in die Hand geben – und bereit sein, darüber zu diskutieren und offen auf Fragen zu antworten. Empfehlenswert sind zum Beispiel folgende Titel:
- Ruth von Bell, Wie wir werden – was wir fühlen, Reinbek 1990 (Rowohlt TB 8823)
- Helmut Bruckner, Richard Rathgeber, Total verknallt . . . und keine Ahnung?, Niedernhausen 1991 (Falken Verlag)
- Sylvia Schneider, Birgit Rieger, Das Aufklärungsbuch, Ravensburg 1990 (Ravensburger Buchverlag)
- Thomas Grossmann, Schwul – na und?, Reinbek 1981 (Rowohlt TB 9109)

Checkliste: Einstellung zur Sexualität

Die eigene Einstellung beeinflusst die Art und Weise, wie Eltern mit Kindern über die Sexualität sprechen. Überlegen Sie sich in einer ruhigen Stunde einmal:
☐ Wie hat man sich zu diesem Bereich in Ihrem Elternhaus verhalten? Hat man offen über die Sexualität gesprochen, oder war das Thema tabu?

- ☐ Hatten Sie Schuldgefühle im Zusammenhang mit der Sexualität? Wie steht es heute?
- ☐ Was hätten Ihre Eltern besser machen können (zum Beispiel mehr Information, Verständnis oder weniger moralische Appelle)?
- ☐ Was bedeutet die Sexualität für Sie: Triebbefriedigung, Zärtlichkeit, Leistung, Pflichterfüllung, Genuss?

Die «dunklen» Seiten der Sexualität

Flirten, das Kennenlernen und die intensive Beziehung zu einem Partner sind etwas vom Schönsten, was es im Leben gibt. Dennoch gibt es auch Schattenseiten der Sexualität, die nicht ungenannt bleiben dürfen. Auf der einen Seite ist in letzter Zeit immer wieder auf die Problematik des sexuellen Missbrauchs und der riesigen Dunkelziffer von Vergewaltigungen hingewiesen worden. Dann darf man auch nicht verdrängen, dass man im Zeitalter von Aids die Sexualität nicht mehr so ungeschützt und unbeschwert ausleben kann, wie man sich das noch vor zwanzig Jahren vorgestellt hatte.

Der sexuelle Missbrauch
von Kindern und Jugendlichen

Man rechnet, dass in der Schweiz jährlich über 40 000 Kinder sexuell missbraucht werden. Das beginnt bereits im Kleinkindalter und setzt sich auf allen folgenden Altersstufen fort. Stereotyp sind meist die Entschuldigungen: «Sie hat mir gezeigt, dass sie mich mag, und mich fast dazu eingeladen.» Oder: «Da ist doch nichts Schädliches dabei, schliesslich beweist ‹es› nur, wie gern wir uns haben.» Doch wer vermag als Erwachsener in eine Kinderseele hineinzusehen? Betroffene Frauen und Männer erzählen immer wieder, wie entsetzlich solche Erfahrungen für sie waren und dass sie es nicht wagten, sich zu wehren. Besonders schlimm ist es, wenn der Vergewaltiger aus der eigenen Familie kommt. Eine junge Frau, die vom eigenen Vater missbraucht wurde, erinnert sich: «Es geschah nur einmal. Lange Zeit dachte ich: Was mache ich für ein Theater daraus, es hätte ja schlimmer sein können. Ich hatte das Gefühl, ich sei gewiss selber schuld. Heute bin ich so weit, dass ich versuche, mich ernst zu nehmen, wenn das ganze Elend wieder hochkommt; dass ich weine und nichts zu bagatellisieren versuche. Mein Vater hat mir meine Seele kaputtgemacht, das bisschen Selbstvertrauen, das da war, zerstört.»

Die Fachleute stimmen darin überein, dass sich der sexuelle Missbrauch allermeist in der nächsten Umgebung eines Kindes abspielt (Eltern, Grosseltern, Verwandte, Nachbarn). Der «böse Fremde», der einem Kind auflauert, ist nicht der Normalfall. Das ändert sich allerdings in der Pubertät, wenn sich die Jugendlichen einen Platz in der Gesellschaft suchen und das Umfeld der Familie häufiger verlassen. Neue Bekannte, Arbeitskollegen oder der freundliche Autofahrer, der eine Tramperin im Wagen mitnimmt, können dann verlangen, wozu die Jugendlichen nicht bereit sind.

Missbrauchte Jungen

Bis vor kurzem sprach man fast nur vom Kindesmissbrauch bei Mädchen, wobei als Täter beinahe ausschliesslich Männer in Frage kamen. Gegenwärtig äussern Fachleute jedoch verstärkt die Überzeugung, dass es eine beträchtliche Dunkelziffer von Jungen gibt, die von Männern und von Frauen missbraucht werden. Die deutschen Fernsehjournalistinnen Yasmina Bauernfeind und Marlies Schäfer betonen in ihrem Buch «Die gestohlene Kindheit», Frauen verdrängten diese letzte Inzestvariante gerne: «Dass die Taten von Müttern an ihren Söhnen später zu Folgen wie Impotenz, Suchtverhalten und Selbstmord führen, darüber denken sie genauso wenig nach wie die männlichen Täter.» Es ist sehr schwierig, Jungen zum Sprechen über ihre Erlebnisse zu bringen. Denn Männer sind nach dem Bild herkömmlicher Sexualvorstellungen der aktive und dominierende Teil. Missbrauchte Jungen müssen damit – erst einmal vor sich selbst – zugeben, dass sie diesen Vorstellungen nicht entsprechen. Da ist es oft einfacher, die schlechten Erfahrungen zu verdrängen und weiter zu schweigen.

Für Eltern ist es nicht leicht, die Anzeichen des sexuellen Missbrauchs zu erkennen. Denn meist verschliessen sich die Kinder und fressen alles in sich hinein. Sie haben vor den Drohungen des Vergewaltigers Angst oder wollen dessen Zuneigung nicht ganz verlieren.

Wo sich die sexuelle Gewalt in der nächsten Verwandtschaft abspielt, herrscht zudem oft ein geheimes Einverständnis zwischen den Beteiligten. Niemand will offen etwas sagen, weil dann die Geschichte aufflöge und der Anschein einer ehrbaren Familie nachhaltig zerstört würde. Solche Ängste spricht ein Vater direkt an, wenn er seiner 13-jährigen Tochter droht: «Wenn du etwas sagst, dann bist du schuld, dass unsere Familie kaputtgeht. Muss ich ins Gefängnis, kümmert sich niemand mehr um dich, und du landest im Heim.»

Checkliste: Was auf sexuellen Missbrauch hindeutet

Fachleute haben festgestellt, dass folgende Anzeichen bei missbrauchten Jugendlichen zu beobachten sind:
- ☐ Sie sind chronisch depressiv.
- ☐ Sie sind suizidgefährdet.
- ☐ Sie fügen sich Selbstverletzungen zu und zeigen Selbsthass.
- ☐ Sie werden magersüchtig oder leiden an Heisshunger.
- ☐ Sie laufen von zu Hause weg.
- ☐ Sie geben sich auf auffällige Weise verführerisch.
- ☐ Sie werden ängstlich, isolieren sich und treffen keine Freunde mehr.
- ☐ Sie übernehmen zu Hause eine Elternrolle und erledigen die gesamten Haushaltsarbeiten; sie sorgen sich um alle und alles und vernachlässigen sich selbst.
- ☐ Sie erfinden Ausreden, um nicht nach Hause oder an einen bestimmten Ort gehen zu müssen.
- ☐ Sie werden unfähig, sich zu konzentrieren, und scheinen wie in einer eigenen Welt zu leben.
- ☐ Sie sind wund im Anal- oder Genitalbereich, oder sie bluten dort sogar.
- ☐ Sie haben chronische Beschwerden wie Magenschmerzen oder Kopfweh.
- ☐ Ihre Schul- und Arbeitsgewohnheiten verändern sich; sie wirken abwesend und zerstreut oder schwänzen die Schule.
- ☐ Sie haben plötzlich Anfälle von Wut oder irritierter Gereiztheit.
- ☐ Sie wollen sich vor dem Turnunterricht oder Schwimmen nicht ausziehen und scheinen ihren Körper abzulehnen.
- ☐ Sie verfügen plötzlich über unerklärlich hohe Geldsummen.

Quelle: Michele Elliott, So schütze ich mein Kind, Stuttgart 1991, Kreuz-Verlag

Stellen Eltern oder Bekannte solche Anzeichen bei Jugendlichen fest, sollten sie dies nicht auf sich beruhen lassen, sondern direkt und ruhig nachfragen. Wichtig wäre es, sich Zeit zu nehmen und nicht zu drängen. Der oder die Betroffene soll spüren: Ich darf darüber reden, muss aber nicht. Es muss deutlich gemacht werden, dass nichts über ihren Kopf hinweg geschieht.

Verstärken sich die Vermutungen, sollten Eltern sich fachlich beraten lassen, zum Beispiel beim Elternnotruf oder bei verschiedenen Frauenberatungsstellen (Adressen im Anhang, Seite 289 und 310). Auch Angehörige von Tätern können sich dort melden; sie brauchen keine Angst zu haben, dass sofort die Strafbehörden eingeschaltet werden. Dieses Vorgehen ist meist besser als eine direkte Anzeige bei der Polizei. Denn entscheidend ist ja nicht die Bestrafung der Täter, sondern wie den Opfern in ihrer Situation geholfen werden kann. Wenn sich zum Beispiel wegen einer Anzeige, die letztlich vielleicht nicht bewiesen werden kann, die ganze Familie gegen ein missbrauchtes Kind wendet, kann sich dessen Situation noch verschlimmern.

Selbstverteidigungskurse

Manche jungen Frauen haben Angst, abends allein auf die Strasse zu gehen, seit sich die Presseberichte über Vergewaltigungen häufen. In vielen Schweizer Städten finden aus diesem Grund Selbstverteidigungskurse (zum Beispiel Wen Do) für Frauen statt.

Mit HIV und Aids leben

Die Sexualität stellt noch aus einem anderen Grund für heranwachsende Jugendliche keine ungetrübte Freude dar: Die damit verbundene tödliche Gefahr trägt den Namen Aids. Das diese Krankheit verursachende HI-Virus wurde Anfang der achtziger Jahre entdeckt. Es schwächt das Immunsystem in einer Weise, dass die Infizierten sonst ungefährlichen Viruskrankheiten wehrlos ausgesetzt sind. Sogar ein Schnupfen kann lebensbedrohend werden, etwa wenn er sich wegen der fehlenden körperlichen Abwehr zur Lungenentzündung auswächst.

Dabei ist zwischen dem Nachweis des Virus und dem Ausbruch der Krankheit zu unterscheiden. Oft liegen dazwischen mehrere Jahre, in denen Infizierte mehr oder weniger gesund sind und normal leben können. In dieser Zeit dürfen sie nicht ausgeschlossen und isoliert bleiben. Gerade bei betroffenen Jugendlichen ist es lebenswichtig, dass gesunde Kollegen und Kolleginnen sich nicht zurückziehen. Denn sonst kommt zur extremen psychischen Belastung durch die Infizierung noch der kaum verkraftbare Verlust des Beziehungsnetzes. «Das Zusammensein mit Kollegen», meint der 23-jährige HIV-positive Markus K., «gibt mir das Gefühl, dass ich noch dazugehöre. Ich bin ja nicht ‹krank› und habe dieselben Bedürfnisse wie andere junge Erwachsene.» Ebenso wichtig ist für ihn der Arbeitsplatz. «Am meisten hält mich mein Job über Wasser», meint er bestimmt. «Obwohl ich in der letzten Zeit vermehrt krankheitsbedingte Ausfälle hatte, hat mir der Arbeitgeber nicht gekündigt. Das hat mir Mut gemacht und mir gezeigt, dass ich gebraucht werde.»

Dank grosser Anstrengungen in der Aufklärung wissen heute die meisten Jugendlichen, dass ungeschützter Sexualverkehr lebensgefährlich sein kann. Auch der Gebrauch von Präservativen ist gemäss dem Slogan «Nur mit Gummi» in den letzten Jahren rapide angestiegen. Nach der Publitest-Untersuchung zählen 50 Prozent aller Jugendlichen Aids zu den bedrohlichsten Problemen für die Zukunft der Menschheit. Trotzdem gibt es immer noch zu viele Jugendliche, die sich zu wenig um die Aids-Gefahr bekümmern. In festen Partnerschaften benutzt gemäss dieser Untersuchung nur ein Drittel regelmässig ein

Präservativ. Und es gibt auch immer wieder Jugendliche und Erwachsene, die glauben, sich zum Beispiel im Urlaub auf Thailand oder in Kenia einen ungeschützten Seitensprung leisten zu können. Das ist indessen eine reine Dummheit, denn nirgends ist die Aids-Rate so hoch wie in manchen Dritte-Welt-Ländern.

Trotz aller Aufklärung ist zudem die Unsicherheit über Aids noch weit verbreitet. Kann man sich beim Küssen oder beim Händewaschen anstecken? Nach den heutigen Erkenntnissen der Wissenschaft ist klar, dass das HI-Virus nur über Blut, Samen- und Vaginalflüssigkeit in die Blutbahn gerät. Das Übertragungsrisiko ist deshalb vor allem bei ungeschütztem Geschlechtsverkehr und beim Gebrauch von unsauberen Spritzen beim Fixen hoch. Alles andere – Zungenkuss, Trinken aus demselben Glas wie ein Aids-Träger, der Gebrauch derselben Toilette etc. – ist dagegen ungefährlich. Auch Mücken und Insekten können das HI-Virus nicht übertragen.

Man sollte Aids weder dämonisieren noch verharmlosen. Jugendliche sollten diese Krankheit vielmehr zum Anlass nehmen, um sich über Sex, Liebe und Treue klar zu werden. Die 17-jährige Jeanine: «Für mich war Aids ein Grund, über schrankenlosen Sex nachzudenken. Ich möchte mit einem Partner, den ich gern habe, auch Sex haben. Aber für mich wird eine flüchtige Beziehung sicher nicht automatisch im Bett enden. Etwas Romantik gehört einfach dazu.»

Pariser und Pille

Schon mit zwölf bis dreizehn Jahren sollten Heranwachsende wenigstens über Kondome (andere Namen: Präservative, Pariser, Gummi) Bescheid wissen. Denn wenn Ihr Sohn oder Ihre Tochter zum ersten Mal mit einem Partner geschlafen hat, könnte es zu spät sein. Wissen Ihre Kinder, wo man Kondome kaufen kann (in Apotheken, Drogerien, Warenhäusern)? Ist ihnen auch klar, dass der Pariser sehr sorgfältig angewendet werden muss, wenn er zuverlässig schützen soll? Wissen sie, wie er richtig benutzt wird? Es ist sinnvoll, dass Jugendliche einen Pariser einmal zu Hause für sich ausprobieren, bevor der «Ernstfall» eintritt.

Auch die Pille sollte als besonders «heikles» Thema nicht ausgeklammert werden. Denn sie ist auch heute noch das zuverlässigste Mittel, um sich vor einer unerwünschten Schwangerschaft (nicht aber vor Aids) zu schützen. Wenn Ihre Tochter das erste Mal

> mit ihrem Freund geschlafen hat, ist es vielleicht für solche Informationen schon zu spät (mehr zu Verhütungsmethoden unter «Und ausserdem», Seite 83).
> Nehmen Sie sich vor, in den nächsten Tagen mit Ihren Kindern (wieder) einmal über diese Themen zu sprechen.

Eltern und Kinder müssen loslassen

Wenn Eltern spüren, dass ihre Kinder flügge werden, kann dies sehr schmerzlich für sie sein. Anstatt auf den sonntäglichen Familienausflug will der 15-jährige Robert mit der Freundin ins Kino. Monika bespricht ihre wichtigsten Probleme nicht mehr mit der Mutter, sondern wendet sich an ihre beste Freundin. Die Jugendlichen beanspruchen jetzt einen privaten Raum, zu dem auch ihre Eltern keinen Zutritt haben. Das kann wörtlich verstanden werden: «Ich verbiete dir, unangemeldet in mein Zimmer hereinzuschneien», schimpft Lydia. Ärgerlich fährt sie fort: «Zudem habe ich das Gefühl, dass du dauernd in meinen Sachen herumwühlst, wenn ich in der Schule bin.» Keine Frage: Eltern müssen die Gefühle und den Wunsch ihrer Kinder nach Autonomie und Abgrenzung respektieren. Sie müssen die neu entstehenden Grenzen und Bedürfnisse anerkennen.

Geschieht die notwendige Ablösung nicht, so kann es gehen wie im Fall des 30-jährigen Martin Z. Er lebt noch heute bei seiner Mutter. «Eigentlich wollte ich schon vor zehn Jahren zu Hause ausziehen», erzählt er. «Doch damals starb mein Vater. Da konnte ich es Mutter doch nicht antun.» Martin Z. findet es auch «einfach bequem», zu Hause zu wohnen und sich bedienen zu lassen. Seine Mutter dagegen beteuert: «Wenn er allein wohnte, wäre er verloren. Martin kann doch weder kochen noch waschen oder bügeln. Er müsste halt eine Frau finden», fügt sie bedauernd hinzu, «bis dahin ist es das Beste, wenn er hier wohnen bleibt.» Ob Martins Mutter überhaupt wünscht, dass er jemals auszieht? Es ist zu bezweifeln. Offensichtlich harmoniert das Gespann bestens, in gegenseitiger Abhängigkeit. Doch die Ruhe ist trügerisch. Man spürt auf beiden Seiten Unzufriedenheit, die sich immer wieder einmal entlädt. Martin Z. wirft dann seiner Mutter vor, dass sie ihn zu Hause fessle, und sie schreit zurück: «Geh doch endlich!»

Abschied nehmen von Söhnen und Töchtern

Vor allem Mütter, die mehr als anderthalb Lebensjahrzehnte fast nur für ihre Söhne und Töchter da waren, können ins Leere fallen, wenn ihre Kinder plötzlich ausziehen wollen. Anstatt sich über die Zeit zu freuen, die ihnen für Neues zur Verfügung steht, klammern sie sich so an das Leben und die Probleme ihrer Kinder, dass sie die Ablösung als ihr eigenes Problem nicht mehr wahrnehmen. Man nennt dies in der psychologischen Fachsprache «Co-Abhängigkeit». Co-abhängige Mütter (viel seltener: Väter) wollen unaufhörlich anderen helfen und Dinge für sie tun, die jene ohne weiteres selbst tun könnten. Dabei vernachlässigen sie ihre eigenen Bedürfnisse. Sie schränken ihre Kontakte ein, weil sie voll für ihre Kinder da sein wollen. «Mir geht es doch gut, und ich bin total ausgelastet», meint die sechzigjährige Mutter eines 33-jährigen Sohnes, der noch zu Hause wohnt. Verräterisch ist ihr Zusatz: «Ich mache es doch gern für ihn.»

Doch Abschied und notwendige Verluste gehören zum Leben. Bisher war das Familienleben harmonisch und von engen Beziehungen bestimmt. Nun beginnen diese Beziehungen zu bröckeln. Die Kinder gehen ausser Haus, nehmen neue Freundschaften und Kontakte auf. Für die Eltern ist diese Zeit doppelt schwierig. Denn fast gleichzeitig werden sie sich schmerzlich bewusst, dass ihre eigenen Eltern älter geworden sind oder sogar sterben. Das gibt ihnen das Gefühl, als ob alles zusammenbräche. Die Angst um die Heranwachsenden ist also auch eine Angst um sich selbst, Angst vor der Notwendigkeit, sein Leben neu organisieren zu müssen. Es führt indessen kein Weg daran vorbei: Eltern müssen von der Kindheit ihrer Söhne und Töchter Abschied nehmen. Sie müssen für ihr Zusammenleben einen neuen Sinn finden, weil die Zeit der Kindererziehung endgültig vorbei ist. Es ist verständlich, wenn mit den schönen Erinnerungen Gefühle der Trauer verbunden sind. Schmerz gehört bei jedem Abschied dazu.

Neue Lebensperspektiven entwickeln

Um so wichtiger erscheint es, dass sich Eltern frühzeitig ums Nachher kümmern. Margot K. berichtet: «Als unser Jüngster elf war, da ist mir in unserer grossen Wohnung langsam die Decke auf den Kopf gefallen. Die Grossen sind ja alle bereits ausgezogen. Alles schien so ruhig und leblos in der Wohnung, wie ausgestorben. Da habe ich gespürt, dass es

Zeit wurde, wieder etwas anderes zu tun.» Margot K. begann stundenweise in einem Büro zu arbeiten, später nahm sie eine halbe Stelle an. Der Wiedereinstieg in den Beruf hat ihr geholfen: «Ich lernte neue Leute kennen und fühlte mich endlich wieder ausgefüllt. Es war fast wie eine zweite Geburt.»

Für Frauen gibt es heute viele Möglichkeiten, sich sinnvoll und schrittweise wieder in Beruf und Gesellschaft zu engagieren:
– Es gibt für bestimmte Berufe Wiedereinstiegs- und Auffrischungskurse, die den Anschluss an die veränderten Berufsbedingungen erlauben.
– Wer mit seinem früheren Beruf unzufrieden war, kann sich auch eine Zweitausbildung überlegen. Vierzigjährige, die nochmals mit Lust und Eifer die Schulbank drücken, sind keine Ausnahme mehr.
– Manche Frauen suchen eine neue Karriere in der Politik oder in anderen öffentlichen Funktionen. Sie kandidieren für die Schulpflege oder das Gemeindeparlament, engagieren sich in einer Umweltgruppe, in der Nachbarschaftshilfe für Betagte etc.
– Auch die neue Freiheit von den täglichen erzieherischen Sorgen kann genossen werden. Erna M. schätzt es, dass sie und ihr Mann die Abende wieder zu ihrer Verfügung haben: «Wir geniessen es, spontan wieder einmal Freunde zu besuchen. Es ist schön, alte Bekanntschaften aufzufrischen und vermehrt Theater und Kino zu besuchen.» Und was manche ältere Ehepaare besonders schätzen: In den Ferien sind sie nicht mehr auf die Schulferienzeit beschränkt und können so günstiger buchen.

Checkliste: Auszug der Jungen

Was bedeutet für Sie als Eltern diese Umbruchsituation? Nehmen Sie ein Blatt Papier und versetzen Sie sich in Ihre Jugendzeit zurück. Was wollten Sie damals erreichen? Schreiben Sie auf:

a) Was hatte ich damals in beruflicher Hinsicht für Ziele?
b) Welche Vorstellung hatte ich von einer Lebens-Partnerschaft?
c) Wie stellte ich mir mein Leben (Freizeit, Wohnverhältnisse etc.) vor?

Ziehen Sie, wenn möglich zusammen mit Ihrem Partner bzw. Ihrer Partnerin, Bilanz: Welche Ziele haben Sie ganz oder teilweise erreicht? Wo haben Sie resigniert und aufgegeben? Welche Ziele haben sich verändert oder sind neu hinzugekommen? Auf dieser Grundlage wird es möglich sein, neue Perspektiven für das «zweite Leben» zu entwickeln. Nehmen Sie sich drei konkrete Dinge vor, die Sie im nächsten Jahr erreichen wollen. Halten Sie diese schriftlich fest – als Vertrag, den Sie mit sich selbst oder Ihrem Partner eingehen.

Verantwortung abgeben

Neuorientierung in der Beziehung zu den Heranwachsenden bedeutet erst einmal: Man muss an sie Verantwortung abgeben. Sie sind für die Gestaltung ihres Lebens (Studium, Lehre, Freundeskreis etc.) selbst zuständig. Rufen Sie sich einige Konflikte der letzten Zeit in Erinnerung: Ihr Sohn hat eine Polizeibusse wegen des frisierten Töfflis erhalten. Er bringt eine Freundin nach Hause, die Ihnen nicht gefällt. Die Tochter kauft sich eine neue Hose, die wie ein uraltes verschlissenes Stück aussieht. Sie schminkt sich und färbt ihre Haare in den grässlichsten Farben. Atmen Sie tief durch und versuchen Sie, die Entscheidungen Ihrer Kinder erst einmal zu akzeptieren. Selbstverständlich steht es Ihnen frei, darauf auch Ihre persönliche Meinung zu bekunden; diese sollte aber als Ihre Auffassung deklariert sein – ohne das Gegenüber persönlich anzugreifen und abwerten:

FALSCH:
– Du weisst einfach nicht, was sich gehört und wie man sich als junger Erwachsener benimmt.
– Du landest noch in der Drogenszene, wenn du dich so gehen lässt.
– Diese Jeans ist so gestört wie du seit einiger Zeit.

BESSER:
– Es tut mir leid, dass mir diese Musik nicht gefällt; aber ich kann damit wirklich nichts anfangen.
– Ich wäre froh, wenn du heute etwas anderes anziehen könntest. Sonst flippt Tante Berta wieder aus!
– Du musst selbst schauen, ob dein Chef diese Frisur akzeptiert.

Was noch wichtiger ist: Man sollte die Verantwortung nicht plötzlich und mit einem Schlag abgeben – weil man zu lange zugewartet hat und dann ins andere Extrem verfällt. Damit überfordert man Jugendliche. Am besten hat es sich bewährt, wenn Kinder möglichst früh und schrittweise selbst Entscheidungen treffen können. Das beginnt zum Beispiel schon im Kindergarten mit dem Sackgeld, über das sie frei verfügen dürfen. Aber auch später, bei der Gestaltung der Freizeit und der Hausaufgaben, haben sich die Eltern nicht ohne Not einzumischen. Nicht anders bei Kollegen und Freunden; da haben die Eltern nicht dreinzureden oder gar Vorschriften zu machen, wer zum Sohn oder zur Tochter «passt». Und nicht zuletzt muss es einem jungen Menschen erlaubt sein, Fehler zu machen, an denen er wächst und lernt.

Zum Beispiel der Ausgang

Doch illustrieren wir dieses allgemeine Prinzip der Selbstverantwortung an einem der Hauptkonflikte in vielen Familien, dem Ausgang. Das Problem ist altbekannt: Für die Jugendlichen ist er zu kurz und für die sogenannten Erziehungsberechtigten viel zu ausgedehnt. Sie machen sich Sorgen, was da alles passieren könnte – mit Alkohol, Sex und Drogen. Angela meint dazu: «Als ich mit meinen Freundinnen die Haare für eine Party farbig färbte und mir eine total flippige Hose anzog, sind sie zu Hause total ausgerastet. Sie verhängten gleich eine Ausgangssperre. Na, diese Spiesser! Da bin ich halt durchs Fenster. Du kannst dir vorstellen, was am andern Morgen los war.»

Ängste der Eltern und provokatives Verhalten der Tochter schaukeln sich gegenseitig auf. Die ausgefallene Kleidung und die bunten Haare lassen Fragen aufkommen wie: «Ist unsere Tochter in schlechte Gesellschaft geraten? Beginnt sie zu verwahrlosen?» Doch das Verbot macht die Tochter nur noch bockiger. Dabei sollten die Eltern ihr, dem «Produkt» der eigenen Erziehung, erst einmal vertrauen. «Wir haben uns natürlich auch Gedanken gemacht und sind unruhig wach gelegen, bis unser Sohn in der Samstagnacht nach Hause kam», meint eine weniger ängstliche Mutter. «Aber wir haben akzeptiert, dass er schon fast erwachsen ist und selber wissen muss, was für ihn gut ist. Das haben wir übrigens später auch nie bereut.»

Wer sich so verhält, muss seine heranwachsenden Kinder nicht auf Schritt und Tritt kontrollieren und bevormunden. Das heisst indessen nicht, dass man sich einfach zurückziehen kann und sich um seine Kinder nicht mehr zu kümmern braucht. Blosses «Laissez-faire» (gewähren lassen) ist wohl der schlechteste Ratgeber in der Erziehung. Grenzen setzen gehört auch bei Heranwachsenden dazu, schon weil klare Abmachungen ein Stück Verbindlichkeit für beide Seiten bringen. Martin P.: «Bei uns in der Familie galt die klare Regel, dass abends vor dem Fernsehen oder dem Ausgang die Hausaufgaben und häuslichen Ämtli erledigt sein mussten. Dann waren wir unter der Woche bis 21.30 Uhr frei. Es hat uns Geschwister damals schaurig gestört, wie ‹stur› und konsequent unsere Eltern daran festhielten. Heute bin ich aber froh, dass ich lernte, mir einen Rahmen zu geben, für den ich Verantwortung übernehme.»

Was man beim Ausgang berücksichtigen muss

Allgemeine Regeln anzugeben ist schwierig; denn diese hängen von der jeweiligen Wohn- und Lebenssituation ab:
• Auf dem Land sind die Bräuche generell noch strenger als in der Stadt, und man lässt den Jungen weniger Spielraum.
• Bei Mittelschülern, die zu Hause wohnen, wird die Freizeitregelung ganz anders aussehen als bei Lehrlingen, die täglich in die nächste Stadt pendeln und am Abend noch Weiterbildungskurse besuchen.
• Eine nicht unwesentliche Rolle spielt das Alter: So mag als Faustregel gelten, dass Vierzehnjährige unter der Woche um zehn Uhr abends zu Hause sein müssen, während sie am Wochenende einmal bis Mitternacht Ausgang erhalten. Achtzehnjährigen, die gesetzlich mündig sind, kann man hingegen kaum mehr Vorschriften machen.
• Es wäre zu viel verlangt, wenn vor allem ältere Kinder immer haargenau berichten müssten, wohin sie gehen und mit wem sie sich treffen. Hingegen sollten sie – wie auch ihre Eltern, wenn diese ausgehen – mitteilen, wann sie wieder zurückkommen.

Das Zusammenleben neu gestalten

Die Verantwortung abzugeben ist nur eine Seite der Ablösungsproblematik. Weil sich das Leben der Kinder durch Schule, Beruf und Freizeit so stark verändert, müssen neue Formen des Zusammenlebens in der Familie gefunden werden. So kann man Eltern durchaus verstehen, die sich aufregen: «Wir kommen uns wie in einem Hotelbetrieb vor. Jeder kommt und geht, wann es ihm passt. Zu sagen haben wir uns kaum noch etwas, und abends haben wir die Kinder schon seit Wochen nicht mehr zu Hause gesehen. Vielleicht begegnen wir ihnen am Morgen noch schnell in der Küche, wenn jeder im Stehen einen Kaffee hinunterschüttet. Oder es gibt Auseinandersetzungen, weil die älteste Tochter die Toilette zu lange belegt.»

Hier ist es nicht gelungen, mit dem Umstieg ins Jugendalter eine positive Form des partnerschaftlichen Umgangs zu finden – als jüngere und ältere Erwachsene. Die erwachsenen Söhne und Töchter sind verzogene Kinder geblieben, unfähig, für die Familiengemeinschaft Verantwortung zu übernehmen. Der Schritt ins Erwachsenenleben erschöpft sich nicht darin, alte Bindungen zu lösen. Vielmehr geht es auch darum, neue Verpflichtungen zu übernehmen – auch in der Familie. Oft wagt man indessen nicht, auszusprechen, was man voneinander erwartet oder was einen stört. Schliesslich könnte sonst der mühsam aufrechterhaltene Schein der Harmonie nachhaltig gestört werden. Wo eine akzeptable Form der Beziehung nicht erreicht wird, wäre es manchmal besser, die Konsequenzen zu ziehen und sich zu trennen.

Einen Weg, wie Eltern und Kinder gemeinsam zu Entscheidungen finden können, beschreibt Thomas Gordon anschaulich und praktisch in seinem Buch über die Familienkonferenz. Es ist all jenen Eltern zu empfehlen, die bis jetzt den Rank noch nicht gefunden haben, um ihre Kinder an den gemeinsamen Entscheidungen der Familie zu beteiligen (Thomas Gordon, Familienkonferenz, Reinbek 1971).

Ausziehen von zu Hause

Der sechzehnjährige Roman will nichts wie weg von zu Hause. Seine Eltern haben die ewigen Spannungen und Reibereien mit ihrem Sprössling ebenfalls schon lange satt. Doch Ausziehen kommt für sie nicht in Frage. «Wie sieht das für unsere Nachbarn aus?», meint die Mutter. «Die denken doch, dass wir mit unserem Sohn den Rank nicht mehr finden und unsere ganze Autorität verloren haben.» Zudem traut sie ihm einfach nicht zu, dass er es mit sechzehn schon schafft, auf eigenen Füssen zu stehen. Wenn es dann wieder einmal zum Krach kommt, endet die Diskussion meist mit einem Machtwort des Vaters: «Bis du erwachsen bist, haben wir schliesslich noch über die Erziehung zu bestimmen, basta.»

Wer bezahlt das Zimmer auswärts?

«Wenn unsere Tochter schon gegen unseren Willen auszieht, dann soll sie künftig auch finanziell allein schauen, wie sie zurechtkommt», lautet ein weit verbreiteter Irrtum. Eltern können sich ihrer Unterhaltspflicht nicht so einfach entledigen. Sie müssen weiterhin für ihr Kind aufkommen, sofern es ihnen finanziell zumutbar ist, und behalten darüber hinaus die übrigen Elternfunktionen (zur Unterhaltspflicht siehe auch Seite 277).

Sicher, die «elterliche Gewalt» liegt bei Vater und Mutter. Dennoch müssen sie sich die Frage stellen, ob die Beziehung zum Sohn oder zur Tochter mit Zwang zu retten ist. Vielleicht findet man eher wieder zueinander, wenn eine gewisse räumliche Distanz dazwischen liegt. Meist sind zudem auch die Ängste der Eltern übertrieben. Jugendliche sind ohne weiteres fähig, ihr Leben in die eigenen Hände zu nehmen, wenn auch manchmal unter Anfangsschwierigkeiten. So hat sich die 17-jährige Corinne vor lauter Freude über das eigene Zimmer beim Kauf der Möbel übernommen. «Für mich war das ein echter Lehrblätz», berichtet sie. «In den nächsten paar Monaten konnte ich mir überhaupt nichts leisten, weil ich meine Schulden abstottern musste.»

Auch die Erziehungsgewalt der Eltern hat im Übrigen Grenzen – wenn sie dem Wohl der Jugendlichen schadet. Sperren sich Mutter und Vater gegen einen Auszug, kann sich das Kind an die Vormundschaftsbehörde oder das Jugendamt wenden. Hier wird man mit allen Beteiligten zusammen die Situation eingehend diskutieren. Ist keine Einigung möglich, können die Behörden Jugendlichen auch gegen den Willen der Eltern die Zustimmung erteilen, das Elternhaus zu verlassen, wenn dies für ihre weitere Entwicklung die bessere Lösung ist.

Welche Versicherungen?

Führen die Eltern nach dem Auszug ihres Kindes seine Versicherungen nicht weiter, sollte es selbst für die wichtigsten sorgen:

• Ob man mit der Krankenkasse wirklich eine Luxusversicherung für die Privatbehandlung im Einerzimmer abschliessen soll, muss jeder für sich entscheiden. Oft finden Jugendliche ein Einerzimmer langweilig und öde und ziehen die Behandlung im Mehrbettzimmer, wo immer etwas läuft, sogar vor.
• Die Unfallversicherung ist nötig, wenn man nicht bereits durch den Arbeitgeber versichert ist. Dies kann sich beispielsweise für Studenten lohnen – vor allem auch eine Zahnunfallversicherung.
• Die Privathaftpflichtversicherung ist wichtig, denn durch die Risikobereitschaft vieler Jugendlicher geht oft etwas zu Bruch. Deshalb spart am falschen Ort, wer glaubt, auf eine solche Versicherung verzichten zu können. Sie sollte im Übrigen auch Mieterschäden und das «Lenken fremder Motorfahrzeuge» miteinschliessen – wenn zum Beispiel mit dem Auto von Kollegen einmal etwas passiert.
• Lebensversicherungen sind in diesem Alter überflüssig.

Verschiedene Wohnformen

Ob früher oder später, einmal kommt der Tag, an dem die Heranwachsenden eine eigene Wohnung oder ein eigenes Zimmer beziehen. Dann kommen mit einem Schlag viele neue Probleme auf sie zu. Zuallererst muss überlegt werden, welche Wohnform die passende ist: Will man allein und selbständig in einem Zimmer wohnen, oder sucht man den Anschluss an eine Wohngemeinschaft, kurz WG genannt? Wer ganz froh über eine lockere Betreuung und einen Anschluss an Kollegen ist, bevorzugt vielleicht ein Lehrlingsheim oder eine Jugendwohngruppe. Jede dieser Formen hat Vor- und Nachteile:
• Wer die Selbständigkeit im eigenen Zimmer oder der eigenen Wohnung bevorzugt, ist auf sich allein gestellt, wenn Probleme auf ihn zukommen. Die 17-jährige Barbara T. berichtet: «Als ich von zu Hause

wegzog, kamen hundertfünfzig neue Sachen auf mich zu. Zuerst liess ich zum Beispiel die dreckige Wäsche drei Monate herumliegen. Dann riss ich mich an einem freien Tag zusammen und raste in die Waschküche. Der Anschiss des Hausmeisters liess nicht lange auf sich warten: Heute sei ich mit der Waschmaschine nicht dran. Und ähnlich ging es noch eine Weile weiter.»

- Schliesst man sich dagegen einer Wohngemeinschaft an, wird man auch die gemeinsamen Pflichten übernehmen müssen, etwa beim Hausputz oder beim Abwaschen. Und vielleicht entdeckt man bald einmal, dass es Mitbewohner gibt, die einem auf die Nerven gehen. Zum Thema WG muss noch hinzugefügt werden: Früher hatte diese Wohnform oft einen ideologischen Anstrich. Es kamen Gleichgesinnte zusammen, die mit ihrer Wohnform gegen das bürgerliche Familienleben protestieren wollten. Diese Zeiten sind längst vorbei. WGs sind heute meist reine Zweckgemeinschaften, weil eine gemeinsame Wohnung billiger ist. Jedes Mitglied hat sein eigenes Zimmer und kann sich zurückziehen, wenn es dies wünscht.
- Der Übergang zu Jugendwohngruppen und Lehrlingsheimen ist im Übrigen fliessend, da auch diese oft in der Form von Wohngemeinschaften organisiert sind. Dazu kommt jedoch eine spezielle Betreuung durch Erwachsene (oft Erzieher oder Sozialarbeiter). Wie intensiv diese ist, muss im Einzelfall abgeklärt werden. Manchmal beschränkt sie sich auf ein freiwilliges Beratungsangebot. In anderen Fällen gibt es regelmässige Gespräche mit den Jugendlichen, oder es besteht ein eigentlicher Heimbetrieb.

Die eigenen vier Wände – und was dazugehört

Ist die passende Wohnform gefunden, kommen weitere Aufgaben auf die Jugendlichen zu:

1. Die Jugendlichen – bzw. vor der Mündigkeit ihre Eltern – müssen einen Mietvertrag unterzeichnen, der ohne Kosten meist nicht mehr rückgängig zu machen ist. Jedenfalls sollte man es sich gut überlegen, bevor man unterschreibt. Im Folgenden ist kurz festgehalten, worauf dabei besonders zu achten ist:

Hinweise zum Abschluss eines Mietvertrags

- Mietverträge sind meist vorgedruckte Formulare. Dennoch sollte man sich die Mühe machen, sie Punkt für Punkt durchzulesen, eventuell die Jugendlichen und ihre Eltern gemeinsam. Gerade wer seine erste Wohnung bezieht, muss zuerst einmal seine Rechte und Pflichten kennen lernen: Ab welcher Zeit wird Ruhe verlangt (meist ab abends 22 Uhr und über Mittag)? Wie steht es mit der Tierhaltung? Wenn Unklarheiten bleiben oder man nicht sicher ist, ob einzelne Bestimmungen des Vertrags zulässig sind, lohnt es sich, an die Schlichtungsbehörde für Mietverhältnisse (Adresse auf der Gemeinde erhältlich) oder – als Mitglied – an den Mieterinnen- und Mieterverband zu gelangen.
- Beim Einzug in die Wohnung darf man nicht vergessen, eine Mängelliste aufzustellen und diese dem Vermieter innert zehn Tagen mit eingeschriebenem Brief zuzustellen. Damit kann man ihm beim späteren Auszug beweisen, dass man an den festgehaltenen Schäden selbst keine Schuld hat.
- Wer eine Wohnung gemeinsam mit einem Kollegen oder einer Kollegin bezieht, muss wissen: Haben beide den Mietvertrag unterschrieben und geht einem von ihnen plötzlich das Geld aus, so haftet der andere für den ganzen Zins.
- Wenn jemand einen Untermieter in seine Wohnung aufnehmen will, so muss er erst den Vermieter fragen und sein Einverständnis einholen. Dieser kann die Zustimmung allerdings nur verweigern, wenn ihm dadurch wesentliche Nachteile entstehen – so etwa, wenn der neue Mieter nachweislich ein randalierender Alkoholiker wäre.
- Bei Auseinandersetzungen mit dem Vermieter wendet man sich an die Schlichtungsstellen für Mietverhältnisse; kommt es zu keiner Einigung, muss man notfalls gerichtlich vorgehen.

2. Wer nicht gerade in ein möbliertes Logis einzieht, muss Möbel und Einrichtungsgegenstände anschaffen. Damit diese nicht ein allzu grosses Loch in die Kasse reissen, lohnt es sich, nach Occasionsmöbeln Ausschau zu halten – etwa im nächsten Brockenhaus. Vielfach haben auch Bekannte und Verwandte etwas abzugeben, das sie nicht mehr brauchen. Für Jugendliche ist dies oft spannender, als

wenn die Eltern im Möbelhaus ihr Scheckbuch zücken. Mit etwas Phantasie und handwerklichem Geschick lassen sich alte Sachen topschick herrichten.

3. Eltern fragen sich häufig, wie es mit der Haftung steht, wenn ihr unmündiger Sohn beim späteren Auszug beispielsweise Zigarettenlöcher im Spannteppich hinterlässt. Müssen sie dann für die Sünden ihres Sprösslings aufkommen? Die Antwort lautet klar: Nein. Grundsätzlich haften Eltern zwar für ihre Kinder. Dies setzt aber voraus, dass sie die nötige Aufsicht ausüben können. Bei einem Sohn oder einer Tochter, die ausgezogen sind, ist dies nicht mehr der Fall. Der Geschädigte wird sich direkt an den Verursacher halten müssen. Auch in dieser Hinsicht wird der Jugendliche also seine eigene Verantwortung beweisen müssen (zur Haftung siehe auch Seite 263).

Die Qual der (Berufs-)Wahl

«Berufswahl, das bringt doch nichts», meint der 14-jährige Yves. «Ich will nur gerade so viel jobben, dass ich leben kann. Wer wie mein Alter zweiundvierzig Stunden lang bügelt, dem ist nicht zu helfen.» Ihm widerspricht seine Klassenkameradin Eliane: «Ob in ein paar Jahren das Geld auch noch auf der Strasse liegt, ist für mich schon eine Frage. Wenn es zum Beispiel zu einer grösseren Arbeitslosigkeit kommt, fliegen die Ungelernten zuerst raus. Krampfen ist nicht mein einziges Lebensziel. Aber wer besser ausgebildet ist, der kann sich auch mehr leisten.»

Yves und Eliane sind typische Vertreter der jungen Generation: Einerseits ist für sie die Arbeit weniger wichtig als früher. Was Jugendliche «sind», bemisst sich zu einem guten Teil daran, was sie in der Freizeit gelten. In der bereits zitierten Untersuchung des Zürcher Meinungsforschungsinstituts Publitest meinten denn auch 79 Prozent der Befragten, sie wollten nicht leben, um zu arbeiten, sondern arbeiten, um zu leben. Rund 70 Prozent der 14- bis 17-jährigen fänden es «ganz oder teilweise ideal», nicht voll zu arbeiten.

Auf der anderen Seite anerkennen viele Jugendliche den Wert einer guten Grundausbildung. Denn es gilt: Je besser man qualifiziert ist, desto eher findet man einen Beruf, in dem man sich zu einem Stück selbst verwirklichen kann. Desto eher wird man auch einen gut bezahlten Job finden, mit dem man sich seine Freizeitbedürfnisse erfüllen kann – oder der einem sogar erlaubt, nicht voll zu arbeiten und trotzdem genügend zu verdienen.

Kampf um die Berufswahl

Sollten die Eltern mit dem Beruf ihres Sohnes oder ihrer Tochter nicht einverstanden sein und sich auch nach mehreren Überzeugungsversuchen querlegen, müssen sich diese an das Jugendamt oder die Vormundschaftsbehörde wenden. Dort wird man sie unterstützen, sofern ihr Berufswunsch einigermassen realistisch ist. Denn es ist das Recht jedes Jugendlichen, den Beruf zu lernen, der seinen Wünschen und Fähigkeiten entspricht.

Das gilt insbesondere auch für Mädchen, die manchmal noch

> den dummen patriarchalischen Spruch zu hören kriegen: «Was willst du einen so anspruchsvollen Beruf erlernen; du heiratest ja doch bald einmal.» Es dürfte sich langsam herumgesprochen haben, dass Beruf und Berufskarriere heutzutage auch für Frauen einen wichtigen Teil ihres Lebens bilden, der nicht einfach zugunsten eines – angesichts heutiger Scheidungsraten recht unsicheren – Eheglücks hintangestellt werden sollte.

Berufswahl: Weg in die Arbeitslosigkeit?

Die Statistiken belegen, dass die Jugendarbeitslosigkeit zu einem immer grösseren Problem wird. Nicht dramatisch ist es, wenn die Arbeitslosigkeit nur kurz dauert, weil man zum Beispiel die gewünschte Stelle nicht gleich findet. Zunehmend gibt es jedoch auch bei Jugendlichen Langzeitarbeitslosigkeit. Benachteiligt sind dabei die ohnehin schon schwachen Schichten der Bevölkerung. Die Situation für viele ausländische Jugendliche, z. B. aus Ex-Jugoslawien oder der Türkei, ist besonders dramatisch, da sie bei Arbeitgebern oft auf starke Vorbehalte stossen.

Ob sich die Lehrstellensituation kurzfristig wieder verbessert, hängt von der allgemeinen Wirtschaftslage ab. Verhängnisvoll wirkten hier zwei Entwicklungen zusammen: Einerseits kosten Betriebsschliessungen und -restrukturierungen, die aus Gründen der Wirtschaftskrise erfolgen, immer wieder hunderte von Stellen. Gleichzeitig hat der technische Fortschritt dazu geführt, dass dank elektronischer Datenverarbeitung im Dienstleistungsbereich stark rationalisiert werden kann bzw. muss.

Solange sich jedoch die Konjunktur nicht erholt, bleiben die Aussichten für den Lehrstellenmarkt düster. Zwar hat man in den vergangenen Jahren die Wirtschaft mit Erfolg immer wieder ermuntert, neue Lehrstellen zu schaffen, doch dieses Potential wird bald einmal ausgeschöpft sein. Die Krise äussert sich zudem nicht nur in der wachsenden Anzahl stempelnder Jugendlicher. Viel gravierender ist das Problem der zunehmenden Zahl von ungelernten Arbeitskräften. Diese geraten in einen Teufelskreis: Ohne gute Ausbildung bleiben sie ihr Leben lang Hilfskräfte; und wenn die Arbeitlosigkeit weiter wächst, sind ihre Stellen zuerst gefährdet – nach dem Motto: Den letzten beissen die Hunde.

Das alles heisst nicht, die Hände resigniert in den Schoss zu legen, weil es «ohnehin nichts nützt». Angesichts einer konstanten Sockelarbeitslosigkeit von rund 5 Prozent ist es noch wichtiger, die Weichen frühzeitig zu stellen, damit man möglichst grosse Zukunftschancen hat. Hilfreich für die Berufswahl sind folgende Schlüsselüberlegungen:

Einige Regeln zur Berufswahl

1. Problematisch kann es sein, wenn man sich auf ein zu enges Berufsfeld spezialisiert. Das kann zur Sackgasse werden, aus der es kaum mehr einen Ausweg gibt. Wenn sich die Technologien verändern, wird gerade den Spezialisten oft die Existenzgrundlage genommen. So hat sich in den letzten Jahren das Druckereigewerbe völlig verändert – obwohl gerade diese Ausbildungsgänge früher als besonders zukunftssicher galten.

Auch Fachleute in der Berufsbildung beurteilen heute die zu grosse Spezialisierung der Lehrberufe skeptisch. Tendenziell sollte ihrer Meinung nach das Angebot gestrafft und Kerngruppen von Lehrberufen mit einer gemeinsamen Grundbildung geschaffen werden. Für den Einzelnen heisst es aber schon heute: lieber eine breite Grundbildung als eine (zu) enge Ausbildung, die kaum weiterführende Möglichkeiten eröffnet. Deshalb bevorzugen viele Jugendliche möglichst breite Grundausbildungen, wie sie z. B. im kaufmännischen Bereich angeboten werden. Der Abschluss gilt hier oft nur als erste Etappe, die noch vieles offen lässt. Die eigentliche Spezialisierung erfolgt erst später – je nach Stelle, für die man sich bewirbt. Als neue Möglichkeit ist in den letzten Jahren die Berufsmittelschule (vgl. auch S. 115) hinzugekommen, die eine doppelte Qualifikation vermittelt. Absolventen und Absolventinnen der BMS sind gelernte Berufsleute und können sich nach der Lehre prüfungsfrei an Fachhochschulen weiterbilden.

2. Problematisch ist das schnelle Geld bei «ungelernten» Jobs oder ein- bis zweijährigen Anlehren. So angenehm ein Verdienst von 2500 Franken gegenüber einem kargen Lehrlingslohn anfänglich auch ist, viele bereuen es später, dass sie keine Basis erworben haben, um sich beruflich weiterentwickeln zu können. Denn heute setzen berufliche Karrieren meist bestimmte Bildungsabschlüsse und Diplome voraus. So kann es bitter sein, wenn

> man später erheblich weniger verdient, obwohl man die gleichen Arbeiten ausführt wie jene, die das «richtige Papier» in der Tasche haben.
> 3. Auch für Behinderte ist eine intensive Ausbildung von Vorteil. Je besser sie in ihrer Kindheit und Jugendzeit gefördert wurden, desto eher sind sie später in der Lage, sich selbständig durchs Leben zu bringen. Wer erst später invalide wurde, hat Anspruch auf Eingliederungsmassnahmen der IV. Diese Möglichkeiten sollten genutzt werden, um wieder in einem anspruchsvollen und befriedigenden Beruf tätig werden zu können.

Generell zeigt die Entwicklung der letzten Jahrzehnte, dass immer mehr Jugendliche länger die Schulbank drücken. Einige Zahlen mögen dies belegen: Besuchte noch um 1900 nur 1 Prozent eines Jahrgangs die Mittelschule, so sind es heute bereits um die 15 Prozent. Die Zahl der Hochschulstudenten und -studentinnen hat sich seit den fünfziger Jahren von 5 Prozent auf bald 10 Prozent eines Jahrganges erhöht. Auch dies spiegelt den Trend einer möglichst hohen Sockelbildung, die für die Zukunft am sichersten ist und am meisten Möglichkeiten bietet. Um so problematischer sind die aktuellen Ansätze, die Bildungshürden zu erhöhen und z. B. an Mittelschulen wieder Schulgelder einzuführen.

Lehre oder Matura?

Für Jugendliche stellt sich am Ende der Volksschule die grosse Frage, ob sie weiter die Schule besuchen oder in eine Lehre wechseln wollen. Das hängt von vielen Dingen ab:

– Reichen die Schulleistungen für den Besuch einer höheren Schule?
– Hat der Jugendliche Freude am Stillsitzen oder den Schulverleider?
– Ist er oder sie eher handwerklich oder «intellektuell» begabt?

Leider wird diese Weichenstellung heute sehr früh verlangt, je nach Kanton bereits nach dem fünften oder sechsten Schuljahr. Schon in diesem Alter muss man sich also für einen Ausbildungsweg entscheiden. Dabei wird unsicheren Eltern oft geraten, auf eine weiterführende Schulbildung zu setzen. «Bildung kann man gar nicht zu viel haben, wenn man die Zukunft absichern will», lautet ein oft gehörtes

Argument. Dennoch ist es falsch, die Lehre generell als schlechteren Weg mit geringeren Berufschancen abzustempeln. Richtig ist allenfalls, dass die für das Berufsbildungswesen Verantwortlichen dafür sorgen müssen, dass der berufliche Ausbildungsweg nicht ins Hintertreffen gerät.

Wichtiger als das Diplom, das man am Schluss im Sack hat, sind die Freude und die Motivation für eine Ausbildung. Um den richtigen Weg zu einem befriedigenden Beruf zu finden, sollten Jugendliche vor allem über ihre Fähigkeiten und Interessen Bescheid wissen:

• Sind sie eher technisch, künstlerisch oder sozial interessiert? Gehen sie lieber mit Sachen oder mit Menschen um? Jeanine K. erzählt: «Ich war in den letzten Jahren eine begeisterte Wölfli-Führerin bei den Pfadfindern. Mit Kindern umzugehen hat mir gefallen. Deshalb gehe ich jetzt auch ans Lehrerseminar.» Peter K. dagegen, der schon als Kind am liebsten draussen spielte und kein Flair für Bücher hatte, weiss: «Es muss ein Beruf sein, wo ich an der frischen Luft bin. Vielleicht mache ich eine Maurerlehre.»

• Ist ein Junge oder ein Mädchen eher praktisch oder theoretisch begabt? Unterschätzt man vielleicht die Anforderungen des gewünschten Berufes? Der Wunsch, anderen Menschen zu helfen, reicht allein nicht aus, wenn man zum Beispiel Arzt werden will. Wer die schulischen Voraussetzungen oder die notwendige Begabung dazu nicht mitbringt, sollte sich besser frühzeitig nach anderen Möglichkeiten umsehen. Sich realistisch einzuschätzen und nicht Illusionen nachzujagen ist eine wichtige Aufgabe für alle, die vor der Berufswahl stehen. Eltern, Lehrer und Erzieher können viel zum Erfolg beitragen, indem sie aufgrund ihrer Lebenserfahrung die Jungen beraten, ohne sie indessen gleich zu entmutigen.

• Um seine Fähigkeiten kennen zu lernen, kann man sich auch überlegen, welchem «Lerntyp» man angehört. Denn nicht jeder lernt mit allen seinen Sinnen gleich leicht. Die einen nehmen besonders gut optische Reize wahr. Sie müssen alles vor Augen haben, um zu lernen. Andere haben dann bessere Erfolge, wenn sie eine Fremdsprache hören, während Dritte das zu Lernende möglichst mit Händen greifen möchten. Dann gibt es auch den intellektuellen Typ, der sich am liebsten in Bücher vergräbt. Für die Berufswahl sollten sich deshalb Jugendliche möglichst ehrlich fragen:

- Wie habe ich in der Schule am leichtesten gelernt: durch Lesen, Hören, Sehen oder Tun?
- Welche dieser vier Bereiche werden in dem von mir gewählten Berufsfeld besonders häufig angesprochen?
- Braucht es in der angestrebten Ausbildung besondere Fähigkeiten in einem dieser Bereiche?

Wer noch mehr über diese Lerntypen wissen will, kann sich zum Beispiel mit dem Lerntypen-Test von Frederic Vester auseinandersetzen (zu finden in: Frederic Vester, Denken, Lernen, Vergessen, München 1978, dtv 1327). Ein solcher Test sollte aber wenn möglich zusammen mit einem psychologisch geschulten Fachmann und nicht privat durchgeführt werden.

Schwankt Ihr Sohn oder Ihre Tochter zwischen Matura und Lehre und hat Mühe, sich zu entscheiden, könnte es hilfreich sein, die folgenden Fragen zu beantworten, die vom Berufsberater Reinhard Schmid zusammengestellt wurden. Dabei ist entweder A oder B anzukreuzen:

A	B
☐ Ich bin bereit, nochmals 4 bis 8 Jahre an einer Schule weiterzulernen (4 Jahre Mittelschule und ungefähr 4 Jahre Hochschule).	☐ Ich möchte nicht mehr länger nur zur Schule gehen, sondern mich auch mit praktischen Dingen der Berufswelt befassen.
☐ Ich gehe im Allgemeinen gerne zur Schule. Das Lernen fällt mir leicht, der Stoff der meisten Schulfächer interessiert mich.	☐ Ich würde nur weiterhin in die Schule gehen, weil ich nicht weiss, was ich anderes tun könnte. So habe ich immer noch viel Ferien und muss mich nicht mit der Berufswahl befassen.
☐ Meine Leistungen in den Schulfächern Deutsch, Französisch, Algebra, Geometrie sind eher überdurchschnittlich (Noten besser als 4,5).	☐ Meine Schulleistungen in diesen Fächern sind eher mittelmässig (Noten unter 4,5).
☐ Bloss die Aufgaben zu erledigen, befriedigt mich nicht. Es gibt Fächer, die mich besonders interessieren, dort lese ich noch zusätzliche Literatur.	☐ In der Freizeit mache ich für die Schule nur gerade das Nötigste.

☐ Ich erledige meine Schularbeiten selbständig und kann mich gut organisieren. Ich kann mich während längerer Zeit konzentrieren und mich auf ein gutes Gedächtnis stützen.

☐ Ich erledige meine Schularbeiten nur, wenn ich dazu Lust habe oder wenn man mich dazu anhält. Ich habe immer noch keine eigene Arbeitsmethode gefunden.

☐ Ich arbeite nicht wesentlich mehr oder länger als meine Kameraden, um meine guten Leistungen halten zu können. Es bleibt mir noch genügend Zeit für meine Hobbys.

☐ Auch wenn ich mich vermehrt anstrengen würde, könnte ich meine Leistungen nicht entscheidend verbessern.

Wer in über der Hälfte der Fälle ein B angekreuzt hat, sollte sich nochmals überlegen, ob der Besuch der Mittelschule für ihn wirklich das richtige ist (Quelle: Reinhard Schmid, Wegweiser zur Berufswahl, Bülach 1991).

Was tun, wenn Unsicherheiten zum Beruf bleiben?

Für Eltern ist es oft schwierig, ihre Kinder bei der Berufswahl zu beraten. Beim rasanten technologischen Wandel der letzten Jahre wissen sie über den aktuellen Stand in den Berufsfeldern kaum Bescheid. Und auch die Anforderungen der weiterführenden Schulen haben sich in den letzten dreissig Jahren stark verändert, neue Schultypen sind dazugekommen.

So ist es eine Hilfe, dass man in den letzten Klassen der Volksschule im Unterricht die Probleme der Berufswahl bespricht und oft auch Betriebsbesichtigungen durchführt oder erfahrene Berufsleute in die Schule einlädt. Auch Gespräche mit Lehrern und Lehrerinnen können Hinweise geben, ob nach ihren Erfahrungen eher eine weitere Schulkarriere oder eine Lehre in Frage kommt. Doch man sollte sich nicht auf die Schule allein verlassen. Diese ersten Informationen genügen nur selten. Besser ist es, sich frühzeitig auch privat umzusehen.

Erstes Gebot: Jugendliche sollten einen Berufsberater aufsuchen, um mit ihm zusammen ihren Neigungen und Stärken besser auf die Spur zu kommen. So kann sachlich geklärt werden, ob die Wünsche und Vorstellungen der Realität standhalten. «Ach, was bringen all diese Tests; damit kann man doch nur einen kleinen Teil des Menschen erfassen», lautet ein verbreitetes Vorurteil. Der Pfäffiker Berufsberater Armand Pirovino macht indessen im Beobachter-Ratgeber «Das Lehrlingsbuch» deutlich, dass solche Methoden in der Berufsberatung lediglich eine Hilfsfunktion haben: «Es gibt viele Beratungen ohne Tests. Tests sind sinnvoll, wenn ein Gespräch in Gang gesetzt werden soll. Diese Hilfsmittel können, wenn sie einfühlsam in den ganzen Beratungsprozess eingebettet sind, durchaus einen Schritt weiterhelfen, etwas auslösen. Ich mache Tests nur, wenn der Jugendliche es auch will. Testergebnisse sind nicht einfach Antworten, sie bilden Grundlagen, mit denen wir uns intensiv auseinandersetzen müssen.»

Für eine Beratung muss man sich frühzeitig anmelden, da sie oft vier bis sechs Sitzungen umfasst, die sich über mehrere Monate verteilen können. Neben den öffentlichen gibt es auch private Berufsberatungen, die aber schnell tausend Franken und mehr verlangen. In schwierigen Fällen kann sich diese Summe trotzdem lohnen, weil die Beratung hier besonders intensiv ist und vielleicht ein ganzes Berufsleben davon abhängt.

Neben der individuellen Berufsberatung sollte man alle anderen Möglichkeiten zur Berufsinformation ausschöpfen:
- Bei den öffentlichen Berufsberatungen und im Buchhandel kann man sich Informationen zu verschiedenen Berufsfeldern verschaffen. Hier hilft zum Beispiel weiter: Versandbuchhandlung des Schweizerischen Verbandes für Berufsberatung, Zürichstrasse 98, 8600 Dübendorf.
- Auch Zeitungen und Zeitschriften berichten häufig in verschiedensten Zusammenhängen über Probleme aus Berufsfeldern. Eventuell kann man auch einmal einen Blick in jene Fachzeitschriften werfen, die über den gewünschten Beruf berichten.
- Radio und Fernsehen informieren ebenfalls immer wieder über Berufsfragen – zum Beispiel über Probleme des technologischen Wandels. Es lohnt sich, die Programmzeitschriften gezielt auf solche Sendungen hin durchzublättern.
- Hilfreich kann es sein, mit Berufsleuten oder Lehrlingen zu sprechen, die im gewünschten Beruf arbeiten. Kennt man niemanden aus dem Kollegenkreis, sollte man sich nicht scheuen, direkt an einen Betrieb in der Nachbarschaft zu gelangen. Sicher wird dort jemand zu Auskünften bereit sein.
- Sinnvoll sind auch Schnupperlehren. Sie sollten aber nicht am Anfang der Berufswahl stehen, wenn man noch total unsicher ist. Es besteht sonst die Gefahr, dass man aus purer Bequemlichkeit oder wegen eines guten Lehrangebots dabei bleibt – und vielleicht erst nach Lehrbeginn merkt, dass man sich zu übereilt entschieden hat. Schnupperlehren sind eher ein Mittel, nach einer ersten Wahl in der

Praxis nochmals zu überprüfen, ob die getroffene Entscheidung richtig ist.

Zum Schluss eine Warnung: Manchmal hat man den Eindruck, dass es eigentlich die Eltern sind, die einen Beruf wählen. Sie sammeln rastlos Informationen, üben Druck aus und geben ungefragt Kommentare ab: «Nein, ein handwerklicher Beruf ist doch nichts für dich, bei deiner kaufmännischen Begabung.» Vor solcher Einmischung sollte man sich hüten. Denn am Schluss müssen die Jugendlichen zu ihrer Entscheidung stehen können und nicht ihre Eltern. Sonst kann es ihnen gehen wie der Mutter der heute 24-jährigen Büroangestellten Rita, die sich von ihrer Tochter den Vorwurf gefallen lassen muss: «Warum hast du mir nur immer die Ohren von einer Bürolehre vollgeschwatzt? Vielleicht weil du selbst einmal Chefsekretärin warst. Ich bin damals gar nie auf den Gedanken gekommen, dass auch etwas anderes in Frage gekommen wäre. Heute weiss ich jedoch, dass dadurch meine künstlerische Begabung unter die Räder gekommen ist.»

Evi: «Ich will kein Rädchen in der Masse sein»

Als sie acht Jahre alt war, starb ihre Mutter: Evi S., 18-jährig, Grafiklehrtochter aus Zürich, verbrachte ihre Kindheit im ständigen Wechsel zwischen Pflegefamilie und Vaterhaus. So lernte sie bald einmal, auf eigenen Füssen zu stehen.

«Schwarz ist meine Lieblingsfarbe. Eigentlich bin ich immer schwarz angezogen, und zwar von Kopf bis Fuss. Ich glaub, in meinem Kleiderschrank hats fast kein einziges Kleidungsstück, das nicht schwarz ist. Sogar mein Augen-Make-up ist meist schwarz. Ich finde diese Farbe nicht düster, sondern glaube, dass Schwarz einfach gut zu mir passt. Und wenn die Leute dann auf mich zukommen und fragen: ‹He, Evi, bist du in Trauer oder was?›, so ist mir das egal. Ich hänge nämlich nicht einfach irgendeiner Mode nach, sondern will meinen eigenen Stil pflegen.

Ich muss eine eigene Meinung haben
Vielleicht will ich mit meinem Äusseren auch auf mein Inneres aufmerksam machen. Ich will nämlich auf keinen Fall einfach nur ein Rädchen in der Masse sein; das wäre das Schlimmste, was mir passieren könnte. Ich versuche, ein möglichst eigenständiges Leben zu führen. Und dies hört nicht bei den Klamotten auf: Ich muss auch eine eigene Meinung haben und lernen, mich durchzusetzen. Nur so werde ich von den anderen überhaupt ernst genommen.

Möglichst viel Selbständigkeit
Das gilt besonders auch fürs Elternhaus. Eltern und Kids sollten zusammen schauen, dass sie sich gegenseitig möglichst viel Selbständigkeit lassen. Die Jungen dürfen den Eltern nicht ständig am Rockzipfel hängen, und umgekehrt sollen Mütter und Väter ihre Sprösslinge nicht

total bevormunden. Bei mir hat sich das gut eingespielt: Weil meine Mutter starb, als ich acht Jahre alt war, hat mein Vater für mich sorgen müssen, und ich bin in eine Pflegefamilie gekommen. So habe ich vom Vater viel Selbständigkeit gelernt, und von meinen Pflegeeltern hab ich das Familienleben mit allem Drum und Dran mitbekommen.

Das Loslassen bewusst angehen
So ist bei uns das gegenseitige Loslassen relativ problemlos über die Bühne gegangen. Seit mehr als einem Jahr wohne ich in Zürich; ab und zu besuche ich meine Pflegefamilie im Aargau oder meinen Vater in Dietikon. Wichtig ist, das Loslassen bewusst anzugehen. Verlassen die Kinder das Elternhaus, sollen sie die Türe nicht definitiv ins Schloss fallen lassen, sondern den Kontakt aufrechterhalten. Andererseits müssen die Eltern ihr Haus offen lassen, ohne sich am Nachwuchs festzuklammern.

Was man unbedingt vermeiden sollte, ist, überstürzt auszuziehen. Kann man nämlich noch nicht wirklich auf eigenen Füssen stehen, muss man nach ein paar Wochen oder Monaten wieder bei den Eltern ankriechen. So etwas wollte ich auf keinen Fall riskieren; dazu wäre ich zu stolz gewesen. Zudem ists beim zweiten Mal dann noch schwieriger. Den Eltern empfehle ich, einen Mittelweg zu suchen. Braucht ein Kind Hilfe, soll es nicht auf den Knien darum bitten müssen. Umgekehrt dürfen die Eltern ruhig auch mal sagen: ‹So, dieses Problem musst du jetzt einmal selbst lösen.›

Über Sex rede ich mit meiner Freundin
Aber nicht nur zu den Eltern will ich ein gutes Verhältnis; auch Kolleginnen und Kollegen sind wichtig. In gewissen Bereichen ziehe ich meine Kumpels den Eltern vor: Über Sexualität zum Beispiel spreche ich lieber mit meiner Freundin. Aufklärung können Eltern nämlich in den seltensten Fällen recht anpacken. Die alte Geschichte mit den Bienchen und so zieht bei den Jungen schon lange nicht mehr.»

Und ausserdem

Ausziehen und loslassen

In akuten Krisensituationen können sich Eltern an den **Elternnotruf** wenden – so etwa, wenn sie ihr Kind geschlagen haben oder wenn in der Familie ein sexueller Missbrauch vorkommt. Man kann diese Beratungsstelle aber auch benutzen, wenn man einfach nicht mehr weiss, wie es mit dem Sohn oder der Tochter weitergehen soll. Wichtig ist, dass die Elternnotrufe absolut vertraulich arbeiten und keinerlei Informationen an Amtsstellen oder an die Polizei weiterleiten. Man hat sogar die Möglichkeit, bei seinem Anruf anonym zu bleiben (Adressen im Anhang, Seite 289).

Fast Food ziehen Jugendliche oft dem Sonntagsbraten oder einem Kantinenessen vor. Hamburger Lokale gehören zu den beliebtesten Treffpunkten: Ein Big Mac mit einer Cola ist für viele Junge nicht bloss ein Essen, er verkörpert den «American way of life». Ob diese Ernährung allerdings zuträglich ist, steht auf einem anderen Blatt, da Fast-Food-Mahlzeiten einen übertrieben hohen Fettgehalt aufweisen. Gemäss Professor Yves Schütz von der Schweizerischen Gesellschaft für Ernährungsforschung in Lausanne bestehen sie zu 40 bis 60 Prozent aus Fett. Wer sich über die Gasse verpflege, nehme pro Minute durchschnittlich zweieinhalbmal mehr Kalorien zu sich als bei einem gemütlichen Essen am Familientisch. Dennoch sollte man den Jungen ab und zu einen Hamburger gönnen. Tip: ein Rüebli oder einen Apfel mitgeben; diese werten als Beilage eine solche Mahlzeit auf. Ungesund wird es höchstens dann, wenn Jugendliche sich fast nur noch von der schnellen Kost ernähren.

Notschlafstellen für Jugendliche, die vorübergehend ohne Unterkunft sind, gibt es in verschiedenen Städten. In der Stadt Zürich ist es zum Beispiel das «Schlupfhus», in Basel die «Notschlafstelle für Jugendliche». Jugendliche, die in eine solche Situation kommen, wenden sich am besten an ein Jugendamt oder eine Jugendberatungsstelle. Dort wird man ihm oder ihr bei der Suche nach einer Bleibe behilflich sein. Dasselbe ist Eltern zu raten, die feststellen müssen, dass es zu Hause einfach nicht mehr geht.

Dürfen Eltern die **Post** ihrer Kinder öffnen? Bei der 15-jährigen Daniela Z. hat es deswegen grossen Streit gegeben. Die Mutter ist nämlich freudestrahlend mit einem geöffneten Brief auf sie zugekommen: «Schau mal, du hast in einem Wettbewerb 200 Franken gewonnen.» Daniela ist das jedoch in den falschen Hals geraten: «Was unterstehst du dich, meine Post zu öffnen. Das geht dich gar nichts an!»

Die Tochter ist mit ihrer Kritik grundsätzlich im Recht. Der Brief- und Postverkehr gehört zur intimsten persönlichen Sphäre eines Menschen. Auch beim Heranwachsenden ist dies zu respektieren. Eltern haben weder in der Post ihrer Kinder herumzuschnüffeln noch deren Briefe zu öffnen. Es liegt im Ermessen von Töchtern und Söhnen, ob sie den Eltern darin Einblick gewähren wollen. Nicht immer muss dies indessen Anlass zu Konflikten geben. Oft werden Junge sogar froh sein, wenn der Vater oder die Mutter bei der Beantwortung eines komplizierten Behördenbriefes helfen oder Tips zum weiteren Vorgehen geben können.

Die Höhe des **Taschengeldes** ist bei Jugendlichen oft ein Stein des Anstosses – denn Geld hat man immer zu wenig. Dennoch ist es schwierig, allgemeine Regeln anzugeben. Je nachdem, ob man in der Stadt oder auf dem Land wohnt, Schüler oder Lehrling ist, Kurse oder die Schule ausserhalb besucht, sind die Ansprüche ganz unterschiedlich. Werden notwendige Ausgaben wie das Kantinenessen, das Bahnabonnement, die Schulbücher, das Kursgeld für die Weiterbildung etc. abgezogen, sollten für Vergnügungen und laufende Ausgaben 30 bis 80 Franken pro Monat zur Verfügung stehen. Dazu drei Beispiele:

- Der 13-jährige Hannes L. geht noch in die Sekundarschule. Mit seinem Sackgeld von monatlich 30 Franken muss er auskommen. Allerdings erhält er manchmal einen Zustupf, wenn er etwas Besonderes leistet (im Garten, beim Frühjahrsputz oder Autowaschen hilft). Davon kauft er dann eine Compact Disc oder auch einmal ein Sachbuch.
- Die 16-jährige Tanja L. ist in der Lehre. Sie gibt einen Teil des

Stiftenlohnes zu Hause ab und kann über den Rest frei verfügen. Allerdings zahlt sie daraus auch Kleider, Fahrspesen zum Arbeitsplatz etc. Als sie mit den Eltern zusammen ein Budget aufstellt, errechnet sie, dass ihr als Taschengeld für Kino, Disco und andere Vergnügungen monatlich 75 Franken übrig bleiben.
• Der 17-jährige Thomas K. besucht das Gymnasium. Pro Monat erhält er von den Eltern 60 Franken. Daneben trägt er einmal pro Woche Zeitungen aus. Diesen Betrag darf er für sich behalten, um Theaterbesuche und kleine Anschaffungen zu finanzieren.

So unterschiedlich die Taschengeldlösungen im Einzelnen sind, in einem stimmen die Pädagogen überein: Das Sackgeld ist ein fester Bestandteil des Alltags der Jugendlichen, auf das sie zählen können. Es sollte keinesfalls als Belohnung oder Bestrafung – etwa durch Kürzung bei Fehlverhalten – eingesetzt werden. Besonders wichtig ist die erzieherische Bedeutung: Mit dem Taschengeld lernen die Jungen, ihre Ausgaben zu planen, einen Teil ihres Geldes für Anschaffungen zurückzulegen und die Konsequenzen zu tragen, wenn sie nach einer Woche schon «blank» sind.

Militär

Mit der **Aushebung** beginnt die militärische Karriere eines Jugendlichen. Er erhält als 19jähriger ein Aufgebot, untersteht an diesem Tag dem Militärgesetz und handelt als Militärperson. Die Aushebung dauert einen ganzen Tag und umfasst eine Turnprüfung, eine militärärztliche Untersuchung zur Abklärung der Tauglichkeit sowie die Zuteilung zu einer Truppengattung im Aushebungsgespräch.

Die **Dienstverweigerung** wurde bis vor kurzem noch mit Gefängnis bestraft. Erst 1992 hat das Volk der Einführung eines Zivildienstes zugestimmt, ist dabei aber nicht so weit gegangen, wie sich das manche Militärkritiker erhofften. So besteht nach wie vor der Grundsatz der allgemeinen Wehrpflicht. Es ist jedoch möglich, einen zivilen Ersatzdienst abzuleisten, wenn man überzeugend nachweisen kann, dass der Militärdienst mit dem eigenen Gewissen nicht zu vereinbaren ist. Zivildienst kann jedoch nur geleistet werden, wenn man militärdiensttauglich ist. Wer untauglich ist, kann also nicht zwischen Militärpflichtersatz und Zivildienst wählen. Zudem gibt es keine freie Wahl zwischen Militär- und Zivildienst. Zivildienst soll nach dem Willen des Gesetzgebers die Ausnahme sein – dann nämlich, wenn es gelingt, die eigene Gewissensentscheidung glaubhaft zu machen. Abschreckend soll zudem die Länge wirken, die das Anderthalbfache des Militärdienstes beträgt, nämlich 450 Tage. In der bundesrätlichen Botschaft zum Gesetz hiess es dazu: «Schliesslich sei der Zivildienst dergestalt weniger attraktiv, die Zahl der zivildienstpflichtigen Personen geringer, der Vollzug des Zivildienstes damit eher sichergestellt und der Bestand der Armee gewährleistet.»

Wer sich für den Zivildienst interessiert, muss wissen:
- Wer Zivildienst leisten will, vermeidet keinesfalls die Aushebung. Erst nachher oder mindestens drei Monate vor einer militärischen Dienstleistung ist das schriftlich begründete Gesuch einzureichen. Beizulegen ist ein ausführlicher Lebenslauf, das Dienstbüchlein und ein Strafregisterauszug. Nützlich können Referenzen – z. B. vom Pfarrer oder einem Lehrer – sein, welche den Gewissenskonflikt bezeugen.

- Einige Wochen später wird man von einer dreiköpfigen Anhörungskommission über die Gewissensgründe befragt. Zu dieser Anhörung kann man auch einen Beistand mitnehmen.

- Einsatzgebiete des Zivildienstes sind:
  - Institutionen und Organisationen im Gesundheits- und Sozialwesen (z. B. Spitäler, Alters- und Pflegeheime)
  - der Umwelt- und Naturschutz
  - Entwicklungs- und Katastrophenhilfe
  - die Landwirtschaft (z. B. Hilfe bei Bergbauern)

- Bei der zeitlichen Einteilung ist der Zivildienst flexibler als der normale Militärdienst: Man kann den gesamten Dienst in einigen wenigen Blöcken absolvieren, aber auch in kleineren Einheiten – z. B. zuerst fünf Monate an einem Stück und dann jährlich je einen Monat.

- Finanziell gilt, dass man im Zivildienst den Militärdienstleistenden gleichgesetzt ist: Man erhält vom Bund eine finanzielle Entschädigung und vom Einsatzbetrieb ein Taschengeld von fünf Franken pro Tag (sowie freie Unterkunft und Verpflegung). Den Versicherungsschutz (z. B. Krankenkasse) übernimmt die Militärversicherung.

Auch Mädchen können Militärdienst leisten, nämlich im **Militärischen Frauendienst** (MFD). Früher hiess er noch «Frauenhilfsdienst». Schon der Wechsel in der Bezeichnung deutet darauf hin, dass die Frauen vom Mauerblümchendasein in der Armee wegzukommen versuchen. Sie leisten heute ihren Dienst als Kanzlistin in höheren Stäben, als Auswerterin oder Radarsoldat bei den Fliegertruppen, als Übermittlerin, Brieftaubensoldat, Motorfahrerin, Spitalbetreuerin, Kochgehilfin, als Pionier im Warndienst, bei der Feldpost. Dennoch ist nicht zu übersehen, dass in einer Zeit, in der die Armeeabschaffungsinitiative bei den Jungen grosse Sympathien fand, der MFD nur eine kleine Minderheit der jungen Frauen zu begeistern vermag.

Rechte im Militär. Gemäss Dienstreglement sind die Angehörigen der Armee zu Gehorsam verpflichtet. Dies prägt das Bild des Militärs bis heute. Auf der anderen Seite werden Rekruten und Soldaten heute auch von der Armeeführung stärker als Bürger in Uniform angesehen. Man hat erkannt, dass Schikanen und unsinnige Befehle oder Strafen das Bild des Militärs in der Öffentlichkeit nachhaltig negativ beeinflussen.

Indessen haben Militärangehörige auch Rechte. So ist nach Dienstreglement jeder Wehrmann berechtigt, bei seinem Kommandanten Verbesserungen des Dienstbetriebs anzuregen. Wer sich ungerecht behandelt fühlt, kann bei ihm eine persönliche Aussprache verlangen. Verläuft diese ergebnislos, besteht innert fünf Tagen die Möglichkeit einer schriftlichen Klage, die ebenfalls beim Kommandanten einzureichen ist. Richtet sich die Klage indessen gegen diesen selbst, muss beim nächsthöheren Vorgesetzten geklagt werden.

In der **Rekrutenschule** wurde früher die männliche Jugend mit Drill und Konsequenz zu «Erwachsenen» geschmiedet. Heute, im Zeitalter einer «zivilen» Gesellschaft, ist die Bedeutung des RS gemindert. «Militärisches» Verhalten gilt im Alltag oft eher als verpönt.

Dennoch hat die Rekrutenschule für 20-jährige immer noch eine wichtige Bedeutung, widmen sie doch 17 Wochen dem «Dienst am Vaterland». Vor allem ist es nicht einfach, sich plötzlich auf Kantinenküche und eine reine Männergesellschaft umzustellen – und das eigene Zimmer mit einem Mehrbettzimmer zu vertauschen, in dem die individuellen Rückzugsmöglichkeiten weitgehend entfallen. Früheren Generationen, die noch an ein einfacheres Leben gewöhnt waren, mag dies leichter gefallen sein.

Nicht immer ist es einfach, sich in die militärische Hierarchie einzuordnen. Hier herrscht ein klares Rangsystem: Der direkte Vorgesetzte des Rekruten ist der Korporal. Er ist Gruppenführer von vier bis sechs Rekruten und bildet diese aus. Weitere Vorgesetztengrade sind:
- Leutnant und Oberleutnant in einem Zug,
- Hauptmann (in der RS Oberleutnant) in einer Kompanie,
- Major in einem Bataillon,
- Oberstleutnant, Oberst in einem Regiment,
- Divisionär in einer Division.

Einen freizeitorientierten Jugendlichen mag es hart treffen, dass im Militär auch Ausgang und Urlaub eingeschränkt sind. So sind von den fünf Abenden einer RS-Woche in der Regel drei mit Nacht- oder Abendarbeit belegt. An den übrigen Tagen dauert der Ausgang meist von 19.30 bis 22.00 Uhr. Er endet mit dem «Abendverlesen». Danach darf die Unterkunft nicht mehr verlassen werden. Urlaub gibt es von Samstagabend bis Sonntag; das «freie» Wochenende gilt also für Rekruten nicht. Immerhin findet das Abtreten einmal pro Monat so zeitig statt, dass die meisten am frühen Samstagnachmittag zu Hause sind.

Wer Mühe hat, sich an einen solchen Betrieb anzupassen, wer sich mit militärischem Gedankengut nicht anfreunden kann und sich psychisch überfordert fühlt, sollte Alarm schlagen und sich zum Beispiel an Kompaniekommandant, Schularzt, Feldprediger oder an den sozialmedizinischen Dienst wenden. Schon heute ist es so, dass rund zehn Prozent der Einrückenden während der RS aus verschiedenen Gründen wieder ausgemustert werden.

Weitere Fragen zum Thema RS werden ausführlich behandelt im Beobachter-Ratgeber «RS – das Handbuch für Rekruten» (Beobachter-Buchverlag, Postfach, 8021 Zürich).

Sexualität

Abtreibung. Der Schwangerschaftsabbruch ist in der Schweiz grundsätzlich verboten. Das Volk hat die Fristenlösung, wonach eine Mutter innerhalb der ersten drei Monate frei darüber entscheiden könnte, vor einigen Jahren abgelehnt. Damit werden viele Frauen jedoch auf den illegalen Weg getrieben. Es gibt aber in den ersten zwölf

Wochen auch eine legale Möglichkeit; dann nämlich, wenn ein fachärztliches Gutachten die Gefährdung der Mutter durch die Schwangerschaft nachweist. Das können zum Beispiel ernsthafte psychische Schwierigkeiten oder Selbstmordgefahr sein. In diesen Fällen muss die Krankenkasse einen Abbruch zahlen. Die Praxis in den einzelnen Kantonen ist sehr unterschiedlich. Vor allem Basel, Bern, Genf und Zürich sind liberal.

Wichtig ist auf jeden Fall, dass sich ein Mädchen, das schwanger wird, eingehend beraten lässt (Adressen im Anhang, Seite 310). Es muss mit seinem Entscheid, wie er auch ausfällt, später leben können. Neben jungen Frauen, denen mit der Abtreibung eine riesige Last von der Seele genommen wurde, gibt es auch solche, die es nie bereuten, ihr Kind ausgetragen zu haben.

Bei der **Beschneidung** wird die Vorhaut des Penis operativ entfernt. Im Judentum gehört diese Praktik zum religiösen Ritual. Darüber hinaus ist die Beschneidung durch die Vermutung in die Diskussion gekommen, die Entfernung der Vorhaut sei hygienischer und könne helfen, Peniskrebs zu vermeiden. Ob dies zutrifft, ist indessen bis heute umstritten.

Manchmal gilt es bei Jugendlichen als Mutprobe, ein **Bordell** oder Puff zu besuchen. Man «beweist» damit seine Männlichkeit und stillt seine Neugierde. Doch käuflicher Sex hat letztlich wenig zu tun mit Zärtlichkeit und romantischer Liebe. Er ist kalt und routiniert und vermittelt so dem Jungen ein fragwürdiges Bild von einer Partnerbeziehung. Wenn jemand seine Bedürfnisse ausschliesslich auf dem Strich befriedigt, muss man sich fragen, ob in der Sexualerziehung etwas schiefgelaufen ist. Möglicherweise hat ein solcher junger Mann ganz allgemein Schwierigkeiten mit menschlicher Nähe und intensiven Kontakten zu anderen Menschen.

Im Zeitalter von Aids muss man zudem wissen, dass es auch einen Drogenstrich gibt, auf dem süchtige Prostituierte ihr Geld für den nächsten Schuss verdienen. Es ist deshalb unbedingt nötig, sich beim Geschlechtsverkehr zu schützen. Sonst werden später vielleicht nichtsahnende Partnerinnen angesteckt.

Der **Eisprung** findet einmal im Monat statt, wobei das Ei aus dem Eierstock herausspringt und durch den Eileiter in die Gebärmutter wandert. Wird es in den ersten 24 Stunden nach dem Eisprung durch den männlichen Samen befruchtet, nistet es sich in der Gebärmutter ein und wächst zum Baby heran. Viele Frauen spüren den Eisprung – etwa durch ein Ziehen im Unterleib oder dadurch, dass der Scheidenausgang feucht wird. Manchmal kommt es auch zu einer leichten Zwischenblutung.

Frauenärztin/Frauenarzt. Sind Mutter und Tochter unsicher darüber, ob die körperliche Entwicklung richtig verläuft, machen beispielsweise Zwischenblutungen sie unsicher, so ist es Zeit für einen Besuch beim Frauenarzt oder der Frauenärztin. Hier erhält das Mädchen die notwendige ärztliche Betreuung und kann alle Fragen zur medizinischen Seite loswerden. Allerdings sollten junge Frauen mitdenken, wenn ihnen der Arzt oder die Ärztin etwas empfiehlt. Soll man wirklich auf die Pille verzichten, nur weil sie ohne Begründung davon abraten? Welche Untersuchungen sind tatsächlich notwendig?

Sehr oft ist es für ein Mädchen einfacher, wenn es zu einer Ärztin geht, da diese natürlicherweise mehr Einfühlungsvermögen in die Gefühlswelt einer jungen Frau hat. Ein Tabuthema sind zudem jene Ärzte, die Mädchen und Frauen sexuell belästigen. Eltern sollten wissen, dass solche Fälle tatsächlich vorkommen. Sie sollten ihrer Tochter erst einmal Vertrauen schenken und ihr glauben, wenn sie solche Erlebnisse berichtet.

Generell gilt: Eine junge Frau muss sich bei der Frauenärztin oder beim Frauenarzt wohl fühlen und sicher sein, dass man sie ernst nimmt und ihr auch zuhört, wenns einmal länger dauert. Nur so kann jenes Vertrauen entstehen, das bei so intimen und lebensbestimmenden Fragen nötig ist – etwa, wenn es um sexuelle Ängste geht oder später ein Kind unterwegs ist. Ärzte dürfen den Eltern auch nichts weitererzählen, wenn das Mädchen das nicht will; sie stehen unter Schweigepflicht. Stimmt es zwischen der Ärztin/dem Arzt und der Patientin nicht, sollte man besser wechseln.

Geschlechtskrankheiten wie Tripper oder Syphilis stehen heute im Schatten von Aids. Dennoch sind sie nicht weniger aktuell. Sie werden durch direkte sexuelle Berührungen (Geschlechtsverkehr, Zungenküsse etc.) übertragen. Keine Ansteckungsgefahr besteht dagegen auf indirektem Weg – etwa beim Bettzeug oder bei Klobrillen. Dies gilt allerdings nicht für Pilze, mit denen man sich zum Beispiel in Saunen oder Schwimmbädern infizieren kann.

Wer an seinen Geschlechtsteilen auffällige Veränderungen feststellt (Ausfluss, Ausschlag, kleine Geschwüre, Brennen etc.), sollte unbedingt den Arzt aufsuchen. Von «Hausmittelchen» ist abzuraten. Gegenüber früher sind Geschlechtskrankheiten heute heilbar – etwa durch die Anwendung von Antibiotika. Da man möglicherweise auch andere angesteckt hat, sollte man seine Sexualpartner benachrichtigen, damit sich diese ebenfalls untersuchen lassen können.

Menstruation (Periode, Regel, Mens). Ist es nach dem Eisprung nicht zur Befruchtung gekommen, wird die Eizelle 10 bis 14 Tage später durch eine kleine Blutung aus der Gebärmutter ausgespült. Nach statistischen Erhebungen dauert die Blutung nicht bei allen Mädchen und Frauen gleich lang (im Durchschnitt vier bis sechs Tage). Es ist auch kein Grund zur Besorgnis, wenn die Periode in den ersten Jahren noch unregelmässig auftritt. Oft dauert es ein bis zwei Jahre, bis sich ein persönlicher Rhythmus eingespielt hat.

Mit der ersten Mens stellt sich bei vielen Mädchen die Frage, ob sie eher Binden oder Tampons benutzen sollten, um das Blut aufzufangen. Hier gibt es keine allgemein gültigen Regeln; jedes Mädchen muss selber herausfinden, was es als angenehmer empfindet. Für ganz junge Mädchen sind selbstklebende Binden oft einfacher zu handhaben. Wer sich jedoch gern ungehindert sportlich betätigt oder schwimmen gehen möchte, bevorzugt vielfach Tampons. Dass der Tampon beim Einführen das Jungfernhäutchen verletzt, ist nicht wahr. Es gibt spezielle Produkte für junge Mädchen.

Generell sind Monatsblutungen kein Grund, auf Sport und Bewegung zu verzichten. Oft haben solche Aktivitäten sogar krampflösende und entspannende Wirkung. Weil durch die sportliche Betätigung der Blutdruck steigt, kann sie aber zu stärkeren Blutungen führen. Wie weit sie sich ausgeben oder schonen wollen, sollten Mädchen selbst entscheiden. Das hängt von ihrer Bewegungslust und dem damit verbundenen Körpergefühl ab.

Wer glaubt, schwanger zu sein, kann einen **Schwangerschaftstest** in einer Apotheke oder beim Arzt machen lassen. Es gibt auch Tests in Drogerien und Apotheken zu kaufen, die man zu Hause selbst durchführen kann.

Die **Schwangerschaftsverhütung** ist heute kaum mehr umstritten. Streng religiöse Kreise lehnen zwar jeden Eingriff in den natürlichen

Lauf der Dinge ab. Doch ist zu bedenken, dass eine verfrühte Elternschaft für einen jungen Menschen eine grosse Belastung darstellen kann. Fühlen sich solche Eltern um ihre Jugend betrogen, wird darunter oft auch das Kind leiden müssen. Wer sich für Verhütung entscheidet, kann zwischen verschiedensten Methoden wählen:
• Unsicher sind natürliche Methoden wie die Berechnung der unfruchtbaren Tage nach Knaus-Ogino oder die Temperaturmethode, wo der Tag des Eisprungs anhand eines Temperaturanstiegs ermittelt wird. Beide Methoden können zu fehlerhaften Ergebnissen führen. Die Schwankungen der Periode gerade bei jungen Mädchen bringen die Messungen nach Knaus-Ogino durcheinander. Ein Schlafmittel oder Alkoholkonsum am Vorabend ist Gift für die Temperaturmethode.
• Sicherer ist das Kondom (Pariser, Präservativ, Gummi), das zudem den Vorteil hat, dass auch der Mann etwas zur Verhütung beitragen kann. Vor allem seit Aids ist diese Methode in aller Mund. Sie setzt aber voraus, dass man mit dem Präservativ sorgfältig umgeht: beim Aufreissen der Packung den Gummischlauch nicht beschädigt, ihn vorsichtig über das steife Glied abrollt. Wichtig ist auch, dass das Präservativ nicht zu kurz vor dem Samenerguss übergestreift wird.
• Das Diaphragma oder Scheidenpessar ist ein Gummi- oder Kunststoffhäubchen, das durch die Scheide vor den Eingang der Gebärmutter geschoben wird. Damit verhindert es das Eindringen des Samens. Das Diaphragma muss vor jedem Geschlechtsverkehr eingesetzt und nachher gereinigt werden. Wichtig ist, dass es genau passt. Es beeinträchtigt den Schutz, wenn der Muttermund wegen einer falschen Grösse nicht völlig bedeckt ist. Meist wird das Diaphragma mit einer spermientötenden Salbe angewandt, um die Sicherheit zu erhöhen.
• Die Spirale (Intrauterinpessar) ist ein Plastikstäbchen, das in die Gebärmutter eingesetzt wird. Es verhindert, dass sich eine befruchtete Eizelle einnisten kann. Das Einsetzen erfolgt durch einen Arzt. Die Spirale kann normalerweise mehrere Jahre in der Gebärmutter bleiben, bis sie gewechselt werden muss. Sie gilt als recht sicheres Verhütungsmittel, hat aber häufig Nebenwirkungen wie Blutungen und Entzündungen zur Folge.
• Chemische Verhütungsmittel wie Cremes, Schaumzäpfchen und Gels können verhütend wirken, indem sie sich als undurchdringliche Schicht über den Gebärmuttereingang legen oder die Samenzellen abtöten. Sie müssen einige Zeit vor dem Geschlechtsverkehr in die

Scheide eingeführt werden, damit sie durch die Körperwärme aufgelöst werden. Allein angewandt, lässt die Sicherheit dieser Mittel zu wünschen übrig. Sie werden vor allem als Ergänzung zum Kondom und zum Diaphragma empfohlen – zur zusätzlichen Sicherheit.
• Unbestritten am sichersten ist die Antibabypille. Voraussetzung ist allerdings, dass sie regelmässig eingenommen wird. Sie führt dem Körper künstlich Hormone zu, die verhindern, dass in den Eierstöcken weitere Eier heranreifen (Ovulationshemmer). Daneben verändert die Pille die Schleimhaut in der Gebärmutter, so dass die Samenzellen nicht eindringen können. Das verhindert auch die sogenannte Minipille, die jedoch nur wirkt, wenn sie jeden Tag exakt zur gleichen Zeit eingenommen wird. Ihre Sicherheit ist allerdings ungenügend, so dass von ihr eher abgeraten wird.

Die Pille kann unangenehme Nebenwirkungen haben: in der anfänglichen Anpassungsphase des Körpers beispielsweise Übelkeit, Müdigkeit, Kopfschmerzen, Depressionen, verringerte Lust auf sexuelle Betätigung, Gewichtszunahme, Spannungen in den Brüsten. Als Langzeitwirkungen sind Pigmentflecken, Bluthochdruck und erhöhte Neigung zu Blutgerinseln nicht auszuschliessen. Deshalb ist es wichtig, dass man sich die Pille unter der Kontrolle einer Frauenärztin oder eines -arztes verschreiben lässt. Dieser kann eventuell das Präparat wechseln, wenn es Probleme gibt. Generell sind die Pillen heute besser verträglich als früher, da die Hormone niedriger dosiert werden. Ob ein junges Mädchen die Pille nehmen will, sollte es selbst entscheiden können. Denn es ist sein Körper, dem die Hormone zugeführt werden. Verweigert ein Arzt die Pille aus moralischen Bedenken, ist ein Arztwechsel zu überlegen.
• Ähnlich wie die Antibabypille wirkt die Dreimonatsspritze, die nur einmal pro Vierteljahr injiziert werden muss. Viele Frauenärzte raten jüngeren Frauen jedoch von diesem Mittel ab, da es oft mit unregelmässigen Blutungen verbunden ist. Nach dem Absetzen der Spritze kann die Periode zudem während mehrerer Monate ausbleiben, was für diese Zeit Unfruchtbarkeit bedeutet.
• Die «Pille danach» sollte dann als Notlösung in Erwägung gezogen werden, wenn man in der wahrscheinlich fruchtbaren Zeit ungeschützten Geschlechtsverkehr hatte oder wenn das Kondom platzte. Damit lässt sich das Einnisten der Eizelle noch verhindern. Allerdings muss diese Pille innerhalb von 48 Stunden eingenommen werden. Sie hat oft unangenehme Nebenwirkungen wie Übelkeit oder Erbrechen und bringt den Zyklus durcheinander.

- Die Sterilisation ist die radikalste Lösung. Damit werden Männer und Frauen operativ unfruchtbar gemacht. Diese Verhütungsmethode ist indessen bei jungen Menschen generell abzulehnen. Wer weiss mit Sicherheit, ob er oder sie später nicht doch einmal noch Kinder haben möchte?

Es fällt auf, dass fast alle genannten Verhütungsmethoden – ausser das Kondom – erst einmal die Frau betreffen: In ihre Gebärmutter wird die Spirale eingesetzt, sie muss ihren Zyklus mühselig berechnen oder die Pille einnehmen. Bernhard M. meint denn auch leichtfertig: «Wenn ich mit einer Frau ficke, muss sie selber wissen, wie sie verhütet. Schliesslich wird sie schwanger!» Eine solche Haltung ist völlig falsch und kurzsichtig. Beide Partner sind für den Umgang mit der Sexualität und für die Verhütung einer unerwünschten Schwangerschaft zu gleichen Teilen verantwortlich. Schliesslich ist ja der Mann an der Zeugung eines Kindes zur Hälfte mit beteiligt – und auch bei den kindesrechtlichen Folgen kann sich der Mann nicht einfach drücken. Das bedeutet für den Anfang einer Beziehung, dass beide gemeinsam über die angewandten Verhütungsmethoden ins Reine kommen müssen – und auch darüber, welche Risiken sie in Kauf zu nehmen bereit sind. Es sollte selbstverständlich sein, dass der Mann sich an den Kosten beispielsweise der Pille beteiligt. Das alte Sprichwort müsste hier umgedreht werden: Schweigen ist Silber, Reden darüber ist Gold.

Vorhautverengung. Manchmal ist die Vorhaut bei Knaben so stark verengt, dass sie sich nicht mehr über die Eichel zurückziehen lässt (Phimose). Dies kann durch den Arzt leicht beseitigt werden, indem dieser unter örtlicher Betäubung ein Stück der Vorhaut entfernt. Wird dagegen nichts getan, kann es zu schmerzhaften Entzündungen kommen.

Frust oder Lust in Stifti und Schule

«Tobias hat den Übergang in die Lehre schlecht verkraftet», erzählt sein Vater Max L. Als der Sohn ein halbes Jahr vor Schulschluss seine Verkäufer-Lehrstelle im Sack hatte, wurden die Leistungen immer schlechter. «Die Motivation war total weg», meint sein Vater rückblickend. «Wir hatten zwar als Eltern ein ungutes Gefühl. Trotzdem waren wir wie vor den Kopf geschlagen, als wir vom Lehrer in die Schule zitiert wurden und erfuhren, dass Tobias öfters schwänze und die ganze Zeit im Unterricht nur noch störe.» Auf die Androhung, ihn aus der Schule auszuschliessen, wenn es nicht bessere, stellten die Eltern ihren Sohn zur Rede. Dieser gab verschnupft zu: «Was soll denn die Schule noch, in der Stifti spielt das alles doch keine Rolle mehr.» Mit Ach und Krach konnte Tobias dazu gebracht werden, das Schuljahr über die Runden zu bringen, wenn auch mit einer minimalistischen Haltung und einem entsprechenden Zeugnis.

Doch in der Lehre wurde es nicht besser. Den Schlendrian, den sich Tobias angewöhnt hatte, wurde er nicht los. Schon im ersten Monat seiner Verkäuferlehre verschlief er dreimal, und als er dann noch einem Kunden so frech kam wie früher dem Lehrer, bekam er einen grauenhaften Anschiss vom Chef. Wenn er sich nicht anpasse, dann könne er sich ja einen anderen Job suchen. Das brachte Tobias zwar zum Nachdenken. «Trotzdem bin ich immer wieder hineingerasselt, ohne dass ich es wollte. Einmal bin ich fünf Minuten zu spät gekommen, dann habe ich nur rasch während der Arbeitszeit mit meiner

Freundin telefoniert. Doch jedesmal gab es Terror, wenn jemand in der Firma etwas gemerkt hat.» Und dies geschah häufig, weil man auf den unzuverlässigen Lehrling ein scharfes Auge hatte. Was Tobias besondere Mühe bereitete: die Berufsschule. «Natürlich habe ich schon vorher gewusst, dass man von neuem in die Schule muss», meint er rückblickend. «Trotzdem habe ich mir nach dem letzten Schultag gesagt: Das hast du endgültig hinter dir. Doch dann begann das Stillsitzen und Büffeln gleich von neuem. Mit der Zeit habe ich dann doch gemerkt, dass die Schule und die dort vermittelten beruflichen Kenntnisse mir bei der Arbeit helfen können.» Langsam hat sich so die Situation von Tobias entspannt. Er hat gelernt, die Pflichten des Arbeitsalltags zu respektieren. Auch die negative Einstellung zu allem, was mit dem Wort «Schule» verbunden ist, hat sich verändert. Unterdessen besucht er sogar ganz freiwillig einen Computerkurs: «Wenn du als Verkäufer weiterkommen willst, musst du etwas von EDV verstehen. Da führt heute kein Weg mehr daran vorbei», meint er ganz geschäftsmässig.

Der Praxisschock ist für neue Stifte und Stiftinnen nicht zu unterschätzen. Nach langen neun oder zehn Schuljahren haben sie grosse Hoffnungen und Ansprüche an das «neue» Leben, das sie erwartet. Doch eine ganz andere Sache ist es, den Anforderungen gerecht zu werden, die nun auf sie zukommen. Denn auf die Regeln des Arbeitslebens wird man weder im Elternhaus noch in der Schule genügend vorbereitet. Eine Umfrage bei einigen tausend Schweizer Lehrlingen zeigt, wie gross die Veränderungen durch den Einstieg in die Arbeitswelt sind. Die Befragten hielten fest:
- Ich bin selbständiger.
- Es gibt weniger Pausen.
- Es gibt mehr Neues zu lernen.
- Ich habe mehr Verantwortung.
- Ich muss mehr mit den Händen arbeiten.
- Ich habe weniger Freizeit.
- Ich muss länger arbeiten.
- Ich habe mehr Kontakte zu Erwachsenen.
- Ich muss mehr Ausdauer zeigen.
- Der Arbeitsdruck ist grösser.
- Die Arbeit ist ermüdender.
- Fehler haben grössere Folgen.
- Ich muss früher aufstehen.
- Ich muss mehr Befehle ausführen.
- Ich muss mehr auf Pünktlichkeit und Ordnung achten.

- Ich muss im Allgemeinen mehr denken.
- Mein Arbeitsweg ist länger.
- Die Arbeit ist schmutziger und lärmiger.
- Die Berufsschule ist anspruchsvoller als die obligatorische Schule.
- Man verliert den Kontakt zu den früheren Klassenkameraden.

Zufriedenheits-Barometer

> Es kann hilfreich sein, nach den ersten Wochen in der Lehre diese Liste einmal mit Ihrem Sohn oder Ihrer Tochter durchzugehen und Bilanz zu ziehen. Er bzw. sie könnte sich überlegen: Welche Punkte gefallen mir besser gegenüber der Schule? (Zum Beispiel: «Es ist gut, mehr Verantwortung zu haben.») Was macht mir davon besondere Mühe? Worauf muss ich achten, und was könnte ich verbessern? (Zum Beispiel: «Ich habe noch wenig neue Kollegen und sollte vielleicht auf die anderen Stifte etwas offener zugehen.»)

Der Übergangsschock ist nicht auf Lehrlinge beschränkt. Auch wer weiter zur Schule geht, muss sich oft gewaltig umstellen – etwa wenn er auf das Gymnasium wechselt. Die 14-jährige Gymnasiastin Sylvia M.: «In der Primarschule musste ich mich überhaupt nicht anstrengen. Für die Aufgaben brauchte ich höchstens fünf Minuten pro Tag. Trotzdem war ich immer bei den Besten. Im Gymnasium, da gab es plötzlich ernsthafte Konkurrenz.» Doch Sylvia verschlief den Start zunächst einmal. Erst als die Noten immer schlechter wurden, merkte sie, dass mit ihrer gewohnten Arbeitshaltung auf dem Gymi nichts zu holen war. «Fast von einem Tag auf den andern war Sylvia wie verwandelt», berichtet ihre Mutter. «Sie nahm die Schule plötzlich ernst. Was sie selbst überraschte: Plötzlich begann das Lernen sie wirklich zu interessieren und ihr Spass zu machen.»

Wie das Beispiel belegt, hängen solche Übergangsschwierigkeiten häufig mit den neuen Anforderungen der weiterführenden Schulen zusammen. Das beginnt schon mit dem Übertritt in die Sekundarschule und ist noch ausgeprägter an den Mittelschulen und Gymnasien:
- An den Primarschulen ist der Unterricht oft spielerisch und anschaulich aufgebaut. Gemüthafte Anteile bestimmen einen grossen Teil des Unterrichts. In den weiterführenden Schulen dagegen zählen die intellektuellen Fähigkeiten stärker. Abstraktes und logisches Denken stehen im Mittelpunkt.

- An der Primarschule unterrichtet der Lehrer oder die Lehrerin alle Fächer. Er oder sie ist einem vertraut und manchmal so etwas wie ein Ersatzvater oder eine Ersatzmutter. An den weiterführenden Schulstufen sind die Lehrer dagegen stärker fachlich oder wissenschaftlich ausgebildet als pädagogisch. Deshalb verstehen sie sich meist weniger stark als Erzieher und Generalisten, sondern mehr als Vertreter eines Fachs oder eines Praxisgebiets.
- Die Lehrer und Lehrerinnen nehmen sich in der Volksschule viel Zeit für schwächere Schüler; das Unterrichtstempo ist gemächlicher. Diese Rücksichtnahme fehlt oft in weiterführenden Schulen. Wer nicht mitkommt, muss selbst schauen, wie er es schafft. Es wird vom Schüler verstärkt erwartet, dass er etwas auch einmal ohne Hilfe des Lehrers erarbeitet.
- Die Schule wird immer mehr zu einer mit der beruflichen Arbeit vergleichbaren Vollzeittätigkeit. Eine 50-Stunden-Woche ist bei Sekundarschülern und Gymnasiasten oft nichts Aussergewöhnliches. Das bezieht sich auch auf die Hausarbeiten: Braucht man an den Primarschulen meist weniger als eine halbe Stunde pro Tag für die Aufgaben, kann sich dies später auf bis zu zwei Stunden ausweiten.
- Die Anzahl der Fächer ist in der Primarschule beschränkt; es geht vor allem um Grundfertigkeiten wie Lesen, Rechnen, Schreiben. Nachher kommen anspruchsvolle neue Fächer dazu: Fremdsprachen, Mathematik, Physik, Chemie etc.
- Verschärft wird der Übertritt oft durch einen zusätzlichen Leistungsdruck, der durch eine Probezeit verursacht wird.

Erste Bilanz

Nach den ersten Schulwochen sollte man Bilanz ziehen: Wie kommt der Sohn oder die Tochter mit den neuen Anforderungen zurecht? Wo gibt es besondere Schwierigkeiten? Woran sollte man noch besonders arbeiten?

Oft wartet man zu lange mit solchen Fragen – in der Hoffnung, dass sich die Anfangsschwierigkeiten schon noch einrenken. Dabei vergisst man, dass beim höheren Arbeitstempo der weiterführenden Schulen nach vier bis fünf Monaten bald Rückstände entstanden sind, die kaum mehr aufzuholen sind. Zeigt sich trotz allen häuslichen Massnahmen keine Besserung, sollte man nicht zu lange zuwarten und sich von einem Schulpsychologen beraten lassen. Nicht zuletzt ist der Kontakt zum Klassenlehrer wichtig, der manchmal aus der Sicht der Schule wichtige Tips und Hinweise geben kann, worauf besonders zu achten ist.

In diesem Kapitel werden anschliessend zwei Bereiche herausgegriffen, die besonders häufig unter den schwierigen Übergangsproblemen genannt werden: Aufnahmeprüfungen und Probezeiten. Danach soll ausführlich über jene Ausbildungsform informiert werden, die für mehr als die Hälfte der Jugendlichen die alltägliche Realität darstellt – nämlich die Berufslehre. Im letzten Teil geht es um die Schule, speziell um die weiterführenden Schulstufen ab Beginn der Volksschul-Oberstufe.

Prüfung: unter Stress sein Bestes geben

Der Übergang in eine andere Schule, in eine neue Ausbildung oder an einen anderen Arbeitsplatz ist oft mit einer Probezeit, manchmal gar mit einer Prüfung verbunden. Damit soll sichergestellt werden, dass die «Anfänger» den Anforderungen am neuen Ort genügen. Das ganze Prozedere wiederholt sich oft sogar am Ende einer Ausbildung noch einmal in der Form einer Abschlussprüfung – dann nämlich, wenn man das wohlverdiente Diplom in Empfang zu nehmen hofft.

Prüfungen sind eines der bestgehassten Themen bei Jugendlichen und ihren Eltern. Hier soll man zu einem bestimmten Zeitpunkt zeigen, was man kann. Dabei spielt die Tagesform oft eine entscheidende Rolle. Wenn jemand im Prüfungsstress einmal aus dem Gleichgewicht geraten ist, kann es fast unmöglich werden, wieder zur «normalen» Leistung zurückzufinden. Ob beim Übertritt ins Gymnasium oder beim Abschluss einer Meisterprüfung, Fachleute bezweifeln seit langem den «prognostischen» Wert solcher Prüfungen. Das heisst, es ist fraglich, ob diese den zukünftigen Schul- oder Berufserfolg richtig vorauszusagen imstande sind. Sie geben eher Hinweise darauf, wie ein Prüfling mit Belastungssituationen umgeht.

Abschreckend sind vor allem Prüfungen, bei denen stark gesiebt wird und die Durchfallquoten dementsprechend hoch sind. So gibt es Meisterprüfungen, in denen mehr als die Hälfte der Kandidaten durchfallen, und auch bei der Eidgenössischen Maturitätsprüfung schaffen es im Durchschnitt zwischen 20 und 30 Prozent der Prüflinge nicht. Der Prüfungsstress kann für die Betroffenen fast unmenschlich werden, wenn sie schon vorher wissen, dass die Hälfte der Anwesenden über die Klinge springen muss. Dazu Albert T.: «Ich kam mir vor wie bei einer Lotterie: Ziehe ich eine Niete oder das grosse Los? Und manchmal ertappte ich mich, dass ich in den letzten Wochen vor der Prüfung meine Kollegen und Kolleginnen abzählte: du bestanden, du nicht ...»

Die «richtige» Einstellung zur Prüfung

Doch solange es Prüfungen gibt, hilft alles Lamentieren und Schimpfen nicht weiter. Hingegen können jene ihre Chancen verbessern, die dazu die «richtige» Einstellung gewinnen. Soll man Prüfungen also möglichst locker und «cool» nehmen, wie wenn nichts Besonderes wäre? Gerade das wäre falsch. Man darf solche Bewährungssituationen nicht künstlich unterschätzen und auf die leichte Schulter nehmen. Wer ehrlich ist, gibt zu, dass er seine Prüfungsangst nicht ganz ausschalten kann – und er soll dies auch gar nicht. So betonen Psychologen, dass man meist bei einem «mittleren Grad» der Prüfungsangst am erfolgreichsten abschneidet. Ein gewisses Kribbeln im Magen gehört also schon dazu, wenn man seine beste Leistung bringen will – wie bei einem Rennpferd, das unruhig und gespannt auf den Start wartet.

Auf der anderen Seite kann eine übermässige Angst total blockieren. Kevin M. berichtet aus leidvoller Erfahrung: «Noch am Vorabend hat mich ein Kollege in Mathematik abgefragt. Ich habe alles gewusst. Bis um Mitternacht haben wir geschuftet. Doch irgendwie habe ich es geahnt, dass es trotzdem nicht klappen wird. Jedenfalls habe ich die ganze Nacht fast kein Auge zugetan. Als ich dann am andern Morgen das Prüfungsblatt vor mir hatte, wurde mir schwindlig. Die Zahlen und Formeln schwirrten wild in meinem Kopf herum. Ich konnte nicht einmal mehr die banalsten Aufgaben lösen.»

Damit ein solcher Blackout nicht passiert, versuchen es manche mit chemischen Beruhigungsmitteln. Wie problematisch das sein kann, berichtet ein Prüfling: «Mich haben die Pillen fast aus den Socken gehauen. Ich bin zwar völlig ruhig zur Prüfung gegangen, hatte dann aber grosse Mühe, mich zu konzentrieren. Alles in meinem Kopf lief einfach eine Stufe zu langsam ab.»

Weniger risikoreich und erfolgreicher ist es, sich im Vorfeld von Prüfungen gezielt zu entspannen, zum Beispiel mit autogenem Training und ähnlichen Entspannungsübungen. Wenn das noch nicht hilft, kann man es vor dem Griff zur Chemokeule mit einem Beruhigungstee versuchen. Wer indessen unter panischen Angstzuständen leidet und schon wochenlang im Voraus vor Anspannung fast arbeitsunfähig ist, sollte mit seinem Problem eine psychologische Beratung aufsuchen. Mit geeigneten therapeutischen Mitteln kann es möglich sein, solche Ängste zu reduzieren.

Daneben ist eine überlegte Prüfungstechnik wichtig. Dies vergisst man oft, wenn man mitten drin im Stress steht. Die Eltern können den Jugendlichen dabei helfen und sie als Aussenstehende auf folgende Punkte hinweisen:
• Die Lernzeit sollte so verteilt werden, dass nicht am Schluss ein totaler Stress entsteht. Deshalb ist es sinnvoll, frühzeitig einen schriftlichen Plan mit genauen Terminangaben zu erstellen. Mit dessen Hilfe kann man laufend kontrollieren, wo man gerade steht.
• Wer bei sich stoffliche Lücken feststellt, sollte diese zuallererst schliessen. Denn oft fehlen sonst wichtige Grundelemente, die die weitere Prüfungsvorbereitung unnötig erschweren.
• Freizeit und Entspannung gehören bei der Prüfungsvorbereitung dazu. Es sind also bewusst auch Erholungszeiten einzuplanen, und man sollte auf einen Ausgleich zum Büffeln achten.
• Genügend Schlaf ist in den letzten Tagen vor der Prüfung unerlässlich. Sonst ist man bereits abgeschlafft und ausgelaugt, wenn man seine beste Leistung erbringen sollte.
• Wer recht gelernt hat, sollte sich auf dem Weg zur Prüfung nochmals bewusst machen, dass er gut vorbereitet ist und den Stoff eigentlich beherrschen müsste. Etwas positive Suggestion kann nichts schaden: Erwartet man nämlich von sich bereits, dass man versagt, wird dies höchstwahrscheinlich auch eintreffen.

Nicht weniger wichtig ist das Verhalten während der Prüfung. Dazu ebenfalls einige bewährte Tips:
• Vor dem Beginn der Prüfung sollte man sich von den Kolleginnen und Kollegen nicht nervös machen lassen. Besser ist es, wenn man sich kurz konzentriert und sich bewusst entspannt, vielleicht auch ein kurzes Selbstgespräch führt, um sich zu beruhigen.

- Anstatt gleich loszuschiessen, ist es besser, erst einmal die Aufgaben ruhig durchzulesen, sich einen Überblick zu verschaffen und dann einen Arbeitsplan zu erstellen («Ich beginne mit Aufgabe 4, dann folgt Nummer 2, dann ...»).
- Jede Aufgabe sollte man erst genau durchlesen und verstehen, bevor man sich an die Lösung macht.
- Schwierige oder verwirrende Aufgaben stellt man mit Vorteil erst einmal zurück. Wer alle Aufgaben anfängt, dann aber entmutigt wieder beiseite legt, steigert sich schnell in eine Panik hinein.
- Für einfache Aufgaben sollte man nicht zu viel Zeit aufwenden oder aus Perfektionsgründen noch Aspekte berücksichtigen, die gar nicht gefragt sind.
- Zwischen den Aufgaben sollte man ein bis zwei Minuten Pause einschalten, in denen man sich entspannt und wieder Luft und Kraft schöpft. Besonders wichtig sind Ruhepausen bei mehrstündigen Prüfungen. Dabei kann man auch eine Zwischenbilanz ziehen: Wo stehe ich? Wie organisiere ich den Rest der zur Verfügung stehenden Zeit?
- Muss man etwas schriftlich oder mündlich darlegen, ist der rote Faden wichtig. Die eigenen Argumente sollten geordnet vorgetragen werden, damit nicht der Eindruck entsteht, man springe von einem Punkt zum andern.
- Bei mündlichen Prüfungen sollte man langsam und deutlich sprechen. Besonders wichtig ist dabei der Blickkontakt zum Prüfenden. Wer nämlich immer zur Seite oder zu Boden schaut, macht einen unsicheren und wenig sattelfesten Eindruck. Im Blickkontakt mit dem Prüfenden gelingt es oft sogar, ihn auf eine Spur zu führen, die es einem erlaubt, seine Stärken auszuspielen.

Prüfungssituationen trainieren

Bei einigen dieser Tips ist ein «Trockentraining» möglich. So könnte man zum Beispiel üben, seine Arbeit unter «Prüfungsbedingungen» einzuteilen, indem man sich eine bestimmte Zahl von Übungsaufgaben während einer vorgegebenen Zeit (zum Beispiel einer halben Stunde) vornimmt. Oder man kann sich von den Kollegen oder Eltern mündliche Fragen stellen lassen, die Antworten auf Tonband nehmen und dann kritisch abhören. Das kann einem auch eine Rückmeldung darüber geben, wie man auf den anderen bei der Beantwortung der Fragen wirkt (klar und bestimmt, unsicher, arrogant, ängstlich etc.).

Anfang auf Probe

Am Beginn einer Ausbildung oder einer neuen Stelle steht oft eine Probezeit. Man muss in der Schule noch einige Wochen warten, bis man definitiv aufgenommen wird, oder man kann das Arbeitsverhältnis innerhalb einer im Arbeitsvertrag festgehaltenen, sehr kurzen Frist auflösen (zum Beispiel innert sieben Tagen). Solche Probezeiten sind Bewährungszeiten. Der Arbeitgeber oder die Schule wollen wissen, ob man den Anforderungen genügt. Doch im Vergleich zu Prüfungen haben sie den Vorteil, dass man über eine längere Zeit beweisen kann, wozu man fähig ist. Der Leistungsdruck ist damit reduziert, und man erhält unter «normalen» Bedingungen ein realistisches Bild von den Neulingen.

Bei Lehrlingen muss die Probezeit im Lehrvertrag festgehalten sein; die Höchstdauer beträgt drei Monate. Während dieser Zeit kann das Lehrverhältnis vom Lehrmeister oder den Eltern (den gesetzlichen Vertretern des Lehrlings) jederzeit mit sieben Tagen Kündigungsfrist aufgelöst werden. Lehrlingsamt und Berufsschule müssen darauf unverzüglich informiert werden. Vor Ablauf der Probezeit kann durch Absprache zwischen den Parteien (Eltern, Lehrmeister) und unter Zustimmung der kantonalen Behörde die Probezeit ausnahmsweise auf maximal sechs Monate verlängert werden.

Eine Probezeit sollte man indessen nicht allein als Bewährungsprobe für die «Neulinge» auffassen. Vielmehr geht es auch darum, abzuklären, ob den Jugendlichen selbst eine Stelle oder eine Ausbildung zusagt. Will man hier die nächsten Jahre verbringen, oder wäre es vielleicht klüger, das Experiment kurz und schmerzlos abzubrechen? In diesem Sinne werden die Jungen nicht nur beurteilt, sondern sie sollten selbst prüfen, ob sie am richtigen Ort sind und ob die Arbeitsbedingungen den eigenen Vorstellungen entsprechen. Hat man zum Beispiel von allem Anfang den Eindruck, dass es mit diesem Lehrmeister nur Lämpen gibt oder dass man in diesem Schulmilieu total unter die Räder kommt, sollte man noch einmal gründlich über die Bücher gehen und sich möglichst auch von neutralen aussen stehenden Personen beraten lassen.

Eine gewisse Unsicherheit und Nervosität gehört zur Probezeit. Schliesslich will man sich ja von seiner besten Seite zeigen. Bewährt hat es sich, den folgenden Regeln nachzuleben:

- Man sollte nicht krampfhaft ein Bild von sich vorspielen, dem man letztlich nicht entsprechen kann. Bluffen lohnt sich schon deswegen nicht, weil irgendwann die Wahrheit an den Tag kommt. Es besteht gar die Gefahr, dass man seine ganze Energie in die Selbstdarstellung legt und dadurch versäumt, sich dort zu bewähren, wo die eigenen Stärken lägen. Hat man das Gefühl, nicht so akzeptiert zu werden, wie man ist, wäre es oft besser, auf eine Stelle oder Ausbildung zu verzichten.
- Während der Probezeit kann man sich ein Bild über die neuen Ansprüche und Erwartungen machen, mit denen man konfrontiert wird. In einer ruhigen Stunde sollte man ein Stück Papier nehmen und aufschreiben: Was spricht für, was gegen die neue Stelle/Ausbildung?
- Fühlt man sich schon in der Probezeit überfordert, kann es gescheiter sein, eine Stelle aufzugeben oder die Ausbildung abzubrechen. Höchstwahrscheinlich werden die eigenen Grenzen später nur um so stärker zutage treten.
- Kritische Rückfragen sollten nicht unterdrückt werden. Denn es muss ja nicht immer an einem selber liegen, wenn einem eine Stelle nicht zusagt. Diese Erfahrung machte zum Beispiel die Lehrtochter Petra B. Schon in den ersten Wochen wurde sie als Mädchen fast nur als Hilfskraft missbraucht. Weil sie aufmuckte, musste sie die Lehrstelle wechseln. «Im Moment fühlte ich mich total am Boden», berichtet sie rückblickend. «Doch heute bin ich überzeugt, dass ich in jenem Betrieb während der ganzen Lehre Riesenprobleme gehabt hätte.»
- Schwierig ist es am Anfang oft, ein richtiges Verhältnis von Initiative und notwendiger Anpassung zu finden. Wer gleich alles besser weiss und an nichts einen guten Faden lässt, wird sich kaum beliebt machen. Auf der anderen Seite sollte man durch eigene Vorschläge und Mitdenken sein Engagement und seine Fähigkeiten zeigen.

Wie man das Lernen verbessern kann

Nicht immer sind es mangelnde Fähigkeiten, die nach dem Wechsel in eine weiterführende Schule – Berufsmittelschule, Technikum oder Gymnasium – das Lernen erschweren. So nützen die besten Voraussetzungen wenig, wenn jemand diese nicht in entsprechende Leistungen umzumünzen versteht. Die folgenden Regeln mögen manchem zwar als banal erscheinen, dennoch zeigen Erfahrungen, dass Neulinge sie häufig missachten:

1. Auf die Lernbedingungen achten
Besonders wichtig ist ein geeigneter Arbeitsplatz zu Hause, da man dort ja wöchentlich mehrere Stunden verbringt. Man benötigt dazu nicht gleich ein ganzes Zimmer, aber einen Platz, an dem man während des Lernens nicht gestört wird. Hier arbeitet man nur für die Schule und hat auch die Möglichkeit, seine Hefte und Bücher zu versorgen. Günstig ist ein kleines Büchergestell für Nachschlagewerke und Wörterbücher sowie eine Pinwand für Zettel (Stundenplan, Notizen etc.).

An diesem Arbeitsplatz sollte man nicht gestört werden, damit man konzentriert arbeiten kann. Ungeeignet ist zum Beispiel ein Raum, in dem dauernd gesprochen wird und gleichzeitig noch der Fernseher läuft. Wer sich ständig ablenken lässt, darf sich nicht wundern, wenn er oder sie die Vokabeln dauernd wieder vergisst, die auf die morgige Prüfung zu lernen wären. Hintergrundmusik von Radio oder Kassettenrecorder stört die Lernatmosphäre. Zwar kann Musik bei eintönigen Arbeiten oder auch beim Malen und Zeichnen durchaus anregend sein. Wo aber Gedächtnis und logisches Denken gefordert sind, lenkt sie von der eigentlichen Aufgabe ab.

2. Den richtigen Arbeitsrhythmus finden
Viel kann auch davon abhängen, wie man seine Arbeit einteilt. Aus der Lernpsychologie ist bekannt, wie wichtig Pausen und ein guter Rhythmus von Anspannung und «Lockerlassen» sind. Für mehr als 30 bis 45 Minuten am Stück reicht die Konzentration nicht aus. Dann sollte man sich eine Pause gönnen und bewusst für fünf bis zehn Minuten abschalten. Am Anfang jeder Pause kann man sich kurz darauf besinnen, was man bereits geleistet hat. Ein solches Erfolgserlebnis hilft sowohl

für die Entspannung wie für das spätere Weiterarbeiten. Und es verhindert, dass man wegen der Pause ein schlechtes Gewissen bekommt.

Für die persönliche Arbeitseinteilung ist es sinnvoll, längere Hausaufgaben in kleinere Portionen aufzuteilen und diese nacheinander oder verteilt auf mehrere Tage zu bearbeiten: heute beispielsweise die Vokabeln lernen, morgen die Übersetzung drannehmen und am dritten Tag überprüfen, ob die gelernten Wörter auch sitzen. Der Pädagoge Wolfgang Endres schlägt zudem vor, solche Teilaufgaben auf Notizzettel zu schreiben und diese an eine Pinwand zu hängen. Sobald eine Lernportion erledigt ist, nimmt man den Zettel von der Wand und verschafft sich so immer wieder kleine Erfolgserlebnisse, getreu dem Motto der Psychologie: Viele kleine Erfolgserlebnisse sind besser als das eine grosse, auf das man hinarbeitet – um es am Schluss vielleicht doch zu verfehlen.

Dass Planung manchmal das halbe Leben bedeutet, ist in der heutigen Zeit eine Binsenwahrheit. Gerade Jugendliche haben oft unter der Woche ein volles Pensum: die Hausaufgaben, der Sportverein, der Musikunterricht, das Lädelen mit der Freundin, das Rasenmähen als Ämtli zu Hause etc. Da empfiehlt es sich, einen Wochenplan zu erstellen, auf dem alle diese Tätigkeiten zu ihrem Recht kommen – schon um der Übersicht willen, die man dadurch erhält (darauf sollte übrigens auch unverplante Freizeit vorgesehen sein). Wenn immer möglich sollte das Wochenende frei von Schulaufgaben bleiben; es dient in erster Linie zur Entspannung und zum Auftanken – höchstens im Notfall als Reservezeit.

3. Sich gute Techniken aneignen
Oft unterschätzt man den positiven Einfluss von Lerntechniken. So lernen manche Schüler und Schülerinnen besonders gut Fremdsprachen, wenn sie zum Abfragen der Wörter einen Kassettenrecorder benutzen. Oder sie schreiben Vokabeln und mathematische Formeln, die partout nicht in den Kopf wollen, separat auf ein grosses Blatt Papier und hängen es an der Wand auf. Bei Familie Z. übt die ganze Familie mit, seit Tochter Patricia Mühe mit dem mündlichen Französisch hat. Jetzt wird beim Abendessen nur noch französisch parliert...

Solche Lernhilfen und -spiele gibt es für vieles, das man in der Schule lernen soll. Es sind ganze Bücher darüber geschrieben worden. Vielleicht lohnt es sich, einmal einen Blick in die beiden folgenden Werke zu werfen: Wolfgang Endres, Dirk Althoff, Das Anti-Pauk-Buch. Lerntricks für Schüler, Weinheim, Basel 1986; Regula D. Naef, Rationeller lernen, Weinheim, Basel 1976.

Was die Lehrzeit bringt

Die Lehre stellt für viele Jugendliche einen grossen Schritt in Richtung Erwachsensein dar. Ein Elektromechaniker im dritten Lehrjahr berichtet: «Ja, ich habe mich verändert. Früher war ich, ehrlich gesagt, ein Muttersöhnchen. Aber durch die Berufslehre hat sich alles verändert. Ich musste vom Beginn der Stifti an selbständiger entscheiden und arbeiten.» Manche Lehrlinge berichten allerdings auch negative Seiten. So meint eine Apothekenhelferin im zweiten Lehrjahr: «Ich bin ein Mensch, der immer alles sagt, was er denkt. Doch während der Arbeit geht dies nicht. Allzu oft muss man freundlich lächeln, wenn man am liebsten Gift und Galle spucken möchte. Man setzt eine Maske auf. Es ist mir oft schon passiert, dass ich auch privat plötzlich diese Maske aufsetzte. Dagegen wehre ich mich.» (beide Aussagen nach U. Kraft u. a., . . . natürlich hat mich meine Lehre verändert, Zürich 1985).

Beides gehört zur Lehre: Man lernt, sich in der Arbeitswelt zu behaupten und Selbstbewusstsein zu entwickeln. Gleichzeitig wird man sich auch ein Stück weit anpassen müssen (eine Maske aufsetzen, sich auch einmal zurückhalten, nicht mehr so vorwitzig wie in der Schule sein). Auch wenn dies mit negativen Erfahrungen verbunden sein kann, ist die Lehre insgesamt meist ein positives Erlebnis. Eine breit angelegte Untersuchung unter Zürcher Jugendlichen zeigte, dass von 919 befragten Lehrlingen 82 Prozent mit ihrer Arbeit zufrieden waren. Lediglich sechs Prozent bezeichneten sich als unzufrieden. Besondere Zufriedenheit ist dann gegeben, wenn die Tätigkeit abwechslungsreich ist und einen grossen Grad von Zusammenarbeit und Unabhängigkeit bei der Durchführung zulässt.

Checkliste: Noten für den Betrieb

Ein günstiges Bild entwickeln Lehrlinge, wenn sie finden,
– dass das Arbeitsklima im Betrieb gut ist,
– dass die Leute dort freundlich und hilfsbereit sind,
– dass ihre Ausbilder fachlich kompetent sind,
– dass sie gut über betriebliche Angelegenheiten informiert werden,
– dass Entscheidungen diskutiert werden,
– dass sie wissen, was von ihnen erwartet wird,
– dass sie als Partner behandelt werden.

Ihr Sohn oder Ihre Tochter gibt dem Lehrbetrieb auf jede dieser Fragen eine Note von eins bis sechs. Berechnen Sie anschliessend gemeinsam die Durchschnittsnote. Kommt der Betrieb ungenügend weg, sollte dies ein Anlass sein, die Lehrsituation nochmals grundsätzlich zu überprüfen und bei krassen Mängeln des Betriebs allenfalls das Berufsbildungsamt einzuschalten.

Der Lehrvertrag

«Ich bin nach der Schule zu Hause ausgezogen und möchte beweisen, dass ich nicht mehr am Rockzipfel der Eltern hänge», schreibt der 16-jährige Klemens P. selbstbewusst an den Beratungsdienst des Beobachters. «Doch nun habe ich erfahren, dass ich nicht einmal den Lehrvertrag selbst unterzeichnen darf. Finden Sie das richtig? Schliesslich ist es doch meine Angelegenheit, ob ich die Lehre bestehe oder nicht.»

Sicher wird es vor allem von den Lehrlingen selbst abhängen, wie sie mit ihrer Lehre zurechtkommen. Dennoch sind sie rechtlich gesehen noch unmündig. Deshalb müssen folgende Parteien den Lehrvertrag unterschreiben:

- der Arbeitgeber
- der Inhaber der elterlichen Gewalt (Eltern, Vormund)
- der Lehrling
- das Berufsbildungsamt

Damit deklarieren alle diese Seiten – auch der Lehrling oder die Lehrtochter –, dass sie für die Dauer des Lehrvertrags die nötige Verantwortung übernehmen wollen: Der Lehrmeister verpflichtet sich, die Jugendlichen in ihrem Beruf auszubilden. Diese erklären sich ihrerseits bereit, für den Lehrmeister zu arbeiten, die Berufsschule zu besuchen und an der Lehrabschlussprüfung teilzunehmen. Im Weiteren ist im Lehrvertrag umschrieben, welchen Beruf jemand lernt und wie lange die Ausbildung dauert. Es sind darin auch so wichtige Dinge wie Lohn, Ferienanspruch, Arbeitszeit und Probezeit geregelt.

In manchen Berufen müssen sich die Lehrlinge zudem zur Führung eines Arbeitsbuches verpflichten. Dies ist ein Ausbildungs-Tagebuch mit Skizzen und Abbildungen, das den Verlauf der Lehre dokumentiert. Die Lehrlinge können während der Arbeit Zeit dafür beanspruchen, und der Chef muss es regelmässig unterschreiben. Ein solches Buch ist keine Schikane. Es kann zum Beispiel Aussenstehenden wertvolle Hinweise geben, wenn es zu Konflikten am Arbeitsplatz kommt.

Zurück zum Lehrvertrag: Dieser ist nicht nur ein totes Stück Papier. Es empfiehlt sich deshalb, das Dokument gründlich durchzulesen, bevor man es unterschreibt. Ist einem nicht alles klar oder hat man bei einzelnen Punkten Zweifel, sollte man nicht zögern und sich ans Berufsbildungsamt (Lehrlingsamt) wenden.

Der Lehrlingslohn

Viele neue Stifte empfinden vor allem eine Seite des Lehrlingsdaseins positiv: «Das erste Mal in meinem Leben verdiene ich meinen ‹Stutz› selber», meint Patricia K. Oft steigen damit allerdings auch die Ansprüche. «Ich möchte möglichst rasch ein besseres Töffli kaufen», fügt Patricia hinzu. «Zudem gehen wir in der Pause regelmässig zum Znüni in die Beiz. Das reisst ein echtes Loch ins Portemonnaie. Aber auch am Wochenende merkst du, dass alle Kolleginnen und Kollegen jetzt mehr Geld im Sack haben und die Vergnügungen damit teurer werden.»

Doch die Bäume wachsen mit dem Lehrlingslohn nicht in den Himmel. Die angehende Damenschneiderin Bettina S. aus dem Kanton Baselland verdient im ersten Lehrjahr ganze 200 Franken pro Monat. 300 Franken sind es im zweiten, 450 Franken im dritten Jahr. Das heisst, im ersten Lehrjahr verdient sie gerade Fr. 1.18 pro Stunde. «Schon etwas wenig», kommentiert die Stiftin ihr Gehalt. Denn besonders im dritten Lehrjahr leiste sie genauso viel wie eine ausgelernte Arbeitskraft. Gravierend sind vor allem die Differenzen, die zwischen den Lehrlingslöhnen bestehen. Eine Übersicht über die Lehrlingslöhne aus dem Kanton Basel-Land ergibt die folgenden Durchschnittslöhne im zweiten Lehrjahr:

Maurer	1425 Franken
Verkäufer (Maximum)	908 Franken
Verkäufer (Minimum)	580 Franken
Dachdecker	910 Franken
KV (Maximum)	867 Franken
KV (Minimum)	747 Franken
Mechaniker	774 Franken
Elektromonteur	611 Franken
Hochbauzeichner	598 Franken
Damencoiffeuse	463 Franken
Damenschneiderin	327 Franken

Doch es gibt nicht nur grosse Unterschiede zwischen den Berufen. Auch wer denselben Beruf lernt, dessen Lohntüte ist je nach Kanton ganz verschieden gefüllt. So würde die Damenschneiderin Bettina S. im Kanton Genf zwischen 65 und 126 Prozent mehr verdienen.

Die Betriebe rechtfertigen die Differenzen damit, dass die Kosten für die Lehrlinge sehr unterschiedlich seien. Nicht in jeder Branche könnten die Stifte in gleichem Mass für produktive Arbeiten herangezogen werden. Einführungskurse, die Abwesenheit für die Berufsschule, die gestiegenen Anforderungen an Lehrmeister müssten mit einberechnet werden – ganz abgesehen davon, dass die Ausbildungszeit nicht einfach als «billige» Arbeitszeit gerechnet werden könne. Zu Beginn der Ausbildung kosteten jedenfalls Lehrlinge den Betrieb oft einiges Geld, das im besten Fall in den späteren Lehrjahren wieder hereingeholt werde.

Immerhin geben die Gewerkschaften zu Recht zu bedenken, dass das Malaise um die Ausnutzung der Lehrlinge gerade in kleineren Betrieben noch nicht überall beseitigt ist. Immer noch gibt es Lehrmeister, die den Lehrlingslohn als Almosen betrachten und mit ihren Stiften die Arbeitskosten niedrig zu halten versuchen. Der Schweizerische Gewerkschaftsbund befürwortet denn auch ein Modell, wonach der Lohn im ersten Lehrjahr mindestens 20 Prozent des Gehalts betragen soll, das ein Arbeitnehmer nach dem Lehrabschluss erhält. Zugleich dürfe der Lohn nicht unter 480 Franken im Monat liegen – jenem Betrag, der 50 Prozent einer AHV-Vollwaisenrente ausmacht. Auch dieses Modell sieht eine Abstufung des Mindestlohns nach Lehrjahren vor; im vierten Lehrjahr einen Lohn nicht unter 960 Franken. Realisiert sind solche Vorstellungen allerdings weit und breit noch nirgends.

Dennoch wäre es falsch, sich den Lehrberuf nur deswegen auszuwählen, weil der Stiftenlohn dort am höchsten ist. Wenn man schon die materielle Seite im Auge hat, ist die Überlegung wichtiger, was man nach der Stifti verdient und welche Karrieremöglichkeiten sich dann anbieten. Was nützt ein hoher Lehrlingslohn, wenn man nachher im Vergleich zu anderen Berufen schlecht gestellt ist und in einer Sackgasse landet? Oft holt man das während der Lehrzeit entgangene Entgelt schon in wenigen Monaten wieder ein.

Der Lehrmeister

Lehrmeister darf nicht «jeder sein, der einen Nagel gerade und nicht krumm einschlagen kann», wie der Schreinerlehrling Matthias P. in einem Anfall von Ärger schimpft. Vielmehr verlangt das Berufsbildungsgesetz, dass man «die erforderlichen beruflichen Fähigkeiten und persönlichen Eigenschaften besitzt, einen speziellen Ausbildungskurs für Lehrmeister besucht hat und Gewähr bietet für eine fachgemässe, verständnisvolle Ausbildung ohne gesundheitliche und sittliche Gefährdung» (Artikel 10 des Berufsbildungsgesetzes).

Besonders wichtig: Lehrmeisterinnen und Lehrmeister müssen sich auf ihre Aufgaben durch eine besondere Schulung vorbereiten. Sie werden dabei in Fächern wie Didaktik, Psychologie und Rechtsfragen ausgebildet. Im Lehrvertrag ist der Lehrmeister namentlich als verantwortliche Person aufgeführt. So kann nachgeprüft werden, ob er die notwendigen Voraussetzungen erfüllt. Erweist er sich als ungeeignet, kann ihm die kantonale Behörde die Ausbildungserlaubnis entziehen.

Checkliste: der ideale Lehrmeister

Während der Stifti werden Lehrlinge häufig bewertet: von der Berufsschule, vom Chef, von den Arbeitskollegen. Kehren wir den Spiess für einmal um, indem Ihre Tochter bzw. Ihr Sohn den Lehrmeister oder die Lehrmeisterin benotet (mit Noten von eins bis sechs, je besser die Aussagen zutreffen):

- ☐ Er/sie ist sehr gut fähig, Fragen und Probleme, die ich habe, zu lösen.
- ☐ Er/sie ist ein gutes Vorbild für mich.
- ☐ Er/sie behandelt mich als Erwachsenen.
- ☐ Ich fühle mich ihm/ihr gegenüber frei und entspannt.
- ☐ Bei wichtigen Entscheidungen holt er/sie zuerst die Zustimmung der Mitarbeiter.

Welche Durchschnittsnote erhält der Lehrmeister aufgrund dieser Noten? Hängt die Benotung vielleicht auch vom Verhalten und den Vorlieben bzw. Stärken des Lehrlings ab? Wie bewerten Sie als Eltern dieses Resultat? Vielleicht könnte es beiden Seiten etwas bringen, wenn Ihr Sohn oder Ihre Tochter einmal mit dem Chef darüber diskutierte.

Wie sich das Verhältnis zum Lehrmeister entwickelt, hängt oft auch mit der Grösse des Betriebs zusammen. Emil Wettstein vom Zürcher Amt für Berufsbildung schreibt in der Zeitschrift «Schweizer Schule»: «Die Ausbildung in grossen Unternehmungen unterscheidet sich immer mehr von derjenigen in Kleinbetrieben: Banken, Grossverteiler und andere Grossbetriebe bilden mittels speziellen Fachpersonals aus und ermöglichen den Lehrlingen/Lehrtöchtern in internen Schulen, Lehrwerkstätten, Übungsbüros oder -läden eine systematische Schulung. In Kleinbetrieben hingegen beschränkt sich die systematische Ausbildung auf ‹Einführungskurse› von wenigen Tagen oder Wochen Dauer. Aber: Jugendliche im Kleinbetrieb erleben – bei guten Lehrmeistern – vielfältige menschliche Kontakte mit Kollegen, Lieferanten und Kunden und befinden sich in einer überschaubaren Umgebung.»

Rechte und Pflichten im Arbeitsalltag

Wer nach der Schule ins Arbeitsleben einsteigt, freut sich auf das «richtige» Leben. Doch bald werden die Jugendlichen entdecken, dass dieses auch mit Konflikten und Hindernissen verbunden ist. Jedenfalls ist die «Schutz- und Schonzeit» der Kindheit endgültig vorbei. Gerade im ersten Lehrjahr heisst es schnell einmal: «Die Werkstatt putzt der neue Stift.» Und man verlangt von den Lehrlingen, Kaffee und Znüni zu holen. Zu Hause zwinkern sich die Eltern vielsagend zu: «Jaja, schon bei uns hat die Devise geheissen: Lehrjahre sind keine Herrenjahre.» Daran mag zwar etwas sein, und für unangenehme Arbeiten sollten sich Stifte nicht prinzipiell zu gut fühlen. Doch die Eltern sollten ihren Sohn oder ihre Tochter nicht einfach mit solchen Sprüchen abspeisen, wenn im Lehrbetrieb etwas schief läuft. Die Ausbildung darf nicht darunter leiden, dass man den Lehrling als besseren Hilfsarbeiter einsetzt. Schliesslich hat der Lehrbetrieb die Aufgabe übernommen, ihn oder sie vollwertig auszubilden. Alles muss man sich auch als Stift nicht gefallen lassen. Es gibt Rechte und Pflichten, auf die sich beide Seiten berufen können. Diese muss man kennen, wenn es nicht zu unnötigen Auseinandersetzungen kommen soll. Einige der wichtigsten Bestimmungen sind im Folgenden dargestellt.

Arbeitszeiten und -ausfälle

- Festgelegt ist die **normale Arbeitszeit**: Vor fünf Uhr im Sommer und vor sechs Uhr im Winter sowie nach zwanzig Uhr darf nicht gearbeitet werden. Ausnahme: Man ist älter als sechzehn und erlernt einen Beruf, der dies erfordert (Koch, Kellner etc.). Dann ist es möglich, bis höchstens zweiundzwanzig Uhr zu arbeiten. Die zulässige Arbeitszeit beträgt generell höchstens neun Stunden pro Tag. Die berufliche Schulausbildung ist dabei als Arbeit anzurechnen; sie darf auch vom Lohn nicht abgezogen werden.
- **Überzeit** ist bis zum 16. Altersjahr verboten; nachher ist sie innerhalb der normalen Arbeitszeiten und Ruhepausen gestattet. Sie muss jedoch entsprechend abgegolten werden – durch Freizeit oder einen Überstundenzuschlag von 25 Prozent, der auf der Basis des Arbeits-

lohnes eines angelernten Arbeiters und nicht auf derjenigen des Lehrlingslohnes zu berechnen ist. Unzumutbar wäre es also, wenn man von der Lehrtochter verlangte, nach dem normalen Arbeitstag noch gratis und franko die Werkstatt aufzuräumen.
• Wer einmal **verschläft**, sollte nicht verzweifeln oder aus der Panik heraus blaumachen. Am besten ist es, gleich im Betrieb anzurufen, sich zu entschuldigen und dann so schnell wie möglich am Arbeitsplatz zu erscheinen. Kommt dies indessen öfters vor, sollte man das Wecken organisieren, bis man sich an den neuen Arbeitsrhythmus angepasst hat.
• Bei einer **Krankheit** sollte man den Arbeitgeber sofort anrufen. Dauert sie länger als drei Tage, ist man verpflichtet, dem Arbeitgeber ein Arztzeugnis vorzulegen. Krankheitstage während der Ferien zählen bei Vorlage eines Zeugnisses nicht als Ferientage.
• Wer zum Voraus weiss, dass er oder sie den Arzt oder ein Amt aufsuchen muss (wegen eines Wohnsitzwechsels, einer Gerichtsverhandlung etc.), muss dem Arbeitgeber diese **Absenz** möglichst früh melden. Ist es einem unangenehm, zum Beispiel eine polizeiliche Einvernahme zuzugeben, kann man auch einfach einen Ferientag beziehen.
• Probleme kann es auch geben, wenn der Betrieb die **Ferientermine** plötzlich ändern will. Zwar bestimmt grundsätzlich der Arbeitgeber, wann Arbeitnehmer Ferien machen können. Er darf jedoch nicht einfach eine Woche vor Ferienbeginn diese auf einen anderen Zeitpunkt verschieben, wenn er sie vorher bewilligt hat.

Lohnfragen, Arbeitsprobleme

• Nicht selten entspricht der **Lehrlingslohn**, der ausbezahlt wird, den im Lehrvertrag vereinbarten Abmachungen nicht. Nach einer Umfrage des Kaufmännischen Verbandes Bern haben 1985 39 Prozent der befragten KV-Stifte weniger verdient, als abgemacht wurde. Im dritten Lehrjahr stieg dieser Anteil sogar auf 46 Prozent. In solchen Fällen kann nur eines empfohlen werden: sich wehren und nicht vorschnell klein beigeben. Falls nichts anderes nützt, kann man vor das Arbeitsgericht gehen.
• Sehr schnell müssen Jugendliche auch einberechnen, dass ihnen nicht der ganze Lohn zur Verfügung steht. Vom Anfang des 18. Lebensjahres an werden **AHV- und IV-Prämien** sowie Beiträge an die **Arbeitslosenkasse** fällig, die der Arbeitgeber direkt vom Lohn abzieht. Dasselbe gilt für die sogenannte **berufliche Vorsorge** (Pensionskasse).

Jugendliche zwischen 17 und 24 Jahren sind bei der Pensionskasse obligatorisch nur gegen die Risiken Invalidität und Tod versichert. Die Altersvorsorge beginnt am 1. Januar nach dem 24. Geburtstag. Der Betrieb zahlt seinerseits gleich hohe Beträge an die Vorsorge.

• Bei **Krankheit** (eine «unverschuldete Verhinderung am Arbeitsplatz») muss der Arbeitgeber den Lohn für eine bestimmte Zeit weiterbezahlen – laut Gesetz im ersten Dienstjahr mindestens für drei Wochen. Bei **Unfall** kommt die obligatorische Unfallversicherung zum Zug.

• Je nach den Bestimmungen des Wohnkantons muss der Lehrlingslohn zudem versteuert werden. Meist besteht die **Steuerpflicht** ab dem 16. Altersjahr.

• Zu **berufsfremden Arbeiten** sagt das Gesetz klipp und klar: «Der Lehrling darf nur zu Arbeiten beigezogen werden, die mit dem Beruf im Zusammenhang stehen und die Ausbildung nicht beeinträchtigen.» Leider ist dies manchmal graue Theorie. In einer Untersuchung gab fast die Hälfte der befragten Lehrlinge an, Arbeiten übernehmen zu müssen wie: Autowaschen, Kinderhüten, Kochen, Rasenmähen. Vor allem in Kleinbetrieben sind solche berufsfremden Arbeiten häufig üblich.

Oft ist es nicht einfach anzugeben, welche Arbeiten noch zumutbar sind. Gehört das Putzen der Werkstatt vor Arbeitsschluss dazu oder nicht mehr? Soll sich eine KV-Lehrtochter weigern, die Post aus dem Schliessfach zu holen, oder soll sie auch lernen, dass solche einfachen und vielleicht unangenehmen Dinge zum Beruf gehören? Eindeutig abzulehnen ist sicher, wenn ein Lehrling das Auto des Chefs waschen oder eine Stiftin nachmittagelang Kinder hüten muss. In solchen Fällen oder wenn blosse Routinearbeiten, die nichts mit dem Ausbildungsziel zu tun haben, überhand nehmen, sollte man das Lehrlingsamt informieren.

• **Verboten** sind für Lehrlinge Akkordarbeiten und andere Arbeiten, die sie körperlich überanstrengen könnten oder mit überdurchschnittlichen Gefahren verbunden sind (Explosions- und Vergiftungsgefahr, Untertagearbeit etc.). Wer weniger als 16 Jahre alt ist, darf zudem keine Tätigkeiten ausüben, die mit heftiger Erschütterung verbunden sind; keine Arbeiten mit Schweiss- und Schneidbrennern; kein Sortieren von Altmaterial, von Papier und Karton, von ungereinigter Wäsche, von Haaren und Fellen; keine Arbeit in Filmvorführungen, im Zirkus und in Schaustellerbetrieben; keine Arbeit bei grosser Hitze oder Kälte.

- Es kommt leider vor, dass Lehrmeister und erwachsene Arbeitskollegen – seltener auch Kolleginnen – ihre Position ausnützen und Lehrtöchter bzw. Lehrlinge **sexuell belästigen**. Das beginnt schon beim Betätscheln und «Anmachen». Jugendliche sollten sich dies nicht gefallen lassen und von allem Anfang an klarmachen, wo die Grenzen liegen. Zeigt man gute Miene zum bösen Spiel, wird das oft als Einladung aufgefasst, weiterzumachen. Nützt alles nichts, ist es vor allem falsch, Ärger und Angst in sich hineinzufressen. Man sollte sich mit den Eltern oder einer Vertrauensperson im Betrieb aussprechen. Auch wenn solche Belästigungen – im schlimmsten Fall: eine Vergewaltigung – oft schwer zu beweisen sind, darf man nicht schweigen. Rat wissen zum Beispiel auch das Lehrlingsamt oder die Gewerkschaften (Stifte-Telifon, siehe Anhang, Seite 296).
- Manche Lehrlinge bessern ihren Lohn auf, indem sie in ihrer Freizeit noch etwas dazuverdienen (schwarz arbeiten) – wie der Elektromechanikerstift Sven P., der nebenher mit gebrauchten Computern handelt. Solche **Nebenbeschäftigungen** sind zwar nicht verboten; es muss jedoch gewährleistet sein, dass die Leistungen und die Ausbildung darunter nicht leiden. So hat der Lehrmeister ein Anrecht darauf, dass sein Lehrling ausgeruht und fit am Arbeitsplatz erscheint. Zudem: Einem Arbeitsvertrag von Minderjährigen müssen die Eltern zustimmen; der Nebenjob darf nicht gegen die Interessen der Lehrfirma verstossen (Konkurrenzverbot); man sollte auch an die Sozialversicherungen (zum Beispiel Absicherung gegen Unfall) denken etc.

Die Kündigung

Aus «wichtigen» Gründen kann ein Lehrvertrag aufgelöst werden. Das betrifft in jedem Lehrjahr rund fünf bis zehn Prozent aller Lehrverhältnisse. Dahinter steckt oft:

- Man kommt persönlich mit dem Chef oder mit den Arbeitskollegen und -kolleginnen nicht zurecht. Es gibt täglich Reibereien und Sticheleien, die vielleicht sogar den Lehrerfolg gefährden.
- Der Lehrling und seine Eltern kommen zur Überzeugung, dass es mit der Ausbildungsqualität hapert. «Die konnten mir überhaupt nichts zeigen», meint der Schreinerlehrling Fred L. «Wenn ich etwas nicht schon selbst im Griff hatte, wurde ich nur angeflucht und musste dann selbst schauen, wie ich weiterkam.»

- Jugendliche merken nach kurzer Zeit, dass sie den falschen Beruf gewählt haben, und müssen sich fast zwingen, noch am Arbeitsplatz zu erscheinen. «Mein bester Freund erzählte mir begeistert von seiner Elektromechanikerlehre», berichtet Manfred Z. «Da fragte ich mich jeden Tag mehr: Warum hast du nur die Schlosserlehre ausgewählt? Nach vier Monaten war ich total verzweifelt. Gott sei Dank standen die Eltern hinter mir; auf ihren Rat habe ich die Lehrstelle gewechselt.»
- Im Betrieb mag es zwar recht gut gehen, doch die Schule macht unheimlich Mühe. In solchen Fällen sollten es sich Lehrlinge gut überlegen, ob sie sich nicht überfordern. Nicht nur könnte dadurch die Lehrabschlussprüfung gefährdet sein; fraglich ist vor allem, ob jemand, der den intellektuellen Anforderungen eines Berufes nicht gewachsen ist, eine geschätzte Fachkraft wird.

Soll der Lehrvertrag einseitig oder in gegenseitigem Einvernehmen aufgelöst werden, hat der Lehrmeister das Berufsbildungsamt und die Berufsschule zu orientieren. Das Amt wird dann versuchen, erst einmal zwischen den Parteien zu vermitteln. Es ist auch bei der Suche nach einer neuen Lehrstelle behilflich. Falls ein Lehrbetrieb schliesst, ist es dazu sogar verpflichtet.

Lehrverhältnisse können nur fristlos aufgelöst werden; Kündigungsfristen gibt es nicht. Für eine einseitige Kündigung durch den Lehrmeister braucht es aber nach der Probezeit schwerwiegende Gründe wie Arbeitsverweigerung, Diebstahl, schweren Missbrauch des Vertrauens. Leichte Verfehlungen wie Blaumachen oder Verschlafen genügen dafür nicht. Wenn aber eine Stiftin zum Beispiel wegen des letzten «Blauen» bereits einmal ernstlich verwarnt worden ist, kann ihr fristlos gekündigt werden. Wer die Entlassung anfechten will, wendet sich ans Arbeitsgericht. Lehrlinge sollten sofort das Berufsbildungsamt avisieren.

Wer hilft: Eltern, Lehrlingsamt, Gewerkschaften

1. Die Eltern. Bei Konflikten und Schwierigkeiten im Betrieb sind meist die Eltern die ersten Ansprechpartner. Sie haben den Lehrvertrag mitunterschrieben und übernehmen damit auch ein Stück Verantwortung. Dennoch sind sie oft unsicher: «Wir wollen uns ja auch nicht dauernd und ungebeten einmischen», meint ein Vater. Und seine

17-jährige Tochter bestätigt: «Ich hätte es gar nicht gern, wenn mein Vater alle zwei Wochen beim Lehrmeister aufkreuzte. Da müsste ich von meinen Arbeitskollegen etwas hören! Zudem hat er überhaupt keine Ahnung, worum es bei meinem Beruf geht.»

Anders dagegen sieht es das Berufsbildungsgesetz, das von den Eltern verlangt, «den Lehrmeister und die Berufsschule in der Erfüllung ihrer Aufgaben nach Kräften zu unterstützen und das gute Einvernehmen zwischen Lehrmeister, Lehrling und Berufsschule zu fördern». Doch mancher Lehrmeister hat die Erfahrung gemacht, dass die Eltern bei Schwierigkeiten in der Lehre nicht von sich aus reagieren, sondern erst einmal aktiviert werden müssen.

Am besten ist ein Mittelweg: Solange die Jugendlichen ihre alltäglichen Aufgaben sowie kleinere Differenzen und Konflikte selbst meistern, ist ein Eingreifen der Eltern fehl am Platz und würde wohl auch als ungebetene Einmischung empfunden. Wichtig ist indessen, dass sie sich für die Situation ihrer heranwachsenden Kinder interessieren und bereit sind, zu helfen und zu beraten, wenn es brennt. Dabei sollten sie die Partei der Tochter oder des Sohnes ergreifen und für sie da sein, so weit dies vertretbar ist. Denn oft haben Lehrlinge das Gefühl, gegenüber dem Lehrmeister, den «unverständigen» Eltern und dem neutralen Lehrlingsamt allein dazustehen.

2. Berufsbildungsamt. Es gehört zu den Partnern, die durch ihre Unterschrift für den Lehrvertrag geradestehen. Das Lehrlingsamt kontrolliert als neutrale staatliche Stelle den Vertrag und hat die Aufsicht über die Lehre. Bei Schwierigkeiten können es die Lehrlinge einschalten. Dr. Heinz Käser vom Aargauer Berufsbildungsamt nennt die Hauptprobleme, mit denen er zu tun hat: «Das sind vor allem Verstösse gegen die Arbeitszeit. An zweiter Stelle stehen dann menschliche Probleme, zum Beispiel, dass sich ein Lehrling nicht anerkannt fühlt oder auf ungreifbare Art gequält wird. Dazu gehören Sticheleien und psychische Plagereien. Diese Konflikte laufen eher versteckt ab und sind dementsprechend auch nicht immer leicht zu lösen. Aber auch hier versuchen wir, mit Gesprächen zu vermitteln und die Arbeitssituation zu verbessern» (nach: Das Lehrlingsbuch, ein Ratgeber aus der Beobachter-Praxis).

3. Die Gewerkschaften vertreten als Interessenvertreter der Arbeitnehmerinnen und Arbeitnehmer auch die Lehrlinge. Alle grossen Gewerkschaften haben Mitarbeiter, die sich besonders mit Lehrlingsfragen beschäftigen. Es gibt auch Jugendgruppen, die sich der Interessen ihrer jungen Mitglieder annehmen und den Kontakt unter ihnen fördern. Beim Schweizerischen Metall- und Uhrenarbeitnehmer-Verband (SMUV) und der Gewerkschaft Bau und Holz (GBH) sind rund zehn Prozent der Lehrlinge organisiert, die in den von diesen Gewerkschaften vertretenen Berufen eine Ausbildung machen. Die Jugendgruppen verschiedener Gewerkschaften betreiben ein «Stifte-Telifon» (siehe Anhang, Seite 296). Bei Konflikten und Problemen in der Lehre kann man sich hier gezielt Rat holen, auch wenn man nicht Mitglied einer Gewerkschaft ist.

Was tun, wenns «chlöpft»?

In Krisen sollten alle Seiten möglichst rasch das Gespräch suchen und anstehende Schwierigkeiten miteinander besprechen. Leider haben Lehrbetriebe damit oft Mühe, da Ausbildungsfragen nur einen kleinen und insgesamt eher unwesentlichen Teil ihrer Tätigkeit darstellen. Indessen können Lehrlinge oder Eltern auch selbst die Initiative ergreifen, wenn es nicht rund läuft. Zuwarten bis zur Kündigung sollte man keinesfalls. Folgende Schritte können nützlich sein:

1. Lehrlinge sollten sich erst einmal selbst überlegen: Was macht mir Mühe? Was habe ich auszusetzen? Was sind die positiven und die negativen Punkte an meiner Lehrstelle? Es kann hilfreich sein, die Punkte aufzuschreiben.
2. Um wieder klaren Kopf zu kriegen, sollte man über die Schwierigkeiten mit Aussenstehenden sprechen, zu denen man Vertrauen hat: Eltern, Kollegen und Kolleginnen, Freund oder Freundin, Jugendberater.
3. Lehrling oder Lehrtochter sollten sich fragen: Welche Massnahmen kann ich selbst vorkehren, um die Situation zu verbessern? Vielleicht müssen sie ihr Verhalten in einigen Punkten revidieren oder Ansprüche zurückschrauben, damit sie den Anforderungen des Betriebes genügen. Es kann aber auch notwendig sein, beim Lehrmeister um ein Gespräch nachzusuchen. Meist ist es besser, nicht zwischen Türe und Angel zu verhandeln, sondern um einen «offiziellen» Termin nach zu suchen. Beide Seiten sollten sich dafür genügend Zeit reservieren.

4. Ein solches Gespräch ist möglichst sorgfältig vorzubereiten: Was will ich meinem Chef sagen? Was sollte am Schluss wenigstens herauskommen? Fühlen sich Lehrling oder Lehrtochter unterlegen oder haben sie grosse Angst, sollten sie sich – zum Beispiel von einem Elternteil – begleiten lassen. Manchmal ist es weniger belastend, wenn das Gespräch nicht im Büro des Chefs, sondern an einem «neutralen» Ort stattfindet.
5. Oft können die Spannungen in einem solchen Gespräch abgebaut werden. Sollte dies nicht der Fall sein, gibt es verschiedene Alternativen:
– für den Rest der Lehre auf die Zähne beissen,
– sich ans Lehrlingsamt wenden und dort um Vermittlung nachsuchen,
– aus dem Lehrvertrag aussteigen und sich neu orientieren.

Berufsschulen

Im Betrieb spielt sich nur ein Teil des Lehrlingslebens ab. Daneben besuchen die Stifte an einem (höchstens anderthalb) Tag pro Woche die Berufsschule. Hier wird ein grosser Teil des theoretischen Fachwissens vermittelt und der Schulsack mit allgemeinbildenden Fächern ergänzt. Wer in den Pflichtfächern und im Betrieb gut ist, kann zusätzlich während der Arbeitszeit bis zu einem halben Tag pro Woche Freifächer besuchen.

Für Lehrlinge, die mit dem Lernen Schwierigkeiten haben, bietet die Berufsschule Stützkurse an. Diese sind auf einen halben Tag pro Woche beschränkt. Fallen sie in die Arbeitszeit, darf kein Lohn abgezogen werden.

Nicht bei allen Stiften ist die Berufsschule beliebt. «Das ist doch alles nur Geschwätz und hält mich von der viel interessanteren Arbeit in unserer Garage ab», meint der Automechaniker-Lehrling Roger K. Doch ohne theoretisches Fachwissen geht es nicht. Und auch etwas Allgemeinbildung kann nicht schaden. Manch einer war schon froh um einige Brocken in einer Fremdsprache oder Kenntnisse in Wirtschaftskunde, wenn er später selbst einen Betrieb aufmachte.

Insgesamt ist die Berufsschule allerdings vom Fächerangebot her überladen. Ein Tag mit neun oder zehn Schulstunden kann zur Tortur werden, wenn in jeder Lektion dieselbe Art des Unterrichts praktiziert wird: ein Lehrer, der sich für den Mittelpunkt der Welt hält und doziert und doziert – während die Schüler mehr oder weniger gelangweilt zuhören. Wenn sich dann noch einige Schüler für den allgemeinbildenden Teil des Unterrichts kaum interessieren und dauernd dazwischenreden und stören, muss man Roger K. verstehen: «Vor allem der Morgen mit diesem ganzen theoretischen Kram war wieder einmal nervend», konstatiert er. «Trotzdem fühlst du dich schon nach dem Mittagessen geschafft. Es ist einfach zu viel, was wir den ganzen Tag alles in die Köpfe beigen müssen.»

Das Dilemma der Berufsschule, so viel vermitteln zu müssen und dabei sehr schnell an die Grenzen des Zeitbudgets zu gelangen, bedeutet für theoretisch begabte Stifte eine spürbare Einschränkung. Sie fühlen sich in der Berufsschule gebremst. «Ich war damals ziemlich unzufrieden», erinnert sich der heutige Technikums-Student Lorenz W. «Schräubchen drehen, anstatt etwas Richtiges zu lernen, befriedigte mich überhaupt nicht. Gegenüber meinen früheren Kollegen, die am Gymi waren, hatte ich den Eindruck, unheimlich viel zu verpassen.»

Diese Meinung mag der Lehre gegenüber ungerecht sein, ist aber nicht gänzlich unbegründet. Deshalb wurden schon in den späten sechziger Jahren Berufsmittelschulen (BMS) eingerichtet, wo man einen zusätzlichen halben Tag Unterricht geniesst. Ausdrückliches Ziel war es, das Ansehen von Berufslehre und Berufsschule durch eine vertiefte, attraktivere und breitere Ausbildung anzuheben.

Nach zögernden Anfängen ist aus dem zarten Pflänzchen BMS ein respektabler Bildungsabschluss geworden, der gleichzeitig eine berufliche Qualifikation und den prüfungsfreien Zugang an die Fachhochschulen ermöglicht. Das BIGA (Bundesamt für Industrie, Gewerbe und Arbeit) hat folgende Typen der Berufsmaturität festgelegt:

- Technische Berufsmatura
- Kaufmännische Berufsmatura
- Gewerbliche Berufsmatura
- Gestalterische Berufsmatura

Wer sich für einen dieser Bildungsgänge entscheidet, muss eine Aufnahmeprüfung bestehen. Grundsätzlich stehen dann zwei Möglichkeiten zur Auswahl:

- Man kann die BMS während der Lehre besuchen und hat neben der normalen Arbeit an zwei Tagen pro Woche Schule. Die Lehrmeister sehen es allerdings nicht immer gern, wenn sich ihre Lehrlinge mit zusätzlichen Schulpflichten beladen. Rechtlich gesehen besteht jedoch ein klares Anrecht auf den Besuch der BMS. Die Entscheidung muss jedoch vor Antritt der Lehrstelle getroffen und mit dem zukünftigen Lehrmeister abgesprochen werden.
- Daneben gibt es die Möglichkeit, die Berufsmaturität im Anschluss an die Lehre in einem zweisemestrigen Vollzeit- oder einem viersemestrigen Teilzeitstudium zu erwerben. Im Unterschied zur lehrbegleitenden Berufsmittelschule wird beim Studium nach Abschluss der Lehre in der Regel ein Schulgeld verlangt.

Ob die BMS in Zukunft der Königsweg einer weiterführenden Bildung darstellt, wird sich weisen müssen. Immerhin ist für die Schüler und Schülerinnen der Druck enorm, sich neben einem vollen Arbeitspensum auch noch auf eine anforderungsreiche Matura vorzubereiten. Der Druck wird noch dadurch verstärkt, dass die Berufsmittelschule den gesamten Stoff in zwei Schultage pro Woche hineinpressen muss. Dies ist nötig, da vor allem kleinere Betriebe nicht bereit sind, mehr Zeit zur Verfügung zu stellen. Doch die Leidtragenden sind die Auszubildenden. Als wesentliche Einschränkung ist noch zu erwähnen, dass mit der Berufsmaturität zwar eine Fachhochschule besucht werden kann, nicht aber eine Universität.

Fachhochschulen

Brandneu in der schweizerischen Bildungslandschaft sind die Fachhochschulen, die ab der zweiten Hälfte der neunziger Jahre zunehmend eröffnet werden. Dahinter verstecken sich allerdings oft Institutionen, die man bisher schon kannte: Ingenieurschulen, Höhere Wirtschafts- und Verwaltungsschulen (HWV) oder Höhere Schulen für Gestaltung und Soziale Arbeit. Die Aufwertung dieser Schulen zu Hochschulen bringt jedoch auch neue Pflichten mit sich: Es soll ein stärkerer Anschluss an wissenschaftliche Arbeiten erfolgen; Forschung, Weiterbildung und weitere Dienstleistungen werden zu den Aufgaben dieser neuen Hochschulen gehören. Grundsätzlich dürften diese neuen Institutionen den altehrwürdigen Universitäten schwer zu schaffen machen. Dank ihrem direkten Bezug zur Praxis und einer stark praxisorientierten Forschung werden die Fachhochschulen für viele junge Leute eine attraktive Alternative darstellen. Die Wirtschaft erhofft sich denn auch, dass damit endlich eine mittlere Bildung zwischen Berufslehre und Universität aufgebaut wird. Ob die ganze Übung gelingt, ist heute noch nicht abzusehen. Jedenfalls müssen sich einige der Höheren Schulen qualitativ verbessern, wenn sie den erhofften Fachhochschulansprüchen genügen wollen.

Eines ist aber sicher: Der für die Schweiz unüblich rasche Aufbau eines ganz neuen Bildungstypus ist der beste Beweis dafür, dass der Wert einer fundierten und qualifizierten Ausbildung immer noch steigt – und für unser hoch industrialisiertes Land zur Überlebensfrage geworden ist. Dies sollte man berücksichtigen, damit einem der Bildungszug nicht vor der Nase abfährt.

Das schweizerische Bildungssystem

Die Leidensgeschichte von Reto M., Vater von zwei Kindern im Schulalter, ist nicht ungewöhnlich: Als er zwei Dörfer weiter eine grössere Wohnung zu einem günstigen Preis entdeckt, freut sich erst einmal die ganze Familie. Die Ernüchterung kommt mit dem Schulwechsel. Denn zwischen dem alten und dem neuen Wohnort liegt die Kantonsgrenze zwischen den Kantonen Zürich und Aargau. Die zwölfjährige Anja, bis anhin Primarschülerin, soll nun plötzlich in die Oberstufe eingeschult werden. Denn im Kanton Aargau beginnt diese bereits ein Jahr früher. Und beim 13-jährigen Realschüler Florian stellt sich die Frage nach dem geeigneten Schultyp. Die Realschule jedenfalls existiert im Aargau gar nicht. Doch auch später bleiben Schwierigkeiten nicht aus, wie der Vater berichtet. «Leider waren auch das Stoffprogramm und die Schulbücher nicht überall gleich. Das machte Florian, der mit der Schule schon vorhin eher Mühe hatte, erst einmal ziemlich zu schaffen.»

Weil das Bildungswesen als Stützpfeiler des Föderalismus gilt, hat bis heute jeder Kanton sein eigenes Schulsystem. Kantonswechsel können für Eltern und Kinder zum Spiessrutenlaufen werden. Nur schon eine umfassende Darstellung des Bildungswesens ist schwierig, da der Bund als übergreifende Instanz nur wenig Kompetenzen erhalten hat. So heisst es in Artikel 27 der Bundesverfassung, dass die Kantone für genügenden Primarunterricht sorgen müssen, der ausschliesslich unter staatlicher Leitung stehen solle. Derselbe sei obligatorisch und in den öffentlichen Schulen unentgeltlich. Daneben wird festgelegt, dass das Schuljahr zwischen Mitte August und Mitte September zu beginnen habe.

Nachdem in den siebziger Jahren ein weitergehender Bildungsartikel vom Volk abgelehnt worden war, ist es weiterhin Sache der Kantone, das Schulwesen so auszugestalten, wie es ihnen passt. Wegen dieser Vielfalt – die einen sprechen von kulturellem Reichtum, die andern prosaischer von blossem Chaos – können denn auch nur allgemeine Grundzüge dargestellt werden. Über die genauen Verhältnisse im eigenen Kanton kann man sich jedoch zum Beispiel bei den Erziehungsdepartementen oder den Berufsberatungsstellen erkundigen (Adressen im Anhang, Seite 293).

Die Volksschul-Oberstufe

Besonders kompliziert ist die Situation, wie das anfängliche Beispiel demonstriert, gleich nach der Primarschule, in der Zeit bis zum Abschluss der allgemeinen Schulpflicht nach neun Schuljahren. Die Schultypen der Oberstufe haben ganz unterschiedliche Bezeichnungen (Sekundarschule, Realschule, Bezirksschule, Orientierungsschule etc.). Nicht genug: Der Übertritt geschieht zwar in den meisten Deutschschweizer Kantonen nach dem sechsten Schuljahr, in den Kantonen Baselland und Aargau aber nach dem fünften, in Basel-Stadt nach dem vierten.

Gemeinsam ist allen Schulsystemen, dass es einzelne Schultypen gibt, die unterschiedlichen Anforderungen genügen: Meist sind es drei bis vier verschiedene Abteilungen (im Kanton Zürich Oberschule, Realschule, Sekundarschule, Gymnasium; im Kanton Aargau Realschule, Sekundarschule, Bezirksschule etc.). Wer danach weiter zur Schule gehen will, hat die Möglichkeit, eine Diplommittelschule oder das Gymnasium zu besuchen.

Diese strenge Aufgliederung nach Schultypen in der Volksschul-

Oberstufe ist heute allerdings umstritten. Bildungsexperten bezweifeln, dass Kinder schon nach dem fünften oder sechsten Schuljahr fähig seien, sich für einen speziellen Bildungsweg, der entweder theoretisch oder mehr praktisch ausgerichtet ist, zu entscheiden. Ein Fachmann: «Es ist nicht einzusehen, weshalb Oberschüler, die theoretisch sehr begabt sind, nicht genauso viel Mathematik lernen sollten wie ein Sekundarschüler.»

Schulformen, die solche Überlegungen berücksichtigen, gibt es in verschiedenen Kantonen. So werden die Schüler in den abteilungsübergreifenden Oberstufenversuchen im Kanton Zürich (AVO) erst einmal in übergreifende Stammklassen eingeteilt. Je nach ihren Fähigkeiten können sie dann zum Beispiel Fremdsprachen auf dem Sekundarschul-, Mathematik aber auf dem Realschulniveau belegen. Im Kanton Basel-Stadt wurde nach einer Volksabstimmung ein ähnliches System sogar generell nach der vierten Klasse eingeführt (Orientierungsschule). Die nächsten Jahre werden zeigen, ob solche neuen Wege die Hoffnungen erfüllen, dass unsere Kinder durch gezielte schulorganisatorische Veränderungen noch um einiges besser gefördert werden können.

Diplommittelschulen

An Bedeutung stark gewonnen haben in den letzten Jahren die Diplommittelschulen (DMS), welche einen mittleren schulischen Abschluss vermitteln. Man unterscheidet zwischen einer zweijährigen (DMS 2) und einer dreijährigen (DMS 3) Ausbildung. Verglichen mit einer Lehre wird man hier stärker theoretisch geschult, und der Sprung ins kalte Wasser der Arbeitswelt erfolgt erst nach der Ausbildung. Geplant ist, dass die Absolventinnen und Absolventen der DMS 3 in Zukunft mit einer Fachmaturität prüfungsfrei an die Fachhochschulen wechseln können.

Besonders grossen Wert legen die Diplommittelschulen auf eine breite Allgemeinbildung. Man findet im Lehrplan Fächer wie Deutsch, Französisch, Englisch oder Italienisch, Geschichte, Staatskunde, Mathematik, Chemie, Biologie, Geographie, Zeichnen, Musik etc. Damit vermitteln sie eine gute Vorbereitung auf Berufe im Sozial- und Dienstleistungsbereich und auf die entsprechenden Fachschulen:

- Erzieherische Berufe: Erzieher/-in, Handarbeits- oder Hauswirtschaftslehrer/-in, Gymnastik-, Rhythmiklehrer/-in, Sozialpädagoge/-in
- Soziale Berufe: Sozialarbeiter/-in, Polizeiassistent/-in, Erziehungsberater/-in, Psychologe/-in
- Pflegeberufe und medizinische Hilfsberufe: Krankenpfleger/-in, Psychiatriepfleger/-in, Physio- und Ergotherapeut/-in, Zahnhygieniker/-in, Laborant/-in, Ernährungsberater/-in
- Sekretariats- und Dienstleistungsberufe: Sekretärin, Buchhändler/-in, Journalist/-in, Radio- und Fernsehmitarbeiter/-in
- Künstlerische und kunstgewerbliche Berufe: Musiker/-in, Schauspieler/-in, Grafiker/-in, Fotograf/-in

Viele dieser Berufe sind traditionelle Frauenberufe. In jüngster Zeit verändern sich aber auch hier die Berufsbilder und die geschlechtstypischen Zuordnungen. Es gibt zum Beispiel mehr Männer, die sich zu Sozialpädagogen ausbilden; vereinzelt findet man auch schon Kindergärtner und Hortner. Auf der anderen Seite interessieren sich immer mehr auch Mädchen für traditionelle Männerberufe, vom Automechaniker bis zum Spengler. Die 23-jährige Manuela Z., die sich zur Sozialpädagogin ausbildet: «Es ist gut, dass unsere Ausbildung nicht mehr so stark eine Frauendomäne ist. Dennoch stelle ich mir manchmal fast etwas verärgert die Frage: Gewinnen unsere Ausbildungen womöglich erst jetzt an Gewicht, weil sich auch häufiger Männer darum zu bemühen beginnen?»

Berufsfeld Verkehr

Wer sich für das Berufsfeld Verkehr interessiert, könnte sich den Besuch einer Verkehrsschule überlegen. Auch dieser Ausbildungszweig vermittelt eine anspruchsvolle Allgemeinbildung und bereitet zum Beispiel auf Berufe bei der Swissair oder den SBB vor.

Die gymnasiale Ausbildung

«Die andere Atmosphäre fällt dir sofort auf», meint Rita W., die seit einem Jahr das Gymnasium besucht. «Es ist alles irgendwie kühler und distanzierter. Das beginnt schon beim Klassenzimmer. In der Primarschule hatten wir überall Bilder und Zeichnungen an der

Wand. Neben dem Klavier standen Grünpflanzen und auf dem Lehrerpult ein Blumenstrauss. Hier am Gymi ist alles nüchterner. Denn nicht jeder Lehrer und jede Klasse hat ein eigenes Schulzimmer. Aber unpersönlicher finde ich auch die Lehrer. Sie fühlen sich mehr ihren Fächern verpflichtet. Zudem muss man sich fast jede Stunde auf neue Fachlehrer einstellen.» Das Fachlehrerprinzip kann aber auch befruchtend sein. Man lernt verschiedene Lehrstile kennen und sieht bald, dass man dieselben Dinge auch unterschiedlich anschauen kann.

Nicht jeder Lebensstil entspricht der bildungsgesättigten Atmosphäre des Gymnasiums gleich gut. So haben Arbeiterkinder und Kinder, die auf dem Land aufgewachsen sind, manchmal beträchtliche Anfangsschwierigkeiten in dieser für sie fremden Welt. «Bei uns zu Hause hörten die Eltern Country- und Western-Musik oder die Beatles», meint der 17-jährige Karl A. «Für klassische Musik hatte man, ausser vielleicht an Weihnachten mit einer Mozart-Messe, wenig Verständnis. Zudem gab es wenig Bücher. Weder meine Mutter noch der Vater interessierten sich dafür. Mehr als einmal einen Konsalik-Roman las er nicht.» Doch ganz zuletzt fügt der Gymeler nachdenklich hinzu: «Etwas von dieser Distanz zum Gymnasium zu bewahren ist vielleicht gar nicht schlecht. Da geht es nämlich manchmal gar hochnäsig und snobistisch zu.»

Jedenfalls war es für Karl W. nicht leicht, den Anschluss an diese Welt der Kultur und Bildung zu finden. Ganz abgesehen davon, dass er mit seinen Eltern nicht diskutieren kann, was ihn in der Schule beschäftigt. Auch die Eltern spüren dies: «Wir finden es zwar gut, dass Karl seine Chance nutzt, und unterstützen ihn dabei», meint sein Vater. «Aber helfen können wir ihm kaum. Was mich etwas bedrückt: Früher hatten wir beide den Modellflug als gemeinsames Hobby. Seit einiger Zeit hat Karl ganz andere Interessen, und ich habe das Gefühl, dass wir uns einander langsam entfremden.»

Die Einstiegsmöglichkeiten ins Gymnasium sind vielfältig: Einmal besteht vielerorts die Möglichkeit, gleich nach dem Abschluss der Primarschule einen gymnasialen Schultyp zu wählen. Mancherorts schliessen das Gymnasium oder bestimmte Abteilungen dieses Schultyps aber auch erst an die Oberstufe an. Zudem kennt man auch noch den sogenannten gebrochenen Bildungsgang, bei dem man nach einem Teil der Oberstufe in die Mittelschule übertritt. Meist erfordert dies eine Prüfung und/oder eine Probezeit. Die Schülerinnen und Schüler erhalten auf diese Weise Gelegenheit, während der ersten Jahre in der

Oberstufe nochmals zu prüfen, ob sie weiter zur Schule gehen und Theorie büffeln oder doch lieber eine Lehre beginnen wollen.

Zur Matura führen auch verschiedene Privatschulen, zum Beispiel Internate, wo man in der Schule wohnt. Diese sind meist sehr teuer. Für die Wahl eines solchen Lehrinstituts kann es verschiedene Gründe geben: Man hält den Schulerfolg in einem überschaubaren Internatsrahmen für eher erreichbar, sieht als allein erziehender Elternteil seinen Sohn oder seine Tochter dort gut aufgehoben, schätzt das «geistige Klima» eines katholischen Internats etc.

Im Weiteren sind jene Maturitätsschulen zu nennen, die auf dem zweiten Bildungsweg zur Matura führen. Diese besuchen vor allem Berufsleute, die nach der Lehre merken, dass sie den Weg zu einer höheren Bildung verpasst haben. Dieser Weg ist allerdings kein Zuckerschlecken. Monika L.: «Ich habe zwar beruflich stark reduziert und werde mich bald ganz auf die Schule konzentrieren. Die letzte Zeit war aber hart. Es macht dich auf die Länge kaputt, am Morgen ins Büro zu gehen und dann am Abend noch bis in alle Nacht für die Schule zu büffeln.» Zudem ist die Abschlussprüfung, die «eidgenössische Maturität», gefürchtet, da es sich nicht um eine «Hausmatura» handelt wie beim normalen Gymnasium. Man wird also nicht von den eigenen Lehrern geprüft, die einem vertraut sind, sondern von aussenstehenden Experten. Und auch die bisherigen Noten zählen nicht mit. Das spiegelt sich in der Durchfallquote, die oft um ein Mehrfaches höher ist als in den Gymnasien.

Die Qual der Wahl ist indessen mit der Entscheidung für den gymnasialen Bildungsweg nicht abgeschlossen. Denn seit der Neuregelung der Maturität im Jahr 1995 müssen Schüler und Schülerinnen einen Teil ihrer Fächer selbständig wählen. Neben den obligatorischen Grundlagenfächern gibt es folgende Schwerpunktfächer, von denen eines belegt werden muss:

- alte Sprachen (Latein und/oder Griechisch)
- eine moderne Sprache (dritte Landessprache, Englisch oder eine alte Sprache)
- Physik oder Anwendungen der Mathematik
- Biologie und Chemie
- Wirtschaft und Recht
- Philosophie/Pädagogik/Psychologie
- Bildnerisches Gestalten
- Musik

Dazu kommt ein Ergänzungsfach, das ebenfalls aus einem bunten Strauss von Fächern gewählt werden kann – von Physik und Chemie bis hin zu Musik und Sport.
Damit sind die starren alten Maturitätstypen verschwunden. Man will nun eine gemeinsame Grundbildung auf flexible Weise mit einer individuellen Gestaltung des Fächerkanons durch die Schülerinnen und Schüler verbinden. Dabei ist die Latte hoch gesetzt. So heisst es im Anerkennungsreglement der Erziehungsdirektorenkonferenz zum Bildungsziel: «Die Schulen fördern gleichzeitig die Intelligenz, die Wissenskraft, die Sensibilität in ethnischen und musischen Belangen sowie die physischen Fähigkeiten ihrer Schülerinnen und Schüler.» Was daraus im praktischen Schulalltag wird, das werden die ersten Erfahrungen mit der neuen Organisation der Gymnasien zeigen.

Die Uni, wo man zur «geistigen Elite» zählt

Wer sich nach der Matura an einer Universität einschreibt, kann sich zu Recht zur bildungsmässigen Elite zählen. Gemäss einem OECD-Bericht von 1994 über das Bildungswesen liegt der Anteil der Studierenden in der Schweiz bei mageren 8,5 Prozent. Damit rangiert die Schweiz im Vergleich zu EU-Ländern nur gerade vor Belgien (8,1 Prozent), Grossbritannien (5,8 Prozent), Irland (5,3 Prozent) und Griechenland (4,8 Prozent). In dieser Beziehung gehört unser Land also schon fast zum bildungspolitischen Armenhaus.
Doch das ist nur die halbe Wahrheit. Es gibt nämlich auch viele anspruchsvolle Berufe, für die der Doktortitel oder ein Hochschuldiplom (Lizentiat) nicht unbedingt Voraussetzung sein muss: Journalist, Linienpilot, Dolmetscher, Sozialarbeiter, Bankkaufmann – um nur ein paar zu nennen. Trotzdem muss man sich fragen, ob die Selektion in der Schweiz nicht zu streng ist. Denn in unseren Nachbarländern ist die Anzahl der Studenten sehr viel höher. Und niemand wird wohl ernstlich behaupten, die jungen Schweizerinnen und Schweizer seien dümmer als ihre Nachbarn.
Wer sich nach der Mittelschule für eine Hochschule entschieden hat, fühlt sich oft erst ziemlich verloren. Man ist nur eine oder einer unter einigen hundert oder tausend Studenten, die die «heiligen Hallen» der Bildung bevölkern. Während man an der Schule die Lehrer zugeteilt bekommt, wählt man seine Dozenten und Studienfächer selber aus. «Es fiel mir am Anfang nicht leicht», erinnert sich Manfred K.,

«mir meinen Stundenplan selbst zusammenzustellen. Das dicke Vorlesungsverzeichnis erschlug mich fast. Dazu fehlte mir auch eine feste Klasse. In jeder Lehrveranstaltung sah ich neue Gesichter.»

So viel Freiheit, wie sie Studierende an der theologischen und der philosophischen Fakultät I (Sprach- und Geisteswissenschaften) geniessen, kann schön sein, sie kann aber auch belasten. Mehr Struktur gibt es an den übrigen Fakultäten, der juristischen, medizinischen, theologischen, wirtschafts- und naturwissenschaftlichen Richtung. Hier ist das Studium stärker schulmässig organisiert. Der Stundenplan ist viel strukturierter, und schon nach kurzer Zeit müssen erste Zwischenprüfungen absolviert werden, die oft recht streng sind. Vor allem die Medizin-Prüfungen sind gefürchtet; nach der ersten Studienphase, dem sogenannten Propädeutikum (Prope), fielen 1990 an der Universität Zürich von 1620 Studierenden fast 45 Prozent durch. Mehr schulmässig aufgebaut ist im Übrigen auch das Studium an der Eidgenössischen Technischen Hochschule (ETH) in Zürich und Lausanne.

Wie sich das Lernen an der Uni von jenem an der Mittelschule unterscheidet, beschreibt Beatrice W., Germanistikstudentin im vierten Semester: «Zuerst einmal hatte ich einen Riesenrespekt vor all den Professoren und gescheiten Köpfen an der Uni. Da geht es schnell zur Sache; und wer nicht mitkommt, ist selber schuld. Neben den Vorlesungen muss man oft schon in den ersten Semestern kleinere Arbeiten schreiben und sie im Seminar vortragen.» Vor allem die ungewohnte wissenschaftliche Sprache mit den vielen Fremdwörtern fällt den Studis am Anfang schwer. Mancher, der nicht genügend Ausdauer und Selbstdisziplin hat, bleibt im lockeren Lehrbetrieb hängen. Beatrice W.: «Im ersten Semester hatte ich oft Kontakt zu einem Studenten aus Chur, der in derselben Vorlesung sass. Doch bald erschien er immer seltener an der Uni. Als ich ihn zufällig einmal traf, sagte er etwas von einer unheimlich komplizierten Seminararbeit, die er zu Hause erledigen müsse. Vor einigen Wochen habe ich jedoch erfahren, dass er nach drei Semestern sang- und klanglos ausschied und ein journalistisches Volontariat antrat.»

Stipendien: Das Geld liegt nicht auf der Strasse

Die Ausbildung sollte an den Finanzen nicht scheitern. Aus diesem Grund vergeben der Staat und manche private Institutionen Stipendien. Früher haben sich Eltern oft geniert, einen Antrag zu stellen. Man hielt es für einen Makel, wenn man für die Ausbildung seiner Kinder nicht selbst aufkommen konnte. Dies ist eine falsche Einstellung. Stipendien zu beziehen ist ein Rechtsanspruch. Etwa jede achte Person, die in Ausbildung begriffen ist, erhält heute eine solche finanzielle Hilfe.

In manchen Kreisen kursiert indessen noch das Bild vom Bummelstudenten, der den Eltern und dem Staat auf der Tasche liegt, während er sich bei «Wein, Weib und Gesang» ein schönes Leben macht. Doch die Anforderungen sind heute in den meisten Studiengängen so hoch, dass sich dies kaum jemand leisten kann. «Mich belastet es, dass ich mit 23 Jahren noch vom Almosen des Staats und von meinen Eltern abhängig bin», meint der ETH-Student Harald Z. Er versucht durch Nebenjobs noch etwas hinzuzuverdienen. «Doch das darf natürlich nicht zu Lasten meiner Studienleistungen gehen», fügt er hinzu. Ähnlich geht es vielen Studierenden. Gemäss einer Untersuchung an der Universität Bern beträgt ihre durchschnittliche wöchentliche Arbeitsbelastung rund 45 Stunden. Die meisten müssen sich einen Teil des Studiums mit Nebenjobs verdienen, um an der Uni bleiben zu können. Denn das Leben ist heute auch für Studenten und Studentinnen teuer. Gemäss Angaben der Arbeitsgemeinschaft der Schweizerischen Budgetberatungsstellen benötigen sie für ihren Lebensunterhalt einen monatlichen Betrag von 1100 bis 1800 Franken.

Ein schlechtes Gewissen wegen Stipendien ist schon deshalb fehl am Platz, weil die Kantone so strikte Regeln eingeführt haben, dass nur in den Genuss solcher Mittel kommt, wer diese auch nötig hat. So ist heute viel eher die Kritik zu hören, dass die Stipendienanforderungen zu hoch sind und die ausbezahlten Beträge nirgends hinreichen. Grosszügig sind die in der Schweiz geltenden Regelungen jedenfalls nicht.

Vor allem herrscht seit langem ein Stipendienwirrwarr, weil jeder Kanton seine eigenen Bestimmungen kennt. Da kann es vorkommen, dass ein Bewerber bei gleichen Voraussetzungen in einem Kanton einen viermal höheren Betrag erhält als in einem anderen. Seit Jahren spricht man zwar von Angleichung und «Harmonisierung», doch passiert ist viel zu wenig. Wer sich um ein Stipendium bewirbt, muss einige Spielregeln kennen:

- Stipendienberechtigt sind all jene, die in einer anerkannten Berufsausbildung stehen. Das kann eine Mittelschule, eine höhere Fachschule, eine Hochschule oder eine Lehre sein. Wer aber zum Beispiel eine Massage-Ausbildung absolviert oder an einer Privatschule einen Abschluss in Naturheilkunde anstrebt, wird meist eine Absage erhalten. Denn dies sind keine «anerkannten» Abschlüsse. Ähnliches gilt bei Lehren. Hier bekommen nur diejenigen einen Ausbildungsbeitrag, deren Beruf vom Bundesamt für Industrie, Gewerbe und Arbeit (BIGA) anerkannt ist. Zwar sind diese Bestimmungen für «Grenzfälle» oft ärgerlich und unverständlich. Dennoch ist es zu verstehen, dass man verhindern will, dubiose Ausbildungen über Stipendien quasi mit einer staatlichen Geldspritze zu subventionieren.

- Wer einen Stipendienantrag stellt, muss dies am Wohnsitz der Eltern tun. Denn die Kantone gehen davon aus, dass letztlich die Eltern für ihre studierenden Kinder unterhaltspflichtig sind. Ihnen soll daher mit den Stipendien unter den Arm gegriffen werden. Der «Kantönligeist» geht manchmal gar so weit, dass eine Ausbildung im Nachbarkanton nicht unterstützt wird, wenn man sie auch im eigenen absolvieren könnte.

Das Prinzip der Elternabhängigkeit gilt im Übrigen auch für junge Erwachsene, die von zu Hause ausgezogen sind und zum Beispiel am Hochschulort wohnen. Der eigene Wohnsitz zählt meist nur, wenn man mindestens zwei Jahre am neuen Ort angemeldet und während dieser Zeit finanziell selbständig war.

Vorsicht bei Umzug

Wenn man gerade von einem Kanton in einen anderen gezogen ist, muss man besonders aufpassen. Es kommt immer wieder vor, dass man zwischen Stuhl und Bank gerät: Der «alte» Kanton zahlt nicht mehr, weil man dort den Wohnsitz aufgegeben hat, während der neue Kanton von den Stipendienbezügern verlangt, dass sie dort bereits seit einiger Zeit gewohnt haben. Deshalb: vor einem Umzug auf jeden Fall die Auswirkungen auf die Stipendienberechtigung abklären.

Mit gutem Recht kann man sich fragen, ob diese Elternabhängigkeit nicht prinzipiell eine fragwürdige Praxis darstellt. Der 31-jährige Primarlehrer Thomas B., der sich zum Berufsschullehrer weiterbilden will, schreibt dem Beobachter empört: «Ich staunte nicht schlecht, als ich beim Durchlesen der Berner Formulare und Richtlinien feststellte, dass bei der Berechnung der Stipendien die finanziellen Verhältnisse meiner Eltern berücksichtigt werden. Schliesslich habe ich mit ihnen finanziell nichts mehr zu tun.» Sein bitteres Fazit: «Ich konnte mir leicht ausrechnen, dass ich mit keiner staatlichen Unterstützung rechnen durfte. Denn mit dem Einkommen der Eltern stand ich ja fast als Krösus da.» Was soll denn ein solcher Student tun? Will er doch kaum bei seinen Eltern als Bittsteller erscheinen – obwohl ihm deren Einkommen das Stipendium verwehrt. In manchen Kantonen versucht man allerdings diese Abhängigkeit zu mildern, indem zum Beispiel das Elterneinkommen ab dem 25. Altersjahr nicht mehr zählt.

Dasselbe sollte auch für Zweitausbildungen gelten, da hier die Eltern nicht mehr unterhaltspflichtig sind. Leider ist dies lange nicht überall der Fall. So kann es zur absurden Situation kommen, dass bei der Stipendienberechnung das Einkommen der Eltern mitspielt, ohne dass von Rechts wegen – infolge der fehlenden Unterhaltspflicht – noch ein Beitrag durchgesetzt werden kann. Auch hier ist vom Gesetzgeber noch einiges zu tun, wenn nur die gröbsten Härten beseitigt werden sollen.

- Für seine Stipendienbewerbung kann man vorgedruckte Formulare beziehen, in denen man neben einer Schulbestätigung Auskunft über die eigenen finanziellen Verhältnisse und diejenigen der Eltern geben muss. Diese werden dann meist durch ein ausgeklügeltes Punktesystem bewertet. Wer einen zu hohen Wert aufweist, weil zum Beispiel die Eltern über ein hohes Einkommen oder Vermögen verfügen, geht leer aus. Die übrigen erhalten je nach den erzielten Punkten ein volles Stipendium, oder sie müssen sich Abzüge gefallen lassen. Fachleute haben gar schon geraten, Eltern sollten es sich wegen der Vermögensgrenze überlegen, Schmuck oder Wertschriften zu liquidieren. Doch es scheint fraglich, ob man deswegen den jahrhundertealten Familienschmuck verscherbeln soll. Manchmal kann man sich auch einen Rekurs überlegen, wenn man sich ungerecht behandelt fühlt. Sehr häufig wird man dabei jedoch unterliegen. Denn unlogisch sind die Regelungen zwar möglicherweise schon; nur entsprechen sie den geltenden Bestimmungen ...

- So wurde im Kanton Nidwalden die Altersgrenze für Stipendienbezüger auf 40 Jahre festgelegt, im Kanton Glarus muss der Studienbeginn spätestens im Alter von 30 Jahren erfolgt sein, und im Kanton Graubünden können bis zum Alter von 32 Jahren Stipendien beantragt werden, wobei vor allem bei Frauen, z. B. Wiedereinsteigerinnen, Ausnahmen gemacht werden. Solche Regeln können an sich sinnvoll sein. Denn man möchte nur jene Ausbildungen fördern, die jemand auch noch lange genug als Beruf ausüben kann. Zudem ist auch zu erwarten, dass einer selbst schon etwas hat zurücklegen können, wenn er mit 35 nochmals die Schulbank drücken will.

Andererseits ist die Notwendigkeit, sich im mittleren Alter nochmals umzuschulen, angesichts des schnellen technischen Wandels heute ungleich grösser als in früheren Jahren. Manche sind davon betroffen, die nicht bloss aus Lust und Laune nochmals auf die Schulbank zurückkehren. Anstatt ihre Initiative jedoch zu belohnen, werden sie umgehend damit bestraft, dass sie kein Anrecht mehr auf Stipendien haben.

- Wer eine Absage vom Stipendienamt erhalten hat, kann vielleicht ein Studiendarlehen erhalten. Hier sind die Bräuche oft weniger hart, und Vater Staat drückt auch einmal ein Auge zu. Denn es ist ja sichergestellt, dass das ausgegebene Geld nach Ende des Studiums wieder zurückfliesst. Studierende, die von dieser Möglichkeit profitieren wollen, müssen sich allerdings bewusst sein, dass sie sich damit auf längere Zeit nach dem Studium eine zusätzliche Verpflichtung aufhalsen – womöglich gerade zu der Zeit, in der sie eine Familie gründen wollen.

- Besonders schwierig ist es oft auch für ausländische Jugendliche, Stipendien zu erhalten. Im Kanton Zürich existiert dazu zum Beispiel ein besonderer Fonds, der nur wenige Bedürfnisse abdeckt. In anderen Kantonen ist man grosszügiger; hier wird jemand mit der Niederlassungsbewilligung C und fünf (oder sogar noch weniger) Jahren Aufenthalt in der Schweiz den Einheimischen gleichgestellt.

- Neben den kantonalen Stellen vergeben auch Gemeinden und Private Ausbildungshilfen. Oft wissen die kantonalen Stipendienberatungen darüber Bescheid. Zudem finden sich die wichtigsten Adressen im Stipendien-Handbuch des Verlags Pro Juventute (1995). Diese Broschüre erhält man gratis bei den Filialen des Schweizerischen Bankvereins.

- Der letzte und einzige allgemein gültige Tipp heisst: Keine Regel ist ohne Ausnahme. Wegen der zahllosen kantonalen Regelungen und Sonderfälle konnten hier nur «Durchschnittswerte» angegeben werden. Deshalb lohnt es sich auf jeden Fall, sich nochmals bei den kantonalen Stipendienämtern zu erkundigen (Adressen im Anhang, Seite 300).

Harry: «Mir hats in der Schule immer gestunken»

Harry J. alias Steve ist 17 Jahre alt, wohnt in Dübendorf und hat vor kurzem eine Lehre als Karosserie-Spengler angetreten. Von der Rockmusik begeistert, spielt er als Schlagzeuger in einer Hardrockband. In der Schule konnte Harry weniger den Takt angeben, denn als Kleinklassen- und Realschüler hatte er vom Pauken bald die Nase voll.

«Meine Kollegen nennen mich Steve, denn das ist mein Künstlername. Eigentlich heisse ich Harry, aber Steve passt besser zu mir, weil ich in einer Rockgruppe Schlagzeug spiele. Am liebsten laufe ich auch so rum, dass alle Leute sofort sehen, dass ich ein Heavy bin: Jeans, T-Shirt, die langen Haare und die Tätowierung, all das gehört zu mir.

Nur das Turnen hat mir Spass gemacht

In der Schule habe ich das Freifach Musik belegt, und dabei bin ich voll aufs Trommeln abgefahren. Sonst hats mir in der Schule gestunken, nur das Turnen hat mir immer Spass gemacht. In der vierten Primarklasse musste ich sitzen bleiben und wurde in eine Kleinklasse verlegt. Dort können dich die Lehrer besser unter Kontrolle halten. Genützt hats aber nicht viel, denn unsere Lehrerin war total überfordert und hat die Hoffnung schon bald aufgegeben. So langte es mir nicht für die Sekundarschule, und ich musste in die Realschule.

Die Aufgaben habe ich immer gehasst

In der Realschule war der Lehrer zum Glück noch ziemlich geil und gab nicht allzu viele Hausaufgaben. In der Sek hätte ich bestimmt viel mehr streben müssen. Die Aufgaben habe ich immer gehasst. Meine

Mutter hatte einen ewigen Kampf mit mir, wenn ich meine Aufgaben machen sollte. Sobald die Schule aus ist, will ich doch viel lieber mit meiner Freundin oder mit meinen Kollegen zusammen sein.

Den Paukern ist unsere Meinung egal
Und sowieso kann ich einfach nicht lange still sitzen. Eine halbe Stunde ist das Maximum, aber weil die Schulen viel zu montone Stundenpläne haben, muss man manchmal fast den ganzen Tag am Pult sitzen. Es fehlt ganz einfach die Abwechslung. Von Zeit zu Zeit sollte man sich doch auf etwas freuen können, mal nach draussen gehen und etwas anderes machen. Doch den Paukern ist unsere Meinung egal. Beim Stundenplan und bei den Hausaufgaben sollten die Schüler mehr Mitspracherecht haben. Schliesslich muss man im Leben ja auch lernen, sich zu wehren und nicht einfach alles zu schlucken. Und wenn man dies in der Schule nicht lernt, wo denn sonst?

In einem Büro könnte ich nicht arbeiten
Als ich dann aus der Schule kam, war für mich klar: bloss nicht noch weiter büffeln! Zuerst machte ich eine Schnupperlehre als Automechaniker. Dann fand ich eine Lehrstelle als Karosserie-Spengler. Dieser Beruf gefällt mir, weil ich Autos einfach heiss finde. Auch will ich einen Job, bei dem man am Abend sieht, was man tagsüber geleistet hat. In einem Büro, wo du nur irgendwelche Briefe tippst, könnte ich nicht arbeiten. Nun ja, jedem das Seine!»

Und ausserdem

Auch Jugendliche können von Arbeitslosigkeit betroffen sein. So waren gemäss BIGA im März 1997 5738 15- bis 19-jährige und 27 796 20- bis 24-jährige ohne Arbeitsstelle. Für die meisten dauert die Zeit der Stellenlosigkeit allerdings nur kurz. Finden Lehrabgänger indessen nach angestrengter Suche keinen Job, so unterstützt die Arbeitslosenversicherung finanziell Weiterbildungen und evtl. Umschulungen, die eine Vermittlungsfähigkeit verbessern. Generell gilt zudem: Wer Schulabgänger ist und keine weitere Ausbildung abgeschlossen hat, erhält in begrenztem Rahmen auch dann Arbeitslosenunterstützung, wenn keine Beiträge an die Versicherung nachgewiesen werden können. In diesem Fall gelten jedoch bestimmte Wartefristen, die ab dem Zeitpunkt der Registrierung aufdatiert werden. Obwohl noch in der Anfangsphase, wurde die Beratungs- und Vermittlungsfähigkeit von Stellenlosen durch die Umstrukturierung der Arbeitsämter stark verbessert. Nach wie vor sind zwar die Gemeinden Erstanlaufstelle für Arbeitslose; die individuelle Betreuung nach der Registrierung wird jedoch von den neu geschaffenen regionalen Arbeitsvermittlungszentren übernommen.

Auslandstudien und -aufenthalte sind ein sinnvoller Weg, um den Horizont zu erweitern. In manchen Berufen kann ein Auslandstudium ganz konkret die Berufschancen erhöhen – etwa, wenn man in einem internationalen Konzern arbeiten möchte, wo perfekte Englischkenntnisse gefordert werden. Ein Studium an einem international führenden Institut im Ausland kann aber auch hilfreich sein, wenn man später eine Karriere in der Forschung oder an einer Uni ins Auge fasst. Dennoch müssen erst einmal viele Fragen beantwortet werden, wenn man im Ausland studieren möchte.

- Was für Austauschprogramme kommen in Frage?
- Wie ist das Diplom eines privaten Instituts zu bewerten?
- Wie kann ich mich für Stipendien bewerben, die im Ausland für Schweizer offen stehen?

Mit solchen Fragen kann man sich an die Schweizerische Zentralstelle für Hochschulwesen, Seidenweg 68, 3012 Bern, wenden.

Sich bewerben ist eine Kunst geworden. Denn oft hat man mit hundert und mehr Konkurrenten und Konkurrentinnen zu rechnen, die um dieselbe Stelle kämpfen. Dabei ist es schon fast selbstverständlich geworden, dass die Bewerbungsschreiben fast wie gedruckt aussehen: Die Textverarbeitung mit dem Computer macht es möglich. Auf was sollte man zusätzlich achten? Fachleute empfehlen:

- Man sollte sich nur auf Stellen bewerben, deren Anforderungen man genügt, das heisst, Ausbildung und Erfahrung sollten dem vom Arbeitgeber gewünschten Leistungsprofil entsprechen. Wer glaubt, aufgrund seiner guten Deutschnoten in der Schule und einiger publizierter Leserbriefe Chancen auf eine Journalistenstelle zu haben, kann sich Papier und Porto für die Bewerbung sparen.

- Die Bewerbung sollte einen tabellarischen Lebenslauf, Zeugniskopien, einen Begleitbrief und ein Foto umfassen. Der Begleitbrief muss individuell auf das Inserat hin abgefasst werden. Hier kann man seine Qualitäten hervorheben und begründen, warum man der oder die Richtige für die ausgeschriebene Stelle ist und vor allem warum man sich speziell für diese Stelle interessiert. Auf keinen Fall sollte man als Begleitschreiben nur einen kopierten Brief beilegen.

- Freizeitaktivitäten und -engagements kann man durchaus erwähnen. Viele Arbeitgeber schätzen es, wenn man sich auch ausserhalb des Berufs engagiert. Allerdings sollte man nicht übertreiben, sonst wird leicht der Eindruck geweckt, dass der Beruf gegenüber der Freizeitbeschäftigung weit hinten rangiert.

- Die Beilagen sollten sich auf die wichtigsten konzentrieren. Lebensläufe müssen knapp und sachlich abgefasst werden. Kein Personalverantwortlicher liest sich durch ausführliche biographische Schilderungen aus der Kindheit. Auch für Primarschulzeugnisse und Sprachdiplome aus dreiwöchigen Sommerkursen interessiert sich kaum jemand. Es kann allerdings auch Misstrauen erwecken, wenn von fünf im Lebenslauf erwähnten beruflichen Diplomen zwei Kopien fehlen.

Computer bestimmen den Arbeitsalltag in den letzten Jahren immer stärker. Kaum ein Arbeitsplatz, an dem man nicht in irgendeiner Weise mit der Informatik in Kontakt kommt. Aus diesem Grund ist es positiv zu sehen, wenn sich Jugendliche dafür interessieren. Allerdings ergibt sich seit einiger Zeit eine Umwertung: Das Programmieren verliert eher an Wichtigkeit; vordringlicher wird der Umgang mit Anwender-Software (Textverarbeitungen, Tabellenkalkulationen, Grafikprogramme, Datenbanken etc.). Das Arbeiten mit dem Computer ist für viele Schüler und Lehrlinge – im Rahmen von Hausaufgaben oder eines Hobbys – schon etwas völlig Selbstverständliches.

Eine Einschränkung ist allerdings zu machen: Obwohl auch Mädchen im späteren Berufsleben mit Computern konfrontiert sein werden, sind es gemäss einer Studie des SRG-Forschungsdienstes noch immer hauptsächlich männliche Jugendliche, die sich intensiv mit dem Computer beschäftigen. Leider scheint sich das Geschlechter-Stereotyp von der «männlichen» Technik wieder einmal zu bestätigen.

Einführungskurse sind in verschiedenen Berufen obligatorisch. Sie werden im Auftrag des BIGA von den Berufsverbänden durchgeführt, wobei die Lehrlinge aus verschiedenen Betrieben zusammengefasst werden. Grossbetriebe haben allerdings zum Teil eine innerbetriebliche Lehrwerkstätte dafür. Die Kurse werden von speziellen Instruktoren erteilt und vermitteln gezielt und schrittweise die beruflichen Grundlagen. Wenn dem Lehrling dadurch Kosten entstehen, muss diese der Lehrbetrieb übernehmen. Selbstverständlich erhalten die Stifte auch während der Einführungskurse ihren Lehrlingslohn.

Ferien. Wer von der Schule her in eine Lehre einsteigt, wird häufig erst einmal die langen Ferien schmerzlich vermissen. Um so wichtiger ist es, genau zu wissen, was man zugut hat: Der Ferienanspruch beträgt für alle unter zwanzig Jahren mindestens fünf Wochen, für ältere mindestens vier. Man kann indessen nicht einfach von heute auf morgen wegbleiben, wenn man dazu gerade Lust hat; vielmehr müssen die Ferientermine im Voraus mit dem Chef abgesprochen werden.

Fort- und Weiterbildung sind in der heutigen Zeit des technologischen Wandels für junge Berufsleute unabdingbar, wenn sie nicht den Anschluss verlieren wollen: «Fortbildung» bedeutet dabei, dass man sich in seinem Beruf à jour hält. Vor allem die folgenden Institutionen bieten Möglichkeiten dazu:

- Angebote der Berufsverbände haben meist einen direkten praktischen Bezug zur beruflichen Arbeit.
- Eine breite Palette von Fortbildungsmöglichkeiten bieten die Berufsschulen an.
- Daneben findet man auch an privaten Schulen gute Angebote. Da es hier jedoch keine staatlichen Kontrollen gibt, empfiehlt es sich, vorher genaue Informationen über Schule und Kurse einzuholen.

Mit «Weiterbildung» ist die Frage der beruflichen Entwicklung angesprochen. Solche Angebote bereiten die zukünftige Karriere vor oder begleiten sie. Das ist oft damit verbunden, dass man von der «Front» hinter die Kulissen wechselt, zum Beispiel in Richtung Büro. Dafür hat man sich jedoch weitere Fähigkeiten im organisatorischen und planerischen Bereich oder theoretische Kenntnisse anzueignen. Mit dem Besuch von Weiterbildungskursen sollte man nicht zu spät beginnen. Schon in den ersten Jahren nach der Lehre lohnt es sich, neue Techniken kennen zu lernen, sich Fremdsprachen oder EDV-Kenntnisse anzueignen. Denn es gilt der Grundsatz, dass man in jungen Jahren meist viel leichter lernt als später. Weitere Informationen zu Fort- und Weiterbildung finden sich in folgenden beiden Büchern: «Das aktuelle Berufswahlbuch» und «Beruflich weiterkommen» (beide erhältlich bei der Schweiz. Versandbuchhandlung SVB, Zürichstrasse 98, 8600 Dübendorf).

Nachhilfe kann manchmal notwendig werden, wenn ein Schüler oder eine Schülerin in einem Fach den Anschluss verpasst hat. Haben dann Eltern keine Zeit für Hilfestellungen oder fehlt es ihnen selbst an den notwendigen Kenntnissen, wird die Hilfe häufig ausserhalb gesucht – bei privaten Schulen und Nachhilfelehrern.

Bei jeder Nachhilfe ist wichtig, dass nicht einfach Stoff gepaukt und gebüffelt wird. Vielmehr geht es darum, gezielt das fehlende Vorwissen aufzuarbeiten und Lücken zu füllen. Nur so kann das Übel an der Wurzel gefasst werden. Denn wenn die Grundlagen fehlen, ist die Mühe mit dem «blinden» Einpauken des gerade aktuellen Stoffes vergebens.

Numerus clausus. Bei den Studierenden sind Zulassungsbeschränkungen unbeliebt, da sie den Grundsatz der Studienfreiheit einschränken. Weil der Run auf Studienplätze weiter anhält, sind gegenwärtig solche Massnahmen – etwa für das Fach Medizin – wieder verstärkt im Gespräch. Damit die Maturität als Ausweis für den allgemeinen Zugang zur Hochschule nicht entwertet wird, sollten solche Notmassnahmen indessen nur sehr restriktiv angewandt werden.

Schüleraustausch und **Sprachaufenthalte** können ein grosses Erlebnis sein. Man erfährt die Gebräuche und Sitten eines fremden Landes hautnah, schliesst viele Bekanntschaften und lernt die fremde Sprache besser, als dies im Schulunterricht je möglich wäre. Dennoch kann ein solcher Aufenthalt auch total danebengehen – etwa, wenn ein Jugendlicher es nicht schafft, sich der fremden Umgebung anzupassen, oder wenn das Angebot den Erwartungen nicht entspricht. Anita U., die sich auf das pulsierende Leben in einer kalifornischen Grossstadt freute, war völlig deprimiert, als sie in einer Kleinstadt des amerikanischen Mittelwestens landete. Sie schrieb dem Beobachter: «Wenn man in einer solchen Kleinstadt überleben will, braucht man wenigstens ein Auto, um zurück in die ‹Zivilisation› zu kommen. Denn das nächste Kino ist siebzig, das Einkaufszentrum fünfzig Minuten entfernt. Doch die Gastfamilie erlaubte mir nicht, das Auto zu benutzen. Man machte kaum Ausflüge mit mir, und auch das Niveau der Schule war wenig erfreulich.»

Wer sich für einen Sprachaufenthalt interessiert, sollte deshalb darauf bestehen, dass er die Gastfamilie wechseln kann, wenn es Probleme gibt. Er sollte schon frühzeitig wissen, wohin es ihn verschlägt, so dass er gegebenenfalls reklamieren kann. Zudem sollten Interessenten wissen: Oft sitzen in der Schweiz lediglich Vermittlungsfirmen, die an den eigentlichen Veranstalter weiterverweisen, wenn es Probleme gibt oder Geld zurückgefordert wird. Sich in solchen Fällen mit einer Firma im Ausland herumzuschlagen, kann äusserst mühsam sein und bringt sehr häufig auch nicht den gewünschten Erfolg. Informationen zum Jugendaustausch gibt der Dachverband schweizerischer Jugendaustausch-Organisationen Intermundo (Adresse im Anhang, Seite 304).

Schulgeld. In den öffentlichen Volksschulen ist der Unterricht unentgeltlich. Dies gilt auch für den Pflichtunterricht der Berufsschulen und in vielen Kantonen für Mittelschulen und Lehrerseminare (oder das

Schulgeld ist sehr bescheiden). In den Klassen ausserhalb der Schulpflicht muss man oft für die Lehrmittel selbst aufkommen. Andere Schulen verlangen dagegen Schulgelder, deren Höhe davon abhängt, ob und inwieweit eine solche Ausbildung staatlich subventioniert ist.

Wer sich für eine Ausbildung schriftlich angemeldet hat, muss meist auch dann einen Teil des Schulgelds entrichten, wenn er sich kurz vor dem Ausbildungsbeginn wieder abmeldet. Denn er kündigt zur «Unzeit», das heisst, die Schule hat für den Betreffenden einen Platz reserviert, der leer bleibt. Nicht bezahlen muss man nur dann, wenn der Schule kein Schaden entsteht – wenn zum Beispiel eine Warteliste abgewiesener Schüler besteht, von denen einer nachrücken kann.

Schulkommissionen, Schulpflegen oder der Schulrat sind die Aufsichtsbehörden der öffentlichen Schulen. Wenn etwas in der Schule nicht klappt, kann man sich an diese wenden. Auch höhere Schulen haben im Allgemeinen eine übergeordnete Instanz, an die man mit seinen Beschwerden gelangen kann. Die Schulen selbst oder die Erziehungsdepartemente geben darüber Auskunft.

Das **Welschlandjahr** ist seit Jahrzehnten eine beliebte Möglichkeit, um sich Sprachkenntnisse anzueignen und gleichzeitig einen anderen Landesteil kennen zu lernen. Wer sich für diese Form eines Zwischenjahres interessiert, sollte sich allerdings überlegen, ob es nicht andere Formen einer solchen Überbrückung gibt, die für die persönliche Entwicklung fruchtbarer sind. Strebt man zum Beispiel einen sozialen Beruf an, ist man mit einem Sozialpraktikum oder Sozialjahr möglicherweise besser bedient.

Hat sich ein Mädchen für ein Welschlandjahr entschieden, sollte es
- seine Stelle über den Berufsberater oder eine der anerkannten Vermittlungen suchen, zum Beispiel über Pro Filia oder Pro Juventute,
- sich mit der Vorgängerin in Verbindung setzen, um sich über die gewählte Familie zu erkundigen,
- wenn möglich eine «Schnupperwoche» bei der Familie vereinbaren.

Bewährt hat sich die Möglichkeit, die Au-pair-Stelle mit einer zweitägigen Schule zu verbinden, so dass man also teilzeitlich arbeitet und in die Schule geht (Adressen für dieses «neue Welschlandjahr» im Anhang, Seite 300).

Zusatzlehren sind in verschiedenen Berufen möglich. Es handelt sich dabei um Lehren, die aufgrund einer bereits absolvierten Berufsausbildung verkürzt sind. Wer zum Beispiel eine zweijährige Bürolehre abgeschlossen hat, wird nach einer zweijährigen Zusatzlehre zur Abschlussprüfung für kaufmännische Angestellte zugelassen.

Zwischenlösungen. Der direkte Übertritt in eine Lehre oder Fachschule überfordert manchen Jugendlichen. Renato zum Beispiel kann sich einfach nicht für einen Beruf entscheiden; ein zusätzliches Schuljahr gibt ihm Zeit, sich noch weitere Gedanken zu machen. Barbara dagegen weiss, dass sie Krankenschwester werden will. Doch sie muss die Zeit bis zum Ausbildungsbeginn (frühestens mit 18 Jahren) sinnvoll überbrücken. Solche Zwischenlösungen gibt es heute in verschiedenster Form:

- Ein freiwilliges zehntes Schuljahr, ein Werkjahr, ein Berufswahljahr etc. können helfen, sich noch besser über den zukünftigen Beruf klar zu werden. Zudem kann man dabei den Schulsack ergänzen und jene Fähigkeiten gezielt verbessern, die einem schwächeren Schüler den Start ins Berufsleben erschweren.
- Für Mädchen ist oft ein Fortbildungs- oder Hauswirtschaftsjahr, vielleicht auch eine Hauhaltslehre die nahe liegende Lösung. Doch Vorsicht: Heute ist eine qualifizierte Berufsausbildung auch für das weibliche Geschlecht der Normalfall. Immer mehr Frauen stecken die Karriere zu Recht nicht mehr vollständig zugunsten von Haushalt und Familie zurück. Wer zudem einen guten Beruf hat, steht nicht vor dem Nichts, wenn seine Kinder einmal ausgeflogen sind.
- Sprachaufenthalte im Ausland oder ein Welschlandjahr dienen der sprachlichen Weiterbildung. Wer eine Fremdsprache gut spricht und schreibt, hat damit in manchen Berufen einen Vorteil.
- Als Überbrückung bei sozialen Berufen kann ein sogenanntes Sozialjahr sinnvoll sein. So bereitet zum Beispiel das zürcherische Sozialjahr durch Einsätze in Familien, Spitälern, Heimen, Krippen auf pflegerische und soziale Berufe vor. Daneben gibt es auch Privatschulen, zum Beispiel im Hinblick auf medizinisch-technische und Krankenpflegeberufe.
- Wer den direkten Anschluss an eine Mittelschule verpasst hat, kann einen Vorbereitungskurs an einer Privatschule besuchen. Hier versucht man intensiv und in Kleingruppen die Schwächen in

den Fächern zu beheben, derentwegen man die Aufnahmeprüfung nicht geschafft hat.
– Im kaufmännischen Bereich gibt es vorbereitende Handelsschulen.

Dies sind nur einige von vielen Möglichkeiten. Eine gute Übersicht findet sich in der Broschüre «Zwischenlösungen» (zu beziehen bei: Berufsberatung des Bezirks Bülach, 8302 Kloten, Tel. 01/804 8080). Wer eine Zwischenlösung in Erwägung zieht, sollte sich indessen bewusst sein: Ein solches Jahr ist schnell herum und bringt nur dann etwas, wenn es nicht dazu dient, die Probleme weiter vor sich herzuschieben. Manche der privaten Schulen sind zudem teuer, und nicht alle haben einen Ruf, der über alle Zweifel erhaben ist.

Wirklich lebe ich nur in der Freizeit

Dicke Luft am Mittagstisch; die vierzehnjährige Tochter Sonja hat ganz andere Vorstellungen von ihren Sommerferien als ihre Eltern. «Paps», säuselt sie mit ihrer süssesten Stimme, «meine Freundin Susi hat mir einen echt coolen Vorschlag gemacht.» Nach einer Kunstpause eröffnet sie ihrem gespannten Vater: «Wir möchten diesen Sommer mit Interrail nach Schweden fahren. Gell, ich darf da mit.» Walter B. verschlägt es den Atem. Er erinnert sich, dass er seinerzeit das erste Mal nach der Lehre ohne seine Eltern in die Ferien verreisen durfte. Und die Mutter wendet verschnupft ein: «Wir wollten doch alle dieses Jahr wieder ins Berner Oberland zum Wandern. Wenigstens in den Ferien sollte die Familie zusammen sein. Es reicht schon, dass du übers Wochenende den Kopf nur bei der Disco hast.» Vater B. fügt kurz und bestimmt hinzu: «Das kommt ja gar nicht in Frage, basta!» Fassungslos über die Ablehnung stürzt Sonja aus dem Esszimmer. Mit einem empörten «Ihr Spiesser!» bricht sie in Schluchzen aus und schlägt die Türe mit einem unüberhörbaren Knall hinter sich zu.

Hier prallen verschiedene Welten aufeinander: Die Eltern sind in einer Zeit aufgewachsen, in der man sich finanziell wenig leisten konnte. Eine selbständige Reise ins Ausland wäre mit 14 Jahren nie in Frage gekommen. «Ich durfte im Sommer jeweils drei Wochen zu meinem Onkel an den Bodensee fahren», erinnert sich Walter B. «Unsere Eltern dagegen haben sich während meiner Kindheit kaum einmal Ferien geleistet.» Auch die Freiräume waren kleiner, die man Jugendlichen früher gewährte. Vor dem Ende der obligatorischen Schulzeit hätte man sie kaum allein in die Ferien fahren lassen – es sei denn in ein organisiertes Pfadi- oder Schullager.

Wenn Jugendliche heranwachsen, wächst ihr Wunsch nach «eigener» Freizeit. Sie beginnen, sich mehr an ihren Kolleginnen und Kollegen zu orientieren als an den Eltern und Erwachsenen. Das kann zu Konflikten führen. Oft ist es nicht leicht, Lösungen zu finden, die für alle Seiten akzeptabel sind. Strikte Verbote übergehen die Bedürfnisse der Jugendlichen und ihren Drang nach Freiheit und Unabhängigkeit von den Eltern. Auf der anderen Seite kann die Besorgnis der Eltern berechtigt sein. Überschätzen sich 14-jährige bei ihrem Wunsch nach selbständigen Ferien? Ziehen Jugendliche mit ihrer fast sprichwörtlichen Risikofreudigkeit vielleicht gar die Gefahren an? Es ist deshalb eine bewährte Regel, dass der Sprung in die «grosse Freiheit» nicht plötzlich und von einem Tag auf den andern, sondern schrittweise erfolgt.

Im Fall von Sonja gab es zuerst Unfrieden und Tränen. Dann aber haben sich beide Seiten geeinigt: Sonja darf mit ihrer Freundin eine Woche in der Schweiz herumreisen. Die Eltern erhalten eine Liste der Jugendherbergen, in denen die beiden Mädchen übernachten, und Sonja erklärt sich bereit, jeden Tag kurz anzurufen. Verläuft alles positiv, könnte im nächsten Frühling eine Reise mit einem Interrail-Ticket nach Frankreich ins Auge gefasst werden. Bei einem solchen Arrangement ist im Übrigen die lockere Kontrolle gar nicht das entscheidende. Vielmehr geht es darum, dass das gegenseitige Vertrauen wachsen kann. Die Tochter oder der Sohn können beweisen, dass sie zu Recht mehr Unabhängigkeit verlangen.

Freizeit ist oft wichtiger als die Arbeit

Ungeduldig warten Jugendliche auf das Wochenende oder die Ferien. Da läuft etwas, man kann etwas erleben. Bezog man früher den Lebenssinn primär aus der Arbeits- und Schulzeit, wo man seine Berufs- oder Lerninteressen verwirklichen konnte, so ist das Leben heute oft erst einmal «Erlebnisprojekt». Nicht mehr Knappheit, sondern Überfluss ist die vorherrschende alltägliche Erfahrung. Man braucht nicht zu nehmen, was gerade angeboten wird, sondern muss wählen zwischen oft fast identischen Produkten. Da kommt es dann vor allem auf das Design an, auf die Erlebnisqualität und das Versprechen von aussergewöhnlichen «Feelings» beim Mountainbiking, im Laserdrome, beim Bungy-Jumping, im Technofieber der Zürcher Street Parade. Immer mehr gilt für Jugendliche die Maxime: Die «wahre» Zeit ist die Freizeit, in der man sich gibt, wie man «wirklich ist».

So heisst es etwas sarkastisch im «Spiegel» (29, 1996) zu den Anhängern der Techno-Szene: «Die Raver verabschieden sich Freitagabend aus dem falschen Leben und suchen bis Montagmorgen das richtige, und zwar in den stickigen Nebelschwaden der Dancefloors, in ihren Lichterblitzen und ihrem Geräuschdonner. Für diese Freizeit hat man allerdings auch mehr Zeit zur Verfügung.»

Viel hat auch die materielle Seite des Lebens dazu beigetragen. Den Jungen geht es finanziell viel besser als früher. Wenn sie zu Hause im warmen Nest bleiben, können sie oft einen grossen Teil des Lehrlingslohns für ihre eigenen Bedürfnisse einsetzen. Das macht bald einmal 300 bis 500 Franken aus. Nicht weniger gut geht es Schülern und Studenten, die während der Ferien oder nebenher noch jobben. In Zahlen ausgedrückt: Nach der Studie des Zürcher Marktforschungsinstituts Publitest von 1991 arbeiten über 80 Prozent der 14- bis 19-jährigen regelmässig oder mindestens während der Ferien. So kommt es, dass den jungen «Kids» oft beträchtlich mehr Sackgeld zur Verfügung steht als ihren Eltern.

Der gesellschaftliche Wandel ist nicht zu verkennen. Im letzten Jahrhundert war Kinderarbeit aus Armutsgründen üblich. Kinder und Jugendliche arbeiteten bis 16 Stunden am Tag in Fabriken und trugen zum Überleben ihrer Familien bei. Die Kritik an der Ausbeutung der Kinder führte 1874 zum eidgenössischen Fabrikgesetz, wonach sie vor dem zurückgelegten vierzehnten Altersjahr nicht beschäftigt werden durften. Heute indessen ist die neben der Schule ausgeführte Arbeit «Wohlstands-Arbeit». Sie dient dazu, dass sich Kinder und Jugendliche kleinere und grössere Extra-Bedürfnisse leisten können (Hi-Fi- und Videogeräte, Töffli, Discobesuch, Reisen etc.).

Wie ist diese Nebenarbeit zu werten? «Es geht den Jungen halt immer nur ums Konsumieren», meint ein Vater. «Anstatt einer billigen Jeans müssen es ganz bestimmte, teure Marken sein. Die Konsum-Ansprüche steigen ins Unermessliche, während die inneren Werte verarmen.» Etwas Richtiges ist an dieser Kritik (siehe auch Seite 223). Die Freizeit sollte nicht um solcher materieller Wünsche willen unter einer neuen Form der Doppelbelastung leiden. Gerade in der Jugendzeit, wo es um wichtige Weichenstellungen für die Zukunft geht, ist viel Zeit zum Nachdenken und Musse für die eigene Entwicklung nötig. Manche Jugendliche stehen denn auch mit Nebenjobs, Sport und Weiterbildungskursen unter gewaltigem Stress. Hier wäre weniger mehr – vor allem wenn die Schule oder die Ausbildung darunter zu leiden beginnt.

Allerdings muss man auch die andere Seite dieser Arbeit von Jugendlichen sehen. Angesichts der zunehmenden Verschulung der Jugend-

zeit bietet sie eine willkommene Möglichkeit, einmal ein wenig an der Arbeitswelt zu schnuppern. Der Schüler Peter S.: «Ich habe mit meinem Töffli in den letzten Ferien für eine Gärtnerei den Ausläufer gemacht. Irgendwie hat man da eine ganz andere Verantwortung als in der Schule. Die Firma ist darauf angewiesen, dass du nicht trödelst und sorgfältig mit den Pflanzen umgehst. Passiert einmal etwas, kriegst du direkten Druck durch einen Anschiss vom Chef. Und das Trinkgeld stimmt auch nicht mehr.» Das Fazit: Solche Nebentätigkeiten von Jugendlichen sind nicht rundweg abzulehnen. Sie sollten aber mit Mass ausgeübt werden und nicht zu einer Haltung führen, wonach die Freizeit nur noch vom Tanz ums goldene Kalb bestimmt wird.

Checkliste: Wie gehe ich mit meiner Zeit um?

Es lohnt sich, einmal zu überlegen, wie man seine Zeit einteilt. Bei 168 Stunden, die einem total pro Woche zur Verfügung stehen, könnte Ihr Sohn oder Ihre Tochter einmal das folgende Zeitbudget für sich ausfüllen.

1. Arbeit/Betrieb   ... Stunden
2. Schule/Lernen   ... Stunden
3. Lebenserhaltende Aktivitäten (Essen/Schlafen)   ... Stunden
4. Familie/Zuhause   ... Stunden
5. Zusammensein mit Freunden/Ausgang   ... Stunden
6. Hobbys/Sport   ... Stunden

Welche Schwerpunkte zeigen sich? Ist dies anders als bei Kollegen, Kolleginnen und Bekannten? Wird zu viel Zeit vertrödelt? Ist die Zeiteinteilung zu einseitig, verkümmern manche Hobbys oder Fähigkeiten?

Versuchen Sie als Eltern ebenfalls, diese Aufgabe zu lösen. Unterscheiden sich die Ergebnisse von denjenigen Ihrer Kinder? Was könnte man zum eigenen und zum gegenseitigen Vorteil verändern?

Jugendliche sind ungewöhnlich freizeitorientiert

Mobilität scheint ein Zauberwort der heutigen Freizeitgesellschaft zu sein. Dies gilt nicht allein für den Tourismus und Ferien in fernen Ländern. Ganz allgemein sind heutige Jugendliche weniger ortsgebunden als früher. Wer in den «Ausgang» geht, benutzt dazu verschiedenste Verkehrsmittel. In der Romandie ergaben Antworten auf die Frage: «Wie kehrst du in der Nacht nach Hause zurück?» folgendes Bild:

- im Auto der Freunde 22,5 Prozent
- mit dem Töffli 18,4 Prozent
- mit Angehörigen 12,4 Prozent
- mit Bus/Zug 10 Prozent
- zu Fuss 6,3 Prozent
- mit dem Velo 5,0 Prozent
- auf dem Motorrad eines Freundes 4,6 Prozent
- mit dem eigenen Auto 4,5 Prozent
- auf dem Töffli eines Freundes 4,2 Prozent.

(Quelle: Groupement Romand d'études sur l'alcoolisme et les toxicomanies, Lausanne 1990)

Auto und Töffli schwingen in der Gunst der Jugendlichen obenaus. Das Auto benutzt auch, wer noch keinen Führerschein besitzt – indem er oder sie bei Kollegen mitfährt. In den letzten Jahren hat aber unter dem Stichwort der Fitness und der Ökologie auch das Velo, vor allem in Form des trendigen Mountainbike, eine wahre Renaissance erlebt. So ist im Nahverkehr der Städte das Mofa gegenüber dem Velo ins Hintertreffen geraten. All diese fahrbaren Untersätze helfen, in der Freizeit etwas zu erleben. Denn Jugendliche «müssen» an jenen Orten sein, wo etwas «passiert».

«Junge Leute sind überdurchschnittlich freizeitorientiert», heisst es denn auch in einer wissenschaftlichen Untersuchung des Bundesamtes für Statistik von 1988. Kurz zusammengefasst können danach die Freizeitinteressen der Jugendlichen auf folgenden Nenner gebracht werden: «Klar dominant sind bei den Jungen die Freizeitbeschäftigungen ausser Haus. Freund treffen, Sport und Fitness, unter die Leute gehen sowie Mitmachen in Vereinen und Clubs (vorwiegend Sportvereine und Jugendclubs) sind hier die bevorzugten Tätigkeiten. Wichtige Einrichtungen für Junge sind vor allem Sportanlagen, Musiklokal, Kino und Jugendzentrum.»

Die Palette der Freizeitmöglichkeiten ist riesig. Basler Jugendliche nennen zum Beispiel: Schlittschuhlaufen, Wandern, Hallenhockey, Leichtathletik, Gitarre spielen, Tauchen, Gymnastik, Squash, Tennis, Fussball, Handball, Basketball, Tanzen, Kampfsport, Fechten, Schwimmen, Joggen, Baseball, Pfadi, CVJM, Schach, Reiten, Englisch, Spanisch, Bodybuilding, Krafttraining, Trommeln, Billard, Chor, Orchester, Fitness, Gartenarbeit, Velofahren, Aerobic, Hund Gassi führen, Tischtennis, Konfirmandenunterricht, Jazz, Ballett, Judo, Piccolo, Boxen, Kinder hüten, Badminton.

Im Folgenden sollen die wichtigsten dieser Aktivitäten nach jenen Freizeitbereichen geordnet werden, die für Jugendliche eine wichtige Rolle spielen.

Lernen und Weiterbildung

Viele Jugendliche bilden sich in ihrer Freizeit weiter und besuchen Kurse vielfältigster Art (vom Musikunterricht über den Bastelkurs bis hin zum Sprachunterricht). Dabei gibt es zwei Schwerpunkte:

- Einmal kann man sich in seinem Beruf weiterbilden; sei es durch Zusatzausbildungen oder durch Kurse, die den beruflichen Horizont erweitern. Es ist richtig und gut, dass man seinen Schulsack schon früh zu ergänzen sucht und Freizeit ebenfalls als Lernzeit betrachtet. Denn der rasche gesellschaftliche und technische Wandel macht es nötig, dass man Lernen als lebenslängliche Aufgabe betrachtet und nicht allein mit der Schule identifiziert.
- Viele Lernangebote von Institutionen wie Sprachschulen, Volkshochschulen, Migros-Klubschulen etc. dienen aber auch einfach der persönlichen Bereicherung. Wer sich mit autogenem Training, der Bach-Blüten-Therapie oder der Schweizer Literatur auseinandersetzt, hat davon für seine Karriere kaum einen Vorteil. Dafür kann er ein Stück weit seinen Bedürfnissen nachleben und vielleicht auch neue Interessen entwickeln.

Trotz aller Begeisterung für das Lernen und das Experimentieren mit neuen Erfahrungen sollten sich Jugendliche mit Kursen nicht überfrachten. Der Schul- und Arbeitsalltag ist genug gefüllt – und auch dort muss Tag für Tag viel gelernt werden. Die Freizeit dient deshalb auch der Musse und der Entspannung, sie sollte nicht einfach die Zeit der Ausbildung verdoppeln. Eltern mag es beruhigen, wenn die Tochter am Abend Englisch büffelt, anstatt in die Disco zu gehen. Doch um des Ausgleichs willen wäre letzteres manchmal sogar sinnvoller.

Kursangebote finden sich auf Anschlagbrettern in Einkaufszentren und Tageszeitungen. Grössere Institutionen (Volkshochschulen, Migros-Klubschule, Freizeitzentren) geben periodisch Programme heraus. Manchmal ist es allerdings schwierig, seriöse und unseriöse Angebote voneinander zu unterscheiden. Da kann es helfen, wenn man beim Kursleiter ein ausführliches schriftliches Programm anfordert, sich über seine Ausbildung erkundigt und Referenzen verlangt. Vielleicht gibt es auch die Möglichkeit, einmal hineinzuschnuppern, bevor man sich definitiv anmeldet.

Musik

Entspannung, Sound und Action findet die grosse Mehrzahl der Jugendlichen in der Musik; darum dreht sich ein grosser Teil ihres Lebens. Der neueste Rocktitel oder die eben erschienene «geile» Scheibe einer In-Band sind auf dem Pausenplatz und nach der Arbeit unerschöpfliche Gesprächsthemen. Rock- und Popkonzerte gehören zu den beeindruckendsten Gemeinschaftserlebnissen für viele Jugendliche.

Allerdings ist Musik nicht gleich Musik. Es gibt klare Abstufungen in der Beliebtheit der Musikstile. Nach der Untersuchung von Publitest (1991) mögen

Popmusik	64 Prozent
Rock und Hard Rock	48 Prozent
Oldies	44 Prozent
Reggae	38 Prozent

Eine weit geringere Rolle spielen in dieser Hitparade Jazz und Blues (22 Prozent), klassische Musik (18 Prozent), Schlager (17 Prozent) und Ländlermusik (7 Prozent). Diese Resultate mögen die eingefleischten Anhänger der Volksmusik schmerzen. Doch auch auf dem Land und in den Berggebieten geht der Geschmack der Jugendlichen eindeutig in Richtung Pop und Rock.

Oft bestimmen sich ganze Gruppen und Cliquen über die bevorzugte Musik oder Popgruppe. «Popmusik aus Italien», schwärmt ein «Zweitgeneratiönler» aus Sizilien, «hat ein irres Feeling. Das kannst du in Worten gar nicht ausdrücken. Gianna Nannini und Eros Ramazzotti sind für mich und meine Kollegen einfach das Grösste. Da verpassen wir ein Konzert. Die Schweizer dagegen, die laufen nur der englischen Musik nach.» Dass für diese Jugendlichen auch Heimatgefühle und Identifikationen mit der Musik verbunden sind, bedarf keiner näheren Erläuterung und gilt nicht nur für Ausländerkinder. Generell ist der gemeinsam favorisierte Musikstil ein wichtiger Kitt zwischen Jungen: Sie finden sich über die Musik zusammen und frequentieren dieselben Beizen, Konzerte, CD-Läden und Treffs.

Musikkonsum kann allerdings eine sehr passive Beschäftigung sein, wenn man sich Tag und Nacht beschallen lässt. Manche Jugendliche scheinen ohne Sound gar nicht mehr leben zu können. Was immer sie tun, im Hintergrund läuft der Recorder oder das Radio. Auf der Strasse sieht man sie nie ohne Walkman und Stöpsel im Ohr.

Kreativ mit Musik umzugehen sollte deshalb ein vordringliches Ziel sein. Die Voraussetzungen dazu sind gut. Denn viele Kinder und Jugendliche haben bereits einmal selbst musiziert – zum Beispiel im Musikunterricht der Volksschule. Indessen können diese Voraussetzungen an der wachsenden Popbegeisterung der Jugendlichen scheitern. Während sie im Unterricht mühsam klassische Stücke üben, gilt die eigentliche Liebe Metallica oder Guns 'n Roses. So hören sie dann schnell einmal ganz mit dem Spielen auf und beschränken sich auf den Musikkonsum.

Da wäre es oft gescheiter, wenn Eltern ihren Kindern die gewünschte Gitarre in die Hand drückten, anstatt auf dem verhassten Geigen-Unterricht zu beharren. Denn am wichtigsten ist die Freude am aktiven Musizieren. Und die können viele Jugendliche heute besser in der «modernen» Musik finden – etwa, indem sie eine Rockband gründen oder Schlagzeug spielen. Der 20-jährige Andreas L.: «Als ich vor vier Jahren unbedingt Gitarre lernen wollte, waren meine Eltern einverstanden – unter der Bedingung, dass ich meinen Klavier-Unterricht nicht aufgebe. Heute finde ich es gut, dass ich zwei Instrumente spielen kann. Weil meine Eltern nicht einfach stur auf dem Klavier beharrten, habe ich die Freude an der Musik behalten. Heute spiele ich wieder eher mehr Klavier – zum Teil auch klassische Stücke.»

Sport

Nicht weniger wichtig ist der Sport im Leben von Heranwachsenden. «Sportlich» und «jung» gelten häufig als Synonyme. Fussball, Leichtathletik, Skisport und Tennis ziehen schon durch ihre Medienvorbilder viele Jugendliche an. Sich mit anderen im Wettkampf zu messen gehört zu den attraktivsten Erlebnissen. In Zahlen: Gemäss Publitest tun 65 Prozent der befragten Jugendlichen etwas für ihre Fitness, und 33 Prozent betreiben wettkampfmässig Sport. Die natürlichen Bewegungen der Jungen in dieser Zeit des körperlichen Wachstums zu nutzen ist auch vom gesundheitlichen Standpunkt aus sinnvoll. Wer in dieser Zeit viel Sport treibt, schöpft seine Kraft- und Wachstumsreserven besser aus. Der Körper – Herz, Muskeln und Lunge – wird gestärkt, und durch geeignete Übungen kann möglichen Haltungsschäden vorgebeugt werden.

Traditionell finden sportliche Aktivitäten im Verein statt – in Fussballclubs, Turnvereinen, Gymnastikriegen etc. Hier geht es meist nicht allein um die körperliche Fitness, sondern auch ums gesellige Beisammensein. Sandra M.: «Das Turnen und die damit verbundenen Wettkämpfe sind zwar schon an sich ein Plausch. Fast wichtiger ist für mich jedoch das Drumherum – wenn wir nach dem Training in der Beiz zusammenhocken oder gemeinsam zu einem Wettkampf fahren.» Allerdings ist diese vereinsmässige Organisation des Sports heute weniger beliebt als früher. Man fühlt sich im dörflichen Sportverein schnell eingeengt und kontrolliert und ordnet sich neben Schule oder Lehre nicht mehr so gerne noch einer weiteren Institution unter.

So haben heute auch die Grümpel-Turniere weniger Zulauf als früher. Vor allem den städtischen Nachwuchs zieht es weg von der Volksfeststimmung mit dem Bratwurstgeruch. Die Auflage des Veranstaltungsbulletins «Grümpeler» ist von 4000 auf rund 2500 Exemplare geschrumpft. Streetball und Streethockey sind die trendigen Sportarten des amerikanischen Lebensstils, die heute bei Jugendlichen gefragt sind. Sport als Teil eines Lebensstils gilt auch fürs Biken und Skaten. Skifahrer allerdings müssen aufpassen, dass sie den Anschluss gegenüber den trendigen «Snöbern» nicht verlieren. «Fun and Action in der

Halfpipe» und die betont lässige Kluft wirken auf Jugendliche ganz anders als Opas Skiabfahrt von anno dazumal. Auch der abendliche Ausgang hört sich hier ganz anders an: «Snow Groove mit anschliessender Dancefloor-Party.»

Ähnlich zu bewerten ist die Entwicklung bei den sogenannten Hallen- und Indoor-Sportarten. Kurse in Bodybuilding, Krafttraining, Gymnastik und Judo erfordern weniger Verbindlichkeit und Abstimmung mit andern als das Mitmachen in einem Sportverein. Zudem entsprechen sie den Fitness-Vorstellungen, wie sie bei vielen Jungen in sind. Zum Erfolg trägt indessen auch bei, dass kommerzielle Anbieter viel dazu tun, diese «neuen» Sportarten attraktiv zu gestalten: Das gestylte Fitness-Center, die Wildwasser-Rutschbahn im Hallenbad, die spezielle Kleidung beim Aerobic ist es, was Jugendliche besonders anzieht. Verkauft werden nicht allein Trainingsprogramme und Sportangebote, sondern Erlebnislandschaften und Gefühlswelten.

Freizeit und Leistungstraining

Manchmal tritt das Ziel der Geselligkeit und des körperlichen Ausgleichs in der Freizeitgestaltung völlig in den Hintergrund. Stattdessen wird bewusst eine Karriere geplant und mit ganzem Einsatz dafür geübt und trainiert – etwa für den Leistungssport, für den Ballettunterricht etc. So legitim dies im Fall einer besonderen Begabung sein mag, muss darauf hingewiesen werden, wie wichtig für Jugendliche Musse und Ausgleich ist. Jedenfalls wirkt der folgende Ausschnitt aus einem Beobachter-Bericht über zukünftige Balletttänzerinnen erschreckend: «36 Wochenstunden ist Saras Schulpensum. Dazu gehören neben Tanz auch Anatomie und Musiktheorie. Nicht selten legt sie auch noch eine Sonderschicht Training ein. Auch daheim im Wohnzimmer ist eine Ballettstange montiert. ‹Abends bin ich total fertig›, erzählt das blonde Mädchen. Der Ballettalltag zerrt nicht nur an den Muskeln der jungen Tänzerinnen. Auch ihre Nerven werden arg strapaziert, denn der Umgangston der Lehrerinnen und Lehrer ist oft alles andere als grazil: ‹So stelle ich mir eine Rekrutenschule vor›, sagte eine Tanzschülerin.»

Häufig wird eine solche Ausbildung von Jugendlichen bewusst gewählt. Hier wäre es die Aufgabe der Eltern, dafür zu sorgen, dass auch der Ausgleich zu seinem Recht kommt – die Freizeit der Heranwachsenden also nicht gänzlich einer paraberuflichen

> Sphäre geopfert wird. Auch wenn einem der Skistar oder Fussballprofi vor Augen steht, der Hunderttausende scheffelt, sollte immer bedacht werden: Es handelt sich dabei um einzelne Ausnahmen. Viel zahlreicher sind dagegen jene, die es nicht geschafft haben, aus der Mittelmässigkeit aufzusteigen, und alles gewagt, aber wenig gewonnen haben.

Reisen

Kinder und Jugendliche haben heute viel mehr von der Welt gesehen als ihre Altersgenossen zu früheren Zeiten. Eine Untersuchung in der Zürcher Gemeinde Bonstetten (1992) belegt, dass schon über die Hälfte der Primarschulkinder die Sommerferien im Ausland verbringen (in Italien, in Frankreich, auf den Kanarischen Inseln, in den USA). Kein Wunder, dass das Reisen und Entdecken der Welt auch bei Jugendlichen weit oben auf der Beliebtheitsliste steht.

Reisen ist eine sinnvolle Angelegenheit für junge Leute. Sie befriedigen damit Neugier und Abenteuerlust, können ihre schulischen Sprachkenntnisse endlich einmal nützlich anwenden und begegnen Menschen aus anderen Kulturen. Was sie bisher über fremde Länder nur aus Büchern wussten, lernen sie hautnah kennen. Besonders erlebnisreich kann ein Aufenthalt dann werden, wenn man im fremden Land einige Adressen von Leuten kennt, die einen beherbergen und in den dortigen Alltag einführen. Zu diesem Zweck können Brieffreundschaften hilfreich sein, die ein Jugendlicher vorher aufnimmt. Aber vielleicht können auch die Eltern oder deren Arbeitskollegen mit Adressen aushelfen.

Am liebsten reisen die Jungen zu zweit oder in kleinen Gruppen in der Welt herum: «Ich könnte mir nicht vorstellen», meint die 16-jährige Tanja M., «mit einer organisierten Busreise nach Italien zu fahren und mit einer Touristenherde irgendwelche merkwürdigen Altertümer zu besichtigen. Wenigstens in den Ferien möchte ich tun und lassen können, was ich will.» So denken viele Jugendliche. Sie lieben es zu trampen, mit dem Mofa oder Auto unterwegs zu sein, mit Interrail per Bahn durch Europa zu fahren, mit einem Billigflugticket oder Last-Minute-Angeboten ferne Länder anzusteuern. Billige Unterkünfte sind das eigene Zelt oder Jugendherbergen.

Diese setzen allerdings voraus, dass man einen Jugendherbergsausweis besitzt. Reist man mit leichtem Gepäck, so ist die Ausrüstung schon fast zur Wissenschaft geworden. Es gibt Läden, die sich auf besondere wasserundurchlässige Kleidung, leichte Rucksäcke und Schlafsäcke, spezielles Koch- und Essgeschirr für Globetrotter spezialisiert haben.

Wer allen Eventualitäten vorbeugen will, sollte dies weniger mit einer teuren Ausrüstung tun, sondern über eine gute Reisevorbereitung. Dabei können Eltern den unerfahrenen Jugendlichen oft helfen. Hier einige konkrete Tipps dazu:
- Frühzeitig sollte man überlegen, ob nicht ein Arztbesuch fällig ist, um sich impfen zu lassen. Vor allem bei Reisen in die Tropen sollte man sich über ansteckende Krankheiten informieren. Wie aktuell das ist, beweist die Tatsache, dass es allein 1990 in der Schweiz 295 Malariafälle gab; drei Menschen starben daran.
- Nützlich kann eine Reisevorbereitung sein, die den Rücktransport übernimmt, wenn man im Ausland krank wird. Man sollte generell seine Versicherungen überprüfen und ergänzen, wenn man im Ausland nicht genügend gegen die finanziellen Folgen von Krankheit oder Unfall abgesichert ist. Dies kann böse Überraschungen verhindern, wie sie manche Reisende zum Beispiel in den USA schmerzlich erleben mussten.
- Im Gang eines überfüllten Zuges stehend die Reise anzutreten, das ist nicht jedermanns Sache. Gegen eine kleine Gebühr kann man sich im Voraus einen Platz reservieren lassen. Interrail-Reisende sollten zudem einberechnen, dass sie bei gewissen Zügen (Eurocity, Intercity, TGV, Talgo, Rapido) die üblichen Zuschläge zu bezahlen haben, wobei eine Reservierungsgebühr meist inbegriffen ist. Über die besten europäischen Verbindungen von Stadt zu Stadt orientiert der «Eurail»-Fahrplan (am Bahnschalter erhältlich).
- Keinesfalls darf man vergessen, sich eine kleine Reiseapotheke zusammenzustellen – mit Heftpflaster, einer kleinen Schere, Medikamenten gegen Durchfall und Verstopfung, einem Schmerzmittel, Tabletten gegen eine Erkältung etc. Hier hinein gehören auch ein paar Kondome (dies gilt genauso für junge Frauen).
- Ein paar Kleinigkeiten dürfen auf keiner Reise fehlen: eine Taschenlampe, Feuerzeug oder Streichhölzer, Ersatzbatterien, Taschenmesser, Kugelschreiber und Papier, eine Uhr, ein Express-Waschmittel, Sonnencreme, Insektenmittel.

- Man sollte sich früh über den Wechselkurs informieren, so dass man auf der Reise fähig ist, die Preise einzuschätzen. Banköffnungszeiten und Feiertage muss man ebenso kennen, wenn man nicht plötzlich ohne Geld dastehen will. Eventuell kann es auch sinnvoll sein, sich um eine Checkkarte, Reise- oder Eurochecks zu bemühen, damit man nicht zu viel Bargeld mit sich herumschleppt.
- Es kann nützlich sein, sich schon zu Hause um gutes Kartenmaterial zu bemühen. Denn manchmal hat man Schwierigkeiten, an Ort und Stelle gute Karten zu bekommen, weil sie gerade dann nicht vorrätig sind, wenn man sie braucht. Das hat im Übrigen auch den Vorteil, dass man seine Reiseroute bereits vorplanen kann.
- Um sich auf eine Reise vorzubereiten, empfiehlt es sich, auch Reiseliteratur zu lesen. Dabei kann man zwischen Reiseführern unterscheiden, die eher Landschaften und Kulturdenkmäler beschreiben, und solchen, bei denen es um handfeste Reisetipps geht (billige Restaurants und Unterkünfte, Öffnungszeiten von Geschäften, In-Treffpunkte für junge Reisende). Vorsicht ist allerdings bei allen angeblichen «Geheimtipps» angebracht, die manche Reiseführer weitergeben. Gerade durch solche Veröffentlichungen sind diese Orte meist total überlaufen und alles andere als geheim.
- Man sollte sich unbedingt die Adressen der Schweizer Botschaften und Konsulate beschaffen. Diese helfen in Notfällen weiter – wenn der Pass gestohlen wurde oder einem plötzlich das Geld ausgeht. Sinnvoll kann es auch sein, bestimmte Ort abzumachen, wo sich die Reisenden und die Daheimgebliebenen im Notfall gegenseitig Informationen hinterlassen können (eine Botschaft, ein Verkehrsbüro, ein Hotel etc.).

Jugendlichen ist auch ans Herz zu legen, dass sie auf der Reise trotz aller Risikobereitschaft eine gewisse Vorsicht walten lassen sollten. Denn in anderen Ländern gelten andere Bräuche und Gesetze, an die man sich zu halten hat. Wer dies aus Unwissenheit oder purer Fahrlässigkeit unterlässt, hat bisweilen mit unerfreulichen Konsequenzen zu rechnen. So lassen manche asiatischen Länder in Drogenfragen nicht mit sich spassen. Wenn hier ein Tourist zum Beispiel versucht, sein Taschengeld durch einen Gefälligkeitstransport von Drogen aufzubessern, kann er in Teufels Küche kommen. Langjährige Gefängnisstrafen oder im schlimmsten Fall sogar die Todesstrafe drohen.

Über das rasche Ende einer Weltreise berichtet Reto G. aus Jona im «Globetrotter-Magazin». Er flog zu Beginn nach Thailand und reiste im ganzen Land umher. Zurück in Bangkok, kam er mit einem freundlichen jungen Mann ins Gespräch, der ihm den Weg zur Hauptpost zeigte. Beiläufig lud ihn dieser nach Hause zum Essen ein. Dort wartete aber keine Gastfamilie auf G.; vielmehr wurde er unter üblen Umständen von drei Männern zu Glücksspielen genötigt. Unter Druck gesetzt, blieb ihm nichts anderes, als mitzumachen – und gegen 50 000 Dollar zu verlieren. Reto G. berichtet: «Mein Gegenspieler wollte nun Bargeld sehen. Jetzt wurde mir ein Bodyguard als Wächter zugeteilt. Mit ihm musste ich in die Stadt, um Geld zu holen. Er nahm mir den Pass und die Kreditkarte ab und kaufte für 6000 Dollar Gold und nachher für 5600 Dollar thailändisches Geld, womit mein sauer erspartes Weltreisekonto leer war. Als wir zurückkamen, fehlten immer noch 8000 Dollar. Der Mann sagte, er sei großzügig, er gebe mir vier Tage Zeit. Danach zwangen sie mich, meine Eltern anzurufen, damit diese nochmals 12 000 Dollar flüssig machten.» Weil die Eltern mit der Schweizer Botschaft Kontakt aufnahmen, schritt zum Schluss die Polizei ein und erlöste Reto G. von seinen Peinigern. Doch das Happy-End war zwiespältig. Anstatt weiter um die Welt zu gondeln, landete er wenige Tage später enttäuscht und abgebrannt in Zürich-Kloten.

Solche Horror-Storys mögen selten sein und sollten niemanden vom Reisen abhalten. Man sollte sich indessen in der einschlägigen Reiseliteratur auch über mögliche Gefahren informieren. Denn das fremde Land ist ein unbekanntes Territorium, wo man nicht erwarten darf, dass alles wie daheim abläuft. Zudem muss der jugendliche Tourist auch wissen, dass ihm im fremden Land nicht einfach alles erlaubt ist. Wer sich als Rucksacktourist von Mutter Natur ernährt und sich zum Beispiel auf einer griechischen Insel gedankenlos an Trauben gütlich tut oder stolz ist, auf einem Markt unbemerkt Zigaretten geklaut zu haben, sollte sich überlegen, dass er damit Leute schädigt, die viel ärmer als er selbst sind. Vor allem ist auch auf die Gefühle der einheimischen Bevölkerung zu achten; so sollte man sich zum Beispiel weder in Shorts stürzen noch sich auf offener Strasse umarmen und küssen oder am Strand ungeniert nackt baden, wenn dies das moralische Empfinden der Bevölkerung verletzt.

Überhaupt ist es eine Illusion zu glauben, dass Tramper und Rucksacktouristen etwas «Besseres» seien als normale Touristen. Auch sie gelten letztlich als Fremde und sind oft sogar nichts anderes als die Vorhut eines beginnenden Massen- und Pauschaltourismus. Wenn eine Horde von Rucksackreisenden den Sandstrand eines Hafenstädtchens zum Übernachten «besetzt», ist für Einheimische der Unterschied zum

Touristen-Ghetto nicht mehr gross. Sie ziehen Letzteres oft sogar vor, weil sie davon weniger gestört werden.

Zum Schluss: In diesem Abschnitt ging es um viele sehr konkrete Tipps und Überlegungen, die das Reisen von Jugendlichen betreffen. Obwohl sich dieses Buch mehr an die Eltern wendet, ist dies bewusst so angelegt worden. Denn das Reisen kann nirgends gelernt werden – auch in der Schule nicht. Aus diesem Grund sind die Eltern dazu aufgefordert, bei der Reiseplanung und -vorbereitung ihrer heranwachsenden Kinder mitzuhelfen und mitzudenken.

Reiseorganisationen für Jugendliche

Wer etwas ängstlich ist und sich nicht allein in die weite Welt traut, zieht vielleicht Reiseorganisationen vor, die auf Jugendliche eingerichtet sind und preisgünstige Ferien vermitteln – so zum Beispiel den Studentenreisedienst (SSR) mit Filialen in den grossen Städten oder Jugi-Tours. Man reist hier meist unter jungen Leuten und findet schnell Anschluss bei Gleichgesinnten.

Passives Konsumieren oder aktives Tun?

Das allgemeine Ziel könnte heissen: Gestaltung einer möglichst ausgeglichenen Freizeit. Diese sollte Anspannung (beim Hobby, einem Freizeitkurs, dem konzentrierten Musizieren) mit Entspannung verbinden. Kreatives Tun oder der Leistungsschub beim sportlichen Wettkampf gehören ebenso zur Musse wie das Träumen, die Erholung und das Abschalten. Jugendliche nennen zum Beispiel folgende Freizeitbeschäftigungen, die für sie wichtig sind:

– ein Tagebuch schreiben
– durch die Strassen schlendern
– in einer Gruppe über Gott und die Welt diskutieren
– einen persönlichen Brief schreiben
– das eigene Fotoalbum anschauen
– in der Badewanne herumdösen
– im Garten arbeiten
– mit dem Hund spazieren gehen
– von einem Vorbild träumen

- Gedichte über eigene Gefühle schreiben
- in einem Park auf den Rasen liegen und in den Tag hinein träumen
- Musik hören
- selbst etwas malen
- tanzen gehen
- Rollbrett oder Rollschuh fahren
- ein spannendes Buch lesen
- mit einem guten Freund oder einer guten Freundin reden
- mit Kollegen einfach so herumblödeln

Viele Jugendliche konsumieren hauptsächlich und wissen sonst mit sich und der Freizeit wenig anzufangen. Das ist abstumpfend und lässt wenig Raum, um sich selbst zu verwirklichen. Dabei deuten die Bedürfnisse, die man passiv befriedigt, auf Interessen hin, die man auch auf eine aktive und kreativere Weise verwirklichen könnte:

- Anstatt Fussball oder Kampfsportarten am Bildschirm zu konsumieren, könnte man sie selber ausüben.
- Anstatt mit dem Töffli auszufahren, könnte man wandern, einen Ausflug mit dem Mountainbike unternehmen oder Rollschuh laufen.
- Anstatt Musik auf Kassette und am Walkman zu hören, könnte man selber musizieren.
- Anstatt an Weihnachten überflüssige Modegags als Geschenke anzuschleppen, könnte man etwas basteln oder jemandem sonst eine unverhoffte Freude bereiten.

Extreme Passivität kann auf Störungen in der Persönlichkeitsentwicklung hindeuten – auf Kontaktarmut (sich einigeln), Angst vor Überforderung, Minderwertigkeitsgefühle. Wer sich immer zerschlagen fühlt, überhaupt keine Lust auf irgendetwas hat, keinen Lebensmut hat, sollte darüber einmal mit seinem Hausarzt sprechen oder einen Psychotherapeuten aufsuchen.

Organisiert oder doch lieber ungebunden?

Generell besteht bei den Jungen ein grosser Drang zur Unabhängigkeit. Zwar haben die traditionellen Jugendvereine immer noch grossen Zulauf von jüngeren Jugendlichen. Denn viele Eltern lassen sich von der Vorstellung beruhigen, dass ihre Kinder dort unter Kontrolle sind und zu sinnvollem Tun angeleitet werden. Doch die Attraktivität organisierter Freizeit nimmt mit dem Alter ab. «Auf der Gasse zu sein ist alles», kommentiert eine 18-jährige aus Bern. Man besucht der Reihe nach verschiedene Treffpunkte, trinkt da eine Cola und albert dort mit Kollegen herum – immer darauf aus, möglichst nichts zu verpassen. Starke Erfahrungen sind dabei wichtig, wie sie heute oft in künstlich geschaffenen «Erlebnislandschaften» angeboten werden, in Discos, Spielhallen, Einkaufs- und Fitnesszentren. Plastisch beschreiben dies die Wissenschaftler des Zürcher Instituts für Sozial- und Umfrageforschung IPSO in einer kürzlich erschienenen Studie: «In die ‹Stadt go lädele› bedeutet nicht nur einkaufen. Boutiquen, Shops, Strassen und Plätze sind auch Treffpunkte für informelle Gruppen: Man trifft sich im Kleiderladen, der den gefragten Stil führt, im Plattenladen mit der speziellen Rockmusik, im Elektronikshop zum Fachsimpeln usw. Später geht man in seine Bar, sein Café, wo die Leute verkehren, die die gleichen Vorlieben in Kleidung und Musik pflegen, die das gleiche Lebensgefühl haben und vermitteln.»

Organisierte Freizeit – zum Beispiel im Jugendtreff

Auch die organisierte Freizeit trägt diesen neuen Entwicklungen Rechnung. Jedenfalls erfreuen sich Freizeittreffs und Jugendzentren grosser Beliebtheit, weil man hier kommen und gehen kann, wie man will. Auf die Frage einer Mitarbeiterin des Berner «Bunds», was den Jungen denn so gut an ihrem Treff gefalle, lautet die überschwengliche Antwort: «Es isch einfach megalässigsupergeil!» Man begegne hier den Freunden, und von hier aus ziehe man dann noch ein Haus weiter.

Im Treff plant man den weiteren Abend, denn um zehn Uhr nachts werden die Türen geschlossen – für viele Jugendliche viel zu früh.

Dieses Beispiel aus dem Worber Jugendtreff zeigt, wie sich die Bedürfnisse in den letzten Jahren verändert haben. Experimente sind nur mehr wenig erwünscht, und oft haben die verantwortlichen Jugendarbeiter Mühe, die Benutzer mit Programmangeboten zu motivieren. Es sind auch nicht mehr die alternativen Jugendlichen der siebziger Jahre, die mit ihren Ideen von Selbstverwaltung und Autonomie Raum für eine gesellschaftliche Utopie suchten.

Den neuen Trend beschreibt der bereits zitierte Artikel im «Bund»: «In Münsingen, Worb und Belp richtet sich das Treffangebot an ein sehr breites Publikum, das sich innerhalb der bestehenden Gesellschaftsstrukturen bewegt. Es sind keine Randgruppen, die sich zum Billardspiel herausfordern, lässig eine Cola in der Hand schaukeln und über Flirts und Fussball philosophieren. Über diese ‹cleane› Jugend wird denn auch nicht gelästert – Hauptsache, sie verhält sich ruhig und anständig. Vielerorts sind Eltern und Behörden überzeugt, mit der Einrichtung eines Jugendtreffs könnten alle Jugendprobleme gelöst werden.» Da bleibt als Problem fast nur der Mofalärm, der das Verhältnis zu den Anwohnern manchmal nachhaltig stört.

«Wie steht es aber mit den Drogen?», werden besorgte Eltern fragen. Zwar sind diese aus dem Leben der Jugendlichen – wie ja auch aus jenem der Erwachsenen – nicht wegzudenken. Da mögen sich die Verantwortlichen von solchen Treffs noch so bemühen, es dürfte schwierig sein, absolute Drogenfreiheit, zum Beispiel auch von weichen Drogen oder Alkohol, zu garantieren. Generell können Behördenmitglieder und Eltern dennoch beruhigt sein. Denn meist gelingt es den fachlich ausgebildeten Jugendarbeitern recht gut, den Konsum in engen Grenzen zu halten. Darüber hinausgehende Gerüchte, wonach Jugendtreffs Drogenumschlagplätze par excellence seien, entbehren jeder Grundlage.

Die Freizeit im Verein verbringen

«Der Pfadfinder kann im intensiven Spiel, beim kreativen Werken, beim selbständigen Aufbauen und Einrichten eines Lagers in ganz einfachen Verhältnissen seine eigenen Fähigkeiten kennen und einsetzen lernen.» So begründet ein Pfadfinderfunktionär, warum seine Organisation immer noch aktuell sei. Er fährt fort: «Pfadfindergesetz und Versprechen werden für ihn zum Appell, seine persönliche Lebenssituation zu überdenken und sich bewusst für eine Lebenshaltung zu entscheiden.» Dies mag zweifellos einen Teil der Jugendlichen anziehen. Auf der anderen Seite stösst das bei den Pfadfindern vorherrschende hierarchische Führungsprinzip auch auf Unverständnis und Ablehnung.

Bei älteren Jugendlichen haben Vereine denn auch generell eher Mühe. «Jetzt möchte ich noch frei sein», meint eine 17-jährige. «Du wirst dich später noch das ganze Leben binden.» In einem ähnlichen Sinn konstatiert eine breit angelegte Untersuchung des Bundesamtes für Statistik (Mikrozensus 1988), dass die Teilnahme an Vereins- und Clubanlässen mit zunehmendem Alter deutlich zurückgehe. Es handle sich hier möglicherweise um eine Form der ausserhäuslichen Aktivität, die vor allem für Jugendliche in Frage kommt, die noch unter der Kontrolle des Elternhauses stehen. Im Einzelnen gilt:
- Von der Mitgliederzahl her sind bis heute die Pfadfinder führend – ergänzt durch ähnliche Organisationen wie Jungwacht und Blauring. Allein im Kanton Zürich zählen sie zum Beispiel etwa 18 000 Mitglieder. Dank der bereits angesprochenen Naturverbundenheit und Abenteuerromantik haben sie trotz Uniform und hierarchischem Aufbau in den letzten Jahren eher wieder aufgeholt. Etwa ab sechzehn büssen diese Gruppierungen indessen an Attraktivität rasch ein.

Pfadi, Blauring, Jungwacht etc. kennen das Prinzip, wonach ältere Jugendliche eine Anzahl von Jüngeren betreuen – bei den Pfadi sind das die ganz kleinen «Wölfli» oder eine Gruppe von zehn- bis zwölfjährigen Pfadfindern. Ein solches soziales Engagement kann sehr sinnvoll sein. Man lernt, mit anderen Menschen umzugehen, und kann sein Organisationstalent entwickeln. Manchmal entsteht aus einem solchen Engagement heraus sogar der Wunsch, später einen sozialen Beruf zu ergreifen.
- Daneben bieten die Kirchen eine grosse Anzahl von Möglichkeiten an: Junge Kirche, CVJM, Jungschar als organisierte Gruppen, daneben aber oft auch offene Treffs und Clubs. Man bemüht sich, vermehrt auch Jugendliche anzusprechen, die sich nicht als im engeren Sinn «religiös» bezeichnen – durch Theaterkurse, Computerclubs, Jugendchor, Diskussionsveranstaltungen und Ferienlager.
- Einen grossen Zulauf haben auch Sportvereine – Fussballclubs, Handball-, Turn- und Schwimmvereine. Sportlich interessierte Jugendliche erhalten hier die Möglichkeit, ihre Lieblingsdisziplin auszuüben, zu trainieren und an Wettkämpfen und Spielen teilzunehmen. Man

kann sich und seinen Körper erproben (dabei auch einmal an seine
Grenzen gehen) oder sich im Bewegungsspiel mit dem eigenen Körper
und mit den verschiedenen Geräten üben.
- Zum Schluss sei auf die unzähligen Freizeitangebote hingewiesen,
die sich auch organisiert betreiben lassen: Jugendphilatelie, Jugendtheater, Chöre, Orchester, Sportvereine, Rock-'n'-Roll-Club, Gleitschirmfliegen, Jugendnaturschutzgruppen, Computerclubs etc. – spezialisierte Angebote also, die ein besonderes Interesse erfordern.
Oft nehmen solche Aktivitäten einen grossen Teil der Freizeit ein – vor allem wenn sie leistungsmässig betrieben werden.

Gruppen und Cliquen

Viel wichtiger als die organisierte Freizeit ist für viele – vor allem städtische – Jugendliche das unorganisierte Zusammensein mit Freunden und in Cliquen. Hier können sie sich gegen Aussenstehende abgrenzen und gleichzeitig in der Gruppe eine Position gewinnen. «Als Stift bist du der letzte Halbschuh», meint Robert, «aber beim Skaten mit dem Rollbrett, da kannst zu zeigen, was in dir steckt.»

Für Erwachsene wirken jugendliche Gruppen oft provokativ – und provozieren wollen sie auch. Obwohl sie meist genauso tief in die Konsumwelt verstrickt sind wie die Erwachsenen, grenzen sie sich durch ihre Kleidung und ihre Frisur ab, wollen «noch keine solchen Spiesser» sein. Ihr Verhalten ist häufig körperbetont; sie klopfen sich lässig auf die Schultern, balancieren in ihren weissen Nike-Turnschuhen auf einem Mäuerchen und teilen im Gewühl auf der Strasse einem Erwachsenen gezielt einen Puff mit dem Ellbogen aus.

Der 16-jährige Roman K., perfekt gestylt mit Elvis-Locke, steht mit seiner Clique auf die fünfziger Jahre und das Lebensgefühl des Films «Jenseits von Eden». «Natürlich, die Jugend hatte damals auch ihre Probleme, zum Beispiel im Umgang mit verständnislosen Erwachsenen», meint er. «Aber das Leben war noch einfacher; es gab wenigstens Platz für die Jugend, und man kannte noch keine Drogenprobleme.»

In ihren Gruppen suchen Jugendliche Schutz vor einer Gesellschaft, die sie überfordert, der gegenüber sie sich fremd fühlen. Oft sind es nur lose Cliquen, die sich in der Nachbarschaft, in der Schule oder am Arbeitsplatz bilden. Wie im Fall von Roman K. bilden sich zum Teil aber auch eigentliche Subkulturen, deren «Stil» jeder zu übernehmen hat, der dazugehören möchte. Ähnliches gab es schon früher, werden sich manche Erwachsene erinnern: «Wir hatten in unserem Quartier eine Bande», erinnert sich Romans Vater. «Da gab es manche Schleglete mit den Buben von der unteren Strasse. Dabei waren wir nicht wählerisch, es konnte auch einmal blutige Köpfe absetzen.» Neu ist also nicht die Tatsache, dass es solche Gruppierungen gibt oder dass diese manchmal Gewalt ausüben. Neu ist vielmehr, dass sie sich an speziellen kulturellen Merkmalen – einem Musikstil oder einem bestimmten «Look» – ausrichten und oft wellenförmig auftauchen und wieder verschwinden.

Ohnehin handelt es sich bei diesem Gruppen- und Cliquenleben um eine recht kurze Zwischenzeit. Sobald die Heranwachsenden feste Freundschaften eingehen, nimmt die Attraktivität der Jugendszene ab. Die Bedeutung der Stile und der mit ihnen verbundenen Ästhetik geht zugunsten von jenen Interessen zurück, die man gemeinsam mit dem Freund oder der Freundin ausüben kann. Man fühlt sich mit ihm oder ihr so verbunden, dass es einem nicht mehr nötig erscheint, über äusserliche Merkmale Zugehörigkeit zu anderen zu demonstrieren. Vorerst besucht man zwar noch mit der Clique zusammen das Heavy-Metal-Konzert. Nach der Veranstaltung verschwindet man jedoch lieber zu zweit in der eigenen Bude, um mit dem Partner noch die neueste CD der Gruppe zu hören und zu schmusen. Bald schon wird die Verbindung zur ehemaligen Szene ganz der Vergangenheit angehören; eine Entwicklungsphase hat ihr Ende gefunden.

Subkulturelle Gruppierungen der letzten Jahre

Acid: Die Bewegung um die sogenannte House Music war am Ende der achtziger Jahre urplötzlich in. Riesige private Partys, deren Ort und Zeit über Insider-Kanäle verbreitet wurden, bildeten den Mittelpunkt dieser Szene, die so schnell wieder verschwand, wie sie gekommen war. Jedenfalls gehören die obligaten weissen T-Shirts mit der gelben Smily-Figur schon wieder der Vergangenheit an. Die Nachfolge der Acid-Parties hat der Techno-Sound angetreten.

Grufties: Vor einiger Zeit war Gothic die absolute In-Szene, jene schwarzen Gestalten mit ihren fahlen Gesichtern. Ihren morbiden Nimbus erhielten sie, weil sie sich in Kellern und auf Friedhöfen versammelten. Nachdem die Szene lange rückgängig war, sind die «Neo-Goths» wieder am Kommen. Die Jugendbeilage des «Tages-Anzeigers» beschreibt eine ihrer Parties: «Zwischen leuchtenden Pentagrammen, Wiegen mit Babymumien und Totenköpfen in Vogelkäfigen tummeln sich Partygänger, die in jedem Vampirfilm problemlos eine Statistenrolle übernehmen könnten.» Kultbands sind Gruppen wie Bauhaus, Sisters of Mercy, Lord of the New Church und neuere Gruppen. Die meisten Anhänger bestehen auf eine strikte Abgrenzung zum Satanismus und zur Schwarzen Magie. Trotz Totenköpfen und Parties mit Seancen oder Tischrücken wollen sie damit nichts zu tun haben.

Heavy Metal: Diese Szene leitet sich von der gleichnamigen harten und lauten – meist einfach strukturierten – Rockmusik angelsächsischer Provenienz ab. Im Stil richten sich die Anhänger am Look aus, der von den Bands geprägt wird: lange Haare, Jeans, Leder, auf den Jacken aufgenähte Band-Namen. Heavy Metal zieht vor allem männliche Jugendliche an und wirkt zum Teil frauenfeindlich. In die Schlagzeilen der Presse gekommen ist diese Musikrichtung auch durch satanistische Praktiken, die von einzelnen Bands gepflegt werden (etwa Alice Cooper, Black Sabbath). Die Wirkung auf die Fans sollte jedoch nicht überschätzt werden. Die meisten Jugendlichen interessiert nur die Musik, und sie betrachten die «Schwarze Magie» als Teil der Show. (Es gibt im übrigen auch «White Metal», mit christlichen Texten unterlegter harter Rock.)

Home Boys: Die Szene der Home Boys bezeichnet man auch als Hip Hop. Zu ihren Ausdrucksformen gehört das Sprayen von Graffiti, wobei die Malereien mit speziellen Schriftzeichen (sogenannten Tags) signiert werden. Weiter gehören dazu Breakdance, Electric boogie und die Rap-Musik. Die Szene orientiert sich eng an amerikanischen Vorbildern aus dem Schwarzen-Milieu der Grossstadt-Ghettos. Die Kleidung eines Home Boy unterstreicht den american way of life: Sweatshirt, Turnschuhe und Baseball-Mütze. Aufgekommen ist diese Szene in den frühen achtziger Jahren, zum Beispiel über die Musik von Grandmaster Flash und the Furious Five.

Die Sprache der Hip-Hop-Szene

B-boys, B-girls: der harte Kern der Tänzer, die Break-boys
Breakdance: bekannteste Tanzform des Rap mit akrobatischen Drehungen von Kopf und Hintern (break = Bruch, Pause, Umschwung). dazu kommen Formen wie: Electric boogie, Smurf, Robot etc.
Can: Spraydose
Crew: Schar, Bande. Gruppen von Hip-Hoppern bezeichnen sich so.
DJ: Discjockey, Deejay, Plattenauflegger, der oft mit den Händen nachhilft und damit den «Sound» verändert («scratchen»).
Fly-girl: Weibliches Mitglied der Hip-Hop-Szene. Kommt von «fly»: auf Draht, mit allen Wassern gewaschen, sehr attraktiv.
Graffiti: Spraygemälde, die meist zu nachtschlafender Zeit an Betonwänden und Häusern angebracht werden. Vorbild ist weniger der Zürcher Sprayer Harald Nägeli mit seinen Männchen als die flächigen Sprühbilder und -sprüche auf New Yorker Häuserfronten und U-Bahn-Zügen.
Hall of Fame: Berühmter Ort, an dem sich die Sprayer verewigen (z. B. Basler Bahndamm)
Hip Hop: Oberbegriff für Rap, Graffiti, Breakdance und verschiedene DJ-Techniken. «Hip» kommt von Hüfte, «hop» bedeutet Hopser, Sprung, auch Tanzveranstaltung.
Home Boy: naher Freund, mit dem man aufgewachsen ist. Bezeichnung für den Kollegenkreis der Hip-Hop-Gemeinde.
Piece: Spraykunstwerk
Rap: Anfang der siebziger Jahre in der New Yorker Bronx entstandener Sprechgesangsstil. Abgehacktes rhythmisches Sprechen und Zungenakrobatik sind dabei gefordert.
Tag: Unterschrift des Sprayers, seine «persönliche Marke», an der ihn Eingeweihte identifizieren können.
Writer: Graffitisprüher

(Quelle: Bonus, Oktober 1990)

Hooligans: Orientiert an englischen Vorbildern, haben sich an verschiedenen Orten Fanclubs von Fussballvereinen gebildet, die schnell zum Randalieren bereit sind. Wichtig sind für sie die Embleme der eigenen Mannschaft (Fahnen, Schals in den Clubfarben, Anstecker etc.); Feindschaften zu den gegnerischen Clubs werden kultiviert: «Die Fans des FC Zürich sind doch alle Scheisser», meint Peter. «Denen zeigen wir es, wenn sie sich das nächste Mal in unser Stadion wagen!» Bereitschaft zu Gewalt und Krawall gehören – oft unter dem Einfluss von Alkohol – zu dieser Szene, die sich im gegnerischen Fanclub einen Feind aufbaut, der mit allen Mitteln zu bekämpfen ist. Oft werden in solchen Szenen rechtsextremistische Orientierungen beobachtet. Es sollte allerdings kein Missverständnis entstehen: Solche randalierende Anhänger sind eine kleine Minderheit unter den Sportfans. Lange nicht jeder Jugendliche, der sich mit seinem Verein identifiziert und ihn im Stadion lautstark unterstützt, gehört dazu.

New Wave: Bei den New Wavern muss alles kalt und cool sein. Sie tragen schwarze Kleider und färben die Haare; auch die Männer schminken sich teilweise. Ihren Namen erhielt diese Bewegung von der New-Wave-Musik, einem aggressiven Musikstil, der aber mit einer depressiven Note verbunden ist. Im Moment ist dieser Stil nicht mehr sehr aktuell.

Poppers: Sie entstammen der gutbürgerlichen Mittel- und Oberschicht und betonen einen luxuriösen Lebensstil. Wer dazugehört, muss sich bestimmte In-Marken leisten können. Entstanden ist die Szene als Gegenbewegung zur alternativen Szene der siebziger Jahre, wobei sie vor allem in Mittelschulen und Gymnasien Anhänger fand. Ihr Ebenbild im beruflichen Bereich bildeten die meist einige Jahre älteren Yuppies (young urban professionals) – gut ausgebildete junge Berufsleute, die sich ebenso auf dem Konsum- und Karrieretrip befanden und sich demonstrativ den teuren Genüssen des Lebens zuwandten.

Punks: Diese Szene bildete sich ursprünglich Ende der siebziger Jahre im englischen Arbeitermilieu, wo die Arbeitslosigkeit besonders hoch war. Punker waren jugendliche Underdogs ohne Perspektive, die mit ihrer Haltung gegen Arbeitslosigkeit und Langeweile protestierten. Als Leitspruch dieser «verlorenen» Generation galt: No future! (keine Zukunft). Lederjacken und verschlissene Kleidung sowie Sicherheitsnadeln durch Ohren und Nase demonstrierten den provokativ-hoffnungslosen Charakter dieser Jugendszene. Entsprechend bildete der sogenannte Punkrock eine Musikrichtung mit aggressiven, zynischen und kritischen Texten zur Gesellschaft. Auch heute noch kann man auf der Strasse Jugendliche antreffen, die sich «punkig» geben. Doch nur noch in wenigen Fällen haben sie mit dem Stil auch die ganze dazugehörende Ideologie übernommen.

Rambos: Sie zelebrieren den militaristischen Heldenkult der gleichnamigen Filme. Als Stilelemente gehören dazu: Tarnjacken, Rambo-Messer, Stahlhelme, uniformierte Kleidung im Ami-Veteranen-Look. Rambos betonen Werte wie Ehre, Kameradschaft und Ehrlichkeit. Es handelt sich mehrheitlich um Schüler und Lehrlinge, die über wenig Geld verfügen, von Jugendtreff zu Jugendtreff ziehen und zum Beispiel demonstrativ Karate üben.

Skins, Skinheads: Sie sind mit ihren glatt rasierten Schädeln oder der farbigen Irokesenfrisur auf den Strassen nicht zu übersehen. Die klobigen Schuhe und die Militärmontur machen deutlich, dass die Skins ursprünglich ebenfalls dem (englischen) Arbeitermilieu entstammen. Arbeits- und Perspektivelosigkeit führten Anhänger dieser Gruppe dazu, ihren Frust gegen aussen – und besonders gegen Ausländer und Asylanten – zu richten. Berüchtigt ist die Gruppe wegen ihres Hangs zur Gewalt und ihrer rechtsextremen politischen Gesinnung.

Techno: Dies ist heute die eigentliche In-Szene. An der Street Parade von 1996 nahmen in Zürich rund 350 000 Personen teil. Manche Zeitungsartikel sehen in der Techno-Generation schon die Jugendbewegung der neunziger Jahre. Die Bezeichnung selbst stammt vom harten monotonen Computersound, der diese Musik kennzeichnet. Technoparties (sogenannte Raves) beginnen meist erst frühmorgens und finden mit Vorliebe in ausgedienten Fabrikhallen und Lagerhäusern statt. Das Zürcher Magazin «Bonus» beschreibt einen solchen Anlass: «Beim Anblick der Halle laust mich der lackierte Lederaffe! Viel unverhüllte Haut und umwerfender Sex-Appeal marschieren da durch die Gegend. Ganz-Körper-Verpackungen, mumienartig verhüllte Gesichter, knallenge Gummikombis, Neo-Hippie-Looks oder mit Metall- oder Plastik-Accessoires zusammengestellte futuristische Klamottenkombinationen.» Im Zentrum von Techno steht das Feeling des endlosen Tanzens. Ein Raver schildert dieses Gefühl: «Der Beat und der Sound treiben einen auf die Tanzfläche, und schon befindet man sich in einem ganz neuen Energiefeld, jenseits von Logik und Verstand, hüpfend und tanzend, bis einem der Schweiss in grossen Tropfen die Haut herunterperlt, mit allen anderen im Einklang tanzend und bis zur völligen Ekstase.» Tanzen sei wie Sex, nur besser, behaupten Anhänger dieser Bewegung, und sie finden das Gemeinschaftsgefühl einmalig –

ein Glückszustand, mit anderen friedlich ihr Lebensgefühl in langen Nächten zu demonstrieren.

Als Jugendbewegung hat die Techno-Szene darüber hinaus keine politische Botschaft. Anhänger kirchlicher Kreise nehmen daran ebenso teil wie Greenpeace-Aktivisten. Und auch Mode- und Getränkefirmen, Partyveranstalter und die Musikindustrie ziehen reichlich Profit aus dieser Bewegung. In die Schlagzeilen sind die Techno-Parties allerdings aus einem anderen Grund geraten: Sie sind eng verbunden mit der synthetisch hergestellten Droge Ecstasy und immer stärker auch mit LSD, womit auch das Drogenproblem in jüngster Zeit eine ganz neue Dimension erhalten hat.

Teds, Teddy Boys: Sie beziehen sich auf die Rockmusik der fünfziger Jahre. Elivs Presley, Marilyn Monroe und James Dean sind ihre Idole. Im Stil der Fifties sind sie denn auch gekleidet. In dieser Zeit und ihren Filmen finden sie ihre Träume verwirklicht.

Die eben skizzierten Jugendszenen gibt es vielerorts in der Schweiz und auch in anderen Ländern. Vor allem die grösseren Städte sind Ziel- und Versammlungsort solcher Gruppen. Sie ziehen gleichgesinnte Jugendliche aus der gesamten umliegenden Region an.

Daneben gibt es auch lokale Gruppierungen, die aufgrund spezifischer örtlicher Bedingungen entstehen und wieder verschwinden, wenn die Initianten älter werden. Ein Beispiel sind die Panthers aus der Basler Steinenvorstadt, von denen die Basler Freizeitaktion (BFA) berichtet. Zwei über ihre Gruppe interviewte türkische Jugendliche erzählen: «Zum Begriff Panthers: Wir wollten einfach mit Kollegen zusammen sein und eine Gruppe gründen, wie es sie schon früher gegeben hat, eine Gruppe mit einem Namen, damit man zusammen ist. Und wenn einmal einer gegen uns ‹schlegle› will, fahren wir nicht allein dahin und so. Vor allem geht es ums Zusammensein, und das vor allem in den Steinen.»

Spielen mit Frisuren und Kleiderstilen

Jugendkulturelle Gruppen und Lebensstile sind laufend Veränderungen ausgesetzt. Sie machen Schlagzeilen und verschwinden oft in einem Zyklus von wenigen Jahren. So sind Gruppierungen, die am Ende der sechziger Jahre Furore machten, wie beispielsweise die Provos in Amsterdam, die Gammler oder die Hippies, bereits Geschichte geworden. Auch die eingefleischtesten Punker von anno dazumal dürften heute bereits um die Dreissig sein. Sogar manche der hier beschriebenen Gruppen werden beim Erscheinen dieses Buches bereits wieder am Verschwinden sein.

Es gibt indessen auch Lebensstile, die Jugendlichen verschiedener Generationen immer wieder eine neue Identifikation anbieten: Obwohl sich die Mitglieder in raschem Wechsel ablösen und erneuern, haben sich zum Beispiel die Teds oder die Heavy Metals als Gruppen gehalten (nur die Stars und Musikgruppen werden laufend älter). Allerdings haben sie sich in einer Hinsicht gewandelt: Heutige Jugendliche gehen mit der Gruppenzugehörigkeit spielerischer um, schlüpfen in immer neue Rollen, erproben das mit ihnen verbundene Lebensgefühl. Martina ist Raverin. Während der Woche beschäftigt sie nur eines: in welchen Klamotten sie zur nächsten Techno-Party geht, schrill oder elegant und verführerisch. Daneben besucht sie aber auch eine Mittelschule, und es ist keine Frage für sie, dass die Matura Priorität hat. Die Wissenschaftler des Zürcher Instituts IPSO erläutern dieses raffinierte Umgehen mit verschiedenen Stilen: «Der Jugendliche als Individuum kann ein Fan von Heavy-Metal-Musik sein und deren Dämonenkult bei Konzerten zelebrieren, dies hindert ihn jedoch keineswegs daran, Aktivmitglied eines Fussballclubs oder auch Pfadiführer zu sein.» Das unterstreicht nochmals jene neue Form der Patchwork-Identität (siehe Seite 33), wo man mit verschiedenen kulturellen Mustern spielt und sich je nach Situationsanforderung eine unterschiedliche Identität «zulegt». Zwar werden die Ausschläge mit der Zeit weniger extrem; man bewegt sich stärker innerhalb eines festgelegten Spektrums von Rollenansprüchen. Doch die jungen Erwachsenen von heute sind sich stärker als frühere Generationen bewusst, dass alles auch anders sein könnte – und dass dies von ihnen vielleicht bald verlangt, ganz neue Rollen zu übernehmen.

Wenn die Übernahme solcher jugendkultureller Lebensstile meist auf eine recht oberflächliche Art und Weise erfolgt, so hat dies indessen einen weiteren Grund: Es handelt sich meist um Stile, die aus fremden Kulturkreisen importiert wurden. Jedenfalls dürfte es für einen durchschnittlichen schweizerischen Jugendlichen schwierig sein, sich in das Lebensgefühl eines schwarzen Break dancer aus der South Bronx einzufühlen oder nachzuvollziehen, was ein arbeitsloser englischer Jugendlicher aus einem Slum in Liverpool empfindet. So bleibt es denn bei der äusserlichen Aneignung solcher Stile, wobei deren sichtbare Merkmale im Zentrum stehen: Frisur, Kleidung, Gestik, Accessoires, vielleicht ein bestimmter Sprachstil.

Nur eine kleine Minderheit von Jugendlichen lebt solche Stile radikaler aus als der Durchschnitt – mit der Gefahr, dass sie sich in eine Randgruppenstellung hineinbegeben; etwa, wenn sie satanistische Praktiken der Heavy-Metal-Bewegung betreiben, sich zum «echten» (asozialen) «Aso-Punker» stilisieren, die extremen Haltungen eines Skin für sich als Lebensinhalt in Anspruch nehmen. So gibt es bei vielen der genannten Gruppierungen einen harten Kern, der Stile nicht adaptiert, sondern als oftmals verzweifelten und aggressiven Protest gegen die Erwachsenenwelt versteht (siehe Seite 239).

Fazit: Die Mehrheit der Jugendlichen geniesst es zwar, Erwachsene zu provozieren und in die Haut eines oder mehrerer solcher «Typen» hineinzuschlüpfen. Im Grund sind sie aber angepasst und treiben hinter der glitzernden Fassade ihre berufliche Ausbildung gezielt voran. Dass dies auch eine Entpolitisierung der Jugend bedeutet und die Zeiten der Jugendrebellion und des Jugendprotests lange vorbei sind, soll im nächsten Abschnitt eingehender dargestellt werden.

Das Züri-Slängikon

Die Sprache der Jugendlichen spiegelt viel von ihrer Einstellung. Einerseits ist sie cool und abgeklärt, bis hin zu Anleihen aus der Börsensprache. Dann wirkt sie auch wieder grell und aufgeladen durch sexuelle Anspielungen und lässige Amerikanismen. Dies verdeutlicht ein Auszug aus einer Sammlung, welche das Zürcher Magazin «Bonus» veröffentlicht hat:

gut, lässig, neu: Heiss, scharf, verschärft, big piktscher (engl. big picture), giirig, schtarch, super, tipptopp, suuber, geil, gül (geil), gält (Geld, aus der Börsensprache), ein Schtrassefäger (kultureller Anlass), herremässig, gääch, genial, gfährlich, tierisch, fräasig, kuul (engl. cool), AC (affen-cool), krass, gedige, e grobi Sach, grüber, ich bring de Chiime nüme zue, atomar, schtink-affe-siech-geil, ATG (affe-titte-geil), Schweine im Weltall, vo Diir (aus der Börsensprache), de füdliblutt Wahn, d'Chröönig, doppio cremo (ital.), ultimo cremo (ital.), voll Schoggi, da gönd mer d Schüss ap, da haut s mer de Sack i d Wüeschti, fänzi (engl. fancy), affe-gigel-gagel-geil, e Bombe, zum Schüüsse, intergalaktisch, de Hit, isch kauft, es fäget

schlecht, langweilig, veraltet: Schtier, tote Hose, für d Füchs, Gips, schtuss, balla, Fredi, e tummi Gschicht, lämpemässig, näb de Schue, (bire-)weich, gaga, Schrott, Müll, shitt (engl. shit), ghetto, hool, eländ, öhig, verbii, denäbet, i d Hose, ouwer (engl. over), hugo, birno, dure (bi root), zum Schüsse, brief (aus der Börsensprache), ätzend, duss (für alles, was nicht in ist), schpanend wie-n-es Telifonbuech, zum Pfiiferauche, überflüssig, mit dem chasch mi jage, da chasch mi filme, s interessiert mi wi de Schnee vor 30 Jaar, da chum i Püggel über, s gaat mer uf d Eier, da schlaft mer s Gsicht ii, Hafe-Chäs, das haut au d Eskimo nöd vom Schlitte, gib i (aus der Börsensprache), mier löschts ap, Chopf ap!

Verstärkungen: Grausam, enorm, extrem, tierisch, schwer, uu, uurüde-, uuhüne-, uuhuere-, affe-, affe-titte-, ober-affe-titte-, fade-, sack-, monschter-, multi-, nuklear-, turbo-, top-, riise-, irre-, ober-, millione-, mega-, giga-, nano-, ultra-, hüper-, atom-

(Quelle: Domenico Blass, Züri-Slängikon, Zürich 1990)

Jugend und Politik

Jugend wird oft gleichgesetzt mit Protest und Rebellion. Man erinnert sich dabei an bekannte Beispiele aus der Vergangenheit: an die Achtundsechziger-Jugendlichen, die sich als politische Bewegung verstanden und die Gesellschaft verändern wollten, oder an die Jugendbewegung anfangs der achtziger Jahre mit ihren Forderungen nach kulturellen Freiräumen oder autonomen Jugendzentren in Zürich und anderswo. Klare Ziele fehlen dagegen heute. Die autonomen Gruppen, die den 1. Mai für gewalttätige Nachdemonstrationen benutzen, haben ein recht diffuses Feindbild gegen die Mächtigen, die Polizei und das System als solches. Und auch ihr Widerpart auf der rechten Seite, die Skinheads, haben kaum klare politische Vorstellungen. Es handelt sich eher um dumpfe Gefühle von Zukurzgekommenen, die ihren Hass und ihre Ressentiments auf Asylanten und Fremde übertragen. Der überwiegende Teil der Jugend erscheint dagegen eher angepasst und zufrieden. Der Wunsch nach «love, peace and unity» (Liebe, Friede und Zusammengehörigkeit) wird eher an der Street Parade zur Schau gestellt als an einer politisch motivierten Demonstration. Das muss allerdings noch nicht heissen, dass Jugendliche sich überhaupt nicht für

Politik interessieren. Nach einer Untersuchung des GFS-Forschungsinstituts in Bern waren 1995 immerhin 11 Prozent der Befragten «sehr interessiert» und 38 Prozent «eher interessiert». Das sind jedoch 10 Prozent weniger als bei der gesamten stimmberechtigten Bevölkerung (nach: ERNST, 6. Oktober 1995).

Vor allem die offizielle Politik wird von den Jungen eher mit Skepsis betrachtet. In derselben Umfrage hatten 90 Prozent der Befragten das Gefühl, dass die Politik von Regierung und Parlament in wichtigen Dingen manchmal (60 Prozent) oder oft (30 Prozent) versage. Dabei besteht durchaus ein Interesse an konkreten politischen Themenbereichen, das in den letzten Jahren recht stabil geblieben ist. In einer Publitest-Umfrage von 1991 konnten sich 54 Prozent «ziemlich oder sehr» für Umweltpolitik, 52 Prozent für Drogenpolitik und 51 Prozent für Jugendpolitik erwärmen. In der GFS-Befragung (1995) lautete die Hitparade der wichtigsten Probleme: Umwelt/Energie/Atomtests (48 Prozent), Ausländerproblem/Flüchtlinge (35 Prozent), Drogen/Sucht (26 Prozent). Das Fazit: Gedanken über Umwelt, Ausländerprobleme, Drogen, Krieg etc. machten sich viele Jugendliche, auch wenn sie mit der Tagespolitik nichts am Hut haben. Doch dies führt nicht zu einem direkten politischen Engagement. Am ehesten setzt man sich noch für Organisationen wie den WWF (World Wildlife Fund) ein, bei dem ein Viertel der Mitglieder unter zwanzig ist. Hier ist die Mitgliedschaft relativ unverbindlich, ermöglicht es aber durchaus, sich sporadisch an Aktionen zu beteiligen.

Schwer hat es dagegen die kritische Alternativszene der siebziger und achtziger Jahre. Die Gründer dieser Gruppen sind selbst in die Jahre gekommen. Die Umweltschützer haben sich etabliert und eigene Parteien gegründet, deren Protagonisten meist über dreissig sind. Und die Alternativkultur hat ihre Zentren – etwa die Rote Fabrik in Zürich oder die Eisenhütte in Frauenfeld – längst erstritten. Deren Macher und Verwalter sind keine Jugendlichen mehr. Subventionierte Projekte verlangen nach Profis und Planung anstelle eines noch so kreativen Chaos. Für die heutigen Jugendlichen sind deshalb im Bereich alternativer Kultur und Jugendzentren die Spielräume eher geringer geworden. Denn die Schiene solcher Projekte ist bereits besetzt – durch erwachsen gewordene Vorgänger, die das Image alternativer Jugendlichkeit manchmal mit vierzig noch pflegen.

Freizeit ist Medienzeit

Neben anderen Freizeitaktivitäten haben sich in den letzten Jahrzehnten die Medien einen festen Platz im Leben der Jugendlichen erobert. So wurde in einer Untersuchung des Bundesamtes für Statistik (1988) nach Reaktionen auf die Feststellung gefragt: «Zu Hause verbringe ich meine freie Zeit, indem ich mich zerstreue, zum Beispiel lese, fernsehe, Radio höre.» Rund drei Viertel der Befragten tun dies fast täglich. Dabei sind es verschiedene Medien, die um die Gunst der Jugendlichen wetteifern, traditionelle wie Bücher, Zeitungen, Zeitschriften und elektronische wie Radio, Fernsehen, Film und Schallplatten/Compact Discs.

Das gedruckte Wort

Oft wird die These vertreten, dass der Fernseher dem Lesen immer mehr das Wasser abgrabe. Indessen gibt es unter den Jugendlichen nach wie vor eine grosse Anzahl begeisterter Leser und Leserinnen. In einer Untersuchung des Seminars für Publizistikwissenschaft an der Universität Zürich gaben nur ein Viertel der befragten 15-jährigen aus der Stadt Zürich an, selten oder fast nie zu lesen. Über die Hälfte kreuzten sogar an, oft oder sehr oft Bücher in der Freizeit zu lesen. Nimmt man dazu noch die Tageszeitungen und Zeitschriften, kann wohl kaum einer behaupten, die sogenannten Printmedien seien am Verschwinden.

Was aber lesen Jugendliche besonders gern? Die Zürcher Wissenschaftler stellten bei den Befragten eine Vorliebe für Abenteuergeschichten, Jugendbücher, Kriminal- und Spionageromane fest. Unter Mittelschülern kommen dazu vermehrt auch Werke aus der modernen Literatur. Beim Bücherlesen stellt die Jugendzeit aber auch eine Zeit des Umbruchs dar; man wechselt von Kinder- und Jugendbüchern immer mehr zur Erwachsenenliteratur über – ein Trend, der auch die Sachbücher einschliesst, indem zum Beispiel das Jugendlexikon für die Wissensbedürfnisse der Heranwachsenden nicht mehr ausreicht. Zwischen der Kinder- und der Erwachsenenliteratur gibt es seit einiger Zeit zudem einen Zwischenbereich, auf den nachdrücklich hinzuweisen ist: spezielle Jugendromane, die auf zum Teil anspruchsvolle Weise Probleme Heranwachsender schildern. Die darin dargestellten Schicksale gehen Jugendlichen besonders nahe, denn sie können ihre eigenen Erfahrungen des Erwachsenwerdens damit vergleichen.

Lesen kann für Jugendliche eine sehr sinnvolle Beschäftigung sein, eröffnen sich ihnen doch dadurch ganz neue Welten. Im Gegensatz zum Fernsehen oder zum Film fordert es die Phantasie weit mehr heraus, da geschriebene Texte den eigenen Vorstellungen einen ungleich grösseren Raum lassen. Allerdings ist die Buchlektüre oft auch eine isolierende Tätigkeit, wird doch unter Jugendlichen nachweislich sehr wenig über gelesene Bücher geredet. Im Mittelpunkt steht mehr die Auseinandersetzung zwischen sich selbst und der im Buch ausgebreiteten Welt- und Problemsicht.

Es wäre aus diesem Grund wünschenswert, wenn sich Eltern vermehrt für die Lektüre ihrer Kinder interessierten und Bücher mit ihnen gemeinsam läsen. Dies könnte für beide Seiten eine neue Gesprächsebene eröffnen. Eine Mutter, die dies schon öfters praktiziert hat, berichtet: «Es ist spannend zu sehen, wo wir ein Buch ähnlich und wo ganz unterschiedlich interpretieren. Ich habe dabei viel über das Verhältnis der Generationen dazugelernt.» Und sie fügt hinzu: «Etwas vom Schönsten war es aber, als wir begannen, uns gegenseitig ein Buch vorzulesen und darüber zu diskutieren. Das kann ich Eltern und Jugendlichen nur empfehlen.»

Ein besonderes Problem ist die sogenannte Schundliteratur. Bis vor wenigen Jahren haben Pädagogen und Jugendschützer die Eltern eindringlich davor gewarnt. Man glaubte, dass Kinder und Jugendliche ohne das bewusste Engagement für «gute» Literatur vorwiegend minderwertige Bücher und Hefte verschlängen. Heute werden dagegen auch gut gemachte Unterhaltungsliteratur oder Krimis und Sciencefiction-Romane in einem besseren Licht gesehen, sofern es sich nicht gerade um billige Kiosk-Hefte handelt. Die Qualität manches moralinsauren Textes der «guten» Literatur von anno dazumal erscheint dem heutigen Betrachter ebenfalls nicht über alle Zweifel erhaben. Vor allem hat sich das Urteil auch gegenüber den Comics verändert. Galten diese in früheren Zeiten als Beginn des Sprachverfalls, weil nur noch in Sprechblasen geredet werde, lobt man sie heute zum Teil fast zu Kunstwerken hoch – vor allem wenn es gelingt, Bilder und Text zu einer kreativen Einheit zusammenzufügen. Asterix und Obelix etwa haben in lateinischer Übersetzung mancherorts Einzug in den Mittelschulunterricht gehalten.

Trotzdem sollte man nicht einfach von der Devise ausgehen: Hauptsache ist, dass die Jungen überhaupt noch lesen. Es gibt dümmliche und intelligente Unterhaltung, klischeehafte und differenzierte Darstellungen. Medienerziehung in der Schule und zu Hause müsste Wert darauf legen, durch das Gespräch über Bücher die Geschmacksentwicklung zu fördern.

«Bravo» – ein Dauerbrenner

Bei Jugendlichen seit Jahrzehnten ein Dauerbrenner ist die Zeitschrift «Bravo» mit ihren Berichten über Stars und Sternchen am Pophimmel und den Leseranfragen über Pickel und die erste grosse Liebe. Weil diese Themen-Mischung in der Pubertät einem Bedürfnis entspricht und ankommt, gibt es eine ganze Reihe von Zeitschriften, die mittlerweile das Konzept kopieren («Popcorn», «Mädchen», «Pop-Rocky» etc.)

Obwohl uns Erwachsenen der Inhalt dieser Zeitschriften reichlich dünn erscheint, lohnt sich ein pädagogischer Kreuzzug dagegen nicht. Sind die darin angesprochenen Probleme bei den Jugendlichen «ausgestanden», erlahmt das Interesse an diesen Publikationen von selbst – und es ist schon wieder eine neue Generation, die die immergleichen Tipps und Starporträts mit heissen Wangen verschlingt.

Das Fernsehen

Seit in den fünfziger Jahren das Fernsehen aufkam, ist es zu einem bestimmenden Faktor der Freizeitgestaltung aller Generationen und Altersgruppen geworden. Nach einer Untersuchung bei 15-jährigen Zürcher Jugendlichen sehen zirka vierzig Prozent eine halbe Stunde oder weniger pro Tag, ein Drittel zwischen einer und anderthalb Stunden pro Tag und immerhin ein Viertel zwei Stunden und mehr fern. Dabei zeigt sich ein Geschlechtsunterschied: Knaben nutzen das Fernsehen häufiger als Mädchen, die mehr für Bücher übrig haben.

Ein Fernsehkonsum von durchschnittlich über zwei Stunden pro Tag scheint nun allerdings übertrieben und bedenklich – vor allem wenn man in Rechnung stellt, dass bereits Arbeit oder Schule acht bis neun Stunden in Anspruch nehmen. Zudem ist anzunehmen, dass solche Jugendliche kaum mehr gezielt fernsehen, sondern gelangweilt mit der Fernbedienung herumspielen und häppchenweise konsumieren, was sie bei diesem «Zapping» gerade einfangen: Fetzen von Filmen, einzelne Action-Szenen, Ausschnitte aus Shows und Informationssendungen. Kurzum, ein kunterbuntes Medien-Durcheinander, das kaum geeignet ist, in den Köpfen der Zuschauer Ordnung zu schaffen.

Diese problematischen Seiten verstärkt der Trend zum Kabel- und Satellitenfernsehen. Damit werden zwanzig oder dreissig Programme in die Wohnstube geliefert – und diese sind nicht immer von erster Qualität. So gewinnen in letzter Zeit Privatsender wie RTL plus und SAT 1 unter Kindern und Jugendlichen eine immer grössere Anhängerschaft, ja sie haben die öffentlichen Sender vielerorts in der Gunst der Zuseher überflügelt. Doch bei den «Privaten» wirkt generell alles noch eine Spur greller und schreiender: Billige Action-Sendungen aus den USA, verkappte Werbespiele wie «Der Preis ist heiss», Reality Shows von Verbrechen und Unfällen («live» dabei) und billige Softpornos beginnen damit, den Publikumsgeschmack immer stärker zu bestimmen.

Pädagogen, die solche Tendenzen bedenklich finden, raten manchmal zu Fernsehverboten, um den Konsum der Kinder und Jugendlichen auf das wünschbare Mass und geeignete Sendungen einzuschränken. Das war vor Jahren vielleicht noch möglich. Doch heute ist das Fernsehen aus unserem Leben kaum noch wegzudenken. Jugendliche, die zu Hause nicht schauen dürfen, weichen meist auf Freunde und Bekannte aus und gucken dort um so unkontrollierter. Zudem: Wer kann 15-jährigen noch ihre Freizeitgestaltung reglementieren?

Manche kritisch eingestellte Familien lösen das Problem dadurch, dass sie auf die Anschaffung eines Fernsehapparats verzichten. Diese konsequente Haltung ist zu respektieren; vor allem wenn man dafür sonst mehr miteinander unternimmt. Dennoch hat sie auch Nachteile: Anstatt die Augen vor dem einflussreichsten Medium in unserer Gesellschaft zu verschliessen, wäre es vielleicht besser, einen kritischen und bewussten Umgang mit ihm zu üben. In einer von den elektronischen Medien geprägten Zeit gehört es zur Erziehung, dass Kinder damit Erfahrungen machen können. Jugendliche gewinnen dem Fernsehen zudem auch positive Seiten ab:

- Sie sind «informiert» und können über das Gesehene bei den Kollegen und Kolleginnen mitreden.
- Fernsehen kann helfen, Langeweile zu überbrücken, Aufregendes und Interessantes zu erleben.

• Man kann über viele Dinge etwas lernen und erfahren, die in der Schule nirgends behandelt werden.

Zudem gilt in einer Gesellschaft, die dem Fernsehen einen wichtigen Platz einräumt: Wer dessen Wirkungen nicht kennt, ist ihm um so schutzloser ausgeliefert. Unkritische und pauschalisierende Vorwürfe – in der Art, dass das Fernsehen die Menschen nur verdumme – helfen gar nichts zur Entwicklung einer «kritischen Medienkompetenz». Dazu gehört vielmehr:
• Zuallererst sollten Jugendliche lernen, dass nicht alle Medien gleich sind. Bücher und Zeitschriften stellen einen Gedankengang logisch und differenziert dar; es sind eher analytische Medien. Das Fernsehen dagegen spielt sehr stark mit der emotionalen Ebene. Man fiebert mit einem Helden mit, zittert darum, ob es der Kandidat in der Samstagabendshow «schafft». Als die Berliner Mauer fiel, interessierte im Fernsehen die überschwengliche Freude der ersten Ostberliner im Westen, die Verbrüderungsszenen, die spontanen Reaktionen der Politiker. Solches können die gedruckten Medien nicht darstellen. Dafür sind sie besser in der Lage, die Ereignisse aus Distanz zu kommentieren und sie in das übrige Weltgeschehen einzuordnen.
• Das Fernsehen vermittelt Abbilder der Realität und schafft dennoch oft die Illusion, es sei selbst wirklicher als die Wirklichkeit. So gibt es immer mehr Fernsehserien, die für sich in Anspruch nehmen, «Reality-TV» zu bieten – nach dem Motto: Morde müssen echt sein, Katastrophen selbst erlebt. Als Vorbild gilt dabei der amerikanische Sender CNN mit seiner direkten Berichterstattung über den Golfkrieg. Dennoch sollten sich die Zuschauenden im Klaren sein, dass sich die wichtigsten Dinge im Leben der Menschen nicht vor laufender Fernsehkamera abspielen und der Auftritt in Tell-Star oder einer anderen Fernsehshow einen schnell vergessenen und fragwürdigen Lebenshöhepunkt darstellt. Auch hinter der Fernsehrealität steckt oft Absicht und Berechnung. Manches, was als unmittelbar und deshalb wahr erscheint, ist in Wirklichkeit getürkt. So berichtete das ZDF-Magazin «Report» gemäss der Zeitschrift «TV-Spielfilm» vor einiger Zeit über steinewerfende alternative Jugendliche in Hamburg. Doch die Steine waren nie geflogen; die ganze Story hatte man schlicht im Schneideraum zusammengebastelt.
• Es besteht die Tendenz, dass durch Fernsehen alles zur Show verkommt. So heisst das grosse Schlagwort bei Nachrichtensendungen heute «Infotainment» – unterhaltende Elemente sollen den Ernst der

Informationen auflockern. Damit wird es aber bald einmal zum Problem, das Wichtige überhaupt noch vom Unwichtigen zu unterscheiden. Immer mehr wird die Fähigkeit verlangt, «zwischen den Zeilen zu lesen», worauf es bei dieser Mischung aus Boulevard und Ernst wirklich ankommt.

Mit diesen kritischen Überlegungen zum Medienkonsum soll das Fernsehen nicht verdammt werden. Es gibt viele interessante und informative Sendungen, die für Jugendliche eine Bereicherung darstellen können. Wer indessen mehr über die Hintergründe weiss, ist auch eher in der Lage, gezielt das für ihn im Moment massgebliche Medium zu wählen; und er kann besser einschätzen, was er davon erwarten darf bzw. wo Kritik und Vorsicht am Platz sind. Vor allem geht es auch nicht um einen «erzieherischen Appell» aus der Sicht neunmalkluger Erwachsener. Denn auch sie werden genauso unvorbereitet mit solchen neuen Entwicklungen konfrontiert. Indessen könnte es sich um eine Chance handeln, gemeinsam mit den Heranwachsenden Fernsehsendungen – vielleicht aber auch Kino- und Theatervorstellungen – anzuschauen und dadurch neue Medienkompetenzen zu entwickeln.

Doch leider läuft der gemeinsame Fernsehabend viel zu häufig nach dem Muster ab, dass jeder die Sendung allein für sich anschaut und alle danach wortlos ins Bett gehen. Versuchen Sie, mit Ihren Kindern einmal ein Wochenprogramm festzulegen, bei dem Sie mit ihnen einige Sendungen gemeinsam anschauen und anschliessend darüber diskutieren. Das können Spielfilme, Fernsehinterviews, Unterhaltungsshows oder Fernsehdokumentationen sein. Reden Sie dabei auch darüber, wie die Sendung gemacht ist, welche Standpunkte darin fehlen, was man auch noch hätte zeigen müssen, wo etwas zu stark vereinfacht wurde etc.

Über Fernsehen reden

- Eine Auseinandersetzung ist nur dann sinnvoll, wenn beide Teile den Film kennen. Am intensivsten ist das Gespräch oft, wenn Eltern und Kinder gerade eine Folge gemeinsam angeschaut haben.

- Eltern sollten keine pauschale Kritik üben, wie zum Beispiel: «Jetzt schaust du schon wieder ‹A-Team›. Das ist doch der hinterletzte Schund.»

- Moralisieren und Verurteilen lässt meist nur Unverständnis zurück oder erzeugt beim Jugendlichen ein schlechtes Gewissen. Wenig hilfreich sind also Aussagen wie: «Das hätte ich nie von dir gedacht, dass gerade du so einen Film sehen willst.»

- Dagegen können Eltern ihre eigenen Gedanken zu einem Film ausdrücken und mitteilen, wie sie sich dabei selbst gefühlt haben: «Ich habe diese Gewaltszenen schrecklich gefunden und konnte fast nicht hinschauen. Ist es dir nicht ähnlich gegangen?»

- Wenn die Tochter oder der Sohn anderer Meinung ist, sollte man diese erst einmal stehen lassen. Mit noch so vielen Worten wird man wahrscheinlich im Moment nichts erreichen. Viel wichtiger ist es, das Gespräch nicht abreissen zu lassen. Denn der Einfluss wird sich meist erst nach einiger Zeit feststellen lassen.

- Berücksichtigen Sie dabei, dass Ihr Sohn oder Ihre Tochter schon bald erwachsen sind und das Recht auf eine eigene Meinung haben. Denken Sie also auch daran, dass das selbständige Denken und Urteilen ein Ziel der Erziehung ist.

Neben diesen Ratschlägen sollten Eltern eines beherzigen: In erster Linie ist es ihr Vorbild, das den Kindern demonstriert, wie man den Fernseher gezielt nutzt. Wer sein Nachtessen regelmässig vor der Glotze einnimmt und den Fernseher noch beim Zeitunglesen im Hintergrund mitlaufen lässt, muss sich nicht wundern, wenn seine Kinder beim Fernsehkonsum kein Mass finden. Und es ist auch wichtig, mit seinen Kindern andere Freizeitaktivitäten bewusst zu pflegen, die ihnen Spass und Freude bereiten.

Film und Radio

Die Bedeutung des Fernsehens für Jugendliche sollte man nicht überschätzen. Sie nimmt während dieser Lebensphase sogar eher wieder ab. Das hängt einmal damit zusammen, dass man sich stärker nach aussen orientiert und mit Kolleginnen und Kollegen zusammen sein will, anstatt in den eigenen vier Wänden vor der Glotze zu hocken. Schon aus diesem Grund wird der Kinobesuch wichtiger, ein soziales

Ereignis par excellence. Nach der Umfrage von Publitest gehen über sechzig Prozent der Jugendlichen heute öfters einen Film anschauen. Dabei steht nicht allein das Medienereignis selbst im Mittelpunkt, sondern das ganze Drumherum: Man trifft sich bereits einige Zeit vorher, geht gemeinsam ins Kino, mutmasst dabei ausführlich darüber, was einen erwartet, und unterhält sich anschliessend auf der Gasse oder in einer Beiz weiter.

Gleichzeitig erhält mit zunehmendem Alter das Radio bei den Jungen eine bevorzugte Stellung: Es wird schon fast zum «Leitmedium». Nach Ergebnissen des SRG-Forschungsdienstes von 1989 nimmt die Zahl der Heranwachsenden, die nie Radio hören, in der Deutschschweiz von 15,3 Prozent bei den 7- bis 9-jährigen auf 3,1 Prozent bei den 13- bis 14-jährigen ab. Am Radio hört man täglich die neuesten Hits und ist so auf dem Laufenden, was musikalisch los ist. Da zudem ein grosser Teil der Jungen über eigene – meist mobile – Geräte verfügt, sind sie unabhängig und können Musik oder Informationen hören, wo sie wollen. Diesem Verhalten kommt entgegen, dass bevorzugte Sender wie DRS 3 oder die Lokalradios sich bewusst an die jugendlichen Hörer und Hörerinnen wenden und die Moderationen in einer Weise gestalten, die diese anspricht.

Allerdings ist dieses Radiohören sehr oft in den Hintergrund verbannt – als Musikteppich, der bei der Arbeit, den Hausaufgaben, dem Essen mitläuft. Dabei vergessen Jugendliche, dass es auch Sendungen gibt, die zum konzentrierten Mithören einladen: Hörspiele, Informationssendungen, Dokumentationen, anspruchsvolle klassische oder Popmusik. Es wäre zu wünschen, dass man sich dieser Funktionen des Radios wieder mehr bewusst würde. Denn die Zeiten sind lange vorbei, wo Strassenfeger wie «Oberstadtgass» die ganze Schweiz vor das Radio lockten. Das konzentrierte Zuhören ist eine Fähigkeit, die im Zeitalter der Bildmedien oft vergessen wird.

Computer

Jugendliche lassen sich von den Möglichkeiten des Computers schnell faszinieren. Viele Erwachsene haben dagegen an diesem Engagement ihres Nachwuchses wenig Freude. Man spricht von der «Computersucht» und empfiehlt den jungen Menschen, sich nicht in den künstlichen Welten der Elektronik zu verlieren.

Leider gibt es einzelne Jugendliche, die kaum mehr vom Bildschirm wegzubringen sind. Sie haben vielleicht Schwierigkeiten im Umgang mit Menschen und sehen den Computer als Partner, der immer für sie da ist. Doch in solchen Fällen ist nicht der Computer das Grundproblem; vielmehr treten die Beziehungsschwierigkeiten dieser Jugendlichen am Computer zutage. Es hilft deshalb auch wenig, über den Computer zu schimpfen, denn es sind die dahinterstehenden Lebensprobleme und -ängste, die gelöst werden müssen.

Neuere Untersuchungen verneinen jedenfalls eine generelle Suchtgefahr. Vielmehr gehen Jugendliche genauso (oder genauso wenig) sinnvoll mit dem Computer um wie mit anderen Angeboten unserer Konsumgesellschaft. Positiv wäre dabei sogar festzuhalten, dass man beim Computer nicht einfach von aussen berieselt wird, sondern dass die Benutzer selbst aktiv werden. Geht man davon aus, dass es zur Grundbildung in der Informationsgesellschaft gehört, mit dem Computer so selbstverständlich umzugehen wie mit dem Telefon oder der Fernbedienung eines Fernsehapparates, so ist es zu begrüssen, wenn sich Heranwachsende aus eigenem Antrieb damit auseinandersetzen. Nicht zuletzt kann der PC für die Schule oder in der Lehre ein hilfreiches Arbeitsinstrument darstellen – um Texte und Aufsätze zu schreiben, Vokabeln in Fremdsprachen zu üben etc. Einige Möglichkeiten der Computernutzung sollen noch etwas ausführlicher dargestellt werden:

Computerspiele sind bei vielen Jugendlichen ein Renner. Dabei gibt es verschiedene Formen: Man kann Gameboys oder spezielle Geräte wie Nintendo kaufen, aber auch Programme, die auf dem eigenen Personal Computer laufen. Dazu kommen die Spielhallen, wo ähnliche oder dieselben «Games» gegen Einwurf von Geld gespielt werden können.

Fragwürdig sind Kriegs- und Actionspiele, bei denen man mit Flugzeugen Städte «ausradiert» oder wo es darum geht, durch Druck auf den «Feuerknopf» seines Joysticks möglichst viele Feinde «umzubringen». Obwohl solche Spiele ethisch fragwürdig sind, kann man nicht den Schluss ziehen, dass Jugendliche dadurch direkt brutalisiert werden. Viele Nutzer legen selbst grossen Wert auf die Unterscheidung zwischen derartigen Spielen und der Realität.

Daneben gibt es Geschicklichkeits- und Abenteuerspiele, die durchaus eine akzeptable Freizeitbeschäftigung darstellen. So kann man in einem «Adventure-Game» auf dem Computer ein verwunschenes Schloss durchstreifen oder eine einsame Insel erkunden, wobei die verschiedensten Denkaufgaben zu lösen sind. Oder man kann an Simulationsspielen wie «Sim City» hautnah erleben, wie Entwicklungen in der Gesellschaft in ein Netz sich gegenseitig beeinflussender Bedingungen verwoben sind.

Damit sind wir bereits im Bereich der sogenannten Eduware – also jener Computerprogramme, die mit erzieherischen Absichten verbunden sind. Auch hier gibt es – oft auf CD-Rom – ein umfangreiches Angebot von Lernspielen, Sprachlernkursen und Lexika bis hin zu pfiffig aufbereiteten Informationen zur Sexualaufklärung und Hilfen zur Berufswahl. Vorteile solcher elektronischer Informationen sind:
- Der Computer reagiert interaktiv auf die Eingaben der Lernenden. Er bewertet diese nach «richtig» oder «falsch» und stellt Zusatzaufgaben. Allerdings kann es auch reichlich nervend sein, wenn eine blecherne Computerstimme alle zwei Minuten dröhnt: «Toll gemacht, nur weiter so!»
- Die Lernangebote sind multimedial, das heisst, sie integrieren Ton, Bild und Sprache. Ein Englischkurs kann zum Beispiel anhand von Dialogen erfolgen, die die Lernenden am Bildschirm nach London führen; und diese können ihre Aussprache dann zusätzlich über Mikrophon am Computer korrigieren.
- Man ist nicht von einem Lehrer abhängig, sondern kann lernen, wann und wo man will.

Zu bemerken ist allerdings, dass die Qualität häufig ungenügend ist. Lieblos hergestellte Lernprogramme, die gut und gerne bis zu hundert Franken kosten, sind viel zu teuer für den Alltagsgebrauch. Wichtig ist, dass vielfältige und abwechslungsreiche Spiel- und Lernmöglichkeiten vorhanden sind, sonst werden solche Programme schnell langweilig. Man sollte sich deshalb vor dem Kauf entweder in Fachzeitschriften orientieren und/oder das gewünschte Programm im Laden am Bildschirm ausprobieren.

Gross in Mode sind im Moment das Internet und andere Online-Dienste wie CompuServe oder America Online (AOL). Im Datennetz kann man sich weltweit bewegen, Informationen aus anderen Erdteilen wie den USA oder Australien auf seinen PC holen und über die elektronische Post (E-Mail) mit Brieffreunden aus Übersee korrespondieren.

Surfen im Internet ist jedoch ein kostspieliges Hobby. Man braucht dazu einen leistungsfähigen Computer mit einem Modem. Dazu kommen monatliche Gebühren für den Internetansschluss und die anfallenden Telefongebühren bei den PTT. Am günstigsten kommt hier meist, wer einen lokalen Anbieter findet, so dass die Verbindungskosten zum Ortstarif abgerechnet werden. Wer dagegen nicht aufpasst, dem kann es ergehen wie Max aus Kreuzlingen: Die erste Begeisterung über das Surfen im Internet wurde durch eine happige Telefonrechnung von 1200 Franken getrübt.

Nicht zu verschweigen ist, dass das Internet keine pädagogische Idylle darstellt. Man findet hier auch harte Pornos, Kindersex, rechtsradikale Propaganda und Angebote von Sekten. Doch die dunklen Seiten des Internets werden in den Medien oft überschätzt. Sie umfassen höchstens fünf Prozent aller Angebote. Darüber hinaus ist das Internet für Jugendliche ein sinnvolles Lern- und Experimentierfeld. Man kann hier praktisch lernen, was es bedeutet, in einer Informationsgesellschaft zu leben, wie man nützliche Informationen findet und sich über interessante Fragestellungen mit Menschen aus allen Erdteilen unterhält. Gerade dieses globale Lernen ist in einer Zeit besonders wichtig, wo durch die Datenkommunikation die Entfernungen immer mehr schrumpfen.

Freizeit in der Stadt – auf dem Land

Was in diesem Kapitel zur Freizeitgestaltung geschrieben wurde, hört sich für manche Eltern vielleicht wie ein Science-fiction-Roman an. Sie fragen sich: «Wird hier wirklich unsere gegenwärtige Realität beschrieben?» Einschränkend muss eingeräumt werden, dass die hier dargestellten Trends erst einmal für die grösseren Städte und Agglomerationen gelten. So entspricht das beschriebene Modell der Patchwork-Identität, der wechselnden Lebensstile und «Looks» dem Leben in der Anonymität der Städte. Demgegenüber gibt es auf dem Land die traditionelle Verwurzelung im Vereinsleben einer Gemeinde noch viel stärker. Jugendliche müssen sich dort bewusst sein, dass man sie kennt und sie gewissermassen unter permanenter Kontrolle stehen. Zu extremes Verhalten fällt auf und führt zu negativen Reaktionen. Wer mit Heavy Metal sympathisiert, fährt in die nächste Stadt und zieht die Lederjacke mit den aggressiven Emblemen der Lieblingsgruppe womöglich erst im Zug an.

Die Forscher des Zürcher Institutes IPSO haben zum Beispiel die Thurgauer Gemeinde Hüttwilen (700 Einwohner, pro Jahrgang rund sechs bis acht Jugendliche) untersucht und kommen zum Schluss: «An Treffpunkten und Angeboten im Dorf selbst gibt es fünf Restaurants (ohne besondere Einrichtungen, mit Ausnahme eines Jöggeli-Kastens in der ‹Eintracht›). Drei davon werden etwas häufiger von Jugendlichen frequentiert (vor allem der ‹Hirschen›; dann die ‹Eintracht› und die ‹Neumühle›). Jüngere Dorfeinwohner treffen sich aber durchaus mit den älteren am selben Stammtisch und palavern. Sie sind ganz eindeutig stark in den Dorfalltag integriert. Und sie bekennen sich auch dazu.» Ähnliches gilt für die vier Vereine im Dorf: Turnverein, Volleyballgruppe, (Laien-)Theatergruppe, Kirchenchor. Sie nehmen Erwachsene und Jugendliche auf. Vor allem in der Volleyballgruppe tun einige Junge mit, sonst sind sie aber in Vereinen eher die Ausnahme.

Dennoch macht die moderne Zeit mit ihrer neuen Form der Jugendkultur auch vor dem Land nicht halt. Ein 18-jähriger Schreinerlehrling aus einem Innerschweizer Bergtal erzählt: «Mir gefällt es hier ganz gut, und ich bin froh, eine Stelle im Tal gefunden zu haben, wo es noch nicht so hektisch wie in der Stadt zugeht. Doch etwas erleben möchtest du halt auch. So fahren wir am Wochenende mit älteren Kollegen und Kolleginnen im Auto nach Luzern in die Disco oder ins Kino. Und wenn in der Umgebung ein Rockkonzert stattfindet, sind wir selbstverständlich dabei. Du siehst, auch hier im Tal leben wir nicht mehr im Mittelalter.»

Dies ist keine Ausnahme. Denn die Mobilität ist heute auch auf dem Land eine Tatsache – wenn man das Alter erreicht hat, um ein Mofa oder ein Auto fahren zu dürfen. Am Wochenende nichts wie weg, scheint das Motto zu lauten, sobald man der Volksschule entwachsen ist. Und anstelle heimischer Volksmusik von «Peter Zinsli und sina Ländlerfründa» bevorzugt man den Sound, der in den Discos der Städte und auf DRS 3 gerade aktuell ist. So schliesst sich der Kreis: Auch Jugendliche vom Land gehören – wenigstens am Wochenende – zu den Szenen der grösseren Städte dazu. Und sie wissen dank der umfassenden Präsenz des Fernsehens und des Radios über die neuesten Trends genauso Bescheid wie die Jungen in den Städten.

Diese neue Form der Jugendkultur, wo man mit verschiedenen Rollen und Stilen spielt, hat für sie zudem ihre Vorteile. Denn auch die Jungen, die auf dem Land aufwachsen, beherrschen dieses Spiel – unter der Woche adrett und brav, den Ansprüchen des Dorfes angepasst, dann aber am Wochenende als Mitglied der trendigen Jugendkultur der Städte. So ist nicht zu erwarten, dass den neuen Formen der Freizeitkultur von der traditioneller geprägten ländlichen Bevölkerung

Widerstand erwachsen wird. Vielmehr läuft alles darauf hinaus, dass man mitschwimmt, wenn vielleicht auch abgemildert und gemässigt. Auf lange Sicht heisst dies jedoch: Die neue Lebenskultur wird die hergebrachten Werte und Lebensformen auf dem Land zunehmend aufweichen. Nicht zuletzt dank den Medien ist zu erwarten (vielleicht auch zu befürchten), dass die kulturellen Unterschiede zwischen Stadt und Land langsam eingeebnet werden.

Serge: «Ich will fit sein für die Zukunft»

Er ist 18 Jahre alt und besucht die Handelsmittelschule. Er hat noch keine Berufspläne, denkt aber viel an seine Zukunft. Er war einst Technofreak – jetzt gibt es für ihn Wichtigeres auf der Welt.

Am liebsten würde ich später etwas mit Werbung und Marketing machen. Warum? Wahrscheinlich, weil ich gerne Leute beeinflussen möchte. Ich weiss ja, welche Wirkung Werbung auf mich selber hat. Ausserdem gefällt mir das Kreative an der Werbung. Ich würde auch gerne Künstler werden, aber das ist ja nicht so easy. Ich weiss, als Künstler verdient man nichts. Deshalb mache ich jetzt die Berufsmittelschule. Damit habe ich wenigstens etwas in der Hand. Ich will einen guten Beruf haben, obwohl Geld für mich nicht wichtig ist. Am Wochenende gebe ich vielleicht zehn Franken aus, vielleicht fünfzig. Auch für Kleider brauche ich nicht viel Geld. Ich kaufe Sachen, die zu mir passen, nichts Extremes. Früher, als ich noch in der Technoszene war, legte ich mehr Wert aufs Äussere. Ich wollte mit den Kleidern zeigen, dass ich dazugehörte. Da hatte ich Dreadlocks und Raverhosen.

Ein Leben für die Party

Ja, früher war ich ganz anders, wirklich. Mit dreizehn bin ich in die Szene geschlittert, zog mit der Clique abends durch die Discos. Zuerst war ich bei den Hip-Hoppern, aber die aggressive Stimmung dort hat mir nicht gefallen. Die Technoszene hingegen war als friedlich bekannt. Ausprobieren, sagte ich mir. Und tatsächlich, Techno gefiel mir sehr gut. Innert kurzer Zeit lernte ich total viele Leute kennen. Fast jeden Samstag war ich an den Parties, bis in den Morgen hinein. Die Woche war öd, ich lebte nur noch für die Wochenenden. Mit den Kollegen waren wir in der ganzen Schweiz unterwegs, um an die Parties zu gehen.

Ekstase am Samstagabend

Tanz, Musik, Atmosphäre und das Ungewohnte faszinierten mich in den Riesenhallen mit den Laserkanonen. Einerseits ging ich wegen dieser Reize, andererseits, weil ich meine Leute dort treffen wollte. Drogen? Ja, auch ich habe Ecstasy genommen. Aber nicht so krass. Heute höre ich unglaubliche Zahlen, wie viel an Parties konsumiert wird. Zwanzig Pillen pro Abend, das ist ja der helle Wahnsinn. Bei mir war es vielleicht eine pro Wochenende. An Ecstasy heranzukommen ist verheerenderweise ganz leicht. Es gibt so viele Leute, die kleine Mengen verkaufen.

Das Erwachen am Tag danach

Eine gute Pille fährt wirklich gut ein – Wellen zucken durch den Körper, es kribbelt, es macht glücklich. Am anderen Tag kommt dann das Tief. Der Sonntag nach einer Party gehört dem «Ausfahren», dem Depro-Flash. Völlig unmöglich, dann für die Schule zu arbeiten. Das war wohl der Grund, weshalb ich nach der Probezeit aus der Schule flog. Da fing ich schon an, mir Gedanken zu machen. Als sich dann die Technoszene wandelte und extrem kommerziell wurde, ging ich nicht mehr an die Parties. Trotz allem, meine Technophase war eine schöne Zeit. Ich will sie nicht verteufeln. Aber: An die Zukunft habe ich damals nicht gedacht, nur ans Jetzt.

Drei Jahre Schule und der Rest des Lebens

Den zweiten Versuch an der Schule startete ich unter anderen Vorzeichen. Jetzt weiss ich, was ich tue. Ich gebe sozusagen drei Jahre meines Lebens her. Für die Zukunft. Ich bin kein Streber, aber ich weiss, wie viel ich arbeiten muss, um nicht hängenzubleiben. Einfach fällt mir das nicht. Zwei Stunden täglich mache ich Aufgaben und repetiere den Stoff. Ausserdem habe ich mir einen gesunden Lebenswandel angewöhnt, mit viel Sport und Schlaf. Ich muss fit sein für die Schule. Was die Lehrer sagen, fährt mir ziemlich ein: «Mit einer Vier im Diplom kommt man heutzutage nirgends mehr hin.»

Und ausserdem

Auslandjobs. Ins Ausland verreisen und dort während kurzer oder längerer Zeit seinen Aufenthalt selbst verdienen ist prinzipiell eine gute Idee. Dennoch sollte man sich vorher bei der Botschaft oder dem Konsulat seines Reiselandes über die arbeitsrechtlichen Bestimmungen informieren. Denn oft sind die Arbeitsmöglichkeiten von Gesetzes wegen für Ausländer eingeschränkt (die Schweiz macht da übrigens keine Ausnahme). Es sollte jedenfalls nicht passieren, dass man, um eine Erfahrung reicher, aber völlig abgebrannt, vorzeitig die Heimreise antreten muss. Wer einmal für längstens 18 Monate einen Arbeitsaufenthalt im Ausland einschalten möchte, kann vom «Stagiaires-Abkommen über den gegenseitigen Austausch von jungen Berufsleuten» profitieren. Die Partnerländer haben sich verpflichtet, jedes Jahr einer bestimmten Anzahl von Praktikanten und Praktikantinnen unter 30 Jahren Arbeits- und Aufenthaltsbewilligungen zu gewähren. 1992 waren bereits 17 europäische und überseeische Länder angeschlossen. Voraussetzung ist allerdings etwas Mut und Initiative. Denn die Interessenten müssen sich ihre Stelle selbst suchen. Auskünfte und Formulare erhält man bei der Sektion Auswanderung und Stagiaires des Bundesamtes für Industrie, Gewerbe und Arbeit (BIGA, Adresse im Anhang, Seite 293).

Auch **Behinderte** sollten von der stärkeren Mobilität und den vielfältigen Freizeitangeboten unserer Gesellschaft profitieren können. Angebote speziell für sie gibt es viele: vom Behindertensport über die «Pfadfinder trotz allem» bis zu den Bildungsclubs für geistig Behinderte. Besonders zu erwähnen ist der Verein «Mobility International Schweiz». Dieser vermittelt Ferien für Behinderte in der Schweiz und im Ausland. Man erhält hier auch nützliche Hinweise zu den Transportmitteln für Behinderte sowie Informationen über rollstuhlgängige Hotels (Adresse im Anhang, Seite 306).

EURO 26 ist eine europaweit gültige Jugendkarte, die bis zum Alter von 26 Jahren Vorteile und Vergünstigungen in ganz Europa gewährt (zum Beispiel beim Reisen, bei kulturellen Veranstaltungen, bei Sprachferien und Sportanlässen). Im Unterschied zu anderen rein kommerziellen Jugendkarten wird die EURO 26 von einer nicht gewinnorientierten Stiftung getragen, der Vertreter des Bundes, der Kantone, der Jugendverbände und Jugendarbeit angehören. Auskünfte erteilen die SBB oder Euro 26 (Adresse im Anhang, Seite 303).

Jugendurlaub. Maximal fünf unbezahlte Urlaubstage haben all jene Lehrlinge und jugendlichen Arbeitnehmer bis zum Alter von 30 Jahren zugut, die in der Jugendarbeit tätig sind. Nach dem Wortlaut des Gesetzes, das den Jugendurlaub regelt, wird dieser gewährt für «unentgeltlich leitende, betreuende oder beratende Tätigkeit im Rahmen ausserschulischer Jugendarbeit in einer kulturellen oder sozialen Organisation». In den Genuss dieser Regelung kommt also, wer zum Beispiel ein Pfadilager leitet, eine Lagerküche betreut, einen Kurs vorbereitet, eine Behindertengruppe begleitet, als Trainer in einem Sportlager tätig ist.

Ein Wermutstropfen ist mit dieser Regelung dennoch verbunden: Der Jugendurlaub wird im Allgemeinen nicht bezahlt. Zudem kommt nur in diesen Genuss, wer in Jugendgruppen oder festen Gruppen tätig ist. Abblitzen werden dagegen alle Jugendlichen, die beispielsweise mit Kollegen privat ein Zelt-Weekend planen oder ausserhalb der Institutionen eine Schülerzeitung herausgeben.

Ein Merkblatt zum Jugendurlaub erhält man beim Bundesamt für Kultur (Dienst für Jugendfragen) oder bei der Schweizerischen Arbeitsgemeinschaft der Jugendverbände (Adressen im Anhang, Seite 303).

Jungparteien und **politische Jugendorganisationen.** Zur Förderung des Nachwuchses unterhalten die etablierten Parteien und Gewerkschaften eigene Jugendorganisationen, denen sie mehr oder weniger Unabhängigkeit zubilligen. Oft stehen die Jugendorganisationen indessen in dem Dilemma, dass sie frischen Wind in die Parteien bringen sollten, dann aber gerüffelt werden, wenn sie diesen Anspruch zu tatkräftig in die Realität umsetzen.

Insgesamt sind die Jungen gegenwärtig eher unter den politisch weniger aktiven Mitbürgern und Mitbürgerinnen zu finden. Das hängt auch damit zusammen, dass sie nicht immer genügend ernst genommen werden. Wer kennt nicht jene Alibiveranstaltungen, zu denen prominente Politiker Jugendliche einladen und sie dann kaum richtig zu Wort kommen lassen. Auch die seit 1991 jährlich im Bundeshaus durchgeführten Jugendsessionen haben kaum politisches Gewicht. Im Mittelpunkt steht eher die Möglichkeit, Meinungen und Ansichten anderer Jugendlicher zu politischen Themen kennen zu lernen. Doch ob dies ausreicht, ist eine offene Frage.

Etabliert haben sich in den letzten Jahren Jugendparlamente und -räte. Sie knüpfen dabei an eine Bewegung an, die schon nach dem Zweiten Weltkrieg einmal in Blüte stand. Ziel war es dabei gewesen, Jugendliche in die Politik und das parlamentarische System einzuführen, wobei man damals wie in der Erwachsenenpolitik strikt nach Parteien geordnet tagte. Dass die damalige Nachwuchsförderung durch das Jugendparlament funktionierte, zeigte sich daran, dass gestandene Politiker wie der heutige Bundesrat Moritz Leuenberger in dieser Bewegung ihre ersten politischen Erfahrungen sammelten.

Mit der kritischen Studentenbewegung von 1968 verschwanden die Jugendparlamente allerdings. Man wollte sein politisches Interesse aktiv auf der Strasse ausdrücken und kritisierte die Jugendparlamente als blosses Sandkastenspiel. Erst 1985 wurde in Cortaillod NE wieder ein Jugendparlament gegründet. Heute gibt es in der ganzen Schweiz rund 30 Jugendparlamente, die im Unterschied zu ihren Vorgängern aus den sechziger Jahren auch öffentliche Gelder von 9000 bis 40 000 Franken pro Jahr erhalten. Allerdings bleibt auch bei diesen neuen Jugendparlamenten die Frage offen, inwieweit sie als Vertreter der Jugend politisch etwas zu sagen haben. Denn wirklich mitentscheiden können die Jugendparlamente meist nicht. Erst wenn es gelingt, ihnen reale Entscheidungskompetenzen in Jugendfragen von Gemeinden und Kantonen zu überlassen, wird der alte Vorwurf von der politischen Spielwiese endgültig verstummen.

In der realen Politik mitzumischen suchen dagegen auf Gemeindeebene immer wieder einmal parteiähnliche Zusammenschlüsse junger Leute. Abseits der grossen politischen Zusammenschlüsse ist es vor einigen Jahren zum Beispiel der «Neuen Idee Opfikon» im Kanton Zürich gelungen, drei Sitze im Stadtparlament zu gewinnen; und im Schaffhauser Kantonsparlament sitzen seit 1996 zwei Vertreter des Jugendparlaments.

Jugendrat Obwalden

1991 wurde der Jugendrat Obwalden aus Anlass der 700-Jahr-Feier der Schweiz gegründet. Er umfasst 55 Sitze, für die Jugendliche ab dem 9. Schuljahr wählbar sind. Wer den 24. Geburtstag hinter sich hat, der fällt der Altersguillotine zum Opfer und muss austreten. Zur Deckung der Spesen erhält der Jugendrat jährlich 6000 Franken. Der Jugendrat trifft sich einmal monatlich zu Sitzungen, seine Arbeitsgruppen alle ein bis zwei Wochen. Jährlich findet zudem eine Jugendlandsgemeinde statt, an der alle 16- bis 24-jährigen teilnehmen können.

Das Fazit: Es ist ein gesellschaftliches Ärgernis, dass die Jungen in der Politik so eindeutig untervertreten sind. Denn die Zukunft, welche sie bewältigen müssen, wird politisch durch die Generationen ihrer Eltern und Grosseltern geprägt. Beides wäre deshalb nötig: Eine erwachsene Generation, die das politische Engagement der Jugend auch dann fördert, wenn es für sie unangenehm ist. Und eine selbstbewusste Jugend, die sich aktiv und vielleicht sogar etwas unverfroren politisch betätigt.

Parties und Feste sind nur dann nicht bewilligungspflichtig, wenn sie im privaten Rahmen stattfinden. Sobald hingegen ein Fest auf öffentlichem Grund durchgeführt wird, Essen und Getränke verkauft werden, Lautsprecher- und Verstärkeranlagen aufgestellt werden etc., benötigt man eine Bewilligung.

Polizei und Jugendliche sind nicht immer gut aufeinander zu sprechen. Die «Schmier» ist ein beliebtes Feindbild, und manche Polizisten, die eine Töfflikontrolle fast wie eine Fahndung nach Schwerverbrechern durchführen, entsprechen diesem Vorurteil leider allzu genau. Manchmal versuchen die Hüter des Gesetzes auch, Junge einzuschüchtern – in der Annahme, dass diese ohnehin nicht so genau über ihre Rechte Bescheid wüssten. Schon aus diesem Grund ist es wichtig, dass Jugendliche über Rechte und Spielregeln Bescheid wissen, wenn sie von der Polizei angehalten werden:
• Wenn Jugendliche auf der Strasse von der Polizei aufgefordert werden, sich auszuweisen, müssen sie dies tun. Die Ordnungshüter müssen allerdings einen Grund angeben können.

- Ist der Polizist in Zivil, muss er dem oder der Jugendlichen seinerseits den Dienstausweis zeigen.
- Kann sich der Jugendliche nicht ausweisen, ist der Polizist berechtigt, ihn auf den Polizeiposten mitzunehmen, um die Personalien festzuhalten.
- Sind die Personalien geklärt und besteht kein weiterer Grund – etwa der dringende Verdacht auf eine strafbare Handlung –, darf der Jugendliche anschliessend nach Hause gehen.
- Eine Wohnung oder ein Zimmer durchsuchen darf die Polizei nur aufgrund eines Hausdurchsuchungsbefehls. Dabei kann sie eventuell Beweisstücke mitnehmen.
- Auf keinen Fall dürfen Polizisten Jugendliche schlagen. Kommt dies trotzdem vor, sollte sofort Anzeige erstattet werden.

Polizeiliche Festnahme. Wer von der Polizei festgenommen und verhört wird, ist lediglich verpflichtet, die Personalien anzugeben. Als Beschuldigter hat man das Recht, die Aussage ohne Angabe von Gründen zu verweigern. Gibt die Polizei an, über Beweise zu verfügen, so sollte man erst verlangen, diese zu sehen, bevor man dazu etwas sagt. Ähnlich wäre eine Gegenüberstellung zu fordern, wenn behauptet wird, ein Kollege oder eine Kollegin habe bereits gestanden.

Mehr als 24 Stunden darf man nicht festgehalten werden. Nachher muss ein Haftbefehl vorliegen, und der oder die Jugendliche muss dem Jugendanwalt oder dem Untersuchungsrichter zugeführt werden. Man hat dann auch das Recht, einen Anwalt beizuziehen.

Es gibt auch in der Schweiz **rechtsradikale Gruppierungen** wie die Wiking-Jugend. Obwohl es sich bei diesen und ähnlichen Organisationen nicht um eine breite Bewegung handelt, sollte man die Anfälligkeit der Jugend für autoritär-nationalistisches Denken nicht unterschätzen. Tamilenwitze und Ressentiments gegen Ausländer, die bis zu Schlägereien und Gewalttätigkeiten gehen, sind leider unter vielen Jugendlichen verbreitet.

Solche fremdenfeindliche Haltungen sind meist sehr wenig reflektiert. Sie müssen auch nicht eine bewusste Übernahme von rechtsextremen Ideologien bedeuten. Dennoch stellen sie ein Anwerbungspotential für Organisationen vom rechten Rand des politischen Spektrums dar: Der Drang nach Gruppenzugehörigkeit und Geborgenheit sowie die Möglichkeit, sich gegen aussen – gegenüber den «Fremden» – abzugrenzen, kommt jenen Jugendlichen entgegen, die

Mühe mit der Identitätsbildung haben und die Orientierung in einem klaren Rahmen suchen. Kommen dann noch wirtschaftliche und konjunkturelle Unsicherheiten dazu, ist der Sündenbock schnell bei den Ausländern und Asylanten gefunden.

Restaurantbesuch. Wer unter 16 ist, darf in vielen Kantonen nur in Begleitung Erwachsener ein Restaurant besuchen. An Personen unter sechzehn darf auch – gemäss Artikel 136 des Strafgesetzbuches – kein Alkohol ausgeschenkt werden, sofern die Gesundheit der Kinder oder Jugendlichen dadurch geschädigt wird. Mit ihrem Wenn und Aber stellt diese Bestimmung das schulmässige Beispiel eines Gummiparagraphen dar. So ist es nicht überraschend, dass sie nach einem Bericht der Eidgenössischen Kommission für Alkoholfragen in der Praxis kaum richtig durchgesetzt wird. Es heisst wörtlich: «Jugendliche – davon kann sich jedermann selbst überzeugen – besuchen häufig vor dem 16. Lebensjahr Gaststätten, und sie nehmen dort auch Alkohol zu sich.» Dennoch sollte man diese Bestimmungen nicht abschaffen, weil sie eine Handhabe bieten, Gefährdungen von Jugendlichen entgegenzutreten. Erfahrungen in den USA belegen, dass die Herabsetzung des Trinkalters in verschiedenen Gliedstaaten einen deutlichen Anstieg alkoholbedingter Verkehrsunfälle mit sich brachte.

Satanistische Praktiken gehen von der Theorie aus, dass Menschen nicht nur von den «guten» Kräften, sondern auch von jenen Satans Unterstützung finden können. Man kann also Gegnern mit dessen Hilfe den Tod wünschen oder sie schädigen. Satanistische Aussagen wirken provokativ und blasphemisch. Manche Heavy-Metal-Rockgruppen wie die Black Sabbath, Iron Maiden, Alice Cooper etc. pflegen in ihrer aggressiven Musik diesen Kult souverän. So heisst es in einem Musiktext: «Ich bin besessen von allem Bösen, den Tod eures Gottes fordere ich. Ich spucke auf die Jungfrau, die ihr verehrt, und sitze zur linken Hand des Herrn.»

Wie ernst man dies alles nehmen muss, ist umstritten. Bei vielen Gruppen gehören satanistische Züge zur Show. Man fällt auf und lebt die damit verbundenen Provokationen auf der Bühne lustvoll aus. Es ist indessen zweifelhaft, ob – wie behauptet wird – heimlich weitere Verwünschungen und Botschaften unterlegt sind, die man nur dann hört, wenn man eine Platte rückwärts abspielt. Die «Beweisstücke» solcher Kritiker von Heavy-Metal-Gruppen erscheinen wenig überzeugend.

Auch die jugendlichen Fans solcher Rockgruppen sind zum allergrössten Teil kaum einer satanistischen Lebenshaltung verfallen. Sie geniessen die Musik und die Provokation der Texte, wenn sie diese – weil englisch – überhaupt verstehen. Die Respektlosigkeit gegenüber Kirche und Religion verbindet sich mit der Ablösung der Jugendlichen von den Autoritäten der Kindheit. Da kann sogar ein Stück Bewunderung für solche Gruppen dabei sein, die es wagen, das «Heiligste» des Kinderglaubens anzugreifen und «in den Schmutz zu ziehen». Bei den wenigsten dürfte daraus eine überdauernde Lebenseinstellung entstehen.

Sozialeinsätze und **Landdienst** in den Ferien mit einer Jugendgruppe oder Schulklasse helfen nicht nur den Betroffenen; sie vermitteln den Jugendlichen, die zum Beispiel im Berggebiet einen Arbeitseinsatz leisten, ganz neue Erfahrungen. Die Pro Juventute, die mit ihrer Aktion 7 verschiedene solche Einsätze anbietet, schreibt dazu: «Die Arbeiten, wie etwa Sturmholz zusammentragen und verbrennen, Weiden säubern, Quellen fassen usw., bringen die Jugendlichen mit Fragen des Naturschutzes und dem Leben der einheimischen Bevölkerung in Berührung.»

Eine reiche Tradition weist die 1933 gegründete Schweizerische Landdienst-Vereinigung auf, die «Aktiv-Ferien» auf dem Bauernhof an Jugendliche und Erwachsene vermittelt. Ziel ist es, den Kontakt zwischen Alt und Jung, Stadt und Land, Welsch- und Deutschschweiz zu fördern. Wer auf einem Hof mithilft, erhält gratis Kost und Logis sowie eine Entschädigung von 12 bis 20 Franken pro Tag.

Spielen gilt bei Jugendlichen häufig als Kinderbeschäftigung und ist deshalb verpönt. Denn man ist ja gerade dabei, aus diesem «Spielalter» herauszuwachsen. Um so wichtiger ist es, weiterhin solche Aktivitäten zu pflegen und deutlich zu machen, dass das «zweckfreie Tun» einen sehr sinnvollen Ausgleich zu Arbeit und Schule darstellt.

Befruchtend kann es sein, neue «erwachsenere» Formen des Spielens einzuführen. So gibt es umweltkritische Spiele wie «Ökopoly» oder Gesellschaftsspiele wie «Therapy», die einen mit einem Augenzwinkern auf eigene Schwächen aufmerksam machen. Diese neuen Spielformen sind oft nicht mehr so stark auf Konkurrenz und Gewinnen ausgerichtet, sondern belohnen die gute Zusammenarbeit zwischen den Spielpartnern. Befriedigen können aber auch «traditionellere» Aktivitäten, die Mitarbeit beim Pfaditheater oder bei einer

Laienspielgruppe bzw. traditionelle Gesellschaftsspiele vom Jassen bis zum «Monopoly». Manchmal verschwimmt auch die Grenze zwischen Spiel und Sport – etwa beim Rollbrettfahren, wenn Jugendliche mit grazilen und ästhetischen Bewegungen lustvoll auf einem Schulhausplatz herumkurven.

Besonders hinzuweisen ist auf die aus Amerika stammenden «New Games». Hier geht es nicht um Gewinnen, sondern darum, auf unterhaltende Art und Weise neue soziale Erfahrungen auszuprobieren: Wie wäre es zum Beispiel mit der «Riesenraupe»? In der Anleitung zu diesem Spiel heisst es: «Hier könnt ihr erfahren, wie die Welt für eine Raupe aussieht. Ob ihrs aber auch zu solcher Geschmeidigkeit bringt? Legt euch alle nebeneinander auf den Bauch, so dicht wie möglich; kleine Leute drücken sich am besten zwischen grosse. Die Bewegung beginnt am Schwanzende; der äussere Spieler rollt sich auf seinen Nachbarn und weiter über die ganze Körperreihe, bis er vorne wieder auf dem Bauch liegt. Inzwischen hat sich schon der nächste in Bewegung gesetzt, und so einer nach dem andern.» Diesen und ähnliche Vorschläge findet man in: Andres Fluegelman, Shoshuana Tempech, «New Games. Die neuen Lernspiele», Soyen 1982.

Technosport. An den Sportgeräten wie Skis oder Velos ist der technische Fortschritt nicht unbemerkt vorbeigegangen. Wer könnte sich noch vorstellen, auf den Holzlatten der Grosseltern zu Tal zu sausen. Skischuhe sind heute ein hochkompliziertes High-Tech-Produkt und haben nur noch entfernt etwas zu tun mit gewöhnlicher Fussbekleidung. Wer sich ein Mountainbike anschafft, merkt schon am Preis, dass ein solches Gerät etwas Besonderes sein muss. Die Technologie hat zum Teil auch neue Sportarten möglich gemacht: Snowboardfahren, Gleitschirmfliegen, Surfen. Man fährt heute auch nicht mehr einfach «Rollschuh», sondern ist «Skater» oder «Blader».

Gewiss hängen diese Veränderungen auf der einen Seite mit der Kommerzialisierung der Freizeit zusammen. Eines zieht das andere nach sich: Zuerst muss das teure Gerät her, dann das entsprechende Outfit. Auf der anderen Seite sind nicht alle dieser Fortschritte einfach nur «künstlich». Die neuen Skischuhe bieten mehr Sicherheit, und mit den heutigen Rollschuhen läuft es sich viel leichter als mit den früheren. Was zudem nicht vergessen werden darf: Dieser Wechsel von Trends und Moden im Sport spricht viele Jugendliche an und trägt dazu bei, den Sport populär zu machen. Trotz aller Technologiegläubigkeit sollte man aber bedenken: Was braucht es im Grund mehr als einen Ball oder einen billigen Federball-Schläger, um sich sportlich zu betätigen.

Überlebenstraining ist bei einem Teil der Jugendlichen in. In «Survivalcamps» kann man sich unter einfachsten Verhältnissen bewähren und bis an seine Grenzen gehen. Man muss sich allerdings fragen, ob die unberührte Natur, in der man sich durchbeissen soll, nicht eine Illusion darstellt (wenigstens in unseren Breitengraden). Besonders problematisch wird es, wenn dieses Training mit Rambo-Ideen und rechtsradikalem Gedankengut durchsetzt ist. Solche paramilitärischen Übungen passen schlecht in eine Zeit, in der der Erfolg der Friedensidee das Überleben der Menschheit mitbestimmt.

Videorecorder und **-kameras** gehören zu den Medien, die sich in den letzten Jahren unter der Bevölkerung sehr rasch verbreiteten. Auch Jugendliche benutzen die Möglichkeit, Fernsehsendungen zeitversetzt anzuschauen oder sich Filme in einer Videothek auszuleihen. Dieser Trend muss nicht allein negativ gesehen werden. Immerhin bewirkt das Videogerät, dass man sich die Sendungen und Filme, die man aufnehmen oder ausleihen will, bewusst aussucht.

Für eine Medienerziehung besonders sinnvoll kann das aktive Filmemachen sein, wie es durch die heutigen sehr einfach zu bedienenden Camcorder erleichtert wird. Es handelt sich dabei nicht nur um ein kreatives gestalterisches Hobby. Jugendliche können auch viel über die Produktionsbedingungen und die Medienwirkung von Fernsehen und Film lernen (wie eine Totale wirkt, wie man ein Geschehen auf wenige Minuten verdichtet etc.).

5. Kapitel

Flucht aus dem grauen Alltag

Der 18jährige Bruno M. war immer schon ein verschlossenes Kind. «Wir Eltern hatten einfach keinen richtigen Draht zu ihm», meint sein Vater. «Schon als er acht oder neun war, kam er mit seinen Sorgen nie zu uns. Wir hatten das Gefühl, er frisst alles in sich hinein.» Seit Bruno in die Lehre geht, ist es noch schlimmer geworden. Er lässt sich tagelang nicht zu Hause blicken. Nur wenn er abgebrannt ist und Geld braucht, dann kreuzt er bei seinen Eltern auf. In den letzten Monaten ist dies immer häufiger der Fall gewesen, und die geforderten Beträge wurden laufend höher. Die Eltern haben das Gefühl, dass Bruno mit seinem Lehrlingslohn überhaupt nicht mehr auskommt. «Irgendetwas ist da los», rätselt sein Vater. Doch bisher hat er es nicht gewagt, das Thema offen anzuschneiden. Dabei plagen ihn bohrende Fragen und Zweifel: Eine Bekannte hat darauf hingewiesen, wie manche Jugendliche in Sekten hineinrutschen und dort ihr ganzes Geld «verpulvern». Doch in dieser Richtung haben die Eltern nie etwas festgestellt: keine Traktätchen, keinen Missionierungsdrang, rein gar nichts. Da wäre der Verdacht schon näher liegend, es könnten Drogen im Spiel sein. Mit einem schlechten Gewissen hat die Mutter kürzlich sogar beim Putzen in Brunos Zimmer herumgestöbert, ob da Spritzen, Heroinreste etc. zu finden seien. Aufatmend stellte sie fest: nichts. Es bleibt jedoch die bange Frage: Was ist mit Bruno los?

Erst als sich die Eltern ein Herz fassen und nicht mehr um den heissen Brei reden, kommt die Wahrheit aus: Bruno hat sich einer Motorrad-Clique angeschlossen. Weil ihm das grossen Spass macht und alle anderen Kollegen über eine eigene Maschine verfügen, wollte er am 18. Geburtstag unbedingt auch einen Töff. «Dass ihr das nicht versteht und nur schimpft, war mir von Anfang an klar», erklärt Bruno. So kaufte er eine günstige Occasion auf Pump, die er bei seinem besten Töffkumpel unterstellte und bis heute mühsam abstottert. Nun, da «es» heraus ist, fühlen sich alle Beteiligten erleichtert. Obwohl die Eltern vom «gefährlichen» Hobby ihres Sohnes alles andere als begeistert sind, finden sie: «Immer noch besser als Drogen.»

Worum es Bruno mit seinem Töff geht? Er meint: «Die ganze Woche nerven dich der Chef und die Arbeitskollegen. Da muss ich wenigstens am Wochenende einen anderen Wind spüren. Meist geht es mit der Freundin über einen oder zwei Alpenpässe. Wenn du die Kawasaki richtig aufdrehst und voll Power in die Kurven reindüst, hast du ein irres Feeling. Du glaubst, du hebst ab.» Womit wir es hier zu tun haben, kann mit einem Ausdruck umschrieben werden: Flucht aus dem Alltag. Schon im letzten Kapitel spielten solche Faktoren mit: Das Cliquenleben, das Herumhängen auf der Gasse gehören ein Stück weit dazu. Erwachsene sollten sich im Übrigen nicht allzu vorwurfsvoll darüber äussern. Verhalten sie sich nicht ähnlich, wenn sie den Samstagabend mit Rudi Carrell vor der Glotze oder in der Beiz verbringen oder wenn sie nach dem sonntäglichen Kurztrip in die unberührte Berglandschaft am Autobahnende im Stau stehen?

Die wichtigsten Gründe

Fluchtverhalten kommt indessen bei Jugendlichen besonders häufig vor. Manchmal ist es auch mit Süchten verknüpft – gemäss dem Motto: «Hinter jeder Sucht steckt eine Sehn-Sucht.» Man ist unzufrieden mit seinem Leben, es scheisst einen alles an, man möchte nur weg und vergessen. Im Folgenden finden sich einige Überlegungen, warum dies so ist bzw. welche tiefer liegenden Gründe hinter solchen Fluchtwünschen stehen können:
• Die Jugendzeit ist mit ihren Krisen und Entwicklungsschüben eine schwierige Zeit. Schnell glaubt man, eine Situation nicht aushalten zu können: Mit dem Einstieg in eine Lehre oder im öden Mittelschulalltag verfliegen manche Kinderträume. Der Alltagstrott entspricht den Bildern nicht, die einen zum Beispiel die Medien vom süssen Leben vorgaukeln. Man wird nicht Arzt in der Schwarzwaldklinik oder Rettungsschwimmer bei den Baywatchern in Kalifornien, sondern ist Hans Meier, KV-Stift in Zürich. Schnell können Jugendliche deshalb versucht sein, sich dem Frust und den Zwängen des Lebens zu entziehen.
• Familien richten an ihre Mitglieder vielfach zu hohe Ansprüche. Da wird ein intaktes Zusammenleben vorgespielt, obwohl es schon lange harzt und es unter den schönen Worten brodelt. Anstatt diese überhöhten Vorstellungen auf ein realistisches Mass zu reduzieren, werden die Illusionen über ein harmonisches und konfliktfreies Zusammenleben liebevoll gehegt und gepflegt. Solche Verhältnisse sind ein idealer Nährboden für Schuldgefühle; und es werden Erwartungen an die eigene Perfektion aufgebaut, die keiner erfüllen kann – vor allem die Jugendlichen nicht. Wer sich aber als permanenter Versager fühlt, ohne dies zugeben zu können, wird möglicherweise versuchen, die Realität

künstlich zu verschönern und all jenen Seiten auszuweichen, die er oder sie – obwohl sie eigentlich ganz normal sind – so negativ empfindet.
• Die Kinderfeindlichkeit ist in unserer heutigen Gesellschaft nicht ausgestorben. Allein die Dunkelziffer jener Kinder, die gedemütigt, geschlagen und missbraucht werden, ist gross. Wer sich solchen Verhältnissen ausgeliefert fühlt, sieht für sich oft nur noch die Möglichkeit der Flucht – vielleicht in die Drogen, manchmal aber auch ins blinde Dreinschlagen, um es jenen «heimzuzahlen», die einem so viel Leid zufügten.
• Zudem fehlt es der nachwachsenden Generation generell an Räumen und Orten, wo sie sich verwirklichen kann. In einer verbetonisierten Umwelt und in Städten, die kaum mehr Nischen für Jugendliche bieten, fehlen Möglichkeiten zum Experimentieren und Ausbrechen aus dem Gewohnten. So versucht man mit künstlichen Mitteln, mit dem Töff, mit Drogen, mit dem abendlichen Fernsehtrip, seine Befriedigung zu finden. Doch es handelt sich letztlich nur um einen Ersatz, mit dem man nicht einlösen kann, was man sich erhofft. So beginnt der Teufelskreis nach jedem Ausbruch von vorn, in der vagen Hoffnung, das ersehnte Glück doch einmal zu finden.
• Die Unsicherheit des Lebens, das Fehlen von Massstäben ist für manche Jugendliche nur schwer erträglich. Man möchte lieber Kind bleiben, als sich dem Erwachsensein zu stellen. Weil es nicht gelingt, die unterschiedlichen Ansprüche an das eigene Selbst zusammenzubringen, bleibt die Patchwork-Identität ein Nebeneinander von einzelnen Flicken, die nicht zusammenpassen und sich gegenseitig «beissen». Man weiss bald gar nicht mehr, wer man ist, und sucht nach Auswegen und Fluchtmöglichkeiten – die ihrerseits Scheinlösungen sind. Fluchtwege, die das Leben erträglich machen sollen, können sein: der Rausch der Geschwindigkeit (Motorrad und Auto), das Vergessen des Alltags in der Wochenend-Disco, Drogen wie Alkohol, Haschisch und Heroin, eine übertriebene Konsumwut, feste Orientierungen und scheinbare Geborgenheit in Sekten und Psychogruppen, Dreinschlagen, Gewalt und Aggression gegen aussen, selbstzerstörerische Tendenzen bis hin zum Selbstmord.

Es soll hier kein Horrorszenario dargestellt werden. Sicher handelt es sich nur um eine Minderheit der Jugendlichen, die davon betroffen ist. Auch wenn es manchmal Umwege braucht und Krisen durchlitten werden müssen, «packen» die meisten ihr Leben am

Schluss. Dennoch sollen einige der angesprochenen Gefahren eingehender dargestellt werden. Denn die betroffenen Eltern fühlen sich häufig sehr hilflos. Sie fragen sich: «Weshalb hat es nur gerade uns getroffen?»

Keine falschen Schuldgefühle

> Die folgenden Ausführungen sollen nicht als Schuldzuweisung verstanden werden. So ist es im Einzelfall kaum möglich, Flucht- und Suchtverhalten direkt auf Fehlreaktionen von Eltern und Erziehern zurückzuführen. Es mag zwar Belastungsfaktoren, beispielsweise eine Scheidung der Eltern, eine missglückte Schulkarriere, eine langjährige Kindesmisshandlung, geben. Dennoch kann man immer Fälle anführen, in denen die Entwicklung trotz solcher Faktoren in normalen Bahnen verlief. Zudem muss man fast allen Eltern zubilligen: Sie wollten es gut machen und bemühten sich mit allen ihren Kräften darum. Dennoch ist es schief gelaufen. Sich nachträgliche Vorwürfe zu machen, hilft am allerwenigsten. Sie nützen nichts und lähmen nur jene Kräfte, mit denen man sich der Gegenwart und ihren Problemen – zum Beispiel dem aktuellen Verhältnis zum süchtigen Kind – zuwenden könnte.

Flucht in die Drogensucht

Drogen sind ein Thema, das viele Eltern erschreckt. Könnte ihr Kind, das einmal so lieb und herzig war, in der harten Szene landen? Das ist doch nicht möglich, oder doch? Wenn man nur daran denkt, melden sich neben der Unsicherheit schon versteckte Schuldgefühle. Denn Drogen findet man überall, auch in den besten Familien. Wer mit Migräne aufwacht, schluckt rasch eine Tablette; und beim Besuch von Tante Martha dürfen «ausnahmsweise» auch die Halbwüchsigen mit einem Glas Wein anstossen. Ist das vielleicht bereits der erste Schritt? Wie kann eine suchtorientierte Erwachsenenwelt unter solchen Bedingungen erwarten, dass die Jungen ihre Hände vom «Teufelszeug» lassen?

Ob wir es begrüssen oder nicht, Rauschmittel gehören zu unserer

Gesellschaft. Und dies nicht erst heute. Schon die sogenannten primitiven Stammesgesellschaften kannten solche Mittel. Stammesfürsten oder Priester nahmen über Drogen Kontakt zu ihren Gottheiten und Ahnen auf. Diese rituelle Verwendung bedeutete aber im Unterschied zu heute, dass man den Gebrauch solcher Mittel streng regelte. Wenige Eingeweihte besassen ein geheimes Wissen darüber, das Aussenstehenden verborgen war. Heute ist dagegen eines der Hauptprobleme, dass wir diese Regeln, in die der Gebrauch von Drogen eingebettet war, verloren haben. Es wird wild und ohne Grenzen draufloskonsumiert.

Dennoch wäre es unangemessen, den Konsum von Alkohol, Zigaretten etc. a priori zu verdammen. Man spricht in diesem Zusammenhang ja auch von «Genuss-Mitteln». Das Glas Wein oder die Zigarette nach dem guten Essen, wer wollte das verwehren. Wenn eine Gruppe von Jugendlichen bei einem Rock-Konzert eine Hasch-Zigarette besonders gemütlich findet, gehört auch dies letztlich zum Genusskonsum. Selbst wer gegenüber Suchtmitteln generell kritisch eingestellt ist, wird zugeben müssen: Das Ziel einer suchtfreien Gesellschaft ist eine Illusion.

Es ist nicht leicht zu beurteilen, wann die Grenze des «normalen» Konsums erreicht ist. Probieren Heranwachsende Zigaretten oder kommt er oder sie gar einmal alkoholisiert nach Hause, muss dies nicht automatisch in die Abhängigkeit führen. Es kann ein Lehrblätz sein und hängt mit der Experimentierlust und Risikobereitschaft zusammen, die die Jugendphase kennzeichnen. Kein Wunder, steht bei der Frage nach den Gründen für den Drogenkonsum zuoberst: aus Neugier, aus Geselligkeit, weil Freunde «es» nehmen. Daneben finden sich aber auch Antworten wie:

– weil ich dann die Musik ganz anders höre und Dinge anders wahrnehme,
– weil ich dann ein gutes körperliches Feeling habe,
– weil mir zu Hause vieles stinkt,
– weil ich mich schlecht fühle.

Auffällig ist, dass die Droge ein Ersatz für etwas anderes werden kann, das einem versagt bleibt. «Wir machen uns Sorgen um unseren 16-jährigen», meint Vater Thomas T. in der Erziehungsberatung. «Reto steckt immer mit zwei Kollegen zusammen, die in Beizen herumhängen und herumsaufen. Zuerst kam er nur am Wochenende blau heim, jetzt sogar unter der Woche. Der Lehrmeister hat uns erst letzte Woche angerufen, dass es mit der Arbeitsleistung nicht mehr stimme.» Das ist sicher ein Alarmzeichen. Denn es wird gefährlich, wenn der Genuss in den Hintergrund tritt und man sich das Mittel zwanghaft beschaffen muss, um noch «leben» zu können. Ohne Stoff geht es bald nicht mehr, und auch die Dosis muss erhöht werden, um die gewünschte Wirkung zu erreichen. Ein Anzeichen der beginnenden Sucht ist auch, dass sich die früheren Kolleginnen und Kollegen von Reto zurückziehen, während die Beziehung zu den beiden Saufkumpanen immer enger wird.

Von der Gewöhnung zur Sucht

Der Weg vom Genuss zur Sucht ist oft schleichend. Während die Jugendlichen noch allen Bekannten weismachen wollen, sie hätten alles im Griff, gerät das Trinkverhalten ausser Kontrolle. Fachleute finden immer wieder folgende vier Stufen, wenn jemand in eine Sucht hineinrutscht:
- In der ersten Phase geschieht noch wenig Auffälliges. Die Betroffenen realisieren gar nicht, dass sie Alkohol oder andere Drogen brauchen, um ihre schlechten Gefühle wegzuwischen (Stress, Hilflosigkeit, Wut etc.) «Hie und da bin ich halt zu. Das gehört zum heutigen Leben», werden sie sich sagen. «Schliesslich waren letzten Samstag auch meine Kollegen mehr oder weniger voll. Die Hauptsache ist, dass ich alles unter Kontrolle habe.»
- Unmerklich rutschen die Betroffenen in die kritische Phase, wo sie diese Kontrolle langsam verlieren. Auch wenn sie an einem Tag nichts trinken oder ein Wochenende ohne Stoff auskommen wollen, ist «es» stärker. Immer hilfloser sehen sie sich einem Zwang ausgeliefert.
- In der chronischen Phase wird die Sucht zum Hauptinhalt des Lebens. Die Gedanken kreisen fast nur noch um das Suchtmittel – sei es Alkohol, Medikamente, Arbeits- oder Spielsucht. Fehlt ihnen ihre Droge, spüren die Süchtigen Entzugserscheinungen: Sie schwitzen, zittern, Herz und Puls rasen.
- In der Endphase kommt es zum totalen körperlichen und seelischen Zusammenbruch – manchmal gar zum Tod.

Checkliste: Bin ich süchtig?

Häufig ist es schwierig, bei sich selbst eine Suchtgefährdung zu akzeptieren. Anstösse von aussen sind für die Betroffenen deshalb manchmal wichtig, um etwas in Bewegung zu bringen. Haben Sie Zweifel daran, ob Ihr Sohn oder Ihre Tochter nicht mit Suchtmitteln übertreibt, könnten Sie mit ihm oder ihr folgende Fragen diskutieren:

- ☐ Hast du schon das Gefühl gehabt, es wäre gut, den Konsum einzuschränken?
- ☐ Haben schon andere Personen deinen Konsum kritisiert?
- ☐ Hast du dir schon deswegen Vorwürfe gemacht?
- ☐ Geht es dir öfters so, dass du etwas nehmen musst, um dich zu beruhigen oder besser arbeiten zu können?

Wenn Ihr Kind (oder Sie selbst für Ihren eigenen Konsum) mindestens zwei Fragen mit Ja beantworten muss, sollten Sie nicht zur Tagesordnung übergehen. Ein Gespräch gemeinsam oder mit Bekannten beziehungsweise dem Hausarzt oder einer Suchtberatungsstelle könnten hier möglicherweise weiterhelfen.

Droge ist nicht gleich Droge

Bei Rauschmitteln und Süchten machen Fachleute einige wichtige Unterscheidungen:
Legal und illegal. Es gibt legale Drogen wie Medikamente, Alkohol, Zigaretten und illegale wie Haschisch, Heroin und Kokain. Wichtig ist diese Unterscheidung, weil jemand gegen gesetzliche Bestimmungen verstösst, der illegale Drogen konsumiert oder mit ihnen handelt. Auch wenn man den blossen Kosum heute oft toleriert, ist er grundsätzlich strafbar. Die damit verbundene Kriminalisierung ist gerade für Jugendliche besonders problematisch. Zur Suchtgefährdung kommt zusätzlich noch eine gesellschaftliche Ächtung. Dabei ist es eine unzulässige Vereinfachung, von den Drogenverboten direkt auf die

Gefährlichkeit eines Stoffes zu schliessen. So sterben auch heute noch bei weitem mehr Menschen an Alkohol als an Heroin. Und es gibt immer mehr Stimmen von Fachleuten, die Haschisch sogar für weniger gesundheitsschädlich erachten als Zigaretten.

Richtig ist allein, dass Alkohol und Zigaretten «alte» Drogen sind, die in unserer Kultur heute toleriert werden. Haschisch und Heroin dagegen sind erst in den letzten dreissig Jahren in grossen Mengen bei uns aufgetaucht. Während diese Drogen früher mit einem gewissen Erfolg durch Verbote und Strafen eingedämmt wurden, ist dies angesichts des heutigen weltumspannenden Drogenhandels fragwürdig geworden. Drogenfachleute stellen sich deshalb die Frage, ob es nicht differenziertere Massnahmen braucht, um das Elend der Drogensucht zu bekämpfen. So diskutiert man die kontrollierte Abgabe von Heroin an Schwerstabhängige oder die Legalisierung von Haschisch. Nach anfänglichem Zögern hat sich auch der Bundesrat hinter erste Versuche mit der kontrollierten Heroinabgabe gestellt, die weitere Klarheit bringen werden, ob dies ein erfolgversprechender Weg in der Drogenpolitik ist.

Hart und weich. Oft taucht in der Diskussion der Unterschied zwischen weichen und harten Drogen auf. Beim Alkohol gehören Bier und Wein im Gegensatz zu den hochprozentigen Schnäpsen zu den weichen Drogen. Ebenfalls gilt Haschisch als weich, während man Heroin und Kokain zu den harten Drogen zählt. Allgemein braucht es bei harten Drogen weniger Stoff, um die erwünschte Wirkung zu erzielen. Gefährlicher sind sie also schon deswegen, weil man schneller und leichter die Kontrolle verliert.

Materiell und immateriell. Abhängigkeit gibt es nicht nur von materiellen Stoffen wie Alkohol. Erst in den letzten Jahren wurden auch nicht-stoffliche Süchte breiter diskutiert. Zum Beispiel gehören dazu: Konsum-, Arbeit-, Liebes- oder Spielsucht. Auch diese können die körperliche und seelische Gesundheit eines Menschen zerstören bzw. seine Persönlichkeit nachhaltig verändern. Bei diesen nicht-stofflichen Süchten kann offenbar ein Bedürfnis nicht gestillt werden, so dass man immer mehr und noch mehr braucht – etwa, wenn Spielsüchtige ihr letztes Geld verspielen, immer grössere Schulden aufhäufen und trotzdem nicht aufhören können. Oder die Arbeitssüchtigen: Noch nach dem zweiten und dritten Herzinfarkt können sie nicht loslassen; sie rackern sich buchstäblich bis zum Tod ab.

Polytoxikomanie. Häufig ist ein Süchtiger nicht nur einem Stoff verfallen. Fixer nehmen zum Beispiel auch Medikamente wie Rohypnol oder verschaffen sich Methadon, wenn gerade kein Heroin greifbar ist. Oder man «turnt» sich mit Kokain an und holt sich mit dem abdämpfenden Heroin wieder herunter. Polytoxikomanie ist denn auch bei Drogensüchtigen sehr häufig. Um so schwieriger ist es in solchen Fällen, von den Drogen wegzukommen. Denn es stellt sich bei jedem Entzug die Frage, ob nicht einfach die Sucht auf ein neues Mittel verlagert wird.

Nach diesen allgemeinen Überlegungen werden im Folgenden einzelne Süchte etwas genauer beschrieben. Wer allerdings mehr und genaueres wissen will, sollte sich an die Fachliteratur halten, zum Beispiel an den Beobachter-Ratgeber «Sucht. Hilfe für Süchtige und ihre Angehörigen» (Beobachter-Buchverlag, Postfach, 8021 Zürich).

Alkohol

Der Alkohol ist das bekannteste der legalen Suchtmittel. Das ist nicht erst heute so. Schon um 1900 wurden von jeder erwachsenen Person in der Schweiz durchschnittlich pro Jahr um die 20 Liter reiner Alkohol konsumiert. Auch heute gehört der Alkoholismus zu den verbreitetsten Krankheiten. Man rechnet in der Schweiz mit über 150 000 Abhängigen.

«Es ist schon ein merkwürdiges Gefühl», erzählt der 15-jährige Dani M. «Du hast einen totalen Filmriss und weisst nicht, was am letzten Samstag gewesen ist. Irgendwie muss diese Party total gut gewesen sein. Die andern erzählten mir nachher, dass ich voll aus mir herausgegangen bin, obwohl dies sonst nicht meine Art ist. Trotzdem finde ich es auch bedrohlich und erschreckend, so gar nicht mehr zu wissen, was geschehen ist.»

Sich an einer Party oder in der Beiz einen ansaufen unterstreicht bei jungen Männern die Männlichkeit und die Zugehörigkeit zur Erwachsenenwelt. Mittelschul- und Studentenverbindungen sind für ihre Bierseligkeit fast sprichwörtlich bekannt. Aber auch bei den Mädchen und jungen Frauen hat das Trinken in den letzten Jahrzehnten zugenommen. Alarmierend ist, dass der Alkoholkonsum immer früher beginnt. Nach einer Untersuchung der Schweizerischen Fachstelle für Alkoholprobleme (SFA) von 1986 konsumieren bereits 5,3 Prozent der

12-jährigen Schüler und Schülerinnen in der deutschen Schweiz wöchentlich Alkohol, bei den 16-jährigen sogar 9,4 Prozent. Bei den 16- bis 17-jährigen rechnet man damit, dass über zwei Drittel ab und zu zum Glas greifen. Auch wenn in dieser Altersgruppe Süchtige noch selten sind, deuten solche Zahlen darauf hin, wie früh die Grundlage für eine spätere Alkoholiker-Karriere gelegt wird. Schon Jugendliche setzen den Alkohol als Sorgenbrecher ein oder benützen ihn, um Mängel und Minderwertigkeitsgefühle zu überdecken. Gemäss der Fachstelle für Alkoholprobleme konsumieren Mädchen und Buben, deren Leistungen in der Schule schwach sind, häufiger Alkohol als ihre Kameraden, die keine Schulprobleme haben.

Auch wer nicht auf sein tägliches Bier, das Glas Wein oder den Schnaps verzichten will, sollte die kritischen Grenzen kennen. Männer sollten pro Tag nicht mehr als 60 Gramm reinen Alkohol zu sich nehmen, Frauen nicht mehr als 20 Gramm. Dabei handelt es sich allerdings um Durchschnittswerte, das heisst, bei vielen Menschen liegt die Verträglichkeitsgrenze tiefer. Man kann also seine Gesundheit schon gefährden, wenn man täglich regelmässig mehr als zwei grosse Bier, mehr als einen halben Liter Wein oder drei Schnäpse konsumiert (bei Frauen reicht auch weniger).

Zehn Prozent der Alkoholabhängigen kommen aus eigenem Antrieb und ohne fachliche Hilfe von ihrer Sucht los. Ein weiterer Teil benützt das Angebot von Selbsthilfegruppen wie den Anonymen Alkoholikern. Fachliche Beratung findet man bei seinem Hausarzt, vor allem aber bei den spezialisierten Beratungs- und Fachstellen (Adressen im Anhang, Seite 308). Einige Zahlen: 80 Prozent der Süchtigen begeben sich in eine ambulante Behandlung, 20 Prozent treten in eine Fachklinik ein.

Schwierig ist die Prognose, welche dieser Möglichkeiten den grössten Erfolg verspricht. Am wichtigsten ist es wahrscheinlich, dass jemand ein Angebot akzeptiert und motiviert ist, seine Sucht zu überwinden. Wer zum Beispiel die religiöse Grundhaltung des Blauen Kreuzes prinzipiell ablehnt, dürfte dort nur schwer den gewünschten Erfolg finden.

Der Weg aus der Sucht ist recht anstrengend. Denn der körperliche Entzug ist erst der Anfang eines langen Prozesses. Wichtig ist eine Neuorientierung des ganzen Lebens der Süchtigen. Sie müssen ihre bisherige Szene, in der der Alkoholkonsum eine wichtige Rolle spielte, verlassen. Gleichzeitig werden sie herausfinden müssen, welche Probleme sie mit Alkohol zuschütten und wie sie damit auf andere Weise umgehen können. Auch Rückfälle sind oft nicht zu vermeiden. Denn das neu gelernte Verhalten muss sich erst stabilisieren. Nur zu schnell gerät man in eine Situation, die einen total überfordert und das alte Muster reaktiviert.

Zigaretten

Akzeptiert von der Gesellschaft ist auch das Rauchen. Dabei werden die Auswirkungen des Tabakkonsums häufig verharmlost. Gemäss den Angaben des Beobachter-Ratgebers «Sucht» liegt die durchschnittliche Sterblichkeit von Rauchern, die pro Tag 20 Zigaretten konsumieren, je nach Altersgruppe 50 Prozent höher als die der Nichtraucher. Und trotzdem steht unverhältnismässig mehr Geld zur Propagierung des Tabakkonsums zur Verfügung als zur Aufklärung über dessen Gefahren. Man schätzt den Werbeetat für Zigaretten in der Schweiz auf 80 bis 100 Millionen Franken pro Jahr.

Doch handelt es sich beim Rauchen um eine «echte» Sucht? Experten bestätigen dies. Begleiterscheinungen des Entzugs sind zum Beispiel: Veränderungen im EEG (Messung der Hirntätigkeit), Sinken von Blutdruck und Pulsfrequenz, Schlafstörungen, Schwitzen, Verstopfung, gestörtes Zeitgefühl etc. Wer die Leidensgeschichte einer Entwöhnung am eigenen Leib erfahren hat, kann davon ein Lied singen. Die 22-jährige Katja P. zum Beispiel steckt sich nervös einen Glimmstengel an, als sie berichtet: «Am Anfang der Lehre habe ich zu rauchen begonnen, weil das in der Firma zum guten Ton gehörte. Im letzten halben Jahr habe ich schon zweimal aufzuhören versucht. Das erste Mal dauerte es zwei Tage. Dann habe ich eine Freundin nach dem Mittagessen in der Beiz um eine Zigi gebeten. Und beim zweiten Mal? Du siehst ja, was herausgekommen ist.»

Dennoch ist das Rauchen seit einiger Zeit stärker verpönt. Wer an Sitzungen eine Zigarette ansteckt, wird mit bösen Blicken bedacht. In vielen Lokalen gibt es Nichtraucherecken. Gerade unter den Jungen ist das Rauchen eher zurückgegangen. Denn die Fitnesswelle, Joggen, Bodybuilding und Mountainbike-Fahren vertragen sich schlecht mit süchtigem Tabakkonsum. Auch in Umfragen kommt dieses Ergebnis immer wieder deutlich durch: Gemäss Publitest sind heute im Durchschnitt nur 12 Prozent der 14- bis 19-jährigen Jugendlichen Raucher, gegenüber 34 Prozent im Bevölkerungsdurchschnitt.

Methoden, wie man sich das Rauchen abgewöhnt, gibt es wie

Sand am Meer. Jeder, der dieses Thema anschneidet, erhält von Freunden und Bekannten sofort eine ganze Reihe von todsicheren Tipps und Erfahrungen. Doch den Erfolg garantieren sie alle nicht. Entscheidend ist die Motivation, nach dem Motto: Wovon man überzeugt ist, das hilft am ehesten. Das kann der Clip im Ohr ebenso sein wie der Ratschlag, erst nach dem Mittagessen die erste Zigarette zu qualmen und dann schrittweise abzubauen. Ein zweiter Ratschlag wäre hinzuzufügen: «Nöd lugg laa gwünnt.» Jedenfalls benötigen viele Zeitgenossen mehrere Anläufe, um das ungeliebte Laster endgültig loszuwerden – und manchmal hilft es auch, wenn sich zwei Raucher zusammenschliessen und sich gegenseitig frisch motivieren, wenn einer schon aufgeben will. Weniger empfehlenswert ist es dagegen, auf Pfeifen oder Zigarren umzusteigen. Wer nämlich aus Gewohnheit und ohne es zu merken weiter inhaliert, nimmt damit nur noch «stärkeren Tobak» zu sich.

Medikamente

Eine eigentliche Medikamentensucht ist im Kindes- und Jugendalter noch selten. Bereits früh kann indessen eine Haltung angewöhnt werden, wonach jedes Unwohlsein unverzüglich mit einer Pille weggewischt wird. Eine Untersuchung in Basel kam zum alarmierenden Ergebnis, dass rund die Hälfte der anonym befragten Schüler und Schülerinnen gelegentlich Schmerzmittel nehmen. Einen hohen Konsum wiesen vor allem Gymnasiasten und Sekundarschüler auf. Hauptmotiv bei beiden Geschlechtern: Kopfschmerzen. Bei Mädchen kamen Bauchschmerzen dazu (Menstruation). Häufig war der Gebrauch von Schlaf- und Beruhigungsmitteln vor allem in Gymnasien. Zehn Prozent der 13-jährigen Gymnasiasten gaben eine Einnahme von Schlafmitteln an. Diese sind meist zu Hause vorhanden und werden selbst oder von den Eltern «verordnet».

Die Konsequenz daraus ist einfach: Suchtvorbeugung müsste heissen, nicht bei jedem Wehwehchen gleich zur chemischen Keule zu greifen. Vor allem sollten Schul- und Prüfungsstress nicht damit «behandelt» werden. Autogenes Training, Entspannungsübungen und ein Beruhigungstee können meist ebenso helfen. Gegebenenfalls kann man es auch einmal mit homöopathischen Tropfen versuchen, anstatt gleich Psychopharmaka wie Valium zu verabreichen. Nicht zuletzt wäre aber zu fragen, ob nicht etwas an unserem Schulsystem falsch läuft, wenn immer mehr Kinder den Stress des Schulalltags nur noch mit Beruhigungsmitteln aushalten. Anstatt an den Symptomen herumzudoktern, müsste die Überforderung der Kinder zum Thema gemacht werden.

Haschisch

Haschisch wird aus Hanf (Cannabis) gewonnen, einer fast überall auf der Welt leicht zu kultivierenden Pflanze. Für den Rausch ist das Tetrahydrocannabinol (THC) verantwortlich, das von speziellen Harzdrüsen produziert wird, die sich vor allem in den Blütenblättern der weiblichen Pflanzen befinden. Man verwendet die getrockneten weiblichen Blütenstände (Marihuana), das abgeschüttelte Harz (Haschisch) oder Harzextrakte (Haschischöl).

Marihuana und Haschisch werden in der Regel geraucht. Beim Harz wird der Stoff abgerieben. Dieses abgeriebene «Piece» rollt man zusammen mit Tabak in ein Zigarettenpapier. Man kann Hasch aber auch essen, zum Beispiel in einen Kuchen verbacken, oder trinken, etwa in Tee aufgelöst. Bei den ersten Räuschen spüren Konsumenten oft kaum etwas. Erst langsam kommt es zu den gewünschten Wirkungen, die allerdings sehr abhängig von der Stimmungslage sind: Farben wirken unter Haschisch bunter, Musik intensiver. Man fühlt sich entspannt, wohlig und zufrieden. Der 20-jährige Rolf beschreibt die Wirkung: «Während des Rauchens bist du wach. In einer zweiten Phase spürst du eine ruhige Glückseligkeit, eine Verschiebung des Bewusstseins. Dann folgt unter Umständen eine Müdigkeitsphase.»

Eltern erschrecken oft sehr, wenn sie durch Zufall daraufkommen, dass ihr Sohn oder ihre Tochter Haschisch konsumiert. Denn seit 1961 sind Anbau, Handel und Konsum von Cannabis in der Schweiz verboten. Was verboten ist, muss auch etwas besonders Gefährliches sein, lautet ihre Schlussfolgerung. Fachleute bezweifeln indessen, dass Haschisch generell gefährlicher ist als legale Drogen wie Alkohol oder Zigaretten. Vor allem widersprechen sie der Auffassung, dass mit dem Cannabiskonsum der Einstieg in die harten Drogen vorprogrammiert sei. So kam ein Gutachten der Psychiatrischen Universitätsklinik Basel und des Sozialpsychiatrischen Dienstes Zürich bereits 1978 zum eindeutigen Resultat: Eine auf die Droge zurückzuführende erhebliche Gefahr des Umsteigens von Cannabis auf härtere Stoffe sei nicht erwiesen.

Die grösste Gefahr liegt darin, dass man sich in die Rauschgiftszene begeben muss, um Hasch zu kaufen. Und hier locken in unmittelbarer Nähe härtere Gifte wie Heroin und Kokain. Die Tatsache, dass Cannabis verboten ist, hat zudem eine zweite unerwünschte Folge: Gerade in der Pubertät hat die Aura des Verbotenen für Jugendliche oft einen besonderen Reiz. Deshalb wäre es vom Standpunkt einer wirksamen Drogenprävention fällig, das Haschisch zu legalisieren. Selbst beim Bundesgericht hat das Umdenken begonnen. So hat es 1991 seine bisherige Praxis aufgegeben, dass beim Handel ab vier Kilogramm ein «schwerer Fall» von Drogenkriminalität vorliege. Begründung: Auch grosse Mengen von Cannabis stellten für die Gesundheit vieler Menschen keine ernstliche und nahe liegende Gefahr dar.

Andererseits ist mit Nachdruck zu betonen, dass Haschisch allemal ein Suchtmittel bleibt. Das «Kiffen» muss kritisch hinterfragt werden, wenn Jugendliche es regelmässig zur Flucht aus ihren Alltagsschwierigkeiten benötigen. Während sie immer leicht benebelt sind und sich «gut drauf» fühlen, türmen sich die Probleme am Arbeitsplatz oder in der Schule immer höher auf. Das Leben erscheint bald nur noch im Cannabis-Rausch erträglich. Wer das Gespräch mit solchen Jugendlichen sucht, erhält das Gefühl, dass man im Rauschzustand gar nicht an sie und ihre Schwierigkeiten herankommt. Sie wirken apathisch und irgendwie weggetreten.

Ob Haschisch körperlich süchtig macht, ist umstritten. Befragt man hierzu erfahrene Cannabis-Konsumenten, so verneinen sie körperliche Entzugssymptome. Hingegen schildern sie sehr wohl ein schwächeres oder stärkeres psychisches Verlangen, sich die entzogene Substanz wieder zuzuführen und die angenehmen Rauschzustände wieder zu erreichen.

Auf diesem Hintergrund brauchen durchschnittliche Genusskonsumenten wohl keine Therapie. Wenn jemand allerdings alle seine Probleme durchs Paffen vernebelt, können Beratung und Betreuung durchaus sinnvoll sein. Insbesonders müssten die tieferen Ursachen dieses Verhaltens herausgefunden werden. Der Cannabis-Konsum ist in solchen Fällen meist nur das letzte Glied in einer Kette und deutet darauf hin, dass die betroffenen Jugendlichen mit sich und ihrem Leben – der Schule, der Familie, dem Beruf – nicht mehr klarkommen. Eltern oder Jugendliche sollten sich dann an eine Drogenberatungsstelle, an eine Erziehungsberatung oder ans zuständige Jugendamt der Wohngemeinde wenden.

Heroin und Kokain

Wer von harten Drogen spricht, meint meist Heroin oder Kokain. Seit den sechziger Jahren haben diese Suchtmittel überall in Europa zu grossen sozialen Problemen geführt – vor allem unter der jungen Generation. Die offenen und verdeckten Szenen in den Städten sollten aber nicht vergessen lassen, dass rund die Hälfte der Süchtigen unauffällig ist und einer mehr oder weniger geregelten Arbeit nachgeht.

Heroin ist ein Produkt aus der Schlafmohnpflanze, das wie alle Opiate schmerzstillend wirkt. Noch am Ende des letzten Jahrhunderts wurde es als Medikament verwendet. Heroin kann geraucht werden; meist wird es aber gespritzt. Seine Wirkung liegt darin, dass es psychische Verstimmungen und körperlichen Schmerz dämpft. Heroinsüchtige nehmen sich selbst und ihren Körper nicht mehr richtig wahr. Ein Teil der sichtbaren Verwahrlosung resultiert aus diesem Umstand. So kümmern sie sich zum Beispiel kaum mehr um ihre Zähne, weil sie die Vernachlässigung nicht spüren. Sie verbrennen sich mit einer Zigarette die Hand und merken es nicht.

Abgedämpft wird aber auch die Seele. Schmerzen, die ihr angetan werden, können so leichter ertragen werden. Eine trügerische Erleichterung, denn die Ursachen des Schmerzes bleiben weiter bestehen. Barbara F.: «Ich ertrug es in der KV-Lehre einfach nicht mehr. Sicher stellte ich mich manchmal etwas ungeschickt an. Aber für alles und jedes erhielt ich einen Anschiss. Zu Hause war auch ein Puff mit den Eltern. Irgendwie bekam ich dann Anschluss an die Szene. Mit dem Heroin fühlte ich mich erst einmal total gut. Und dann lief es parallel: Ich geriet immer mehr in die Sucht hinein und arbeitete am Schluss nur noch unregelmässig und sporadisch. Bald liess ich die Lehre ganz sausen und besorgte mir den Stoff durch Dealen.»

Kokain wird aus Coca-Blättern gewonnen, die hoch oben an den Hängen der südamerikanischen Anden wachsen. Während die Indios die Blätter kauen, wird der Stoff bei uns in Pulverform gespritzt und geraucht. Seine Wirkung ist «euphorisierend». Der Lehrling Werner K.: «Du fühlst dich, wie wenn eine Feder deiner Uhr total aufgezogen wäre, und kannst Bäume ausreissen. Müdigkeit und Hunger sind wie weggeblasen.» Manche Konsumenten und Konsumentinnen wischen damit ihre Depressionen weg, andere steigern die Effizienz ihrer Arbeit oder ihr Wohlbefinden bei geselligen Unternehmungen.

Kokain galt bis vor einiger Zeit eher als Wohlstands-Droge der mittleren oder oberen Schichten. Ganz anders der Kokainkonsum in der harten Drogenszene. Hier versucht man mit dem Stoff für ein paar Minuten die Unerträglichkeit der eigenen Situation zu vergessen. Doch leider hält die Euphorie nur kurz an; nach 30 bis 60 Minuten ist sie verblasst, und Seele und Körper verlangen gebieterisch nach mehr: «Der ‹Crash› ist das Schlimmste», meint Werner K. «Plötzlich ist alles weg, und du fühlst dich total am Boden. Schon während des Rausches habe ich Angst vor dem drohenden Absturz.»

Das Hauptproblem des Drogenelends ist indessen nicht der Stoff an sich, sondern die menschenunwürdigen Bedingungen, unter denen er konsumiert wird. Da ist einmal die Grauzone der Illegalität, in der sich alles abspielt. Wer daran teilhat, wird kriminalisiert. Er oder sie verkehren notgedrungen in einem Milieu von brutalen Drogenbanden, begehen möglicherweise selbst Delikte, um das viele Geld für den nächsten Schuss aufzutreiben, oder sie prostituieren sich dafür.

Das Fixen auf der Gasse – unter denkbar unhygienischen Bedingungen und oft mit unsauberen Spritzen – ist aber auch gesundheitlich bedenklich. So besteht die Gefahr von Überdosen, weil man nie weiss, wie rein der Stoff ist, der einem angeboten wird. Zudem können das Aids-Virus und andere Krankheiten wie Gelbsucht übertragen werden; vor allem wenn man die Spritzen gegenseitig austauscht. In der Hast und Hetze, mit der auf der Szene ein Schuss gesetzt wird, sind zudem unsachgemäss ausgeführte Injektionen (zum Beispiel neben die Venen) häufig.

Es wäre deshalb vordringlich, diese Bedingungen des Drogenkonsums zu verändern. Der Verelendung und dem Übertragungsrisiko hoffen die Fachleute durch gezielte und ärztlich kontrollierte Abgabe von Heroin oder anderen Opiaten wie Morphin wirksamer entgegentreten zu können. Zu diesen Ersatzdrogen gehört im Übrigen auch Methadon, das seit vielen Jahren verabreicht wird, um Süchtige vom Heroin wegzubringen. Stichwort für solche Programme ist die Überlebenshilfe. Süchtige, die zum Entzug nicht bereit sind oder dazu (noch) nicht die Kraft aufbringen, sollen wenigstens dem Teufelskreis von Sucht und Kriminalisierung entgehen können. Ein Einverständnis besteht allerdings auch bei den meisten Vertretern dieser Richtung, dass man unter der «Legalisierung» von Heroin nicht einfach eine totale Freigabe verstehen darf.

Angehörige sind oft überfordert, wenn sie erfahren, dass ihr Kind heroinabhängig oder kokainsüchtig ist. «Das war ein riesiger Schock», erzählt Markus V., Vater eines 19-jährigen Süchtigen. «Wir versuchten mit allen Mitteln, unseren Sohn zu beeinflussen. Doch weder Schimpfen noch gutes Zureden nützten. Es wurde ständig schlimmer. Der Teppich in seinem Zimmer war von Brandlöchern übersät. Wir fühlten uns von ihm und seinen Kollegen terrorisiert, die Tag und Nacht auftauchten und dann auch noch Alkohol in rauhen Mengen konsumierten. Am Schluss waren wir Eltern und die zwei Geschwister am Ende. Wir wollten ihn am liebsten hinauswerfen, hatten aber gleichzeitig Schuldgefühle, weil er dann noch ganz verkommen könnte. Wenn er nur wieder einmal von ‹Besserung› sprach, dann hatten wir für zwei bis drei Tage eine neue Hoffnung, an die wir uns klammern konnten.»

Wie im vorliegenden Fall fehlt es bei Angehörigen oft an einer klaren Haltung. Das wird von den Süchtigen ausgenützt; es macht die Beziehung zwischen allen Beteiligten zusätzlich undurchsichtig. In einem Fall wie dem geschilderten sollten die Angehörigen vor Härte nicht zurückschrecken. Es ist wohl eine Illusion zu glauben, sie könnten den totalen Absturz ihres Kindes noch verhindern. Dieser ist längst passiert. Auf der anderen Seite muss man sich bewusst sein, dass die Sucht eine Krankheit ist und leere Versprechungen oder Erpressungsversuche nicht an moralischen Kriterien zu messen sind. Eltern sollten deshalb nur der Suchtpersönlichkeit ihres Kindes die Unterstützung entziehen, für das Kind selber aber immer wieder da sein.

Markus V. erzählt, wie er sich zusammen mit seiner Familie endlich zu einer neuen Haltung durchgerungen hat: «Vor allem meine Frau, die viel häufiger zu Hause ist, konnte einfach nicht mehr. Wir setzten unserem Sohn dann konkrete Bedingungen; als er diese trotz Zustimmung schon vom vierten Tag an nicht einhielt, haben wir ihn vor die Türe gesetzt. Dabei sind wir auch heute noch bereit, für ihn einzustehen, wenn er uns für etwas Sinnvolles braucht. Er besucht uns auch manchmal zum Essen oder erhält neue Kleider. Eines ist allerdings beiden Seiten klar: Seine Drogensucht finanzieren wir ihm nicht.»

Hilfe und Beratung

Für Fixer besteht in der ganzen Schweiz ein gut ausgebautes Beratungsnetz. Meist sind diese Stellen im Telefonbuch unter Drop-In, Drogenberatungsstelle oder Jugendberatung zu finden (siehe auch Anhang, Seite 308). Eltern von drogensüchtigen Kindern haben eine Selbsthilfe-Organisation aufgebaut, den Verband der Elternvereinigungen drogenabhängiger Jugendlicher (DAJ, Adresse im Anhang, Seite 309). Hier finden Betroffene einen Ort, wo sie Erfahrungen austauschen können, gegenseitige Beratung finden und ihre Interessen in der Drogenpolitik gemeinsam wahrnehmen. So haben sich diese Eltern gewehrt, als sie sich durch eine Aufklärungskampagne des Bundesamtes für das Gesundheitswesen in die Rolle des Sündenbocks für die Drogenprobleme gedrängt fühlten.

Nach der Beratung kommt auf die Abhängigen der schwierigste Teil zu: der Entzug und anschliessend eine längere Therapie, in der sie den Weg zurück zu einem geregelten Leben in der Gesellschaft finden müssen. Hier gibt es verschiedenste Möglichkeiten, ambulante Formen ebenso wie ein Aufenthalt in Drogenkliniken oder therapeutischen Wohngemeinschaften. Es ist die Aufgabe der Fachleute auf der Drogenberatungsstelle, mit dem Betroffenen den für ihn richtigen Weg zu finden. Für manche Süchtige mag es erfolgversprechend sein, wenn ihnen eine Drogenstation einen festen Rahmen setzt, der mit äusserer Härte und Konsequenz vertreten wird. Andere wieder würden dabei zugrunde gehen und benötigen eher eine überschaubare Gruppe mit spezifischen psychotherapeutischen Hilfen.

Zum Schluss muss erwähnt werden: Nicht immer sind es solche Angebote, die den Erfolg bringen. Man spricht heute auch vom «Aging out». Danach können Süchtige aus jenem Lebensalter «herauswachsen», in dem der Konsum harter Drogen eine Verlockung darstellt (vor allem ab etwa 30 Jahren). Der Stoff verliert zunehmend seine anziehende Wirkung, die Sucht klingt ohne eine spezielle Drogentherapie aus – oder man steigt zum Beispiel auf Alkohol oder Medikamente um.

Ecstasy und LSD

Während sich in den letzten Jahren die Zahl der Heroin- und Kokainkonsumenten bei rund 30 000 (0,6 Prozent der Bevölkerung zwischen 15 und 39 Jahren) stabilisiert hat, nahmen die synthetisch gewonnenen Designer-Drogen sprunghaft zu. Oft fehlt es dabei auch am Bewusstsein, dass es sich um Drogen handelt. Denn im Gegensatz zu den Horrorbildern von fixenden Jugendlichen ist das Schlucken von Pillen clean und sauber.

Im Zusammenhang mit der Technoszene ist in letzter Zeit vor allem viel von Ecstasy – auch unter den Bezeichnungen «XTC» oder «E» bekannt – zu lesen. Diese Droge enthält den Wirkstoff MDMA, der Euphorie, Offenheit und eine Schärfung der Sinne auslöst. Beigemischt ist oft das Metaamphetamin «Speed», das die Müdigkeit beseitigt und aufputscht. Ecstasy macht körperlich nicht süchtig, kann jedoch zur psychischen Abhängigkeit führen. So heisst es in der Jugendbeilage des «Tages-Anzeigers» von einem Achtzehnjährigen: «Martin benötigt mittlerweile sechs Pillen pro Nacht. 15er-Säckli reichen noch knapp für seine intensiven Tanz-Weekends von Freitagabend bis Sonntagmorgen. Körperlich abhängig ist Martin nicht, aufzuhören fällt ihm aber dennoch sehr schwer, da er nur auf Droge das Gefühl hat, es gehe ihm gut. Zudem spicken fast alle seine Bekannten XTC.»

Wichtig beim Gebrauch von Ecstasy ist, dass man auf Parties den durch Schwitzen entstehenden Flüssigkeitsverlust durch Trinken alkoholfreier Getränke ausgleicht. Denn Warnsignale des Körpers wie Schmerzen, Schwindel, Durst und Erschöpfung werden durch die Droge unterdrückt, so dass sich die Betroffenen oft nicht rechtzeitig über ihren Zustand bewusst sind – bis es zum Kollaps kommt. Wer zudem Ecstasy nimmt und an Herzproblemen, Bluthochdruck, Asthma oder Epilepsie leidet, spielt mit seinem Leben.

Gefährlich sind solche Drogen aber auch, weil man nicht weiss, was in einer Pille drinsteckt. So sind Fälle bekannt, wo Jugendliche mit schweren Vergiftungen im Krankenhaus behandelt werden mussten. Ein Flugblatt der «ecstasy info» (Zürich) gibt folgende Verhaltensregeln: «Kauf nicht bei Unbekannten, kauf keine Fantasiemischungen, vermeide Kapseln (da diese leichter gestreckt werden können).» Umstritten, aber sinnvoll sind auch Schnelltests, bei denen man die Pillen auf die Zusammensetzungen überprüfen lassen kann.

Im Schlepptau von Ecstasy hat neuerdings LSD eine Renaissance erlebt. Es handelt sich dabei um eine synthetisch hergestellte halluzinogene Substanz, die schon in sehr geringen Dosen schizophrenieähnliche Symptome hervorruft.

Besonders risikoreich ist es, wenn Drogen wild durcheinandergemischt werden: Franz Vollenweider von der Psychiatrischen Klinik Burghölzli in Zürich versteht solche Jugendlichen nicht: «Sie wissen, dass Ecstasy, gemixt mit LSD, Gehirnschäden verursachen kann, dennoch gehen viele das Risiko ein. Aber weshalb? Für das schnelle Glück?»

Zusammenfassend wird eines deutlich: Auch wenn die Anziehungskraft des Heroins bei Jugendlichen eher abnimmt, so bedeutet dies noch lange nicht, dass eine drogenfreie Zeit anbricht. Es spiegelt sich darin höchstens die Haltung, Drogen wie im Supermarkt zu kaufen und wie Arzneimittel zu gebrauchen.

Übrige Drogen

Es kann hier nicht darum gehen, einen vollständigen Überblick über die Suchtmittel zu geben. Als Beispiele ein paar der gängigsten Stoffe:

- Free-Base und Crack sind Ableger des Kokains, deren heftige Wirkung (Flash) nach wenigen Sekunden einfährt. Häufig gibt es dabei starke Herz-/Kreislauf-Reaktionen, die zum tödlichen Kollaps führen können.
- Vor allem in Dritte-Welt-Ländern ist das Einatmen der Dämpfe organischer Lösungsmittel (Schnüffeln) ein häufiges und billiges Rauschmittel, um dem tristen Alltag zu entfliehen. Bei uns dagegen ist das Schnüffeln von Äther, Benzin, Klebstoffen etc. viel weniger häufig. Diese Form der Sucht ist gesundheitlich besonders bedenklich. Lösungsmittel schädigen als Narkotika nicht nur das Gehirn, sondern auch Leber, Nieren und das blutbildende System.

A bis Z der Gassensprache

Schwierig ist es manchmal, die Sprache zu verstehen, in der Jugendliche über Drogen reden – vor allem wenn sie in der Szene drin sind. Das hört sich für Aussenstehende wie unverständliches Kauderwelsch an und erzeugt bei Eltern Ängste: Ist einer schon ein Fixer, wenn er vom «Piece» spricht, das er gestern genommen hat? Und mit «Sugar» wird ja auch nicht gerade gewöhnlicher Würfelzucker gemeint sein. Damit Eltern hier besser durchsehen, folgen die wichtigsten Begriffe der Gassensprache:

Acid (Ässid): LSD
Aff, en Aff schiebe: auf Entzug sein
Besteck: Utensilien, die man zum Drogenspritzen braucht (Löffel, Spritze)
Briefli (20er, 100er etc): Portion Heroin oder Kokain
clean (kliin), sauber sein: keine Drogen mehr nehmen
Cocktail: Mischung aus Kokain und Heroin
Connection: Verbindung zu einem Dealer
Dampfen: Cannabis rauchen
Dealen: Drogen verkaufen
Dealer: Drogenverkäufer
Druff sii: süchtig sein
Filterli: Filterpapier zum Reinigen der Drogen vor dem Spritzen
Fixen, drücken, inelaa: Drogen spritzen
Fixer: Heroinabhängiger, der den Stoff spritzt
Flash, iifahre: Einsetzen der Drogenwirkung
Gift: Heroin
Goggi: Kokain
Goldener Schuss: tödliche Überdosis (Heroin)
Gras: Marihuana
H (Eitsch): Heroin
Hasch, Habli: Haschisch
Hasch-Gass, Hasch-Brüggli: Ort, wo weiche Drogen verkauft werden
High (hei): unter Drogen stehen
Horrortrip: schlecht verlaufender LSD-Rausch
Ise, Pumpi, Fixe: Spritze
Joint: Haschisch- oder Marihuana-Zigarette
Junkie: Heroinsüchtiger
Kiffen: Cannabis rauchen

Kokorette: Kokain-Zigarette
Knallen, schiessen: Drogen spritzen
Linie ziehen, eis inezie: Drogen (Kokain, Heroin) schnupfen
Methi: Methadon
Öl: Haschisch
Paffen: Cannabis rauchen
Piece (Piis): Portion Cannabis (Haschisch, Marihuana)
Rauchi: Portion Cannabis (Haschisch, Marihuana)
Röcksli: Heroin oder Kokain in kristalliner Form
Rohyps, Röips: Rohypnol (Schlaf- und Rauschmittel)
Scheibe, e Schiibe haa: berauscht sein
Schliifi, Notschliifi: Notschlafstelle
Schmeissen (Tabletten, LSD): Tabletten, LSD einnehmen
Schuger-Gass: Ort, wo harte Drogen verkauft werden
Schuss, Kick: gespritzte Portion Drogen
Sniffen: Drogen (Kokain, Heroin) schnupfen
Speed (Schpiid): Amphetamin (Aufputschmittel)
Spicken: Pillen schlucken
Stoff, dope: Drogen, vor allem Heroin und Kokain
Sugar (Schuger): Heroin
Sugarette: Heroin-Zigarette
Trip: LSD
Turkey: Drogenentzug
Vermitteln: man übernimmt ein Quantum Drogen, verkauft es bis auf einen kleinen Teil zum Eigengebrauch und liefert das Geld ab
Zue sii: berauscht sein

Quelle: Sucht. Hilfe für Süchtige und ihre Angehörigen, Beobachter-Ratgeber, Glattbrugg 1991

Wie man der Drogensucht vorbeugen kann

«Mit einer besseren Aufklärung könnte man der Drogengefahr wirksamer und billiger entgegentreten, als wenn man nachher teure Entzugsprogramme und Therapiestationen finanzieren muss», lautet eine verbreitete Meinung. Doch das ist leichter gesagt als getan. Alle Erfahrungen zeigen, dass Aufklärung nur begrenzt wirksam ist. Manchmal erreichen gut gemeinte Versuche sogar das Gegenteil. So setzte man in den achtziger Jahren oft den Film «Wir Kinder vom Bahnhof Zoo» in der Drogenprophylaxe ein. Doch das Schicksal der darin porträtierten Berliner Fixerin Christiane F. traf offensichtlich die Problematik vieler Jugendlicher so genau, dass der Film auf sie mehr anziehend als abschreckend wirkte. «Genauso verschissen ergeht es dir», schien er zu sagen. «Auch du hast als Ausweg nur die Droge.»

In den Aufklärungskonzepten ist in den letzten Jahren generell ein Wandel zu verzeichnen. Früher setzte man vor allem auf die Ab-

schreckung. Man warnte vor den Gefahren des Alkohols und Nikotins. Das Bild eines Lungenkrebses etwa sollte die Gefahren des Rauchens unterstreichen. Doch auch hier waren die Wirkungen zwiespältig. Einmal konnte dies zu Reaktionen führen wie: «So schlimm ist es doch nicht, und überhaupt interessiert mich wenig, was in dreissig Jahren passieren kann.» Oder es wurde die Risikobereitschaft der Jugendlichen herausgefordert. Jedenfalls muss bezweifelt werden, ob das blosse Wissen über Gefahren geeignet ist, wirksame Vorbeugung zu leisten.

Heute versucht man demgegenüber, die Gefühls- und Gedankenwelt der Kinder und Jugendlichen direkt anzusprechen. Man knüpft zum Beispiel an das Gesundheitsbewusstsein und die Fitnesswelle an, die unter Jugendlichen ohnehin schon floriert. «Wer joggt und Mountainbike fährt, zu dem passen Drogen nicht», soll suggeriert werden. Daneben ist es das erzieherische Vorbild, das zählt. Wie können Eltern ihren Kindern glaubwürdig das Masshalten bei Hasch und Nikotin vermitteln, wenn sie sich selbst eine Zigarette nach der anderen anstecken und öfters einen über den Durst trinken?

Überhaupt hat Drogenprävention viel mit Erziehung und Beziehungen zu tun. So sollte über Schwierigkeiten mit Freund oder Freundin, ein «Puff» am Arbeitsplatz, eine depressive Stimmung in der

Familie gesprochen werden, bevor die Jugendlichen zu Suchtmitteln greifen. Und es wäre auch wichtig, frühzeitig ein Gespür für Stress und Überforderung zu entwickeln – etwa, wenn ein Mädchen oder Junge die Schule nicht schafft oder sich mit Freizeitbeschäftigungen überhäuft.

Drogenprävention heisst deshalb keinesfalls, dass man auf eine Kampagne in den Medien oder auf Aufklärungsveranstaltungen in der Schule warten muss. Sie beginnt vielmehr in der Familie. Eltern können viel tun – sei es durch ihr Vorbild oder dadurch, dass sie Gesundheit und Sport in der Erziehung betonen. Gemeinsame Bergwanderungen und Velotouren, Ermutigen zu sportlicher Betätigung, eine gesunde Ernährung, frühzeitiges Ansprechen von Problemen gehören mit zum Einmaleins einer wirksamen Drogenprophylaxe.

Über Drogensucht reden

Wollen Erzieher, Eltern oder Lehrer direkt auf die Drogensucht zu sprechen kommen, sollten sie beachten:
• Zu vermeiden sind übertriebene oder falsche Aussagen wie: «Ganz klar, dass Haschisch süchtig macht» oder «Schon mit dem ersten Schuss ist man unrettbar verloren.» Jugendliche haben durchaus die Möglichkeit, selbst Vergleiche dazu anzustellen, so dass die Erzieher mit solchen (Vor-)Urteilen ihre Glaubwürdigkeit einbüssen.
• Man sollte das Wissen der Jungen erfragen und sie aktiv in die Diskussion einbeziehen. Sonst erklärt man womöglich lang und breit, was alle schon wissen, und erzeugt statt Aufklärung nur Langeweile.
• Die Meinungen und Überzeugungen der Jugendlichen sind auch dann zu achten, wenn man sie nicht teilt. Setzt man die eigenen Argumente ruhig und mit Überzeugung ein, wird man meist mehr bewegen, als wenn man mit Druck operiert (die Gegenargumente abwertet oder Ängste schürt).
• Die Ziele sollten nicht zu hoch gesteckt werden. So dürfte es schwierig sein, in einem einzigen Gespräch «totale Abstinenz» zu erreichen oder Jugendliche dazu zu bringen, mit dem Rauchen «sofort» aufzuhören. Bescheidenere Teilziele sind realistischer wie etwa «Gründe klären, die zum Drogenkonsum führen können», «mehr darüber erfahren, was die Kinder vom Haschkonsum halten», «zu einer kritischen Haltung gegenüber harten Drogen beitragen».

Konsumieren wie irr

Reto Z. steht auf Mode und Technik. Der KV-Lehrling weiss immer, welche die neueste In-Boutique ist. Und auch über die Fortschritte in der Computertechnologie ist er haargenau informiert. Letzthin hat die Post ein Riesenpaket für ihn gebracht. Die Mutter, die die Sendung entgegennahm, fiel aus allen Wolken und stellte Reto am Abend zur Rede. «Weisst du, mein Computer ist total veraltet, viel zu langsam und technisch überholt.» Und dann erzählte Reto etwas von «neuer Grafikkarte», «stark verbessertem Betriebssystem» und «Hochleistungsprozessor». Doch ob er wirklich alle zwei Jahre einen neuen Computer für ein paar tausend Franken braucht?

Jugendliche besitzen heute fast alles, was gut und teuer ist. Dies belegt die Umfrage von Publitest aus dem Jahr 1991. Jugendliche besitzen oder verfügen über folgende Geräte:

92 Prozent : Stereoanlage
77 Prozent : CD-Player
60 Prozent : Videorecorder
48 Prozent : PC
41 Prozent : Auto
40 Prozent : Mountainbike
40 Prozent : Mofa
29 Prozent : Modelleisenbahn
26 Prozent : Ferngesteuerte Spielzeuge

Die glitzernde Konsum- und Warenwelt der Erlebnisgesellschaft ist für Jugendliche zweifellos attraktiv. Und die Werbung tut das Ihre dazu, dass dem auch so bleibt: Schliesslich wird «Jugendlichkeit» tagein, tagaus hundertfach suggeriert. Von jedem Plakat blicken junge Leute herab – mit der Botschaft, man müsse dieses oder jenes kaufen, wenn man nicht gänzlich out sein wolle. Erwachsene richten sich nicht weniger nach diesem Ideal als die Jungen. Zudem verkauft die Werbung auch Gefühle: So ein richtiges Mountainbike-Feeling erfordert ein knallfarbiges Rad mit allen Schikanen und den entsprechenden hautengen Anzug. «Wer Weight Watchers isst, der geht den Dingen auf den Grund»; «Sich verlieben ist so natürlich wie Tampax tragen» – wenigstens nach dem Wortlaut der Werbung.

Heutige Jugendliche sind zudem Selbstdarstellungskünstler, die das Spiel mit verschiedenen Rollen souverän beherrschen. Um da mitzutun, muss man über all die Attribute und Mittel verfügen, die dazugehören: das richtige Outfit zum Surfen, die passende Kleidung am Arbeitsplatz, das ausgeflippte Kleid für die Disco. Aber auch die Cliquen und Gruppen, in denen sich Jugendliche bewegen, verlangen oft bestimmte Kleider und Accessoires: Das aktuelle T-Shirt, die In-Marke bei den Turnschuhen und Jeans sind unbedingte Voraussetzung, wenn man dazugehören will.

Doch die Botschaft vom jugendlichen Konsumenten hat einen Haken: Als Mittelschüler oder Lehrling entspricht das Portemonnaie häufig den Wünschen nicht, die geweckt werden. Lydia T.: «Ich habe ständig Troubles mit dem Geld. Aber ich stehe halt auf Kleider. Im Moment habe ich bei Bekannten etwa 2000 Franken Schulden. Irgendwie habe ich mich übernommen. Aber was solls. Irgendwann werde ich das halt abstottern müssen.» Lydia T. weiss, dass «das alles wie eine Sucht ist». Jedesmal, wenn sie in die Stadt fährt, kommt sie mit etwas Neuem heim – obwohl sie sich vorgenommen hatte, diesmal bestimmt nichts zu kaufen.

Weil Jugendlichen das nötige Geld fehlt, grassiert mancherorts das Klauen. In einem Bericht über eine Podiumsdiskussion im zürcherischen Dällikon heisst es: «Wie stark das Unrechtsbewusstsein verwischt ist, lässt sich am Stehlen ablesen. Wer im Konsum oder im Einkaufszentrum Waren, nach Schüleraussagen ‹öppe bis hundert Franke›, mitlaufen lässt, hat nicht gestohlen, sondern bloss ‹gemuggt›. ‹Muggen gilt unter Schülern nicht als Stehlen›, sagt der Dälliker Primarlehrer Ruedi F. ‹Muggen ist lustig, allgemein akzeptiert, ein Sport.›» Es sind denn auch nicht lebensnotwendige Dinge, die da aus Langeweile und Übermut geklaut werden. Manchmal werden die gestohlenen Dinge gleich anschliessend achtlos weiterverschenkt.

Suchtartig ist dieses Konsumverhalten, weil es nie befriedigt. Man muss immer mehr und alles haben, rennt jedem neuen Trend hinterher – und hat doch nie genug. Denn alles sind Ersatzlösungen: Die Mode ist mittlerweile bereits wieder einen Schritt weiter. Vielleicht merkt man auch zu spät, dass die neue Verpackung den alten Inhalt verbirgt und der versprochene Fortschritt der «brandneuen» Version des Computerprogramms die Praxistauglichkeit nur ein winziges Stück verbessert. Frustriert stopft man am Schluss noch einige Süssigkeiten mehr in sich hinein.

Der amerikanische Psychologe Erich Fromm unterscheidet zwischen dem «Haben» und dem «Sein» als Seinsweisen. Er schreibt: ‹Haben›, so scheint es uns, ist etwas ganz Normales im Leben; um leben zu können, müssen wir Dinge haben, ja, wir müssen Dinge haben, um uns an ihnen zu erfreuen.» Doch das Dasein bleibt dadurch leer. Erwachsene sollten deshalb die Jungen auf die Qualitäten des Seins hinweisen, also auf all das, was im Leben wirklich zählt – kreative Beschäftigungen, gute Gespräche, Freundschaften, die nicht darauf beruhen, dass einer den stärkeren Töff fährt.

Wie konsumieren wir?

Gehören Sie auch zu den Eltern, die ihren Kindern dauernd in den Ohren liegen: «Konsumiert nicht immer so viel! Was ihr heute wieder alles an Unnötigem anschleppt!» Was meinen Sie zu folgenden Aussagen:

Viele Zeitgenossen sagen . . .
– ich bin gegen diese Konsumgesellschaft . . .
aber sie konsumieren fleissig mit.
– Ich bin gegen diese verrückte Mode . . .
aber sie kleiden sich nach ihr.
– Ich bin gegen diesen Wohlstand . . .
aber sie wollen ihr Mofa, Motorrad, Auto.
– Ich bin gegen die Vermarktung des Sports . . .
aber sie strömen in die Stadien.
– Ich bin gegen das unmässige Essen . . .
aber sie können auf nichts verzichten.
– Ich bin gegen diese Überflussgesellschaft . . .
aber ich, ich lebe gut in ihr!
(Quelle: Klaus und Jörg Koch, Bloss nicht wie die «Alten»!, Frankfurt 1991, Ullstein Verlag)

Diese Sätze wären eine Familiendiskussion wert. Sie könnten dann gleich folgende Aufgabe anschliessen und einmal einen Monat lang Ihre Ausgaben aufschreiben und überprüfen: Welche Dinge, die wir gekauft haben, waren notwendig, welche überflüssig? Welche Spontankäufe hätte man vermeiden sollen? Jede Woche vergleichen Sie Ihre Haushaltsbücher. Unnötige Ausgaben erhalten einen bis drei Strafpunkte (je nach gemeinsamer Bewertung). Am Ende des Monats wird Bilanz gezogen: Sieger ist, wer am wenigsten Punkte aufweist.

Hand an sich legen

Wer Zuflucht im Heroin oder Alkohol sucht, dem ist sein Leben oft wenig wert. Er weiss, dass er sich damit kaputtmacht. Drogen sind ein indirekter Weg, um sich gegen sich selber zu wenden. Direkt selbstzerstörerisch ist dagegen der Selbstmord. Gerade Jugendliche können dafür anfällig sein. Bei der Ablösung vom Elternhaus kann es Phasen geben, in denen sie sich selbst ablehnen und mit sich nicht mehr klarkommen. Ein 20-jähriger Jugendlicher schreibt in seinem Abschiedsbrief: «Liebe Eltern, ich konnte leider nicht anders, konnte mit diesem Leben nicht fertig werden. Das Leben, das ich führte, stank zum Himmel, verzeiht mir, dass ich euch so viel Kummer mache. Ein Mensch, den ich gut mochte und an den ich glaubte, hat mich ein halbes Jahr grausam und ohne es zu wissen fertiggemacht. Vielleicht kennt ihr ihn, diesen Menschen. Ich konnte mich mit niemandem aussprechen.»

Suizidversuche sind häufiger, als man denkt. In der Schweiz rechnet man damit, dass zwanzig von 100 000 Menschen durch Selbstmord sterben. Nach einer Studie der Universität Genf verzeichnet die Schweiz im europäischen Vergleich nach Finnland die zweithöchste Selbstmordrate bei Jugendlichen. Jährlich nehmen sich zirka 110 Jugendliche das Leben. Aus einer Feldstudie in der Nordwestschweiz geht zudem hervor, dass rund 13 Prozent der befragten 13-jährigen und 55 Prozent der 19-jährigen bereits einmal Selbstmordgedanken hegten. Erschreckende Zahlen.

Man mag einwenden, der Weg vom Vorsatz zur Tat sei weit. Doch es ist fahrlässig, die Gefährdung zu bagatellisieren. Für die Eltern kommt der Selbstmord ihres heranwachsenden Kindes allzu oft wie ein Blitz aus heiterem Himmel. Sie sind nicht nur völlig überrascht, sondern können sich gar nicht vorstellen, warum er oder sie das getan hat. Dabei ist erwiesen, dass jedem Selbstmord Andeutungen, Anzeichen und Signale vorausgehen. Nur wird der Notschrei eines Kindes von der Umgebung häufig überhört oder bagatellisiert. Offensichtlich sind wir Erwachsenen (Eltern, Lehrer und Bekannte) häufig nicht in der Lage, wahrzunehmen, wie es Selbstmordgefährdeten in Wirklichkeit zumute ist, wie sie empfinden und fühlen.

Als Auslöser für Selbstmordversuche wurden zum Beispiel festgestellt: Unstimmigkeiten mit den Eltern, Streit mit Geschwistern, Depressionen, Reibereien zwischen den Eltern, Trennung der Eltern, Todesfälle oder schwere Krankheiten in der Familie, Schwierigkeiten mit Freund oder Freundin, Auseinandersetzungen mit Schulkameraden, Isolation etc. In all diesen Fällen bestehen starke psychische Belastungen in der Beziehung zu den Nächsten. Dabei fehlt es an Möglichkeiten, sich mit jemandem auszusprechen. Wie in einem Teufelskreis verstärkt sich die Isolation immer mehr; die gefährdeten Jugendlichen fühlen sich überflüssig, allein und ungeliebt. Oft genügt dann ein geringfügiger Anlass, das Fass zum Überlaufen zu bringen.

Die wichtigste Vorbeugung gegen die Suizidgefahr ist es, den Draht zu den Heranwachsenden nicht abreissen zu lassen. Sie müssen das Gefühl haben, dass sie sich jederzeit über ihre Probleme aussprechen können. Vor allem sollte man aber auch Sensibilität für die Befindlichkeit von Jugendlichen entwickeln, um einen Notschrei erkennen zu können. Dies gilt im Übrigen nicht nur für Eltern, sondern auch für Lehrer, Geschwister und andere Angehörige.

Oft mag es für die Eltern schwierig sein, konkret etwas zu tun. Denn sie können ja selbst Teil der Probleme sein, die die Heranwachsenden bedrücken bzw. in eine Depression geführt haben. In solchen Fällen ist es ganz wichtig, die Probleme nicht herunterzuspielen, etwa mit Ausflüchten wie: «Unsere Älteste hat halt immer schon ein etwas verschlossenes Wesen gehabt.» Auch der Hinweis auf eine «besonders schwierige Pubertät» hilft nicht weiter. Vielmehr sollte rechtzeitig Beistand von aussen gesucht werden. Hilfestellung geben können zum Beispiel Jugendämter oder Kinder- und Jugendpsychiater.

Erste Hilfe für Betroffene

> Betroffene Jugendliche können sich in einer akuten Krise auch an die Dargebotene Hand (Telefon 143) wenden. Hier finden sie einen Gesprächspartner, der ihnen geduldig zuhört. Die Anonymität des Telefons verleiht oft mehr Mut, sich jemandem anzuvertrauen. Dies schafft die Grundlage für weiterführende, dann vielleicht auch persönliche Gespräche mit dem Berater. Hat jemand einen Selbstmordversuch verübt und benötigt dringend medizinische Hilfe, so kann man sich an den Sanitätsnotruf (Telefon 144) wenden.

Nur nicht zu dick werden

«Vreni hatte schon immer Schwierigkeiten, Freundschaften zu schliessen und aus sich herauszugehen», berichtet die Mutter des heute 17-jährigen Mädchens. «Vor etwa drei Jahren fiel uns dann plötzlich auf, wie sie immer weniger ass. Dabei behauptete unsere Tochter steif und fest, sie müsse fasten. Sonst fände sie bei ihrer Figur keinen Freund.» Zuerst nahmen das die Eltern als eine wunderliche Marotte. Doch langsam begannen sie sich Sorgen zu machen. Denn öfters verschwand Vreni fast panikartig auf die Toilette und erbrach das Wenige, das sie zu sich genommen hatte. Weil sie immer mehr abmagerte und manchmal tagelang gar nichts ass, wandten sich die Eltern an den Hausarzt. Dieser riet ihnen, sofort etwas zu unternehmen. Diese «Magersucht» sei eine Krankheit, die sogar lebensbedrohlich werden könne.

Man schätzt, dass in der Schweiz etwa fünf bis acht Prozent aller Mädchen und jungen Frauen nach der Pubertät an ernsthaften Ess-Störungen leiden. Auch hier wenden sich die Betroffenen letztlich gegen sich selbst. Bei der Ess- und Brechsucht (Bulimie) essen sie erst hemmungslos und gierig drauflos. In panischer Angst, dick zu werden, erbrechen sie jedoch sogleich oder befreien sich mit Abführmitteln vom Gegessenen – ein Teufelskreis, der immer wieder von vorne beginnt. Noch beunruhigender für die Patientinnen und ihre Angehörigen ist die Magersucht (Anorexie), die in rund sechs Prozent aller Fälle auch männliche Jugendliche betreffen kann. Magersüchtige verweigern das Essen und haben noch Angst, «dick» zu werden, wenn sie in Wirklichkeit spindeldürr sind. Das Gewicht beträgt dann oftmals nur noch ein Viertel des Normalgewichts, die Monatsblutung setzt bei Mädchen aus. Wichtig zu wissen: Bei erwachsenen Personen gilt die Grenze von rund 40 Kilogramm als kritischer Punkt.

Jung, schlank und sexy sind zwar die Schönheitsideale junger Mädchen. Übergewicht gilt als hässlich und unfein. Fast zwanghaft wird in Reklamen das Schlanksein als Ideal propagiert, und alle möglichen Schlankheitskuren werden angeboten. Feministinnen weisen darauf hin, dass der Schlankheitswahn sehr viel mit unserer Männergesellschaft zu tun hat: Männer profilieren sich durch Leistung, Frauen durch Schönheit und Schlankheit. Es sei sicher kein Zufall, meint beispielsweise Alice Schwarzer, dass gerade mit der erstarkenden Emanzipation und dem Vordringen der Frauen in Beruf und Politik immer eindringlicher suggeriert wird, Schönheit und Schlanksein seien eben doch das Wichtigste in einem Frauenleben: «Dem Gebot der Schlankheit beugten sich in den letzten zwei Jahrzehnten zunehmend mehr Frauen. Sie schaffen es oder schaffen es nicht, es beschäftigt sie auf jeden Fall. Manchmal rund um die Uhr. Sie haben Komplexe, lassen sich den Appetit verderben, zählen Kalorien, haben zu tun... Während Männer nach Profil streben, streben Frauen nach Linie. Männer machen Karriere, Frauen Diäten. Während Männer Raum einnehmen, machen Frauen sich dünne: wie günstig.» (Quelle: Das neueste Emma Buch, München 1991, dtv)

Letztlich geht es bei den Essstörungen gar nicht um Pfunde und Kilos. Dahinter stecken seelische Ursachen. Sie deuten auf ein gestörtes Verhältnis zum eigenen Körper hin: Die Ess-Brechsucht kann zum Beispiel aufgrund frühkindlicher Störungen einen unstillbaren Hunger nach Liebe und Anerkennung bedeuten, die man sich aber letztlich in selbstzerstörerischer Absicht selbst versagt. Oder es verbirgt sich hinter der Magersucht die Problematik der Ablösung von dominanten Eltern und des Erwachsenwerdens: Man protestiert mit der totalen Nahrungsverweigerung gegen sie, oder man möchte kindlich schlank bleiben – was dann noch dadurch unterstrichen wird, dass die Mens ausfällt.

Bei der Behandlung solcher seelischer Störungen sind Eltern und Angehörige in aller Regel überfordert. Denn oft sind sie viel zu stark in die krank machenden Bedingungen verstrickt, als dass sie helfen könnten. Vielmehr sollte man die Hintergründe des Problems mit Hilfe einer psychotherapeutischen Beratung herausfinden. Daneben haben sich Selbsthilfegruppen für Betroffene und Angehörige bewährt, die allerdings eine fachliche Behandlung und Therapie nicht ersetzen.

Zwang bringt nichts

> Solche Essstörungen können bis zum Tod führen. Im Kanton Zürich wurden zum Beispiel von 1983 bis 1985 rund fünfzig Frauen in lebensbedrohlichem Zustand hospitalisiert. Dennoch ist Panik fehl am Platz, wenn heranwachsende Mädchen unter leichten magersüchtigen Störungen leiden. Solche kommen sehr häufig vor und sind meist nur vorübergehend. Auf keinen Fall sollte man seine Tochter zum Essen zwingen, weil dies häufig zur gegenteiligen Reaktion, zur noch stärkeren Verweigerung, führt.

Abtauchen in eine Sekte

Flucht muss nicht selbstzerstörerisch sein, sie kann auch in der Suche nach neuer Geborgenheit und eindeutigen Wertmassstäben enden. Solche sind aber nur schwer in einer Gesellschaft zu finden, die so individualistisch geprägt ist wie die unsere. Einfache Antworten gibt es kaum noch. Gegen jede Idee tauchen gleich hundert Einwände auf, und alles hängt von allem ab. «Im Dorf, wo ich aufgewachsen bin, war es noch einfacher», meint ein 40-jähriger Vater. «Wir waren noch eingebunden ins Dorfleben, und der Pfarrer hatte moralische Autorität.» Heute haben die offiziellen Kirchen viel von diesen Funktionen verloren. Nicht nur haben die Kirchenaustritte zugenommen; es wird auch viel argumentiert und rational erklärt. Wer Halt sucht, findet diesen eher in Sekten und fundamentalistischen Gemeinschaften, wo die wörtliche Auslegung der Bibel direkte und verständliche Antworten auf komplizierte Fragen unserer Zeit verspricht. Auch fernöstlich inspirierte Religionen und Gruppen, die Meditation und emotionales Erleben in den Mittelpunkt stellen, haben grossen Zulauf.

Oft spricht man von der «Verfärbung durch Jugendreligionen», weil man annimmt, dass diese Gemeinschaften vor allem Jugendliche anziehen. In einer Studie über die «Werte der Schweizer» konnte man nachweisen, dass sich nur 13 Prozent der über 65-jährigen in mehr oder weniger grosser Übereinstimmung mit solchen «neureligiösen Bewegungen» fühlen, dagegen 28 Prozent der 20- bis 25-jährigen. Es gibt denn auch einzelne Gruppen, die sich speziell an jüngere Menschen wenden und ihnen besondere Angebote machen. So knüpft die Gemeinschaft Sri Chinmoys mit der Veranstaltung von sportlichen «Weltfriedensläufen» und «Friedenskonzerten» an ein Bedürfnis dieser Altersgruppe an. Dennoch sind Sekten und religiöse Gemeinschaften kein spezifisch jugendliches Thema. In manchen der sogenannten Jugendreligionen gehören die Mitglieder in überwiegender Zahl zu den 40- bis 50-jährigen. Die «Midlife-crisis» und die Frage, ob die erste Hälfte des Lebens nutzlos vertan wurde, können einen mindestens so starken Antrieb zur Sinnsuche abgeben wie die Jugendkrise.

Das bisher Gesagte deutet an, wie man Jugendliche gegen solche Einflüsse immunisieren kann: Wichtig ist eine Erziehung, die den gefühlsmässigen Seiten des Lebens genügend Beachtung schenkt und nicht einseitig die intellektuelle Förderung des Heranwachsenden forciert. Zudem sollten die Heranwachsenden mit ihren Fragen nicht allein gelassen werden, so dass sie darauf bei Sekten Antworten suchen müssen. Konkret könnte dies bedeuten:
- Von Kind auf sollte man in der Familie Feste feiern und deren emotionalen Gehalte deutlich machen. Weihnachten sollte nicht einfach als «Geschenklitag» gelten, sondern mit den Liedern, der Weihnachtsgeschichte, dem Kerzenlicht verbunden sein. Geburtstag, Lehrabschluss etc. sind weitere Gelegenheiten, um miteinander zu feiern und das gemütliche Zusammensein in der Familie zu pflegen. In Jugendgruppen sind Lagerfeuer, gemeinsame Lieder und Gruppenerlebnisse wichtig. Und auch in der Schule muss der gemüthaften und musischen Seite des Lernens wieder stärker Beachtung geschenkt werden.
- Überhaupt sollten vermehrt starke und prägende Erlebnisse ermöglicht werden – etwa durch gemeinsame Wanderungen oder Spiele, Naturerlebnisse (ein Sonnenaufgang auf einem Berg, das Betrachten einer Orchidee, das Durchstreifen des Waldes beim Pilzesuchen etc.), den Zusammenhalt in einem Jugendlager oder auf einer mehrtägigen Velotour.
- Jugendliche stellen viele Wert- und Lebensfragen. Sie probieren damit ihre neu erworbenen Fähigkeiten aus, sich selbst und ihr Leben auf das Warum hinterfragen zu können: «Welche Lebensziele gibt es, für die es sich einzusetzen lohnt?»; «Woher kommt das Leben?»; «Wie kann man ‹gut› oder ‹böse› in einer Welt noch unterscheiden, wo es so viele

verschiedene Auffassungen gibt?» Mit solchen Fragen sollten sie nicht allein gelassen werden. Die richtige Antwort heisst nicht: «Das ist zu schwierig für dich!» oder: «Das solltest du einmal den Pfarrer oder den Lehrer fragen.» Vielmehr sollten Eltern von Anfang an auf solche Fragen eingehen und sie nach bestem Wissen und Gewissen beantworten.

Wichtiger als eine alles erklärende Antwort ist es, den Heranwachsenden das Gefühl zu vermitteln, dass man sich als Erwachsene ernsthaft um solche Fragen bemüht. Anstatt lehrerhafter Erörterung sind persönliche Antworten gefragt, an denen sich die Jungen orientieren können. Eine Antwort zur Frage von «gut» und «böse» könnte zum Beispiel sein: «Ich habe manchmal auch Mühe, dazwischen zu unterscheiden. Aber eigentlich kann ich mich ganz gut auf meine innere Stimme verlassen. Meist weiss ich intuitiv, was das Richtige ist.»

Sekten und religiöse Gemeinschaften – eine Übersicht

Christliches Umfeld. Häufig bezeichnet man alle religiösen Gruppen als Sekten, die nicht den offiziellen Kirchen angehören. Das reicht von den Zeugen Jehovas und der Pfingstbewegung bis zur Heilsarmee. Diese Sichtweise widerspiegelt aber auch die Abwehrhaltung der Landeskirchen, die gleichsam ein «religiöses Monopol» für sich in Anspruch nehmen.

Für manche Jugendliche besonders anziehend sind fundamentalistische Gruppierungen, die sich direkt und ohne komplizierte Auslegungen dem Leben und Wort von Jesus verpflichtet fühlen. Das Unbehagen an der heutigen Welt wird – zum Beispiel bei den Zeugen Jehovas – durch die Hoffnung auf die bevorstehende Wiederkunft von Jesus aufgehoben. In einer ihrer Selbstdarstellungen heisst es: «Die Weltereignisse der letzten Jahrzehnte waren an sich schlecht, doch sind sie ein Anzeichen für etwas Gutes, nämlich für Christi Gegenwart. Jesus sagte daher: ‹Wenn diese Dinge zu geschehen anfangen, dann richtet euch auf und hebt eure Häupter empor, denn eure Befreiung naht› (Lukas 21:28).» Wer vorher an seinem Leben verzweifelte oder sich in seiner Umgebung nicht zurechtfand, findet hier eine Botschaft, die ihm alles erklärt und neue Zuversicht schafft. Originalton der Zeugen Jehovas: «Sie haben sich Gott hingegeben, um seinen Willen zu tun, und sie bemühen sich, dementsprechend zu leben. Bei allem, was sie tun, suchen sie die Anleitung des Wortes Gottes und seines Heiligen Geistes.» Dazu kommt die Geborgenheit in der Gruppe: das emotionale Erlebnis der Offenbarung Gottes, Singen und Preisen zum Lob des Herrn, die Überzeugung, zu den Auserwählten zu gehören.

Zu den traditionellen Gemeinschaften, die schon seit Jahrzehnten in der Schweiz tätig sind, zählen die Zeugen Jehovas, Mormonen, die Adventisten des siebten Tags, die Heilsarmee (siehe auch «Und ausserdem», Seite 252). Auf christlichem Boden bilden sich aber auch laufend neue Gemeinschaften, die sich oft auf selbst ernannte Propheten stützen und eine direkte Beziehung zu Gott für sich beanspruchen – im zürcherischen Egg zum Beispiel die Seherin Uriella (Erika Bertschinger) mit ihrer Gemeinschaft Fiat Lux. Dazu gehören aber auch die «Kinder Gottes» von David Berg, vor etwa 40 Jahren in den USA gegründet, oder Jean Michel et son Equipe.

Religiöse Gemeinschaften aus dem Fernen Osten. In der Presse sorgen immer wieder fernöstlich inspirierte Gruppierungen für Schlagzeilen. Man erinnere sich nur an die Anhänger von Baghwan Shree Rajneesh, der in den siebziger und achtziger Jahren viele zivilisationsmüde jüngere Menschen anzog. Bis heute aktiv sind bei uns zum Beispiel die Krishna-Bewegung, die Anhänger Sri Chinmoys, Ananda Marga, die Divine Light Mission von Maharaji Ji (siehe auch «Und ausserdem», Seite 252). Solche fernöstlichen Religionen nützen ein Unbehagen am Christentum aus. Sie geben den spirituellen Gefühlen von jungen Menschen Nahrung, die mit der christlichen Überlieferung nicht mehr viel anfangen können. Meditation und Glaubensinhalte wie Wiedergeburt und der geistige Weg der Läuterung erscheinen gleichzeitig exotisch und vertraut.

Besonders exotisch unter diesen Gruppen wirken die Hare-Krishna-Anhänger, die in lange orange Gewänder gehüllt und oft kahl geschoren auf der Strasse singen und tanzen. Sie sagen täglich 1728mal den Namen Gottes vor sich hin: «Hare Krishna, Hare Krishna, Krishna Krishna, Hare Hare, Hare Rama, Hare Rama, Rama, Rama, Hare Hare.» In einer Broschüre der Krishna-Bewegung heisst es dazu: «Die transzendentale Klangschwingung (im Sanskrit: mantra) von Gottes Namen hat die Kraft, alle materielle Verunreinigung aus unserem Bewusstsein zu entfernen und uns die Möglichkeit zu geben, unsere natürliche Stellung wieder zu erkennen und dementsprechend zu handeln.»

Die von den Hare-Krishna-Jüngern benutzte Gebetsschnur weist eine offensichtliche Verwandtschaft zum katholischen Rosenkranz auf. Aber auch ihr Alltag ist in manchen Aspekten mit christlichem Klosterleben zu vergleichen: ein streng geregelter Tagesablauf, gemeinsames Gebet, sexuelle Enthaltsamkeit, absoluter Vegetarismus. Gegenüber dem Ernst der westlichen Religionen wird indessen eine eigentümliche Fröhlichkeit gepflegt, die im Tanzen und Singen zum Ausdruck kommt. Ziel ist die totale Ausrichtung des Lebens auf Gott. In einer Selbstdarstellung heisst es: «Jedes Lebewesen ist eine unsterbliche spirituelle Seele, ein winziger Teil Gottes, der der Ursprung der gesamten Schöpfung und der Ursprung aller Lebewesen ist. Deshalb wird jemand, der dies erkannt hat, ganz natürlich den Wunsch haben, diesem Höchsten Herrn in Liebe und Hingabe Dienst darzubringen.»

Synthetische religiöse Gemeinschaften und Psychozirkel. Sie «basteln» ihre Lehre aus ganz verschiedenen Elementen zusammen. Dazu gehört die Scientology-Kirche, oft auch unter dem Namen Dianetik bekannt. Wie weit es sich bei dieser Lehre um eine Religion handelt, ist umstritten; manche Fachleute sprechen von einem Psychokult. Gegründet wurde Scientology vom Science-fiction-Autor Ron Hubbard nach dem Zweiten Weltkrieg. Ziel ist es, durch spezielle Kurse zur geistigen Klarheit zu gelangen, «clear» zu werden. Gemäss ihren Anhängern hilft Scientology, geistige Freiheit, Intelligenz und Fähigkeiten zu steigern und das Bewusstsein von Unsterblichkeit zu erlangen.

Der Einstieg beginnt meist ganz harmlos: Man wird auf der Strasse angesprochen und füllt erst einmal einen Persönlichkeitstest aus. Darauf wird einem vorgeschlagen, die im Test ersichtlichen Schwächen – und Schwächen werden immer festgestellt – mit den Kursen von Scientology weiter zu bearbeiten. Ehe man sichs versieht, bucht man Kurs über Kurs für teures Geld. Manche ehemalige Anhänger liessen Zehntausende von Franken liegen und mussten nach ihrem Ausstieg aus der Sekte auf dem Gerichtsweg versuchen, den Schaden möglichst klein zu halten.

Relativ viele Anhänger hat bei uns auch die Vereinigungskirche des 1920 geborenen Koreaners San Myung Mun (Moon-Sekte). Unter seinem Zepter hofft er, die ganze Welt zu «vereinigen», wobei im Mittelpunkt seiner Lehre ein extremer Antikommunismus steht. Mun hat in den Augen seiner Anhänger den Weg gefunden, wie sich die Menschheit von der Herrschaft Satans befreien kann. Auch Jesus habe dies zwar versucht, aber nicht erreicht: «Wenn die Menschen sich mit Jesus vereinigt hätten», heisst es in einer Broschüre der Vereinigungskirche, «so wäre die Sündenvergebung nicht durch die Kreuzigung, sondern durch den Glauben und die Vereinigung mit ihm erfolgt, und das Himmelreich wäre zu Lebzeiten Jesu hier auf Erden verwirklicht worden.»

Wie die Scientologen beweisen auch die Moonies einen ausserordentlichen Geschäftssinn. Ihr Imperium ist straff organisiert und umfasst ein ganzes Konglomerat von Firmen. Das aggressive Verhalten der Vereinigungskirche wird zum Beispiel an den von ihnen veranstalteten wissenschaftlichen und politischen Konferenzen deutlich. Oft weiss die eingeladene Prominenz nicht, wozu sie sich da einspannen lässt. Im Einflussbereich der Vereinigungskirche stehen so unverfänglich erscheinende Organisationen wie: CARP, CAUSA, New Era, I.C.U.S. (International Conferences on The Unity of the Sciences), Assembly of the World Religions usw. Nicht zuletzt gehört dazu auch das alljährlich stattfindende «Jugendseminar über die Weltreligionen».

Zu reden machen in jüngster Zeit sogenannte Psychozirkel, wie zum Beispiel der Verein zur Förderung der psychologischen Menschenkenntnis und Landmark Education, eine Nachfolgeorganisation des amerikanischen Psychokultes EST, der von Werner Erhard in den 70er Jahren gegründet wurde.

Der Verein zur Förderung der psychologischen Menschenkenntnis – kurz VPM genannt – schlägt vor allem in der Schweiz hohe Wellen, obwohl auch in Deutschland und Österreich – meist unter anderem Namen – Ableger existieren. Grundgedanke des VPM ist «das Werden zum besseren bzw. zum neuen Menschen», ein Ziel, das durch Gruppentherapie, Charakterschulungen, Veranstaltungen zur Weiterbildung und Seminare erreicht werden soll. Dank der Vermittlung von «psychologischer Menschenkenntnis» soll seelisches Leid verhindert werden. Da der VPM die Ursache für psychische Leiden vor allem in der Erziehung sieht, werden bereits Kinder mit den Psychopraktiken des VPM konfrontiert – so unter anderem durch die zahlreichen Lehrer, die dem VPM angehören.

Der VPM kam vor allem Anfang der 90er Jahre in die Schlagzeilen. Immer mehr Eltern von Schulkindern reagierten beunruhigt angesichts der von VPM-Lehrern vermittelten übertriebenen Hygienemassregeln und der Überbewertung der intellektuellen Leistungen. Auch die restriktive, panikmachende Öffentlichkeitsarbeit bezüglich der Aids- und Drogenaufklärung geriet ins Gerede.

Auch wenn der VPM aufgrund fehlender religiöser Aspekte keine

Sekte im klassischen Sinn ist, wird er den Gruppierungen mit sektierischer, vereinnahmender Tendenz zugeordnet. Kriterien sind der vermittelte Ausschliesslichkeits- und Heilsanspruch, der autoritäre Stil und das Freund-Feind-Denken.

Landmark Education ist wie der VPM keine klassische Sekte. Dennoch betreffen mit Abstand die meisten Anfragen bei der Zürcher Beratungsstelle info-sekta diese Organisation. Landmark Education bietet Seminare an, die Forum genannt werden und deren Ziel ein einzigartiger Durchbruch zum neuen Menschsein ist. Integraler Bestandteil der Kurse ist aber auch die Gewinnung von neuen Teilnehmern, zum Beispiel durch die Aufforderung, Bekannte und Verwandte mitzubringen. Angehörige, Bekannte von Forum-Teilnehmern suchen meist Rat bei info-sekta, weil sie nach den Kursen Persönlichkeitsveränderungen und fehlende Kommunikationsbereitschaft feststellen. Zwar handelt die Firma, wie sich Landmark Education nennt, völlig korrekt, wenn sie betont, dass sie psychische Defekte nicht behandeln kann. Trotzdem, so meint der Sektenspezialist Professor Georg Schmid 1994 im Beobachter, stellt das Forum keine ideale Möglichkeit dar, sich einem Seelenstriptease auszusetzen.

Merkmale einer «sektenhaften Gruppenstruktur

- Organisationen und Gruppen mit straff hierarchischer und doktrinärer Struktur.
- Autoritäre Führung oder Führergestalt mit prophetischen oder guruistischen Ansprüchen
- Ausschliesslicher Glaube an die absolute Wahrheit des eigenen Systems, der eigenen Lehre und der eigenen Methoden
- Erlösungs- oder Heilsversprechen
- Schwarzweiss-Malerei: «gute» Innenwelt gegen «böse» Aussenwelt; aggressiver Umgang mit der Aussenwelt
- Rücksichtslose Missionierungsmethoden wie Tarnung, Manipulation etc.
- Anwendung von Psychotechniken wie Gruppendruck, Abschottung, Isolation, Fanatisierung, bewusstseinsverändernde Methoden etc.
- Kritikverbot

Quelle: Züricher Beratungsstelle info-sekta

Mein Kind in einer Sekte?

Interessieren sich Heranwachsende für eine dieser religiösen Gemeinschaften oder treten sie gar in eine Sekte ein, ist guter Rat teuer. Denn nach den schweizerischen Gesetzen besteht ab dem 16. Altersjahr Religionsmündigkeit. Das heisst, die Jungen erhalten das Recht, jenen Glauben selbständig zu wählen, dem sie sich zugehörig fühlen – auch wenn es sich um die Zeugen Jehovas, den Krishna-Kult, die Vereinigungskirche Muns handelt. Ob sich ein solcher Schritt für den Einzelnen nur negativ auswirkt, ist zudem umstritten. Manche Jugendliche finden in einer dieser sogenannten Sekten jenen festen Rahmen, den sie im Moment ganz dringend brauchen. Sonst würden sie vielleicht Selbstmord begehen oder Vergessen in den Drogen suchen.

Um so schwieriger ist die Situation der Eltern, die sich in ihren Hoffnungen enttäuscht und sehr machtlos fühlen. «Wir haben gemerkt, wie sich uns unsere Tochter Petra langsam entzieht», berichtet Sandra L. «Sie scheint uns nicht mehr sie selber zu sein und wirkt auf uns wie eine Marionette, die von irgendwoher an langen Fäden gezogen wird. Plötzlich weiss sie auf alles einen passenden Bibelspruch. Das erscheint uns suspekt, da wir in der Familie keine so tiefe Beziehung zur Religion haben.» Schwierig ist vor allem, dass alle rationalen Überlegungen und Argumente auf pures Unverständnis stossen. «Es ist, wie wenn zwei Welten aufeinander prallen», bringt es Sandra L. auf den Punkt.

Kein Wunder, dass verzweifelte Eltern auch mit fragwürdigen Methoden versuchen, ihre Kinder von der Sekte wegzubringen. Bekannt wurde zum Beispiel der Versuch von Eltern, ihren Sohn aus der Hare-Krishna-Bewegung zu entführen und zu «deprogrammieren», das heisst, einer Art von «Gegen-Gehirnwäsche» auszusetzen. Solche Praktiken sind kaum geeignet, zerstörtes Vertrauen wiederherzustellen und jungen Menschen die verloren geglaubte Freiheit zurückzugeben. Manchmal wird von solchen militanten Sektengegnern der totalitäre Anspruch der Sekten einfach übernommen.

Um gegen den Einfluss solcher religiöser Gemeinschaften etwas zu unternehmen, braucht es die Bereitschaft der Betroffenen. Diese ist indessen kaum vorhanden, solange sie sich innerlich nicht bereits ein Stück weit gelöst haben. Das mag tragisch sein für Eltern, die etwa dem Beobachter-Beratungsdienst schreiben: «Wir haben unser ganzes Leben gespart, damit es unser Sohn einmal besser hat als wir. Nun ist er in die Fänge einer Sekte geraten. Was können wir tun, damit er ihr später nicht das ganze Erbe überschreibt?» Die Antwort lautet: «Wenig, wenn es nur ums Geld geht.» Aber auch generell braucht es einen langen Atem, manchmal über mehrere Jahre hinweg. In dieser Zeit kann man oft nicht viel mehr tun, als den Kontakt zu seinem Kind aufrechtzuerhalten. Das ist indessen viel wert: Da sich solche religiöse Gemeinschaften gegen aussen meist sehr stark abschliessen, ist es ausserordentlich wichtig, dass dieser letzte Draht zur Aussenwelt nicht gekappt wird.

Vor allem sollte man seinen Sohn und seine Tochter nicht allein als Mitglied der Sekte wahrnehmen. Um vom Konfrontationskurs abzukommen, könnten sich die Eltern überlegen: Welche Seiten haben wir früher an ihm oder an ihr geschätzt? Gibt es Interessen, die wir gemeinsam verwirklichen können? Und sie sollten sich mit der entsprechenden religiösen Gruppierung auch selbst auseinandersetzen – etwa, indem sie deren Schriften studieren oder sich bei einer Sektenberatungsstelle näher über solche Gruppierungen informieren.

Die aktive Hilfe von aussen wird vor allem dann wichtig, wenn sich jemand zum Ausstieg aus einer Sekte entschieden hat. Denn der feste Rahmen und die starre Weltordnung, die innerhalb der Gruppe Halt gaben, fehlen jetzt plötzlich. Er oder sie fühlt sich isoliert und allein, da die früheren Kontakte nach aussen seit langem aufgegeben worden sind und sich das Beziehungsnetz auf die Sekte reduziert hat. Oft sind die Betroffenen auch ganz aus ihrem Beruf ausgestiegen, so dass sie nach dem Austritt finanziell vor dem Nichts stehen. Lydia P.: «Während meiner Sektenzeit habe ich eigentlich nur Werbeschriften verteilt und beim Drucken geholfen. Als ich dann herauskam, war ich froh, erst einmal bei meinen Eltern Unterschlupf zu finden. Sie waren für mich die Brücke ins normale Leben zurück.»

Manchmal bleiben Schulden zurück. Berüchtigt ist in dieser Hinsicht Scientology. Nicht ungewöhnlich sind Mitglieder, die Zehntausende von Franken in kostspielige Kurse investieren, Kleinkredite aufnehmen und sich total verschulden. Meist bemerken die Mitglieder indessen die finanzielle Katastrophe, in die sie hineinschlittern, erst dann, wenn sie aus ihrem Traum von der immer grösseren Klarheit über sich selbst erwachen und wieder auf dem harten Boden der Realität stehen. In solchen Fällen ist die Hilfe eines Anwalts anzuraten (Adressen vermitteln der Beobachter-Beratungsdienst oder die

Sektenberatungsstellen, siehe Anhang, Seite 314). Sind Jugendliche noch unmündig, kann es auch helfen, wenn die Eltern Verträge mit Scientology als ungültig erklären. Denn bei der Höhe der Kursgelder wäre ihr Einverständnis dazu nötig gewesen.

Es bleibt nur eins: driischloo

Die Jugendgewalt ist ein häufiges Thema der Medien. Da hiess es zum Beispiel in Zeitungsschlagzeilen: «Dann schlug er mir die Faust ins Gesicht»; «Jugend-Banden terrorisieren Jugendliche»; «Die Jugendgewalt auf neuem Höhepunkt»; «Wer nicht klaut, kifft und prügelt, ist ein Schlappschwanz».

Jugendarbeiter bestätigen, dass die Gangart auf der Gasse in den letzten Jahren härter geworden ist: «Da laufen die Kids mit ausgebeulten Taschen herum», berichtet einer. «Früher gab es vielleicht einmal ein Stellmesser, aber keine Pistolen und andere Schusswaffen.» In einem Bericht der «Weltwoche» bestätigt dies Giorgio Andreoli, Mitarbeiter der Berner Jugendkonferenz (Juko): «Die Gesellschaft und damit auch die Jugendlichen werden immer militanter. Schlägereien hat es immer schon gegeben», räumt er zwar ein, «heute endet die Schlägerei aber häufig nicht damit, dass der Gegner auf den Boden gezwungen wird. Der Stärkere lässt es nicht mehr dabei bewenden, sondern haut weiter auf sein bereits hilfloses Opfer ein. Die Hemmschwellen – das kriegen wir bei unseren Regionalsitzungen immer wieder mit – sind gesunken, auch die Hemmschwelle, sich zu bewaffnen.»

Doch auch im gewöhnlichen Alltag begegnet man der Gewalt häufiger als früher. Sarah L. berichtet: «Ich habe mich gewundert, weshalb die neuen Tennisschuhe unseres Sohnes Urs plötzlich verschwunden waren. Als ich ihn zur Rede stellte, stotterte er erst einmal herum. Langsam kam dann heraus, dass es im Schulhaus eine Gruppe von Jugendlichen gibt, die ihre Mitschüler terrorisieren. Zum Beispiel lassen sie es nicht zu, dass andere Schüler Schuhe oder Jacken bestimmter Marken tragen. Wer dies trotzdem tut, wird auf offener Strasse gezwungen, die Kleidungsstücke auszuziehen und abzugeben. Erschreckt hat mich, dass keiner der Schüler wagt, den Eltern etwas zu sagen oder

Anzeige zu erstatten, weil für diesen Fall Schläge und Schlimmeres angedroht werden.»

Es gibt mehrere Gründe, warum die Gewaltbereitschaft grösser geworden ist. Einmal ist das Unrechtsbewusstsein in der Konsumgesellschaft zurückgegangen. Schon im Elternhaus gilt vielerorts die Maxime: «Wenn ich etwas will, habe ich auch ein Anrecht darauf!» Wo zudem Waren im Überfluss locken und Einkaufszentren und Supermärkte einem einzigen Selbstbedienungsladen gleichen, liegt der Schluss nahe: Etwas klauen ist nicht weiter schlimm; es ist ja noch genug da. So nimmt man sich, was man will – wenn nötig mit Gewalt.

Zum Zweiten hat die Gewalt in den Städten generell zugenommen. Wer vor zwanzig Jahren nachts um zwölf ohne Bedenken allein durch die Strassen Zürichs oder Basels schlenderte, tut dies heute nicht mehr so unbefangen. Zu viel liest man in den Zeitungen über Vergewaltigungen und Überfälle. Aber auch in Krimiserien und Actionfilmen lernt man, dass man am besten mit einer Waffe und seinen Fäusten durchkommt. Wer sich an solchen Vorbildern orientiert, hat keine Probleme, sich die passende Knarre zu erstehen, von der Pistole bis zum Kalaschnikow-Maschinengewehr. Mangels eines griffigen eidgenössischen Waffengesetzes geht das an manchen Orten fast so leicht wie das Einkaufen im Supermarkt. Dazu kommt noch die spezifische Situation des Jugendlichen, wie Giorgio Andreoli festhält: «Eine Waffe gibt dem Jugendlichen jenes Gefühl von Unabhängigkeit und Macht, das er sich im Alltag nicht holen kann.»

Drittens: Stärke demonstrieren wollen oft die Schwachen – jene, die in der Gesellschaft besondere Schwierigkeiten haben, arbeitslos sind, sich in der Schule überfordert fühlen. Dank ihres gewalttätigen Verhaltens haben jetzt andere Angst und Respekt vor ihnen. Auch die ihnen in der Kindheit versagte Zuwendung erhalten sie nun; und wenn es nur der Jugendanwalt, die Polizei oder ein Strafverteidiger sind, die sich um sie kümmern. Sonst gibt es in der Gesellschaft für sie kaum Nischen. Der 16-jährige Ronni zum Beispiel ist von der Schule geflogen und hat sich einer Home-Boy-Gang in Oerlikon (Zürich) angeschlossen. In einem Porträt des «Tages-Anzeigers» heisst es über ihn: «Die zwanzigköpfige Gruppe wurde zu Ronnis Ersatzfamilie. Nach Hause ging er nur noch, um seiner Mutter Geld auszureissen. Bald fragte er nicht mehr, sondern nahm nur noch. Als echter Home, wie er sich fühlte, begann er das Leben obdachloser Jugendlicher in den schwarzen Armenvierteln New Yorks zu kopieren: Er schlief mal bei diesem oder jenem Kollegen, trieb sich in der ganzen Stadt herum und sprayte des Nachts bunte Schriftzüge an Häuserfassaden, Tramwagen oder Brückenpfeiler.» Seine Selbstdarstellung: «Ein Home lebt in einer Bande, ist in der Regel total verwahrlost und hat überall ein Puff. Er denkt anders als die anderen, nimmt Drogen und ist ständig in Schlägereien verwickelt.» In solchen Kreisen gehört die Waffe häufig zum Outfit, wie die richtige Frisur, die Kleidung und die Musik. So finden manche Home Boys Gewalt geil und identifizieren sich mit den brutalen Strassengangs in den amerikanischen Ghettos.

Es ist kein Zufall, dass sich die Home Boys häufig aus ausländischen Jugendlichen rekrutieren (auch Ronnis Gang besteht mehrheitlich aus Ausländerkindern). Diese gehören überdurchschnittlich häufig zu den sozial schwachen Schichten – wie ihre Vorbilder in den Slums der amerikanischen Grossstädte. Das schafft Identifikationen und ist eine Möglichkeit, sich vom durchschnittlichen «Bünzli-Schweizer» abzugrenzen. Und dennoch ist die Lage dieser Strassen-Kids letztlich hoffnungslos. So heisst es in einem Bericht über die Szene in der Basler Steinenvorstadt: «So sind sie alle in der Steinenvorstadt: Nobodys, Gezeichnete, junge Menschen ohne Hoffnung. Niemand wollte sie, jetzt schon gar nicht, niemand kümmerte sich um sie. Sie taten sich zusammen, Leidensgenossen. Geteiltes Leid ist halbes Leid. In den Steinen sind sie wer, Kampfgefährten. Etwas anderes als die Steinen haben sie nicht. Viele sind vorbestraft, wegen Körperverletzung und Vandalismus.»

Trotz dieser unerfreulichen Entwicklung muss deutlich herausgestellt werden, dass nur ein kleiner Teil der Jugendlichen zur Gewalttätigkeit neigt. Die Mehrheit ist eher angepasst und auf dem Konsumtrip. Auch unter den Hip-Hoppern und Home Boys gibt es nur eine Minderheit von Gewalttätern. Zum harten Kern dürften nach Schätzungen von Jugendarbeitern höchstens fünf bis sieben Prozent aller Jugendlichen gehören. Zudem verschwinden gewalttätige Szenen oft ebenso rasch wieder, wie sie aufgetaucht sind. So sprach man zum Beispiel vor wenigen Jahren in Basel nur von den «Hooligans», den gewalttätigen Fans des FC Basel, die sich mit Anhängern anderer Clubs handgreifliche Schlachten lieferten. Heute sind es ausländische Jugendliche, die kaum eine berufliche Zukunft haben – und morgen?

Gewalt erzeugt Angst und Unsicherheit. Schnell heisst es da: «Diese Jugendlichen sollte man alle einsperren!» Doch unser Jugendstrafrecht setzt auf Vorbeugung und Erziehung. Gefängnis, obwohl neuerdings angesichts der Hilflosigkeit gegenüber der Jugendgewalt wieder häufiger gefordert, setzt nur die Ausgrenzung fort. Im schlimmsten Fall verläuft dann die Entwicklung von der Gewalt in die Ausweglosigkeit einer kriminellen Karriere.

Eltern und Erzieher fühlen sich meist völlig machtlos, wenn sie merken, dass ihnen Jugendliche entgleiten. Denn sie erkennen die Entwicklung zur Gewalt oft erst, wenn es zu spät ist. Es hilft nichts, Sündenböcke zu bezeichnen: die Ausländer, das Fernsehen, die zu lasche Erziehung. Solche pauschalen Erklärungen und Patentlösungen verkennen, dass in der Erziehung solcher Jugendlicher vieles schief gelaufen ist. So hat eine Basler Forschergruppe bei «aggressiv-delinquenten Jugendlichen» ein Defizit an «sozialer Handlungskompetenz» festgestellt: Diese Jugendliche haben Mühe, sich die Situation anderer Menschen vorzustellen und sich in diese einzufühlen. Zudem kennen sie wenig alternative Verhaltensmöglichkeiten zu ihrem aggressiven Auftreten.

Was kann man zur Vorbeugung tun?

- Am allerwichtigsten wäre eine gewaltfreie Erziehung. Denn wer als Kind Gewalt erfahren hat, gibt diese später oft selbst weiter. Auffällig ist jedenfalls, wie viele gewalttätige Jugendliche in ihrer Kindheit missbraucht und gequält wurden.
- Kinder sollten lernen, Frustrationen nicht nur körperlich auszuleben – etwa, indem sie dreinschlagen. Vielmehr sollten sie lernen, darüber zu reden und Lösungen zu finden, die nicht auf Gewalt beruhen.
- In diesem Zusammenhang ist auch das Vorbild der Eltern wichtig. Wie sie Konflikte lösen, tun es später auch ihre Kinder. Wenn in der Familie immer das aggressive Kind am ehesten zum Ziel kommt, muss man sich nicht wundern, dass sich dieses Verhalten als «erfolgreich» einprägt.

Fernsehsucht und -brutalität

Geht es um Gewalt, kommt die Sprache schnell auf das Fernsehen und die Medien. Sind sie vielleicht die Hauptursache für die zunehmende Jugendgewalt? Weiter noch: Handelt es sich beim Glotzkasten nicht um des Schweizers liebste Droge, mit der er dem Anschiss am Arbeitsplatz und dem Krach in der Familie wenigstens am Abend zu entfliehen sucht? Manchmal ist das Fernsehen auch ein willkommener Tröster. Bei «Derrick» und dem «Alten», da gewinnt wenigstens am Schluss meist das Gute. Und Sendungen wie «Lindenstrasse» oder «Die Simpsons» vermitteln die Botschaft: «In anderen Familien, da ist auch nicht alles Gold, was glänzt.»

Doch ist es angesichts der geschilderten komplexen Ursachen nicht zu billig, im Fernsehen den Sündenbock für alle möglichen Probleme zu suchen? Es lohnt sich deshalb, etwas genauer hinzuschauen. Gerade bei Jugendlichen wäre erst einmal festzustellen, dass die Wirkung des Fernsehens oft überschätzt wird. Jedenfalls belegen alle Umfragen, dass seine Attraktivität nach der Pubertät generell abnimmt.

Fernsehen – eine Sucht?

Die «Fernsehsucht» kann allenfalls dann zum Problem werden, wenn das Fernsehen Beziehungen ersetzt und die Ablösung vom Elternhaus verzögert. Beispiele dafür wären:

- Nach der Arbeit verkriecht sich ein Jugendlicher jeden Tag in sein Zimmer und schaut fern. Sonst lässt er sich zu keiner anderen Freizeitaktivität bewegen.
- Ein Mädchen spricht von einem Serienstar wie von ihrer besten Freundin. Sie bespricht alles nur mit ihr, während ihr die Klassenkameradinnen alle viel zu «blöd» sind.

Finden Jugendliche aus einem solchen Verhalten nicht – wie im Normalfall – nach einer gewissen Zeit wieder heraus, benötigen sie Hilfe. Doch das Fernsehen ist in solchen Fällen nur Symptom für weit ernstere Störungen in der Entwicklung. Diese müssten dann – etwa im Rahmen einer psychologischen Beratung – angegangen werden, und nicht allein der Fernsehkonsum.

Die Frage nach den Gefahren des Fernsehens ist nicht nur eine nach der Häufigkeit des Fernsehkonsum. Es geht auch um die Qualität des Gesehenen. Sind es nicht oft gewalttätige Filmvorbilder, denen jugendliche Banden nacheifern? Und können Brutalo- und Action-Filme nicht die Gewaltbereitschaft bei Jugendlichen neben allen anderen gesellschaftlichen Ursachen mindestens verstärken? In einem Titel des Zürcher «Tages-Anzeigers» über «funkensprühende Strassenschlachten» von 13- bis 15-jährigen Jugendlichen am Schulsilvester (1991) ist der Verweis auf das Fernsehen unübersehbar: «Schüler spielten mit Signalpistolen ‹Miami Vice›.»

Richtig ist sicher, dass das Fernsehen Modelle für gewalttätiges Verhalten anbietet. Die Helden aus Action-Filmen werden auf dem Pausenplatz nachgeahmt. Man gibt sich auf der Gasse so cool und überlegen wie die Vorbilder in den bevorzugten Fernsehfilmen. Jugendliche, die aus ihrer Lebensgeschichte bereits eine Neigung zur Gewalt mitbringen, werden von brutalen Filmen wohl stimuliert und inspiriert. Doch das Fernsehen ist nicht die Ursache der zunehmenden Gewaltbereitschaft – es ist nur ein Spiegel der Gesellschaft. Das wird besonders daran deutlich, dass auch politische Magazine oder die Tagesschau oft ein grosses Gewaltpotential enthalten – wenn etwa Kriegsszenen oder ein Massaker an unschuldigen Zivilisten «live» gezeigt werden. Ein besonders eindrückliches Beispiel: der Ausschnitt aus einem brutalen Porno, der in der Nachrichten-Sendung «10 vor 10» – angeblich zur Information des Publikums – gezeigt wurde. Solche Szenen ängstigen Kinder und Jugendliche oft mehr als der Krimi – von dem sie wissen, dass er Fiktion ist.

Zudem macht die Forschung über Medien deutlich: Die Wirkung des Fernsehens verläuft nicht einfach parallel zur Stärke der angebotenen Reize. Vielmehr hängt es auch sehr von den einzelnen Jugendlichen ab, wie stark sie darauf ansprechen. Die unterschiedlichsten Wahrnehmungen kommen in einer jüngst veröffentlichten Forschungsarbeit über neun- bis dreizehnjährige Kinder deutlich zum Ausdruck. Danach werden vor allem Buben von «siegreichen Kämpfern» wie Rocky, Bruce Lee und Arnold Schwarzenegger angezogen. Es gab aber auch ganz andere Identifikationsfiguren: Beide Geschlechter faszinieren «überlegene Retter», die «stark, edel und gerecht» sind. Mädchen bevorzugen oft kindliche Freunde wie Garfield oder Alf. Und nicht zuletzt gibt es bei Jungen und Mädchen eine Vorliebe für «ewige Verlierer» wie Donald Duck und für Medienstars wie Thomas Gottschalk.

Warum bestimmte Figuren und Personen für den Einzelnen bedeutsam werden, hängt stark mit den individuellen Erfahrungen im Alltag zusammen. Ähnlich ist auch die Gewaltschwelle individuell verschieden. Solange diese nicht überschritten wird, haben Kinder und Jugendliche keine Probleme. Sie finden eine Sendung «geil» oder «totale Action». Anders, wenn diese Schwelle überschritten wird. Die Zuschauenden bekommen es dann mit der Angst zu tun und rücken nervös hin und her, halten sich die Hände oder ein Kissen vor die Augen. Oft bleiben die Szenen noch tagelang im Gedächtnis oder erscheinen wieder in Angstträumen – besonders dann, wenn keine Gelegenheit war, sie mit Gleichaltrigen oder Erwachsenen zu verarbeiten.

Checkliste: die letzte Fernsehwoche

Gewalt am Fernsehen sollte in der Familie kein Tabu bleiben. So könnte man mit den Kindern gemeinsam die letzten beiden Fernsehwochen durchgehen und sich überlegen:

- ☐ Wie stand es diese Woche mit der Fernsehgewalt? Haben wir Sendungen gesehen, wo diese vorhanden war? Welche?
- ☐ Wie haben uns diese Sendungen, Action-Szenen und gewalttätigen Bilder gefallen?
- ☐ Haben wir manchmal auch weiter geschaut, obwohl uns solche Szenen anekelten oder ängstigten? Warum?
- ☐ Was stellten wir an uns für Wirkungen fest? Fühlten sich Einzelne von uns unruhig und gespannt? Wächst dabei die Lust am Selber-Dreinschlagen?
- ☐ Wird das Klima in der Schule, am Arbeitsplatz oder in der Freizeit durch das Fernsehen gewalttätiger? Wie denken die einzelnen Familienmitglieder darüber?

Und wie steht es mit Brutalos?

Ein besonderes Kapitel sind staatliche Reglementierungen – etwa das Brutaloverbot, das das Bundesparlament erlassen hat, um die «menschenverachtende Darstellung von Gewalt» unter Strafe zu stellen. Ein solches Verbot ist vor allem sinnvoll, um jene jungen Menschen zu schützen, die sich zum Beispiel für die Produktion harter Pornos einspannen lassen und dabei sadistische Sexpraktiken über sich ergehen lassen müssen. Für den Schutz der zuschauenden Jugendlichen ist es dagegen zwiespältig. Auch wenn man die gute Absicht zu würdigen weiss, scheitert ein Verbot in der Praxis daran, dass die Verbreitung solcher Filme per Videokassetten durch Polizeimassnahmen letztlich kaum zu unterbinden ist. Vielmehr besteht die Gefahr, dass Brutalos noch attraktiver werden, wenn sie unter dem Ladentisch hindurchgeschoben werden und den Geruch des Illegalen haben.

Indessen sollte man die negative Wirkung solcher brutaler Filme auf die Heranwachsenden auch nicht überschätzen. Sie reagieren oft genauso geschockt darauf wie die Erwachsenen. «Ein Junge aus unserer Klasse hat ein paar Kumpel am freien Mittwochnachmittag zum Video eingeladen», erzählt ein Dreizehnjähriger. «Mir wurde fast schlecht, als ich mir das alles ansehen musste. Aber etwas zu sagen, traute ich mich nicht. Es war eine Mutprobe. Alle haben hingestarrt, obwohl es wahrscheinlich noch einigen wie mir ergangen ist.» Auf eine Nachfrage hin ergänzt er: «Zweimal war ich dabei. Das hat mir aber für immer gereicht.»

Viel problematischer als das Anschauen eines solchen Films ist es, dass oft kein Gespräch darüber zustande kommt – weil die Eltern davon nichts wissen oder aus schlechtem Gewissen die Augen zudrücken. Dazu trägt indessen das gesetzliche Verbot bei: Es drängt diese Filme noch mehr in die Tabuzone. Denn wer möchte – zum Beispiel gegenüber einem Lehrer – zugeben, dass er etwas «Verbotenes» angeschaut hat. Dabei wären die Jugendlichen vielfach froh, sie könnten solche beängstigende Erlebnisse mit einem erfahrenen Erwachsenen teilen.

Lernen, mit Ängsten umzugehen

Es wäre allerdings eine Verfälschung der Realität, wenn das Fernsehen nur mehr die «heile Welt» zeigte. Heranwachsende müssen auch lernen, mit angsterregenden Situationen umzugehen. Diese ziehen sie auf der einen Seite an, erschrecken sie aber auch. Man spricht von «Angstlust», wenn Kinder oder Jugendliche unbedingt einen Krimi anschauen wollen und dann im «entscheidenden» Moment die Augen zukneifen. Lernen, mit seinen Ängsten umzugehen und angesichts von Gefahren seine Gefühle und Reaktionen zu testen, dazu bieten sich Action-Filme und ähnliches oft geradezu an. Schliesslich weiss man ja bei allem Mitleiden, dass es sich letztlich nicht um einen Ernstfall handelt.

Ein zweites Motiv kommt oft noch dazu. Wie bei Märchen können Jugendliche an den Fernsehgeschichten Konflikte verarbeiten, die sie lösen müssen, wenn sie erwachsen werden wollen. Dazu braucht es keine literarisch hochstehenden Vorlagen. Oft sind sogar Geschichten besonders geeignet, die uns Erwachsenen schwarzweiss gemalt und reichlich billig erscheinen. Es handelt sich um «moderne Märchen», in denen Grundkonflikte und Grundmuster des Lebens klar und sinnlich begreifbar dargestellt sind. Der einsame Held oder comicartig überzeichnete Science-fiction-Gestalten in Serienfilmen wie He-Man können Jugendlichen zum Beispiel vermitteln: Heranwachsende müssen lernen, sich ausserhalb der Familie zu bewähren. So versinnbildlichen diese Geschichten, die auf dem Planeten Eternia spielen, die Ablösung aus dem Elternhaus und die Notwendigkeit, sich im Leben selbständig zu behaupten. Das gilt auch für «Miami Vice» und Michael Knight, der mit seinem Wunderauto die schwierigsten Fälle löst. Er ist häufig das Idol von Mädchen um die Pubertät herum. Dazu mag vor allem beitragen, dass es in diesen Filmen kaum ernsthafte Liebesabenteuer gibt. Man kann für den gut aussehenden Helden also schwärmen, ohne dass es «gefährlich» wird, kann phantasierte Nähe und «sichere» Distanz gleichzeitig ausleben. Auf diese Weise wird der Boden bereitet, auf dem dann reale Beziehungen zum anderen Geschlecht möglich werden.

Oft hört das Interesse an einer solchen Filmserie fast von einem Tag auf den andern auf. Heranwachsende finden dann: «Das ist doch nur etwas für die Kleinen. Ich verstehe gar nicht, wie ich mir diese Sendung früher reinziehen konnte.» Solche Aussagen sind der beste Beweis dafür, dass nun die mit den Filmhelden verbundenen Problemstellungen gelöst sind, die Sendung also ihre Attraktivität verloren hat.

Sacha: «Ich lege Wert auf Anarchie»

Sacha S. wuchs als Einzelkind eines Inders und einer Schweizerin in den Zürcher Vorortsgemeinden Kloten und Rümlang auf. Der 20-jährige Grafikerlehrling schätzt es, gelegentlich dem grauen Alltag zu entfliehen – mit Spass, Spiel und harten Drinks und weichen Drogen.

«Ich habe gerne einen ‹Tilt› drin am Wochenende. Dann trinke ich eins über den Durst und konsumiere noch andere Drogen. Vor allem das Haschischrauchen hat es mir angetan. Mit den Drogen kam ich schon während meiner Schulzeit in Kontakt. Ich ging in Kloten und in Rümlang zur Schule, doch das Büffeln war für mich eine absolute Katastrophe. Dafür genoss ich es, beschwipst mit meinen Kollegen für Rummel und Aufsehen zu sorgen. Alkohol ist ein enthemmendes Betäubungsmittel, falls man es in der richtigen Dosis geniesst. Mit 14 Jahren rauchte ich zum ersten Mal Haschisch, weil mich auch diese Droge interessierte.

Sein Leben selbst in die Hand nehmen
Wenn jemand Bock darauf hat, eine Droge zu sich zu nehmen, soll er dies tun dürfen, solange er mit seinem Verhalten nicht den Mitmenschen zur Last fällt. Aus diesem Grund lege ich Wert auf Anarchie. Jeder Mensch soll in Freiheit und mit Vernunft sein Leben selbst in die Hand nehmen können. Bereits bei der Erziehung muss mehr auf die Vernunft gesetzt werden. Zum Beispiel bei der Berufswahl: Eigentlich hätte ich eine kaufmännische Lehre machen sollen, um ins Reisebüro meines Vaters einzusteigen. Aber das hat mir total abgelöscht, und zum Glück war ich vernünftig genug, meine eigenen Ziele zu verfolgen. Dasselbe gilt für den Umgang mit Drogen: Jeder muss selbst herausfinden, was für ihn vernünftig ist und was sein Handeln für Konsequenzen hat.

Am liebsten spiele ich ‹Krieg der Sterne›

Ich lasse mir deshalb von niemandem dreinreden, was ich in meiner Freizeit tun und lassen soll. Oft laufen meine Wochenenden so ab: Habe ich mich zusammen mit meinen Kollegen mit Alk und Hasch etwas angetörnt, zischen wir ab ins Freizeitvergnügen. Häufig gehen wir ins Grodoonia, das Erlebniszentrum in Rümlang. Dort spiele ich am liebsten ‹Krieg der Sterne›. In einem Simulationskasten kann ich Jagd auf feindliche Raumschiffe machen. Dazu tönt aus einem Lautsprecher ein affengeiler Sound, und überall blitzen Lichter auf; da kannst du echt abheben.

Wie die Zelebration des Weltuntergangs

Überhaupt sind Geräusche und Musik für mich wichtig, um dem Alltag den Rücken zu kehren. Mal tüftle ich auf meiner Synthesizer- und Computeranlage herum, mal besuche ich eine Zürcher Untergrund-Disco. Dort wird höllisch viel laute Musik und effektvolles Licht konsumiert, aber auch viele Drogen aller Art. Für mich ist eine solche Disco wie die Zelebration des Weltuntergangs! Solche Vergnügungsmöglichkeiten sollte es noch mehr geben, denn kaum gehts gerade so richtig los, ist meist schon wieder Feierabend.

Die Junkies stossen mich ab

Ob ich eines Tages vielleicht auch zu harten Drogen greifen werde? Nein, ich glaube kaum. Irgendwie würde ich es zwar schon geil finden, die Sache mal auszuprobieren, weil du erst dann auch wirklich weisst, worum es geht. Die Junkies aber, die man auf der Strasse sieht, die stossen mich echt ab; so weit würde ich bestimmt nie gehen.»

Und ausserdem

Drogen und andere Süchte

Aids. Wer gebrauchte und damit oft unsaubere Spritzen benützt, läuft Gefahr, sich mit dem HI-Virus zu infizieren. Drogensüchtige zählen deshalb zu den gesellschaftlichen Gruppen, die am stärksten von Aids betroffen sind. Etwas verbessert hat sich die Situation, seit die saubere, neue Spritze für jeden Schuss propagiert wird. Dennoch ist es nicht immer leicht, Drogensüchtige, die im Beschaffungsstress stehen, zur nötigen Disziplin zu veranlassen. So hat zum Beispiel die Schliessung des Platzspitz in Zürich und die damit verbundene Vertreibung der Drogenszene sofort auch wieder zum Ansteigen des Aids-Risikos geführt. Weniger gefährlich ist es, wenn sich Kinder oder Erwachsene mit einer herumliegenden Spritze verletzen. Die Wahrscheinlichkeit, sich auf diese Weise mit Aids anzustecken, ist sehr gering. Eher noch besteht das Risiko, dadurch eine Gelbsucht aufzulesen. Aus diesem Grund ist der Gang zum Arzt in solchen Fällen anzuraten. Kaum sinnvoll erscheint es dagegen, als «Vorbeugung» die von starken Nebenwirkungen begleiteten Aids-Medikamente wie AZT einzunehmen.

In **Fixerräumen** sollen Drogenabhängige ihren Stoff ohne Druck und Hetze spritzen können. Man hofft, durch solche geschützten Räume insbesondere die hygienischen Bedingungen in der Drogenszene zu verbessern und so einen Beitrag an die Überlebenshilfe zu leisten. Von rechtsbürgerlichen Kreisen wird allerdings gegen solche Fixerräume in einer fragwürdigen Polemik eingewandt, sie seien illegal, durch sie werde der Drogenkonsum auf eine nicht zulässige Weise begünstigt.

IV und Sucht. Nimmt eine Sucht die Form einer ernsthaften Krankheit an und können die Betroffenen nicht mehr arbeiten, haben sie Anspruch auf eine Invalidenrente. Allerdings sind Kürzungen wegen Selbstverschuldens möglich.

Methadon ist ein Opiat, das Heroinsüchtigen als Ersatz für ihren Stoff angeboten wird. Es ist exakt dosierbar, sauber und relativ lang wirkend. Wer – zum Beispiel über den Hausarzt – Methadon bezieht, kann sich dem Beschaffungs- und Konsumstress entziehen und so versuchen, wieder ein geregeltes Leben aufzubauen. Für die Kosten des Methadons sollte die Krankenkasse aufkommen. Allerdings besteht die Süchtigkeit weiter; Methadon ist selbst ein Suchtmittel und unter diesem Aspekt keine Alternative zu einem Entzug. Methadon-Programme sind im Allgemeinen relativ leicht zugänglich. Wer bereit ist, gewisse Spielregeln einzuhalten (etwa, jeden Tag bei der Abgabestelle vorbeizugehen), erhält die Ersatzdroge.

Spielsucht. Manche Jugendliche verbrauchen nicht nur ihr ganzes Taschengeld an Spielautomaten, sondern pumpen ihren gesamten Bekanntenkreis an, machen Schulden oder stehlen gar. Süchtige Spieler können nicht aufhören und wiegen sich immerzu in der Illusion, jetzt komme dann gleich der grosse Schnitt. Sie können und wollen nicht glauben, dass letztlich nur einer gewinnt: der Besitzer der Spielhallen und -kasinos. Folgende Merkmale unterscheiden spielsüchtige Menschen von Gelegenheitsspielern:

– Sie haben in ihrem Leben mehr als hundertmal an Geldautomaten gespielt, in den letzten sechs Monaten sogar mehr als zweimal pro Woche.
– Gewöhnlich spielen sie mehr als eine Stunde hintereinander und haben Mühe aufzuhören.

Spielsucht ist eine psychische Störung, die der Behandlung durch einen Psychotherapeuten bedarf. Denn die Betroffenen finden allein kaum mehr aus ihrem Verhalten heraus. In vielen Kantonen sind im Übrigen Spielautomaten verboten. Auf jeden Fall ist es ärgerlich, wenn in der Nähe von Schulen und Treffpunkten von Jugendlichen solche Geräte aufgestellt sind. Denn die Verlockung, auf die Schnelle sein Taschengeld zu vervielfachen, ist für viele zu gross.

Therapien und Krankenkasse. Da eine schwere Sucht als Krankheit gilt, leisten die Krankenkassen Beiträge an Entzüge und Therapien. Allerdings bezahlen sie nur, wenn der Therapeut Arzt ist (oder von einem Arzt angestellt ist). In allen anderen Fällen besteht kein Anspruch auf Leistung.

Religiöse Gruppen

Der **Guru** ist in der indischen Tradition der «geistige Führer», der die höchste, befreiende Weisheit vermittelt. Solche Persönlichkeiten gab es nicht nur in der Vergangenheit. Viele der neuen religiösen Bewegungen von heute gehen auf einen solchen Führer zurück: zum Beispiel Sri Aurobindo, Sri Chinmoy, Bhagwan Shree Rajneesh, Maharaji Ji etc.

Die **Heilsarmee** ist für viele durch ihr öffentliches Engagement ein Begriff. Wenn eine Gruppe von «Heilssoldaten» in einem Restaurant oder in einer Bar am Abend das Lob Gottes anstimmt und ihre Zeitschrift «Der Kriegsruf» verteilt, wird sie meist gleichzeitig belächelt und für ihr Engagement bewundert. Gegründet wurde die Heilsarmee im letzten Jahrhundert durch William Booth. Sie versteht sich gleichsam als Elitetruppe zur Verkündigung des Christentums und ist militärisch aufgebaut (an der Spitze steht ein General). In ihrer Lehre ruft die Heilsarmee zur Busse und zur Annahme der Heilstaten von Christus auf. Wiedergeburt, Heiligkeit des Lebenswandels und Fortschreiten im Stand der Gnade bestimmen das Leben eines wahren Christen.

Die **«Kinder Gottes»** wurden von Moses David (mit bürgerlichem Namen: David Berg) gegründet, der seit 1968 eine Anhängerschaft sammelt, die in kleinen Gemeinschaften lebt. Den Kindern Gottes geht es um eine Revolution für Jesus. Moses David gilt dabei als König und Prophet der Endzeit. Wer in diese streng hierarchisch aufgebaute Sekte eintritt, trennt sich vollständig von seinem bisherigen Leben. Er erhält einen neuen Namen und gibt meist seine Arbeit oder Ausbildung auf. Die Mitglieder liefern ihren gesamten Besitz ab und verpflichten sich zu totalem Gehorsam. Ins Gerede gekommen ist die Sekte unter anderem durch das «flirty fishing» junger Mädchen, die ihren Körper zu Werbezwecken einsetzen und damit neue Mitglieder in die Gemeinschaft «hineinlieben» sollen.

Die **Neuapostolische Kirche** wird von Aposteln geführt, die den biblischen Aposteln gleichgestellt werden. So gibt es einen Stammapostel als obersten Leiter und weitere Apostel – in der Schweiz sind dies fünf unter zirka 39 000 Anhängern. Die Neuapostolische Kirche betrachtet sich als auserwählte Schar und einzig wahre Kirche. Allein ihre Apostel können Gottes Heil vermitteln – durch die «Versiegelung» (also durch die Vermittlung des Heiligen Geistes), bei der mit Handauflegung des Apostels die wahre Gotteskindschaft quasi übertragen wird.

Das **Opus Dei** ist eine streng konservative Laienorganisation innerhalb der katholischen Kirche. Sie ist hierarchisch aufgebaut, kennt eine rigorose Geschlechtertrennung und verpflichtet die Mitglieder zu absolutem Gehorsam. Praktiziert wird die «körperliche Abtötung», zum Beispiel ein Geheimnis des Rosenkranzes kniend beten, sich eine Weile nicht an die Rückenlehne eines Stuhles lehnen, die Selbstkasteiung mit Bussgürtel und Geissel. Sehr aktiv ist das Opus Dei in der Anwerbung von Jugendlichen. Es führt eigene geschlechtergetrennte Studentenhäuser und Jugendclubs. Oft entscheiden sich schon 14-jährige für ein eheloses Leben im Rahmen dieser Organisation. Nach Aussagen ehemaliger Mitglieder wird bei der Rekrutierung neuer Mitglieder starker psychischer Druck ausgeübt. In einer kritischen Publikation zu diesem Thema heisst es: «Die Entfremdung der Jugendlichen von ihren Eltern und bisherigen sozialen Beziehungen wird Schritt für Schritt durchgesetzt. Die Kontrollsucht des jeweiligen klerikalen Leiters ist masslos bis in die intimsten Lebensbereiche. Unterwürfigkeit und absoluter Gehorsam sind gefordert. Gegenseitige Bespitzelung und Denunziationen anderer junger Mitglieder wegen sogenannter Fehltritte und Verstösse gegen die Auflagen und Regeln des Werkes sind alltäglich.»

Die **Osho-Rajneesh-Bewegung** ist eine Gemeinschaft, die aus dem Baghwanismus hervorgegangen ist. Baghwan Shree Rajneesh hatte in den siebziger Jahren in Europa und den USA eine grössere Anhängerschaft gefunden, die in seinen Ashram nach Poona pilgerte. Anziehend wirkte vor allem, dass Baghwan mit seiner Lehre eine synthetische Mischung von östlicher Weisheit und westlichen Therapieformen schuf. Aufgrund verschiedener Skandale und Krisen, in deren Folge zum Beispiel die Zürcher Sannyas-Kommune 1986 den Konkurs erklären musste, war der Stern der Baghwan-Bewegung schon 1990 am sinken, als ihr Gründer starb. Ein Kern von Anhängern besteht indessen bis heute fort.

Die **Pfingstbewegung** ging 1906 von Los Angeles aus. Im Zentrum steht die «Geisttaufe», die mit dem Pfingsterlebnis der Bibel verbunden ist – der ekstatischen Erfahrung des Zungenredens, das als Inbesitznahme des Menschen durch den Heiligen Geist verstanden wird. Oft wird in dieser Bewegung zudem die Geistesgabe der Krankenheilung betont (über «Heilungsevangelisten»).

Sri Chinmoy ist ein Schüler des Inders Aurobindo. Er lehrt ein Yoga der Hingabe an das Göttliche und lebt nach eigener Aussage in Übereinstimmung mit diesem Göttlichen – dem Supreme – in sich. Chinmoy stellt für seine Anhänger die Brücke zu diesem «Höchsten» dar. Dieses ist über die Meditation zu erreichen, wobei der Schüler das transzendentale Bild Sri Chinmoys betrachtet und sich ganz darauf konzentriert. Bekannt sind vor allem die spektakulären Aktionen geworden, die Chinmoy immer wieder als selbst ernannter Verkünder des Weltfriedens unternimmt. In seinem Namen werden Weltfriedensläufe, Friedensmeditationen und Friedenskonzerte mit östlicher Instrumentalmusik durchgeführt. Chinmoy nennt sich «Director of the United Nations Meditation Group», was aber lediglich eine von ihm selbst ins Leben gerufene Organisation bezeichnet. Umstritten ist, wie intensiv die Anhänger dieser Gruppe missionieren. Gemäss der Basler Sektenberatungsstelle Inforel soll es durchaus möglich sein, an einem sportlichen Lauf oder an einem Konzert teilzunehmen, ohne dass man dabei angeworben wird.

Suche nach dem Sinn

Astrologie. Aus den Sternen die Zukunft zu lesen ist auch bei Jungen beliebt. Das beginnt beim Horoskop in Zeitungen und Zeitschriften, das man mit einem Augenzwinkern zur Kenntnis nimmt. Es gibt aber auch ernsthaftere Verfechter dieser uralten Kunst, die die Beziehung zwischen dem menschlichen Schicksal und den Sternen zu ergründen suchen. Meist geschieht dies durch ein ausführliches Geburtshoroskop, das auf dem Stand der Sterne bei der Geburt beruht. High-Tech-Freaks schwören dabei gar auf Versuche, das Lesen aus den Sternen mit Computeranalysen zu verbinden.

Die **Esoterik** ist als Gegenbewegung zur technischen Nüchternheit rationaler Welterklärung in manchen Kreisen in. Darin spiegelt sich die Überzeugung, dass es wohl doch mehr auf dieser Welt gibt, als der alltägliche Verstand erfasst. Nicht alles muss Humbug sein, nur weil es wissenschaftlich nicht beweisbar ist: Gibt es vielleicht Menschen, die hellsehen können oder eine besondere Fähigkeit im Pendeln haben?

Wie steht es mit Ufos und Geistererscheinungen? Problematisch ist an solchen esoterischen Praktiken, dass die Grenze schwer zu ziehen ist, jenseits derer man vom Boden der Realität abhebt und ins Reich der blossen Spekulation gerät. Zudem kann die Esoterik auch ein Fluchtweg für junge Menschen sein, wenn sie mit dem Hier und Jetzt auf der realen Welt nicht zurechtkommen. Man sucht sich dann Orientierungen und Weisheiten bei «Sehern» und «Heilern» und erhofft von ihnen bedeutsame Botschaften für sein Leben, ohne sich selbst mit den Problemen auseinanderzusetzen.

New Age bedeutet «neues Zeitalter». Dessen Anhänger betonen, das Überleben der Welt sei nur mit einem generellen Umdenken möglich, das wieder mehr die Ganzheit des Menschen betone und auf einer neuen Spiritualität beruhe. Die Menschheit stehe am Wendepunkt zum «Wassermann-Zeitalter», einer neuen Bewusstseinsstufe in ihrer Entwicklung. Die New-Age-Philosophie war vor allem in den achtziger Jahren ein Modetrend. In den letzten Jahren ist es darum eher stiller geworden.

Okkultismus und **Schwarze Magie** faszinieren manche Jugendliche. Denn es wäre zu schön, wenn man mit Gläserrücken und anderen magischen Praktiken seine Zukunft im Griff hätte. Manchmal kann dieses Spiel mit den Geistern indessen tödlicher Ernst werden. So titelte der «Blick» 1990: «Spiel mit Dämonen trieb Schülerinnen zum Todessprung». Zwei Mädchen hatten sich aus dem 14. Stock eines Hochhauses gestürzt, da sie beim Gläserrücken erfahren hatten, sie hätten kein Jahr mehr zu leben.

Allerdings wird der Einfluss okkulter Praktiken auf Jugendliche eher überschätzt. Vielfach wird Gläserrücken oder eine spiritistische Séance, bei der Geister erscheinen, eher als unterhaltendes Gesellschaftsspiel aufgefasst. Der Theologe Anton A. Buchmann kommt in der Zeitschrift «Schweizer Schule» zum Fazit, dass die Folgen für Jugendliche ganz unterschiedlich sein können: «Eine Séance kann den einen schmunzeln, den anderen in der Nacht schweissgebadet aus Alpträumen hochschrecken lassen. Mehrere Autoren verweisen auf das Angstauslösepotential spiritistischer Praktiken. Es ist um so grösser, je labiler die Personen sind, die, zumal in belastenden Lebenssituationen, sich ihnen anvertrauen.»

6. Kapitel

Was das Gesetz für Jugendliche bestimmt

Immer wieder geht es in diesem Buch um Rechte und Pflichten von Jugendlichen, wie sie in Gesetzen und Verordnungen umschrieben sind. Sicher gibt es Punkte, die für das Zusammenleben und das gegenseitige Vertrauen von Jugendlichen und Eltern wichtiger sind. Dennoch besteht mit den gesetzlich geregelten Rechten und Pflichten ein Rahmen, auf den sich beide Seiten beziehen können. Im Folgenden geht es darum, in alphabetischer Reihenfolge übersichtlich zusammenzufassen und zu vertiefen, was teilweise an einzelnen Stellen dieses Buches bereits kurz angesprochen wurde.

Wo findet man die gesetzlichen Bestimmungen?

- Die wesentlichsten Bestimmungen über die Stellung des Kindes in der Familie, über den Schutz der Kinder (zum Beipiel den Entzug der elterlichen Gewalt) und über die Unterhaltspflicht finden sich im Kindesrecht (in der revidierten Fassung von 1978): Zivilgesetzbuch Artikel 252–321.
- Werden Kinder und Jugendliche straffällig, gilt für sie das Jugendstrafrecht: Strafgesetzbuch Artikel 82–99.
- Geht es um Fragen der Haftung, bezieht man sich auf Artikel 333 des Zivilgesetzbuches. Im ZGB ist auch die Verwandtenunterstützung festgelegt (Artikel 328 und 329).
- Verstösse gegen Drogen sind im Betäubungsmittelgesetz geregelt.
- Für die Schule gilt wie auch für die Stipendienregelungen die kantonale Gesetzgebung. Bei den in diesem Buch zusammengefassten Grundsätzen muss immer abgeklärt werden, ob dafür in einzelnen Kantonen nicht Ausnahmebestimmungen bestehen.

Drogenkonsum und -handel

Wird jemand bestraft, der bei einem Rock-Konzert mit Hasch erwischt wird? Macht es einen Unterschied, ob man Drogen dealt oder bloss konsumiert? Wie lauten die «Tarife» beim Konsum harter Drogen? Und wie steht es mit dem Alkohol?

Gemäss Betäubungsmittelgesetz ist der Erwerb, der Konsum und das Handeln mit illegalen Drogen verboten. Dazu gehören auch die Cannabis-Produkte (Haschisch, Marihuana). Ob Jungen und Mädchen heute indessen noch mit einer Busse bestraft werden, weil sie an einem Rock-Konzert eine Haschzigarette paffen, hängt von den Umständen ab. In manchen Kantonen wird man den Haschisch-Konsum mehr oder weniger tolerieren. Damit ist auch das Risiko klein, erwischt zu werden. Geschieht das aber trotzdem einmal, wird man auch heute noch verzeigt. Die Bestrafung von jugendlichen Hasch-Rauchern ist jedoch eine zwiespältige Sache: Möglicherweise ist die Auswirkung der Strafe – die Kriminalisierung – schlimmer als der Tatbestand. Gerade aus diesem Grund verstärken sich in letzter Zeit die Stimmen, die den Konsum – eventuell sogar den Kleinhandel – von Cannabis freigeben wollen. Generell zeichnet sich zudem in den aktuellen gerichtlichen Urteilen zum Handel mit Haschisch eine Milderung des Strafmasses ab.

Im Wandel begriffen ist die Strafzumessung auch bei den harten Drogen – als direkte Folge der drogenpolitischen Auseinandersetzungen. Vielerorts bestraft man heute den blossen Konsum nicht mehr so hart und verfolgt auch den kleinen Deal nicht mehr so streng wie noch vor wenigen Jahren. Denn man hat erkannt, dass Kleinhändler meist selbst abhängig sind und mit dem Dealen nur ihren eigenen Konsum zu finanzieren versuchen. Vor allem sollte die Therapie den Vorrang vor der Bestrafung haben, da es sich bei der Sucht ja um eine Krankheit handelt. Wenig sinnvoll ist es indessen, Süchtige unter Zwang zum Entzug zu verpflichten (zum Beispiel im Rahmen des sogenannten fürsorgerischen Freiheitsentzugs). Denn wenn sie gar nicht bereit sind, aktiv am Drogenentzug mitzuarbeiten, ist ein Rückfall meist vorprogrammiert.

Hart bestraft wird der Drogenhandel. Die Gerichte können in schweren Fällen Gefängnis- oder Zuchthausstrafen bis zu zwanzig Jahren und Bussen bis zu einer Million Franken verhängen. Gemäss Betäubungsmittelgesetz liegt neben dem Handeln als Mitglied einer Bande und dem gewerbsmässigen Handeln (mit grossem Umsatz und Gewinn) vor allem dann ein «schwerer Fall» vor, wenn der Täter weiss oder annehmen muss, dass er mit seinem Tun die Gesundheit vieler Menschen in Gefahr bringt. Der Beobachter-Ratgeber «Sucht» fasst die entsprechenden Urteile des Bundesgerichts zusammen: «Laut Bundesgericht genügen dazu zwölf Gramm Heroin oder achtzehn Gramm Kokain, wobei der Reinheitsgrad keine Rolle spielt. Bei wiederholtem Verstoss werden die einzelnen Mengen zusammengezählt, jedoch ohne dass die selber konsumierte Betäubungsmittelmenge berücksichtigt wird.»

Sicher ist es notwendig, den Drogenhandel mit allen Mitteln zu bekämpfen. In den letzten Jahren mehren sich jedoch die Anzeichen, dass dem Drogenproblem alleine mit polizeilichen und strafrechtlichen Mitteln nicht beizukommen ist. Ebenso wichtig ist die Präventionsarbeit mit dem Ziel, möglichst viele Jugendliche vor dem Einstieg in den Umgang mit harten Drogen zu bewahren. Daneben braucht es aber auch Angebote für schwerstabhängige Konsumenten, um sie vor der Verelendung und Kriminalisierung zu schützen.

Alkohol am Steuer – ein Kavaliersdelikt?

Am Wochenende wird in der Clique von Peter L. ausgiebig gefeiert und gebechert. «Selbstverständlich fahren wir mit dem Auto in die Stadt», meint er. «Mit dem Zug musst du sonst schon um halb elf Uhr zurückfahren.» Auf die Frage, ob da alkoholisiert gefahren werde, grinst er nur vielsagend: «Ein paar Bierchen, die ‹turnen› doch erst recht an. Zudem haben wir Junge ja noch viel bessere Reflexe als die Alten. Passiert ist jedenfalls bis heute nie etwas.» Doch der Alkohol am Steuer ist kein Kavaliersdelikt. Schliesslich geht es bei Unfällen häufig um Leben und Tod. Die Statistik belegt, dass bei jedem zweiten tödlichen Verkehrsunfall Alkohol mit im Spiel ist.

Statistiken zeigen zudem, dass jeder dritte verunfallte PKW- oder Motorrad-Lenker (an Wochenenden gar bis zu 50 Prozent) zwischen 18 und 24 Jahre alt ist, obwohl diese Altersgruppe lediglich zehn Prozent der Bevölkerung ausmacht. Gemäss der Schweizerischen Fachstelle für Alkoholprobleme lautet der Steckbrief für den typischen Unfallfahrer: Er ist fast immer ledig und männlich, 22 bis 23 Jahre alt und wohnt in acht von zehn Fällen in dem Kanton, in dem der Unfall stattfindet. An der Unfallhäufigkeit der Jungen mag ihre Risikobereitschaft mitbeteiligt sein (man möchte das «Limit» hautnah ausprobieren). Dazu kommt sehr oft der Alkohol – besonders gefährlich bei Nachtfahrten, wenn er mit schlechterer Wahrnehmung bei Dunkelheit und Übermüdung zusammentrifft –, nach den Zahlen der Fachstelle in der Regel zwischen 1,25 und 1,64 Promille.

Übersteigt der Blutalkoholspiegel indessen 0,8 Promille, macht man sich mit Autofahren auch strafbar, wenn kein Unfall passiert. Schon im Bereich von 0,5 bis 0,8 Promille kann es zu einer Verurteilung kommen, wenn ein nicht verkehrsgerechtes Verhalten auf den Alkoholkonsum zurückzuführen ist. Gefürchtet ist vor allem der Billett-Entzug: Die Dauer eines Warnentzugs beträgt im Minimum zwei Monate für Ersttäter und ein Jahr, wenn der Lenker innert fünf Jahren seit Ablauf eines früheren Entzugs erneut erwischt wird. Allgemein gilt: Je kürzer der Zeitraum zwischen erster und zweiter Tat, desto länger ist der Führerschein weg. Wer beispielsweise innert eines Jahres zweimal blau angetroffen wird, muss mit mindestens 20 Monaten plus «Zuschlägen» für hohen Alkoholgehalt und für Fahrfehler rechnen. Kommt ein Unfall dazu, kann man sich mit Blaufahren fürs ganze Leben finanziell ruinieren: Die Unfallversicherung kann das Taggeld und eine eventuelle Rente wegen des verantwortungslosen Verhaltens des Autolenkers lebenslänglich kürzen. Zudem muss er damit rechnen, dass seine Haftpflichtversicherung, die den Schaden des unschuldigen Unfallopfers zu decken hat, auf ihn als Täter zurückgreift – was manchmal in die Millionen gehen kann.

Diese harten Bräuche machen deutlich: Ein Billett-Entzug wegen Alkohols am Steuer ist auch dann nicht bloss ein dummes Missgeschick oder ein Kavaliersdelikt, wenn der Vorfall glimpflich abgelaufen ist. Vielmehr handelt es sich um ein Alarmzeichen, das zum Nachdenken veranlassen sollte – sowohl über das eigene Verhalten als Verkehrsteilnehmer wie über den Alkoholkonsum.

Geldfragen

Wer darf über den Lehrlingslohn verfügen, die Eltern oder die Kinder? Kann der Vater seiner Tochter verbieten, ein Auto zu kaufen? Dürfen Eltern das Vermögen eines Kindes anzehren, um damit das Schulgeld für eine Privatschule zu bezahlen? Können Vierzehnjährige schon ein Bankkonto eröffnen?

Was das Kind durch eigene Arbeit erwirbt, das darf es selbst verwalten und nutzen. So sagt Artikel 323 des Zivilgesetzbuches. Mit anderen Worten: Lehrlinge können selbst bestimmen, was sie mit ihrem Lehrlingslohn machen und wie sie ihn aufteilen. Eine Lehrtochter könnte also auch gegen den Willen der Eltern ein Mountainbike kaufen, sofern sie es vermag. Wenn es später jedoch zu Schwierigkeiten kommt, etwa weil die Tochter einen so aufwendigen Lebenswandel führt, dass sie die Raten nicht mehr abstottern kann, muss sie selbst auch ganz allein dafür geradestehen. Jedenfalls kann die Firma nicht einfach automatisch auf die Eltern zurückgreifen. Anders ist es hingegen bei Anschaffungen, die die Möglichkeiten des Arbeitsverdienstes der Jugendlichen eindeutig übersteigen. Hier müssen die Eltern ausdrücklich ihre Zustimmung zum Vertragsabschluss geben und mitunterschreiben. Damit gehen sie indessen auch eine Verpflichtung für den Fall ein, dass ihr Kind am Schluss nicht mehr zahlen kann.

Dieselbe Bestimmung gilt im Übrigen auch für das Sackgeld von Sekundarschülern oder für Mittelschüler, die einen Nebenjob haben oder in den Ferien mit Hilfsarbeiten etwas dazuverdienen. Auch dieses Geld gilt als Arbeitserwerb, der unter deren eigener Verwaltung steht. Die Eltern haben sich nicht einzumischen. Denn die Jungen sollen durch das eigene Geld lernen, Verantwortung zu übernehmen, ein Budget zu planen und gezielt zu wirtschaften. So können sie sich zum Beispiel das eigene Töffli durch Rücklagen von Hilfsarbeiten am Samstagnachmittag oder dank einem längeren Ferienjob leisten.

Checkkarten für Jugendliche?

Seit kurzem können Jugendliche schon mit 14 Jahren eine Eurocheckkarte bei der Bank beziehen. Pädagogisch ist dies allerdings zwiespältig. Denn man gewöhnt Jugendliche daran, ohne Rücksicht auf ihr sonstiges Budget ihr «Plastikgeld» zu zücken. Anstatt die Ausgaben überlegt zu planen, verführt dies zum schnellen Spontankauf. Die Banken hingegen argumentieren, dass die Jungen aufgrund der gerade genannten Gesetzesbestimmungen über das eigene Geld selbständig verfügen dürfen. Wer also regelmässige Einkünfte (Lehrlingslohn, Sackgeld) nachweisen könne, dem dürfe man auf dieser Grundlage auch eine solche Karte abgeben. Diese sei demnach nichts anderes als die Konsequenz aus der den Jugendlichen in finanziellen Belangen teilweise zugestandenen Mündigkeit.

Verdient ein Kind regelmässig mit, so reduziert sich die finanzielle Verpflichtung der Eltern. Denn sie sind nach Artikel 323 Absatz 2 des ZGB in dem Masse von der Unterhaltspflicht befreit, als man dem Kind zumuten kann, aus seinem Lohn selbst einen Beitrag zu leisten. Leben verdienende Jugendliche noch im elterlichen Haushalt, dürfen Eltern ein angemessenes Kostgeld verlangen. Mit dieser Bestimmung sind oft Streitereien verbunden. So meint die 17-jährige Nadia M.: «Meine Eltern sind schrecklich bünzlig und geizig. Sie wollen mir sogar etwas von meinem sauer verdienten Lehrlingslohn abknöpfen. Dabei verdient doch der ‹Alte› als Bank-Prokurist Geld wie Heu.» Man sollte indessen einer Tochter oder einem Sohn nachdrücklich klarmachen, dass der Elternhaushalt keine First-class-Hotelunterkunft mit Gratisservice darstellt. Mütter, welche für ihre Kinder kochen und die Wäsche besorgen, sollten für diese oft unterschätzten und als selbstverständlich angesehenen Tätigkeiten bewusst eine finanzielle Entschädigung verlangen. Damit lernt der Nachwuchs, dass es sich beim Haushalt um eine vollwertige Arbeit und nicht einfach um eine Mutterpflicht handelt, die gratis und franko geleistet wird. Diese häuslichen Dienste kämen ohnehin weit teurer zu stehen, wenn die Jugendlichen sie zum Marktwert berappen müssten.

Welche Summe nun aber für ein Kostgeld angemessen ist, hängt vom Einzelfall ab. Als Richtwert könnte etwa gelten, was die Arbeitsgemeinschaft der Schweizerischen Budgetberatungsstellen (ASB) empfiehlt: Von einem Lehrling, der pro Monat 750 Franken verdient, könne man erwarten, dass er zu Hause rund 150 Franken abgibt, von einem, dessen Lohn 1000 Franken beträgt, 270 Franken.

Besondere Bestimmungen gelten nach den Artikeln 319 und 320 ZGB für das Kindesvermögen. Die Eltern sind zwar dessen Sachwalter, ohne dass eine Behörde dreinzureden hat. Sie dürfen es aber weder für eigene Zwecke noch zugunsten des Kindes anzehren. Wird das Kind mündig, so haben sie ihm das Vermögen zusammen mit einer Abrechnung herauszugeben. Bei der folgenden Aussage von Eltern handelt es sich deshalb nicht nur um eine faule Ausrede, sondern um eine klare Gesetzesverletzung: «Wir haben damit immer nur die Familienferien bezahlt. Das ist doch uns allen zugut gekommen. Ohne diesen Vermögensbatzen hätten wir unseren Kindern weder Frankreich noch Italien zeigen können.» Lediglich die Erträge, also die Zinsen, des Kindesvermögens dürfen für den Unterhalt des Kindes verwendet werden. Darüber hinaus müsste man einen Antrag an die Vormundschaftsbehörde stellen, ob man für einen bestimmten Zweck – zum Beispiel das Schulgeld für ein teures Internat – das Vermögen des Kindes anbrauchen darf. Eltern, die gegen diese Pflichten verstossen, können wegen Veruntreuung und ungetreuer Geschäftsführung verurteilt werden.

Haftung

Haften Eltern für die Graffiti-Schmierereien ihres Sohnes? Wie sorgfältig muss man seine Kinder beaufsichtigen? Kann man denn niemanden belangen, wenn man durch Jugendliche einen Schaden erlitten hat?

Als die Eltern des 16-jährigen Armand L. erfuhren, dass man ihren Sohn mit zwei anderen beim Graffiti-Sprayen erwischt hatte, bekamen sie es erst einmal mit der Angst zu tun. Mussten sie möglicherweise die Reinigung der Wände übernehmen, die ihr Sohn bespritzt hatte? Sie befürchteten: «Schliesslich haftet man ja für seine Kinder, solange diese nicht volljährig sind.» Dieser Grundsatz ist zwar richtig. Aber es gibt kein Gesetz ohne Ausnahme. Kann man nämlich «das übliche und durch die Umstände gebotene Mass an Sorgfalt und Beaufsichtigung» nachweisen, wird man von der Haftung befreit.

Nun kann niemand von Eltern verlangen, dass sie ihren Sohn oder ihre Tochter auf Schritt und Tritt überwachen. Schliesslich müssen die Kinder ja lernen, Verantwortung für sich zu übernehmen. Sie gehen auswärts zur Schule und zur Arbeit, bauen sich ein eigenes und von den Eltern unabhängiges Leben auf. Für alle diese Fälle gilt denn auch: Man kann von den Eltern nicht verlangen, dass sie für die Sünden ihrer Sprösslinge automatisch aufkommen.

Hingegen haften Jugendliche selbst, wenn ihre Auffassungsfähigkeit ausreicht, die Unrechtmässigkeit oder Gefährlichkeit einer Handlung einzusehen. Dies dürfte im vorliegenden Fall gegeben sein. Die betroffenen Hausbesitzer müssten sich also nicht an die Eltern, sondern direkt an Sohn Armand wenden. Dies wird allerdings für alle Seiten wenig erfreulich sein. Denn als Gymnasiast verfügt Armand über kein Einkommen, um gegenwärtig für den Schaden aufzukommen. Die Hausbesitzer werden also warten müssen, bis er später vielleicht einmal zu Geld kommt. Studiert er nach der Matura, können bis dahin noch manche Jahre ins Land ziehen. Armand wird dann möglicherweise mit der Hypothek eines Schuldenberges ins Erwachsenenleben gehen müssen.

Da kann es manchmal sinnvoll sein, dass Eltern freiwillig zahlen oder die nötige Summe vorstrecken – damit ein einmaliger «Tolggen» ihres Sohnes oder ihrer Tochter nicht jahrelang unerledigt hängen bleibt. Allerdings darf dies nicht bedeuten, dass Jugendliche sich jeden Blödsinn herausnehmen, nach dem Motto: Das Portemonnaie von Papa und Mama wird es wieder ausbügeln. Vor allem dann, wenn es nicht bei einem Ausrutscher bleibt, ist Nachsichtigkeit meist der schlechteste Ratgeber. Wenn man heute Jugendlichen mehr Freiheit gewährt als früher, so muss dies auch bedeuten, dass sie die Konsequenzen daraus selbst tragen.

Heimeinweisung

Wird die Heimeinweisung von Fachleuten heute noch als sinnvoll angesehen? Sind Heime immer schlechter als die Familienerziehung? Welche Typen von Heimen gibt es?

Heimeinweisungen können von einer Vormundschaftsbehörde verfügt werden, weil «es» zu Hause nicht mehr geht und ein Kind auffällig geworden ist. Oft verfügen aber auch Strafbehörden eine solche Erziehungsmassnahme. Der Unterschied zwischen diesen beiden Ausgangslagen ist aus einem besonderen Grund wichtig: Im ersten Fall müssen nämlich in aller Regel die Eltern für den Aufenthalt aufkommen, während bei Straffälligkeit der Staat je nach Kanton den grössten Teil der Kosten übernimmt. Dies ist allerdings ein absurder Auswuchs unserer Gesetzgebung. In der Praxis bedeutet das nämlich oft: Man wartet mit Heimeinweisungen viel zu lange zu, nämlich so lange, bis das Kind straffällig geworden ist.

Die Androhung einer Heimeinweisung gilt oft noch als Schreckgespenst für betroffene Familien. Für die Eltern bedeutet sie den endgültigen Beweis ihres erzieherischen Versagens, die Kinder fürchten dabei jene unmenschlichen und autoritären Zustände, die sie aus Jugendbüchern und Zeitungsartikeln kennen. Richtig ist zwar, dass es Heime gibt, die zu gross sind und schlecht geführt werden. So hat eine Untersuchung des Pädagogischen Instituts der Universität Zürich festgestellt, dass manche Heime immer noch vorwiegend mit Disziplin und Abschreckung arbeiten, anstatt positives Verhalten von Jugendlichen zu fördern und sie damit «nachzuerziehen».

Falsch und kontraproduktiv ist es, wenn überforderte Eltern mit dem Heim drohen. Die Wirkung wird beim Jugendlichen kaum nachhaltig sein. Dafür werden der Heimerziehung gegenüber alte Vorurteile geschürt: Ist dann in einem Einzelfall wirklich einmal eine Heimeinweisung nötig, sind die Betroffenen von vornherein negativ eingestellt und verweigern im schlimmsten Fall jede Mitarbeit.

Eltern sind allerdings oft auch schnell versucht, den Heimen den schwarzen Peter zuzuschieben. Es heisst dann: «So richtig kriminell geworden ist unsere Tochter erst im Heim. Hier wurde sie von den anderen Insassen angesteckt.» Dies ist meist eine gewaltige Übertreibung.

Das Heimangebot

Vom Gesetz her wird ein differenziertes Angebot von Heimen gefordert, das auf die spezifischen Schwierigkeiten der Jugendlichen zugeschnitten sein soll. So unterscheidet man:
- Therapieheime für Jugendliche, bei denen eine psychische Fehlentwicklung festzustellen ist und die der fachlichen Behandlung bedürfen
- Anstalten für Nacherziehung für Jugendliche, die so schwer erziehbar sind, dass sie im konventionellen Erziehungsheim nicht tragbar sind
- Erziehungsheime für bestimmte Altersstufen und Verhaltensauffälligkeiten, zum Teil mit internen und externen Schul- und Ausbildungsmöglichkeiten
- Arbeitserziehungsanstalten für Jugendliche ab 17 Jahren, in denen es besonders um den Übergang in den Beruf und das Arbeitsleben geht

Insgesamt gilt allerdings für die Schweiz, dass es immer noch zu wenig spezialisierte Heime gibt. So fehlen zum Beispiel die vorgesehenen Therapieheime noch in den meisten Kantonen.

Denn eine starke Gefährdung bestand in aller Regel schon vorher; sie führte ja erst zur Einweisung. Vorwerfen kann man manchen Heimen höchstens, dass sie nicht imstande sind, die verhängnisvolle Entwicklung aufzufangen.

Im Gegensatz dazu beweisen einzelne gut geführte – meist kleinere und mit individuell angepasster Betreuung arbeitende – Heime immer wieder, dass sich solche Institutionen hinter der Familienerziehung nicht verstecken müssen. Auch Pflegefamilien sind nämlich den Heimen keineswegs immer und automatisch vorzuziehen. Manchmal kann sich dort – wiederum bei Laien – die Überforderung des Elternhauses auch einfach fortsetzen. Ein modernes Heim setzt allerdings kleine Gruppen voraus, in denen ein Vertrauensverhältnis zwischen Jugendlichen und Erziehern wachsen kann und intime Beziehungen möglich sind. Gemeinsame Freizeitaktivitäten, ein breites Therapieangebot, eine geborgene Atmosphäre mit viel Spiel und Spass, aber auch ein klarer Rahmen gehören dazu – und die Möglichkeit, sich individuell nach Bedarf zurückziehen zu können. Der 18-jährige Kevin Z. berichtet über seinen Heimaufenthalt: «Eigentlich war ich froh, dass ich von zu Hause weg konnte. Das ewige Puff und die Streitereien der Eltern hielt ich nicht mehr aus. Glück hatte ich, dass ich verständnisvolle Erzieher fand. Vor allem mit einem, der in seiner Jugend Ähnliches erlebt hatte wie ich, konnte ich stundenlang diskutieren.»

Bei einem Heimaufenthalt sind übrigens die Eltern ganz und gar nicht überflüssig. Vielmehr ist es sehr wichtig, dass sich die Kinder nicht einfach abgeschoben fühlen. Anteilnahme von Vater und Mutter zu erhalten und sich gegenseitig häufig zu besuchen gehört mit zur «Therapie». Vor allem kann der Aufenthalt ja auch eine Chance bedeuten, das gegenseitige Verhältnis aus einer sicheren Distanz heraus wieder zu verbessern.

Mündigkeit

Wann werden die Jugendlichen mündig? Welche verschiedenen Mündigkeitsformen und -alter gibt es?

Mündig werden die Heranwachsenden seit dem 1. Januar 1996 wie in fast allen umliegenden Ländern mit 18 Jahren (Ausnahme Österreich: 19 Jahre). Damit erlischt die elterliche Gewalt; die Jugendlichen übernehmen alle Rechte und Pflichten eines Erwachsenen. Die neue Festlegung des Mündigkeitsalters ist die Folge der vom Volk vor wenigen Jahren angenommenen Herabsetzung des Stimmrechtsalters von 20 auf 18 Jahre. So war es nur logisch, dass auch mündig ist, wer abstimmen darf. Die wichtigsten der heute gültigen Bestimmungen sind nachfolgend zusammengefasst:

- Politisch erhält man in Bund, Kantonen und Gemeinden mit 18 Jahren das Stimm- und Wahlrecht.
- 18-jährige können Schulzeugnisse, Absenzenmeldungen und Entschuldigungen selbständig unterschreiben; sie sind auch selbst zuständig in Disziplinarverfahren oder bei Einsprachen und Rekursen. Die Eltern werden über schulische Angelegenheiten nur informiert, wenn die Schülerin oder der Schüler die Einwilligung gegeben hat.

- Mündige Jugendliche können Lehr- und Arbeitsverträge selbst abschliessen, Ferienjobs annehmen oder die Schule abbrechen. Sie haben das Recht, den Eltern Informationen des Lehrmeisters zu verweigern.
- Mit 18 Jahren kann man selbständig über sein Geld bestimmen, Kredite aufnehmen, Leasingverträge abschliessen, auf Anzahlung einkaufen, ein Geschäft eröffnen, über den Wohnort entscheiden etc.
- Bei Eheschliessungen müssen beide Partner 18-jährig sein
- Nach wie vor gilt ab 18 nicht mehr das erzieherisch ausgerichtete Jugendstrafrecht, sondern das Erwachsenenstrafrecht.
- Das Mündigkeitsalter 18 gilt auch für ausländische Jugendliche mit Wohnsitz in der Schweiz, selbst wenn in ihrem Heimatland eine andere Regelung besteht. Wer sich einbürgern lassen will, muss dies nach dem 18. Geburtstag selbst beantragen. Jugendliche werden ab diesem Zeitpunkt nicht mehr in das Gesuch der Eltern einbezogen.

Zum Schutz der Jugendlichen bestehen allerdings einige Sonderregelungen:
- Jugendliche bis 20 haben Anspruch auf fünf Wochen Ferien.
- Während der Erstausbildung müssen die Eltern, soweit zumutbar, auch nach dem Mündigkeitsalter für den Unterhalt aufkommen.
- Unterhaltsbeiträge von geschiedenen Eltern können über das Mündigkeitsalter hinaus festgelegt werden.

In einem Fall wird man zudem automatisch früher als mit 18 mündig: In religiösen Angelegenheiten ist man schon mit 16 volljährig. Jugendliche können ab diesem Alter bestimmen, welchem Glauben sie angehören wollen oder ob sie zum Beispiel aus der Kirche austreten.

Nun ist die Mündigkeit zwar ein wichtiger Schritt, wenn Jugendliche selbständig werden. Doch das bedeutet nicht, dass sie vorher gänzlich unter den Fittichen ihrer Eltern und Erzieher bzw. Erzieherinnen stehen. Sie können sich nämlich bereits vorher wehren, wenn sie das Gefühl haben, nicht ernst genommen oder unterdrückt zu werden. Denn das Gesetz verlangt, dass Eltern in wichtigen Angelegenheiten auf die Meinung ihres Kindes Rücksicht nehmen. Das wäre zum Beispiel nicht der Fall, wenn Eltern ihre Tochter oder ihren Sohn in einen Beruf zwingen wollten, der ihr oder ihm überhaupt nicht zusagt. Unter solchen Umständen können sich Jugendliche jederzeit an das Jugendamt oder die Vormundschaftsbehörde wenden. Diese müssten dann entscheiden, ob die Befugnisse der Eltern in der strittigen Frage eingeschränkt werden.

Schon Jugendliche können sich überdies auf die Schweigepflicht des Arztes berufen, wenn sie dies wünschen. So darf der Arzt nichts an die Eltern weitergeben, wenn er von seinen jungen Patienten dazu nicht die Erlaubnis erhält.

Rekurse verfassen

Wie formuliert man Rekurse? Wie nimmt man seine Chancen möglichst gut wahr? Welche Fristen sind zu beachten? Was bedeutet «aufschiebende Wirkung»?

Solche Fragen stellen sich überall dort, wo man mit Behördenentscheiden konfrontiert wird (zum Beispiel in familien-, schul- und strafrechtlichen Fragen). Man mag es beklagen, dass immer mehr Bereiche des alltäglichen Lebens «verrechtlicht» werden. Gab es früher zum Beispiel eine Auseinandersetzung mit dem Lehrer, ging man direkt in die Schule, um den Fall zu besprechen und Dampf abzulassen. Heute verfasst man dagegen bald einmal eine offizielle Beschwerde an die Schulkommission. Doch das ist nur die eine Seite. Früher hat man nämlich oft nur die Faust im Hosensack gemacht, wenn einen der Behördendünkel traf. Heute müssen die Behörden damit rechnen, dass sich die Betroffenen wehren und ihre Rekursmöglichkeiten nutzen. Deshalb sind sie von allem Anfang an vorsichtiger mit ihren Entscheiden und achten darauf, dass ihre Anordnungen auch vor einer oberen Instanz Bestand haben.

Wie geht man aber vor, wenn man einen Entscheid der Vormundschafts- oder Schulbehörde erhält, der einem nicht passt? Das Naheliegendste und Einfachste ist es, sich an einen Anwalt zu wenden, der einem die ganze Sache für gutes Geld abnimmt. Doch das kann teuer werden, vor allem wenn der Anwalt bei seinen Eingaben schreibfreudig ist, man jedoch trotzdem unterliegt. Vor allem einfache Rekurse kann auch ein Laie verfassen. Gute Tipps und Ratschläge zur Rechtslage kann man sich dazu bei einer unentgeltlichen Rechtsberatungs-

stelle beschaffen. Für das weitere Prozedere sollte man sich an die folgenden Regeln halten:
- Man hat das Recht auf einen schriftlich verfassten Entscheid. Am Schluss sind hier auch die Rekursfrist und die Behörde, bei der der Rekurs einzureichen ist, angegeben. Fehlt diese sogenannte Rechtsmittelbelehrung, sollte man sofort einen neuen Beschluss verlangen, der diese Angaben enthält.
- Fristen für Rekurse sind meistens ausserordentlich kurz (nur zehn Tage nach Empfang eines Entscheids). Aus diesem Grund sollte man unverzüglich aktiv werden. Denn man braucht ja oft auch noch zwei bis drei Tage, um einen Anwalt zu konsultieren, das beizufügende Arztzeugnis einzuholen, einen Sozialarbeiter um einen schriftlichen Bericht zu bitten etc.
- Oft benötigt man weitere Unterlagen, zum Beispiel die Einsicht in ein psychologisches Gutachten oder die Prüfungsunterlagen, um einen Beschluss richtig beurteilen zu können oder um weitere Gegenargumente ausfindig zu machen. Leider geben sich die Behörden in Fragen der Akteneinsicht manchmal übermässig zugeknöpft und versuchen, diese zu verweigern. In solchen Fällen sollte man darauf bestehen und sich notfalls an die kantonalen Instanzen (zum Beispiel das Erziehungs- oder das Justizdepartement) wenden. Reicht die Zeit während der Rekursfrist nicht aus, um die Akten genau zu prüfen, reicht man einen knapp begründeten Rekurs ein und ersucht um die Ansetzung einer Nachfrist zur Ergänzung der Begründung.
- Formuliert man einen Rekurs, so hilft es nichts, nur in allgemeiner Form gegen einen Entscheid zu schimpfen und zu polemisieren. Vielmehr braucht es konkrete Anträge, die deutlich machen, was man eigentlich will – zum Beispiel: «Ich rekurriere gegen die Resultate der ‹nichtbestandenen› Meisterprüfung. Insbesondere beantrage ich, die Noten des praktischen Teils um einen halben Punkt von der Note dreieinhalb auf vier zu erhöhen. Damit muss die Prüfung gemäss Reglement als bestanden bewertet werden.» Oder: «Unsere Tochter wurde ins Jugendheim X. eingewiesen. Wir beantragen indessen, sie bei der Pflegefamilie K. zu plazieren, zu der sie seit langem enge Kontakte pflegt.»
- Rekurse haben grundsätzlich aufschiebende Wirkung. Das heisst, der angefochtene Entscheid kann nicht vollzogen werden, solange der Rekurs hängig ist und die Rekursinstanz noch nicht entschieden hat. Liegt jedoch «Gefahr im Verzug», beispielsweise bei der Heimplazierung eines durch Misshandlung gefährdeten Kindes, so können die

Behörden dem Rekurs die aufschiebende Wirkung entziehen. Auch gegen den Entzug der aufschiebenden Wirkung ist jedoch ein Rekurs möglich.
• Die Anträge sind mit einer beweiskräftigen Begründung zu versehen. Hier muss man eingehend und möglichst konkret aufzeigen, weshalb man einen Entscheid in Zweifel zieht. Es zählen indessen nur Tatsachen und keine Beschimpfungen, Ausreden oder Unterstellungen.

Welche Gründe fallen ins Gewicht?

Gegen eine Übertrittsprüfung ans Gymnasium erhebt ein Vater Rekurs und beantragt, die Prüfungsnoten in Deutsch und im Rechnen anzuheben oder seine Tochter die Prüfung wiederholen zu lassen. Welche der nachfolgenden Gründe sind Ihrer Meinung nach stichhaltig?
1. «Monika erschien schon am Morgen der Prüfung mit Fieber in der Schule. Sie machte den anwesenden Experten darauf aufmerksam, wobei sie dieser überredete, es doch zu versuchen. Das beiliegende Arztzeugnis von Dr. T. bestätigt ihre damalige Krankheit.»
2. «Als Prüfungsexperte war Dr. M. anwesend. Mit ihm hatte schon Monikas grösserer Bruder als Lehrer schlechte Erfahrungen gemacht. Monika wurde so nervös, dass sie total versagte.»
3. «Bei der mündlichen Prüfung verspätete sich der Prüfungsexperte um eine halbe Stunde. Obwohl er sich dafür entschuldigte, hat dies Monika gänzlich aus der Fassung gebracht. Gegenüber allen anderen Kandidaten war dies für unsere Tochter eine grosse Benachteiligung.»
4. «Unsere Tochter ist von ihrem Primarlehrer viel schlechter vorbereitet worden als die Kinder in der Nachbargemeinde. Das zeigt sich schon daran, dass aus Monikas Klasse nur ein Knabe die Prüfung bestand.»

Nur die Punkte 1 und 3 dürften Argumente darstellen, die die Rekursinstanz möglicherweise überzeugen. Argument 2 hört sich stark wie eine billige Ausrede an. Und die Tatsache, dass nur ein einziger Mitschüler die Prüfung bestanden hat (Argument 4), sagt noch sehr wenig über Monikas eigene Eignung fürs Gymnasium aus.

Es wird auch übersehen, dass man nur gegen Entscheidungen Einspruch erheben kann, nicht aber gegen Begründungen. So schrieb Therese L. dem Beobachter: «Helfen Sie mir gegen die Vormundschaftsbehörde. Man hat zwar von einem Beistand für unser 17-jährige Tochter abgesehen. Doch die Begründung der Vormundschaftsbehörde ist saufrech und eine einzige Beleidigung für uns Eltern.» Mit einem Rekurs kann man hier gar nichts ausrichten, weil das Resultat ja unbestritten ist. Sticht einem nur die Begründung in die Nase, kann man höchstens der Behörde die nötige Antwort geben und verlangen, dass dieser Brief ebenfalls den Akten beigefügt wird.

Schule und Lehrer

Wo enden die Einflussmöglichkeiten der Schule? Kann sie es den Schülern verbieten, mit dem Töffli zur Schule zu kommen? Was darf ein Lehrer, was nicht? Darf ein Abwart einen Schularrest aussprechen? Wer entscheidet über einen Schulausschluss?

Die Schule ist zwar eine wichtige Institution im Leben eines Schülers; ihr direkter Einfluss beschränkt sich indessen auf das Schulareal und den Pausenplatz. So darf der Lehrer Schüler bestrafen, die sich auf dem Schulhof verbotenerweise eine Zigarette anstecken. Oder die Schule kann verlangen, dass die Schüler während der Pause auf dem Schulgelände bleiben. Auf der Strasse ist ein Lehrer dagegen weder berechtigt, Polizist zu spielen, noch Schüler aus einer Bar wegzuweisen, weil sie seiner Meinung nach zu jung sind. Er darf Gegenstände, die ihnen gehören – etwa ein Pornoheftli oder eine Schachtel Kaugummi –, lediglich für die Dauer des Unterrichts beschlagnahmen. Nachher hat er sie, wenn es sich nicht gerade um Waffen oder Drogen handelt, wieder zurückzugeben. Auch Kleidervorschriften, Haartracht oder Schminken gehören zum Privatbereich der Eltern und Schüler; die Schule hat kein Recht, die Punkfrisur oder die ausgeflippte Kleidung einer Schülerin zu verbieten, sofern sie nicht unhygienisch ist. Zusätzliche Weisungsbefugnis hat der Lehrer lediglich in der Pause, während eines Schul- oder Sportlagers oder auf dem Weg zum Schwimmkurs im Hallenbad.

Besonders umstritten ist es, ob die Schule den Schülern das Velo oder das Töffli für den Schulweg verbieten darf. Der Schulrechtler Herbert Plotke hält solche Verbote für sehr fragwürdig. Denn die Aufsicht und Verantwortlichkeit für den Schulweg liege klar bei den Eltern. Allenfalls könnten diese in Absprache mit der Schule solche Regelungen sanktionieren.

Ein heikles Thema sind die Strafen und Disziplinarmassnahmen. Diese werden je nach Schul- und Disziplinarordnungen in den einzelnen Kantonen unterschiedlich gehandhabt. Sogar die Körperstrafe wird lange nicht überall ausdrücklich verboten. Dennoch sollte sie tabu sein, denn jede körperliche Züchtigung greift in die persönliche Integrität des betroffenen Kindes ein. Auch wenn ein Lehrer von einem Schüler noch so herausgefordert wird, muss er als Pädagoge andere Wege finden, um auf die Provokationen zu reagieren. Eltern sollten sich nicht scheuen, bei wiederholten Vorfällen Strafanzeige zu erheben.

Zudem sollten Kollektivstrafen verpönt sein, sofern sich nicht alle Schüler eines Verstosses schuldig gemacht haben. Aber auch blosse Schikanen wie das sinnlose Abschreiben von Texten gehören nicht zum Repertoire einer pädagogisch geführten Schule. Schularrest ist unter

Aufsicht und bei sinnvoller Beschäftigung dagegen erlaubt. Im Übrigen hat auch nicht jede beliebige Person das Recht, den Schülern Weisungen zu erteilen. So darf weder der Abwart noch die Frau eines Lehrers einen Schüler selbst bestrafen. Problematisch sind auch Geldstrafen, wenn sie letztlich die Eltern treffen. Indessen ist es an manchen Berufsschulen üblich, als Strafe Bussen zu verhängen. Denn man ist dort der Meinung, dass der Griff zum Portemonnaie die – ja bereits selbst verdienenden – Schüler mehr bewegt als alle anderen Strafen.

Selbstverständlich sollte auch sein, vermutliche Missetäter anzuhören, bevor eine Strafe verhängt wird. Und zu guter Letzt können sich Schüler und Eltern gegen Strafen, die ihnen ungerechtfertigt erscheinen, wehren, indem sie bei den Aufsichtsinstanzen Beschwerde erheben. Gemäss Herbert Plotke brauchen Schüler ab 16 Jahren das Einverständnis der Eltern nicht mehr, wenn es sich um einfache und übersichtliche Streitpunkte (leichte Disziplinarsachen, Notengebung etc.) handelt. Die Behörden haben dann auch Nachforschungen darüber zu unterlassen, ob die Eltern mit der Beschwerde einverstanden sind.

Schulausschluss

Als letztes disziplinarisches Mittel werden manchmal in der letzten Volksschulklasse Schüler vorzeitig aus der Schulpflicht entlassen, oder man weist sie von einem Gymnasium weg. Dies ist jedoch nur dann erlaubt, wenn diese Schüler bereits vorher verwarnt wurden. Und es liegt auch nicht im Ermessen des Lehrers, dass er eines schönen Morgens beschliesst: «Ab heute will ich dich nicht mehr sehen!» Vielmehr braucht es in einer so bedeutsamen Frage zumindest einen Beschluss der Schulleitung bzw. der Schulkommission; in manchen Kantonen ist sogar die Zustimmung des Erziehungsdepartements oder des Erziehungsrats obligatorisch.

Strafrecht

Was geschieht, wenn Jugendliche straffällig werden? Gelten dieselben Regeln wie bei den Erwachsenen? Was bedeutet es, dass das Jugenstrafrecht «pädagogisch» ausgerichtet ist?

Die «normalen» Bestimmungen des Strafrechts gelten für Heranwachsende erst ab 18 Jahren. Darunter kennt man in der Schweiz das Jugendstrafrecht. Es ist stark pädagogisch ausgerichtet, setzt also auf Erziehung und nicht auf Strafe. So gibt es nicht einfach einen klaren «Straftarif», wenn zum Beispiel Jugendliche ihr Töffli frisieren, ein Auto klauen, beim Graffiti-Sprayen oder bei bandenmässigen Ladendiebstählen erwischt werden. Vielmehr wird der Jugendanwalt sich je nach der persönlichen Situation der Sünder überlegen müssen, welche erzieherische Massnahme oder Strafe zur Ahndung geeignet wäre.

So kann er eine Erziehungshilfe anordnen, indem ein Sozialarbeiter die ambulante Betreuung übernimmt, mit dem betroffenen Jungen oder Mädchen die Lage bespricht und die Eltern bei der Erziehung berät. Es könnte aber auch eine Heimeinweisung vorgenommen werden, weil die Eltern mit der Erziehung total überfordert sind und ihrem Kind keinen Halt geben können. Oder es wäre möglich, den Entscheid vorläufig erst einmal aufzuschieben und abzuwarten, wie sich der Jugendliche weiterentwickelt.

Neben den Massnahmen sind auch Strafen möglich – etwa, wenn es mit der Erziehung zu Hause grundsätzlich klappt, also zusätzliche Massnahmen nicht erforderlich sind. Jugendliche können einen Verweis erhalten, zu Schularrest oder einer Arbeitsleistung verknurrt werden. Besonders Letzteres kann pädagogisch sinnvoll sein, indem sie ihr Vergehen dadurch «sühnen», dass sie etwas Positives leisten, beispielsweise einige freie Nachmittage in einem Altersheim, in einer Gärtnerei oder in einem Spital mithelfen.

Einschliessen und Haft

Vom erzieherischen Standpunkt des Jugendstrafrechts ist es kontraproduktiv, Jugendliche einzusperren und zu isolieren. Anstatt eine positive Entwicklung einzuleiten, führt dies oft nur zu zusätzlichen Aggressionen und Hassgefühlen. Bei der Teilrevision des Jugendstrafrechts von 1971 hat man indessen an der Möglichkeit einer Haftstrafe festgehalten – mit der fragwürdigen Begründung, manchmal brauche es einen derartigen Denkzettel. Immerhin schreibt das Gesetz vor, dass eine Einschliessung bis zu einem Monat in einem Raum durchzuführen ist, der für Jugendliche geeignet ist – also keineswegs in einer Straf- oder Verwahrungsanstalt für Erwachsene. Anzumerken ist allerdings, dass es immer wieder Fälle gibt, wo dieses Gebot missachtet wird. Auch wenn in Bezirks- und Kantonsgefängnissen besondere «Jugendzellen» vorhanden sind, ist dies absolut ungenügend.

Sollten Jugendliche mehr als einen Monat lang eingeschlossen werden, muss dies gemäss Gesetz in einem Erziehungsheim geschehen. Bei über Achtzehnjährigen kann die Einschliessung auch in einem Haftlokal, bei einer Dauer von mehr als einem Monat in einer Arbeitserziehungsanstalt vollzogen werden. Auch das Jugendstrafrecht kennt im Übrigen die bedingte Entlassung: Haben die Jugendlichen zwei Drittel der Einschliessung (mindestens einen Monat) verbüsst, kann man sie gemäss Artikel 95 des Strafgesetzbuches bedingt entlassen.

Wie gross das Ermessen der Jugendstrafbehörden ist, kann man sich am Vergehen der 15-jährigen Martina W. klarmachen. Sie wurde bei einer Diebesbande erwischt, die in Warenhäusern Tonbandkassetten, Spielzeug, aber auch mal einen Walkman oder einen Taschenfernseher mitgehen liess. Obwohl es nicht mehr um Bagatellen ging, hatten die Eltern nichts gemerkt und waren wie vor den Kopf geschlagen. Der Jugendanwalt versuchte sich in langen Gesprächen einen Eindruck von der Situation des Mädchens zu machen. Was war für Martina W. angemessen?

– Ein Verweis, weil sie das erste Mal erwischt wurde und einsah, was für einen Blödsinn sie gemacht hatte?

- Eine Erziehungshilfe, weil die Eltern überhaupt nicht merkten, was um ihre Tochter herum vorging, und zufrieden waren, wenn sie ihre Ruhe hatten?
- Die Einweisung in eine Anstalt, weil Martina sonst zu Hause zu verwahrlosen drohte?
- Ein Aufschub des Entscheids, weil man erst einmal abwarten wollte, ob es bei diesem einen «Ausrutscher» bleibt?
- Eine Arbeitsleistung, weil das Mädchen zu spüren bekommen sollte, dass Klauen nicht einfach ein Kavaliersdelikt ist und eine spezielle Wiedergutmachung angebracht ist?

Im vorliegenden Fall entschied sich der Jugendanwalt für die letzte Möglichkeit, eine Arbeitsleistung. Damit ist die Geschichte allerdings noch nicht ausgestanden. Es bleibt abzuwarten, ob die betroffenen Firmen von den Jugendlichen Schadenersatz verlangen. Dabei könnten aber wohl die Eltern nicht zur Kasse gebeten werden, sondern die Warenhäuser müssten sich direkt an die Jugendlichen halten (siehe auch den Abschnitt über Haftung Seite 263).

Unterhalt

Wie lange muss man für seine Kinder aufkommen? Wie viel muss man zahlen? Muss man auch noch eine Zweitausbildung finanzieren?

Nach Gesetz sind Eltern verpflichtet, für ihre Kinder bis zum Abschluss der Erstausbildung aufzukommen (Artikel 277 ZGB). Das bedeutet zum Beispiel, dass sie ihren Sohn Thomas, der an der ETH Maschinenbau studiert, unterstützen müssen, während Tochter Marlies, die als 18-jährige voll als Hilfsverkäuferin arbeitet, keinen Anspruch mehr auf elterliche Unterstützung hat. Allerdings möchte Marlies in spätestens zwei Jahren auf die Schulbank zurück. Da sie dann gewissermassen ihre abgebrochene Erstausbildung wiederaufnimmt, werden die Eltern wieder unterstützungspflichtig.

Nicht jeder Fall liegt indessen so klar. Müssen zum Beispiel Eltern jahrelang einen säumigen Psychologiestudenten finanzieren, der sich noch nach acht Studienjahren einfach nicht an seinen Abschluss wagt?

Hier ist es zu verstehen, wenn sie die Konsequenzen ziehen und die Zahlungen einstellen. Gegebenenfalls müsste der Sohn oder die Tochter dann «Unterhaltsklage» einreichen. Der Richter wird danach bestimmen, ob von den Eltern weiterhin Beiträge zu zahlen sind. Im Fall des Psychologiestudenten könnte man sich jedenfalls gut vorstellen, dass auch das Gericht befindet, der junge Mann habe einen Strich unter das verbummelte Studium zu ziehen und fortan für sich selbst aufzukommen.

Auch die Höhe der Beiträge ist oft umstritten. So schrieben Eltern dem Beobachter: «Unsere Tochter Hanna ist in der Lehre und hat sich ein Occasionsauto angeschafft. Obwohl sie voll auf unsere Kosten lebt, reicht das Geld nicht, und sie verlangt von uns, dass wir ihr pro Monat 150 Franken mehr zustecken. Sollen wir uns dazu bereit erklären, obwohl sie bereits heute ihren Lehrlingslohn voll für ihre Freizeitbedürfnisse zur Verfügung hat?» Ein «Muss» besteht in solchen Fällen bestimmt nicht. So haben die Eltern zwar sicher an den notwendigen Lebensunterhalt beizutragen, aber gewiss nicht an Luxusbedürfnisse. Das wäre allenfalls dann anders, wenn die Tochter nachweisen könnte, dass sie das Auto für den Arbeitsweg unbedingt braucht.

Hannas Eltern müssten sich zudem überlegen, ob sie nicht schon heute eher zu viel an die Lebenskosten der Tochter beitragen. Denn nach dem Gesetz sind sie von der Unterhaltspflicht in dem Mass befreit, als dem Kind zugemutet werden kann, den Unterhalt aus seinem Arbeitserwerb zu bestreiten. Auf gut Deutsch heisst das, dass man auch den Lehrlingslohn für seinen Lebensunterhalt einsetzen, ja zu Hause sogar etwas abgeben muss (siehe auch Seite 261).

Wo es Konflikte gibt, welcher Beitrag der Eltern angemessen ist oder was «Luxus» oder «notwendig» ist, lohnt sich oft der Gang zu einer Budgetberatungsstelle. Hier hat man grosse Erfahrung mit solchen Streitpunkten und kann von vergleichbaren Fällen her sagen, was noch «drin» liegt. Jedenfalls kommt die Vermittlung durch eine solche Stelle am Ende billiger als der Gang zum Kadi. Die Arbeitsgemeinschaft der Schweizerischen Budgetberatungsstellen (ASB, Adresse im Anhang, Seite 307) macht zum Beispiel folgenden Vorschlag zur Einteilung eines Lehrlingslohnes (er kann beliebig an die eigene Situation angepasst werden):

Einteilung eines Lehrlingslohnes von Fr. 800.– (pro Monat)

– Feste Verpflichtungen (Versicherungen, Fahrspesen, Schulmaterial, Arzt)	Fr. 160.–
– Haushaltsbeitrag und/oder auswärtige Verpflegung	Fr. 150.–
– Zur freien Verfügung (Kleider, Schuhe, Taschengeld, Coiffeur, Körperpflege, Freizeit, Bildung, Sport)	Fr. 320.–
– Steuern, Ferien, Sparen	Fr. 170.–
Total	Fr. 800.–

Eine weitere häufige Frage betrifft die Zweitausbildungen. Denn diese müssen von den Eltern nicht mehr finanziert werden. Was jedoch noch zu einer ersten Ausbildung gehört und was nicht mehr, ist oft nicht einfach zu entscheiden. So könnte man es zur Erstausbildung zählen, wenn ein Primarlehrer sich zum Berufsschullehrer weiterbildet. Denn es handelt sich um eine Weiterqualifizierung im Rahmen desselben Berufsspektrums. Ähnlich ist es zu beurteilen, wenn sich eine 22-jährige Sekretärin mit KV-Abschluss für eine Ausbildung zur Erzieherin oder Sozialpädagogin anmeldet. Denn damit jemand zu dieser Ausbildung zugelassen wird, braucht er als Voraussetzung einen Lehrabschluss; dieser ist also eine notwendige Zwischenetappe zum angestrebten Berufsziel. Anders ist es im Fall von Tobias S. Seine Tochter hat ebenfalls das KV abgeschlossen. In einer Lebenskrise beschliesst sie mit 35 Jahren, nochmals umzusatteln. Auch sie entscheidet sich für eine Ausbildung in Sozialpädagogik. Hier dürfte der Vater kaum mehr unterhaltspflichtig gemacht werden können. Denn er hat seiner Tochter die Erstausbildung mit dem KV voll finanziert, und dies hat sie damals nie nur als Zwischenschritt interpretiert. Eine eindeutige Zweitausbildung ist es auch, wenn ein Maurer sich später für eine Handelsschule entschliesst oder ein Primarlehrer eine Computerausbildung beginnt. Im Einzelfall müsste indessen auch hier der Richter entscheiden, wenn keine einvernehmliche Lösung gefunden werden kann. Im Übrigen gilt: Auch wenn eine gute Ausbildung heute viel zählt, ist Eltern nicht alles zuzumuten. Jedenfalls muss es auch einmal einen Punkt geben, wo die Jungen für sich selbst Verantwortung übernehmen und nicht mehr auf Papas und Mamas Tasche liegen.

Wo klagen?

Wer mündig ist, kann am eigenen Wohnsitz oder an jenem der Eltern Unterhaltsklage einreichen, wenn er oder sie sich mit seinen Eltern über den Unterhaltsbeitrag nicht zu einigen vermag. Jugendliche, die noch nicht zwanzig sind, sollten sich hingegen an das Jugendamt oder die Vormundschaftsbehörde wenden. Hier wird man ihnen weiterhelfen und notfalls gar für sie Klage einreichen, wenn sie gegenüber ihren Eltern wirklich im Recht sind. Beide Parteien sollten sich jedoch vor dem Gang zum Kadi vor Augen führen: Meist ist eine freiwillige und gütliche Einigung viel billiger, als wenn man sich wegen ein paar Franken pro Monat teure Gerichts- und Anwaltskosten einhandelt.

Unterstützungspflicht

Müssen Eltern die Entziehungskur ihrer drogensüchtigen Tochter mitfinanzieren? Wer bezahlt für den einundzwanzigjährigen Sohn, der sich entschlossen hat, seine Arbeit aufzugeben und das «dolce far niente» zu pflegen?

Zwar erlischt die Unterhaltspflicht mit der Mündigkeit. Dennoch können Eltern auch nachher noch zur Unterstützung ihrer Kinder herangezogen werden, wenn diese in eine Notlage geraten. Dies legen Artikel 328 und 329 des Zivilgesetzbuches fest, die die sogenannte Verwandtenunterstützung regeln. Wer sich nicht selbst unterhalten kann, hat Anspruch auf Unterstützung im Lebensunterhalt – auf Nahrung, Kleidung, Wohnung, ärztliche Betreuung, Heilmittel, Berufsausbildung, Anstaltsbehandlung. So können die Eltern einer erwachsenen drogensüchtigen Tochter von der Fürsorge dazu verpflichtet werden, einen Kostenanteil für die Therapie in einer Drogenklinik zu übernehmen. Auch bei einem völlig verwahrlosten Sohn kann man von ihnen verlangen, für den Lebensunterhalt aufzukommen. Allerdings gibt es dabei verschiedene Einschränkungen:

- Es kann niemandem zugemutet werden, jemanden zu unterstützen, der sich selbst ohne weiteres unterhalten könnte, dies aber aus bösem Willen nicht tut. So könnte sich der 21-jährige Verkäufer Werner P. getäuscht haben, wenn er sich im Kollegenkreis brüstet: «Ich bin doch nicht blöd und suche mir eine Stelle. Meine Eltern sollen nur blechen. Schliesslich ist man nur einmal jung und kann das Leben so richtig geniessen.»
- Notleidende Jugendliche und Erwachsene werden ihre Verwandten auch nicht bis zum letzten Tropfen melken können. Es gilt, dass man ihnen bloss das absolut Notwendige für den Lebensunterhalt bezahlen muss. Zudem reicht die Unterstützungspflicht nur bis zu jenem Punkt, an dem sich die Pflichtigen in ihrer Lebensgestaltung selbst einschränken müssten. Es kann von ihnen nicht verlangt werden, zum Beispiel ihr Auto zu verkaufen, um die verwahrloste Tochter durchzufüttern.

Im Einzelfall empfiehlt es sich oft, die Beiträge nicht direkt an Sohn oder Tochter zu bezahlen, sondern zu warten, bis die Fürsorgestellen Rückerstattungsforderungen stellen. Denn eine Behörde lässt sich mit überzogenen Ansprüchen meist nicht so leicht bluffen wie ein Vater oder eine Mutter, die vielleicht unter Schuldgefühlen leiden und sich täglich fragen, wie es mit ihrem Kind so weit kommen konnte.

Zum Schluss soll nicht verschwiegen werden, dass die Verwandtenunterstützung heute ein fragwürdiges Instrument der Sozialpolitik ist. Denn sie geht von intakten Familienbanden aus, davon, dass man sich – wie in früheren Zeiten üblich – in einer Grossfamilie gegenseitig aushilft. Heute dagegen ist die Bindung in den Kleinfamilien um vieles geringer geworden. Oft verlieren sich Eltern, Kinder und Geschwister völlig aus den Augen. «Wir finden es unerhört», schreibt zum Beispiel ein 60jähriger Vater dem Beobachter, «dass die Fürsorgebehörde bei uns Abklärungen wegen der Unterstützung unseres Ältesten trifft. Schliesslich ist er vor zwanzig Jahren aus dem Haus gegangen, und wir haben seither nie mehr etwas von ihm gehört.»

Wie streng die Bräuche in solchen Fällen sind, ist von Kanton zu Kanton, manchmal sogar von Ort zu Ort verschieden. Denn die Unterstützungspflicht ist eine «Kann-Klausel», die unterschiedlich streng gehandhabt wird. Am häufigsten wird sie noch zwischen Kindern und Eltern in Anspruch genommen. Schon Geschwister müssen sich in sehr günstigen finanziellen Verhältnissen befinden, wenn man sie belangen will. Zudem gilt immer die Regel, dass man erst einmal an die engsten

Verwandten gelangt. Entferntere wie Grosseltern oder Geschwister kommen höchstens dann zum Zug, wenn jene nicht in der Lage sind, die Unterstützung voll zu leisten. Onkel und Tanten, Neffen und Nichten sind in der Verwandtschaft bereits so weit entfernt, dass für sie die Unterstützungspflicht entfällt.

Achtung: Krankenkasse

Wenn Sohn oder Tochter die Krankenkassenbeiträge nicht zahlen, hat das zwar nicht mehr die gravierenden Folgen von früher: Wegen des Obligatoriums der Grundversicherung bleibt die Deckung für Arztbehandlung, Spitalaufenthalte (allgemeine Abteilung im Wohnkanton) und Medikamente bestehen. Aber die Nichtzahlung der Krankenkassenbeiträge bringt Umtriebe und Zusatzkosten mit sich. Und es kann dauern, bis die Leistungen fliessen – während die Rechnungen längst bezahlt sein sollten.

Das Prozedere für das Prämieninkasso sieht so aus: Wer seine Beiträge nicht zahlt, wird von der Krankenkasse zuerst gemahnt, dann betrieben. Bringt das kein Geld, meldet die Kasse den Beitragsausstand der Fürsorge-/Sozialhilfebehörde der Wohnsitzgemeinde des säumigen Zahlers. Diese muss die Ausstände decken und versuchen, sie einzutreiben. Bis es soweit ist, kann die Kasse einen Leistungsaufschub verhängen; sie muss aber – anders als bei der früheren Leistungssperre – nachträglich die Kosten für alle kassenpflichtigen Leistungen ausrichten. Dieser Ablauf kann von Kanton zu Kanton und von Gemeinde zu Gemeinde leicht verschieden sein. Klar ist immer, dass auch die Mahn- und Betreibungskosten neben den Prämien selbst zu bezahlen sind.

Diese Regeln gelten selbstverständlich nur für die obligatorische Grundversicherung. Für Zusatzversicherungen und für Taggeld(Lohnausfall)versicherungen gelten die altbekannten Regeln: Die Kassen können nach Mahnung eine Leistungssperre verhängen; auf Deckung von Kosten oder Lohnausfällen, die während derselben eintreten, besteht kein Anspruch. Aber die Versicherer dürfen die Prämien lückenlos nachfordern, oder sie können die Versicherung aufheben.

Verträge

Jugendliche haben meist ein geringes Einkommen (zum Beispiel aus dem Lehrlingslohn, aus freiwilliger Arbeit in den Ferien, vom Zeitungsaustragen etc.). Weil sie keine Familie zu unterstützen haben, verfügen sie damit oft über mehr Sackgeld als viele Erwachsene. Zudem sind sie ausgabe- und risikofreudig. Es ist deshalb kein Wunder, dass Jugendliche in ihrer Unerfahrenheit oft Opfer zwielichtiger Geschäftspraktiken werden. Gerade wenn es um das Abschliessen von Verträgen geht, ist besondere Vorsicht geboten:
- Man sollte nie einen Vertrag abschliessen, ohne Inhalt und Auswirkung genau zu kennen. Vor allem ist es wichtig, auch das Kleingedruckte zu lesen und Eltern, Freunde oder Bekannte zu fragen, wenn man etwas nicht versteht. Oft hilft es auch, sich bei anderen Firmen, Versicherungen, Banken etc. ein vergleichbares Angebot machen zu lassen.
- Wenn jemand Bargeld auf die Hand will, ist dies bei Anlage- und Finanzgeschäften mehr als unüblich und verdächtig. Aber auch wer unaufhörlich drängt und auf die sofortige Unterschrift für eine «einmalige Gelegenheit» pocht, verdient wenig Vertrauen. Fast immer handelt es sich um Betrüger, die möglichst schnell zu ihrem fragwürdigen Ziel kommen wollen. Auch in den Ferien sollte man sich nicht auf diese Weise eine Ferienwohnung auf Time-Sharing-Basis am traumhaft schönen Strand andrehen lassen. Schon am Tag darauf kann die Reue bitter sein.
- Ein «total sicherer Anlagetipp», dessen Rendite sehr viel höher liegt als bei Anleihens- oder Kassenobligationen, ist unseriös. Wie der Beobachter schreibt: «Renditen wachsen nicht in den Himmel, und gegen tiefe Zinsen gibt es keine Medizin, ausser Ihre Risikobereitschaft.»
- Wenn in einem Hochglanzprospekt vertrauenswürdige Banken-, Versicherungs- und Firmennamen als Referenz genannt werden, muss dies noch nichts heissen. Vielleicht wissen diese nicht einmal, dass sie dort aufgeführt sind. Es lohnt sich in solchen Fällen, die genannte Firma direkt anzusprechen und sich zu erkundigen, ob die Geschäftsverbindung zutrifft und das Finanzprodukt wirklich empfohlen wird.
- «Treuhandanlagen» durch Vermittler sind mit besonderer Vorsicht zu geniessen, wie Beobachter-Geldberater Giuseppe Botti weiss: «Solche Anlagen verschwinden über Vermittler und unseriöse Treuhänder meistens im Ausland bei kriminellen Firmen.» Wichtig: Die Bezeichnung «Treuhänder» ist nicht geschützt; das heisst, jedermann kann sich so betiteln.

– Hat man sich in Schulden gestürzt, so sucht man oft verzweifelt einen Weg, wieder auf die Beine zu kommen. Vorsicht ist dabei jedoch bei privaten Schuldensanierern geboten. Solche Firmen nützen die Not ihrer Kunden meistens durch übertriebene (und im Voraus zahlbare) Honorarforderungen und kundenunfreundliche Verträge aus. Als Fazit ergibt sich daraus vor allem eines: die nochmalige Erhöhung des Schuldenberges.
– Die Schweiz wird von Schneeball-Systemen überschwemmt: Firmen lassen sich für fragwürdige Schulungsseminare bezahlen und versprechen jungen, unerfahrenen Leuten Geld, wenn sie Kollegen und Bekannte anwerben. Doch solche Schnellbleichen können – auch wenn sie in Fünfsternehotels stattfinden – selbstverständlich nie eine seriöse Berufsausbildung ersetzen. Wenn Ungelernte, Arbeitslose und Unzufriedene in wenigen Tagen zu Finanzspezialisten gemacht werden sollen, so ist abzusehen, dass sich damit nur die Organisatoren eine goldene Nase verdienen. Der Name «Allfinanzberatung» oder MLM (Multi Level Marketing) ist zu einem Tummelplatz von vielen und oft unseriösen Gesellschaften geworden. Weitere bekannte und in der Presse oft erwähnte Namen sind: Imperial in Wien und der in der ganzen Schweiz tätige SSI (Star Service International).

Jugendversicherungen

Versichern ist zwar gut und richtig; doch Überversichern muss nicht sein. Gerade bei Jugendversicherungen wie «Jeunesse Top» oder «Mobi jeune» etc. ist das Angebot verwirrend und oft undurchsichtig. Gewöhnliche Hausrat-, Haftpflicht-, Reise- und Fahrzeugversicherungen werden mit besonderen Anreizen wie Einzelrabatten, Superboni und Member-Cards gekoppelt. Es ist deshalb wichtig, die einzelnen Angebote genau unter die Lupe zu nehmen und zu vergleichen. Zunächst sollten Jugendliche, die noch im Elternhaus wohnen, klären, welche Risiken bereits über die Police der Eltern abgedeckt sind. Der Beobachter meinte jüngst dazu: «Bei der Haftpflichtversicherung ist das oft der Fall. Eine eigene Hausratversicherung erübrigt sich ohne eigene Wohnung ebenfalls. Sind zusätzliche Risiken zu versichern, so sind Familienpolicen vielfach die günstigste Lösung.»

Vormund, Beistand

Was heisst es, wenn ein Kind einen Vormund oder eine Vormündin erhält? Muss es damit rechnen, dass es zeit seines Lebens gevogtet wird? Was können Eltern vorsorgen, dass im Fall ihres Todes ein geeigneter Vormund ernannt wird?

Die 17-jährige Verena Z. hat eine Vormündin bekommen. Ihre Eltern hatten schon immer Mühe mit der Tochter. Als diese trotz Verboten immer wieder neue Freunde mit nach Hause bringt oder wochenlang wegbleibt, reisst ihnen der Geduldsfaden. Sie setzen sich wieder einmal mit dem Jugendamt in Verbindung und berichten dort, so gehe es einfach nicht mehr weiter. Ihre Tochter lasse sich von ihnen überhaupt nichts mehr sagen. Das Beste sei, wenn sie ausziehe und sie mit ihr nichts mehr zu tun hätten. Bei der darauffolgenden Aussprache zusammen mit einer Sozialarbeiterin fliegen die Fetzen. Gemeinsam kommt man zum Schluss, dass es besser sei, man beauftrage eine neutrale Person mit einer Vormundschaft über Verena.

Die Eltern verzichten damit auf die elterliche Gewalt, das heisst, der Vormund oder die Vormündin übernimmt an ihrer Stelle die Verantwortung für ihre Tochter. Es handelt sich dabei um die einschneidendste Kindesschutzmassnahme. Weniger weit geht es, wenn die Vormundschaftsbehörde den Eltern Weisungen erteilt oder einen Erziehungsbeistand ernennt. Aufgabe der damit betrauten Person ist es lediglich, die Eltern bei der Erziehung zu beraten, vielleicht auch bei Auseinandersetzungen zu schlichten. Die elterliche Gewalt liegt dagegen nach wie vor bei den Eltern.

Behördlicherseits ist man generell zurückhaltend mit der Anordnung von Bevormundungen und ihren unwiderruflichen Konsequenzen für die Ursprungsfamilie. Es gilt die Regel, dass generell die am wenigsten einschneidende Massnahme anzuordnen ist. Trotzdem kann auch eine Bevormundung allen Seiten neue Luft zum Atmen geben, wenn die Situation so ausweglos und verkachelt ist wie im Fall von Verena Z. Manchmal aber ist es auch notwendig, eine solche Massnahme gegen den Willen der Eltern zu verfügen – dann nämlich, wenn die Eltern nicht einsehen wollen, dass sie es mit der Erziehung ihrer Kinder nicht mehr schaffen.

Ein Missverständnis muss in diesem Zusammenhang beseitigt werden. Verenas Eltern meinten nämlich erst mit einem Stossseufzer: «Wenn wir nicht mehr für sie verantwortlich sind, müssen wir wenigstens auch finanziell nicht mehr für unsere Tochter aufkommen.» Das ist falsch; denn die Unterhaltspflicht besteht auch in diesem Fall weiter. Schliesslich geht es immer noch um ihr Kind, auch wenn sie den Grossteil der Verantwortung abgegeben haben.

Auch aus der Perspektive von Jugendlichen kann es hart sein, wenn die vormundschaftliche Massnahme bekannt wird, gilt «Bevormundung» doch in unserer Gesellschaft nach wie vor als Makel. So kann es unter den Kolleginnen schnell heissen: «Diese Verena muss ein ganz schlimmes Früchtchen sein. Sonst hätte sie bestimmt keinen Vormund.» Doch damit legt man den Massstab an, der bei der Entmündigung von Erwachsenen gilt, wo einer zum Beispiel schwer verwahrlost sein muss, bevor man ihn bevormunden kann. Bei Jugendlichen muss dies nicht der Fall sein. Die Ernennung eines Vormundes bedeutet lediglich, dass es notwendig wurde, eine fremde Person mit der elterlichen Gewalt zu betrauen – ohne dass beim Kind unbedingt besondere erzieherische oder persönliche Schwierigkeiten vorliegen müssen. Besonders deutlich ist dies in Fällen, wo beide Elternteile gestorben sind. Auch hier bekommt das Kind einen Vormund.

Im Übrigen gilt diese Massnahme bei Jugendlichen oft nur auf Zeit. Sobald sie nämlich mündig sind, werden sie automatisch aus der Vormundschaft entlassen. Im Gegensatz zur Aufhebung der Erwachsenenvormundschaft braucht es also weder einen Antrag noch ein Gutachten, damit die Unmündigen am 18. Geburtstag ihre volle Selbständigkeit und Eigenverantwortung erhalten.

Manche Eltern überlegen sich auch, was passieren würde, wenn sie beide zum Beispiel bei einem Unfall umkämen. Kann man schon im Voraus bestimmen, wer dann Vormund würde? Rechtlich ist dies schwierig. Denn die Vormundschaftsbehörde muss von sich aus abklären, wer für dieses Amt am geeignetsten ist. Hingegen können die Eltern bei der von ihnen gewählten Person – oder direkt bei der Vormundschaftsbehörde – einen Brief hinterlegen, in dem sie den Wunsch äussern, nach ihrem Tod beispielsweise Tante Ida als Vormündin zu ernennen. Sie habe sich im gegenseitigen Einverständnis bereit erklärt, in einem solchen Fall die beiden Kinder zur Pflege zu übernehmen, da bereits seit Jahren ein enges Verhältnis zwischen den Familien bestehe. Eine Gewissheit, dass die Behörde diesem Wunsch folgt, besteht zwar nicht. Immerhin wird sie den Vorschlag genau überprüfen müssen. Und es ist anzunehmen, dass sie ihm entspricht, wenn es keine gewichtigen Gegengründe gibt.

Zusammenleben ohne Trauschein

Darf man überhaupt im Konkubinat zusammenleben? Wer erhält das Auto, wenn man auseinander geht? Wie steht es mit der elterlichen Gewalt, wenn ein Kind unterwegs ist?

Viel häufiger als früher leben junge Frauen und Männer heute erst einmal ohne Trauschein zusammen. Wer nicht aus religiösen Gründen ein solches Zusammenleben strikt ablehnt, findet es oft sogar ausgesprochen sinnvoll, dass man sich im Alltag eine Zeitlang prüft, bevor man sich durch Heirat bindet.

Ein Konkubinat verpflichtet indessen die Partner sehr wenig. Geht der freiwillige Bund in Brüche, dann ist der Katzenjammer häufig gross. Wem gehören das gemeinsam angeschaffte Auto und die Möbel? Muss er oder sie aus der Wohnung ausziehen? Es kann nur empfohlen werden, schon beim Zusammenziehen klare Verhältnisse zu schaffen und wesentliche Punkte vertraglich zu regeln – obwohl man nicht gerne ans Trennen denkt, wenn man sich gerade dafür entschieden hat, ein Stück des Lebensweges gemeinsam zu gehen:

Checkliste: Was zu regeln ist

☐ Beide Konkubinatspartner sollten den Mietvertrag unterschreiben; denn wer bloss zur Untermiete wohnt, ist beim Auseinandergehen von vornherein in der schlechteren Lage. Diese Sicherheit hat aber auch ihren Preis: Beide Partner übernehmen damit eine Verpflichtung und haften für die volle Miete. Der Vermieter kann sich also an den Mitunterzeichner halten, wenn einer der beiden nicht mehr zahlen kann oder will. Damit bei der Auflösung der Wohnpartnerschaft keine Probleme entstehen, sollte der Mietvertrag eine Zusatzklausel enthalten, die es jedem Mieter erlaubt, die Woh-

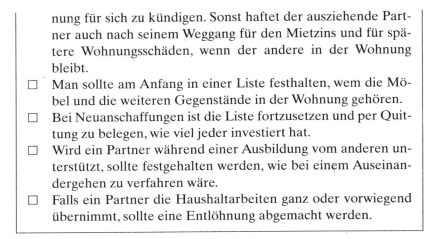
- Man sollte am Anfang in einer Liste festhalten, wem die Möbel und die weiteren Gegenstände in der Wohnung gehören.
- Bei Neuanschaffungen ist die Liste fortzusetzen und per Quittung zu belegen, wie viel jeder investiert hat.
- Wird ein Partner während einer Ausbildung vom anderen unterstützt, sollte festgehalten werden, wie bei einem Auseinandergehen zu verfahren wäre.
- Falls ein Partner die Haushaltarbeiten ganz oder vorwiegend übernimmt, sollte eine Entlöhnung abgemacht werden.

Häufiger als früher verzichten Konkubinatspaare heute darauf, sofort zu heiraten, wenn ein Kind unterwegs ist. In solchen Fällen wird nach Gesetz die Vormundschaftsbehörde aktiv. Sie bestellt einen Beistand, der den Vater verbindlich festzustellen hat, und regelt, welche Unterstützung dieser monatlich bezahlen muss, wenn das Konkubinat auseinander geht. Sobald diese Abmachungen erfolgt sind, kann der Beistand entlassen werden. Die Mutter bekommt dann die volle elterliche Gewalt über das Kind.

«Ist es nicht diskriminierend, dass man uns einen Beistand anhängen will», empört sich Lorenz P. «Nur weil wir nicht geheiratet haben, misstraut man uns.» Doch das Kind eines Konkubinatspaares ist nicht automatisch abgesichert, wenn die Verbindung auseinanderbricht. Dennoch sind die Vormundschaftsbehörden heute bereit, auf die Massnahme zu verzichten – sofern der Vater von sich aus die Vaterschaft beim Zivilstandsamt anerkennt und die von der Vormundschaftsbehörde vorgeschlagene Unterhaltsregelung freiwillig unterzeichnet.

Im Rahmen dieses Buches kann lange nicht alles dargestellt werden, was Konkubinatspartner wissen sollten. Eine ausführliche Orientierung findet sich im Beobachter-Ratgeber «Konkubinat – Ehe ohne Trauschein» (Beobachter-Buchverlag, Postfach, 8021 Zürich). Mustervorlagen für die Abfassung von Konkubinatsverträgen vermittelt zudem LoT (Lebensgemeinschaften ohne Trauschein, 3001 Bern).

Sprachaufenthalte 136, 300
Spritzen 213, 218, 250
Sri Chinmoy 231, 233, 254
Stadt-Land-Gegensatz 182
Stempeln 132
Sterilisation 86
Steuerpflicht 109
Stifte-Telifon 110, 113, 296
Stimmbruch 38
Stimmrechtsalter 267
Stipendien 125, 300
Strafe 275
Strafen in der Schule 273
Strafmündigkeit 267
Stress 35, 93
Studiendarlehen 128
Stützkurse 114
Subkulturen 161, 162
Sucht 201, 250, 308
Suchtphasen 203
Suizidversuche 226
Syphilis 82

T
Tampon 83
Taschengeld siehe Sackgeld
Techno 166
technologischer Wandel 66, 70
Technosport 194
Teddies, Teds 167
Test 71
Therapien und Krankenkasse 251
Töfflikontrolle 190
Töffliverbot 273
Tripper 82

U
Übergangsschwierigkeiten 91
Überlebenstraining 195
Überzeit 107
Unfall 109
Unfallversicherung 60, 109
Universität 123
Unterhalt 277
Unterhaltsklage 278, 280
Unterhaltspflicht 59, 262, 277, 286

Untermieter 62
Unterstützungspflicht 280

V
Verein 159
Vereinigungskirche 234
Vergewaltigung 41, 46, 49, 110, 310
Verkehrsschule 120
Verschlafen 108
Versicherungen 60
Verwandtenunterstützung 280
Video 195
Volksschul-Oberstufe 118
Vorhautverengung 86
Vormund 285, 291
Vormundschaftsbehörde 265, 286, 291
VPM 235

W
Wachstumsschub 13
Waffen 240
Wassermann-Zeitalter 255
weiche Drogen 205
Weiterbildung 134, 147, 299
Welschland-Jahr 137, 300
Werkjahr 138
Wertwandel 33
Wiedereinstieg 54
Wiking-Jugend 191
Wohlstand 143
Wohngemeinschaft 61

X
XTC 216

Z
Zapping 175
Zärtlichkeit 39
Zeugen Jehovas 232, 233
Zigaretten 208
Zivildienst 77
Zusatzlehre 138
Zweitausbildung 279
zweiter Bildungsweg 122
Zwischenlösungen 138

Pfadfinder 159
Pfingstbewegung 232, 253
Phimose 86
Pickel siehe Akne
Pille 51, 85
Pille danach 85
Politik 170
politische Jugendorganisationen 188
Polizei 190
polizeiliche Festnahme 191
Polytoxikomanie 206
Popmusik 148
Poppers 165
Post 76
Präservativ siehe Kondom
Praxisschock 90
Primarschulalter 13
Primarschule 91
Privatfernsehen 175
Privathaftpflichtversicherung 60
Probezeit 97
Prüfung 93
Prüfungsangst 94
Prüfungsstress 94
Prüfungstechnik 95
Prüfungsvorbereitung 95
Pubertät 16, 38, 44
Puff 81
Punks 165

R
Radio 178
Rambos 165
Randgruppen 168
Rauchen 208
Rauschmittel siehe Drogen
Realschule 118
Rechte im Militär 79
Rechtsradikalismus 166, 191
Regel siehe Menstruation
Reisen 152, 303
Reisetipps 153
Reiseversicherung 153
Rekrutenschule 79, 313
Rekurse 269
Religion 33, 230
Religionsmündigkeit 268
Restaurantbesuch 192

S
Sackgeld 76, 143, 261
Samenerguss 38
Satanismus 192
Sauberkeit 28
Scheidenpessar siehe Diaphragma
Schnüffeln 217
Schnupperlehre 71
Schulden 224, 251, 314
Schule 91, 99, 117, 298
Schule und Recht 272
Schüleraustausch 136
Schulfächer 92
Schulgeld 136
Schulkommission 137
Schulpflege 137
Schulrat 137
Schultypen der Oberstufe 118
Schulwechsel 117
Schundliteratur 173
Schutzalter 40
Schwangerschaftsabbruch 80
Schwangerschaftstest 83
Schwangerschaftsverhütung 83
Schwarzarbeit 110
Schwarze Magie 255
Schweigepflicht des Arztes 82, 269
Scientology 234, 238
Seelische Störungen 29
Sekten 230, 252, 314
Sekundarschule 118
Sekundarschulübertritt 91, 118
Selbstbefriedigung 42
Selbstmord 226
Selbstverteidigungskurs 49
Sex 39
Sexualerziehung 44
Sexualität 37, 80
sexuelle Aufklärung 44
sexueller Missbrauch 46
Skinheads 166
Sozialeinsätze 193
Sozialjahr 137
Spielautomaten 251
Spielen 193
Spielsucht 205, 251
Spirale 84
Spiritismus 255
Sport 150, 194
Sportverein 150, 160

Soziale Dienste

Allgemeine Auskunftsstellen

AG Kantonaler Sozialdienst
Schachenallee 29
5004 Aarau
062/835 29 90

AI Fürsorgedepartement
Marktgasse 2
9050 Appenzell
071/787 19 85

AR Sozialberatungsstelle
Appenzell-Hinterland
Buchenstrasse 2
9100 Herisau
071/351 53 72

BE Fürsorgeamt
Predigergasse 8
3011 Bern
031/321 61 11

info Informationsstelle für
Jugendfragen des Jugendamtes
der Stadt Bern
Predigergasse 4a
Postfach 575
3000 Bern 7
031/321 60 42

BS Fürsorgeamt der Stadt Basel
Bernoullistrasse 28
4056 Basel
061/267 24 00

GL Sanitäts- und Fürsorgedirektion
Postgasse 29
8750 Glarus
055/646 66 00

GR Kantonales Sozialamt Graubünden
Gürtelstrasse 89
7000 Chur
081/257 26 54

NW Fürsorgedirektion
Sekretariat
Engelbergstrasse 34
6370 Stans
041/618 76 02

OW Sozialamt Obwalden
St. Antonistrasse 4
6060 Sarnen
041/666 63 35

SG Sozialdienste des Kantons
St. Gallen
Spisergasse 41
9000 St. Gallen
071/229 33 18

SH Kantonales Sozialamt
Platz 4
8200 Schaffhausen
052/632 76 85

Fürsorgeamt
Vorstadt 43
8200 Schaffhausen
052/632 51 11

SO Kantonales Sozialamt
Wengistrasse 17
4500 Solothurn
032/627 23 11

SZ Fürsorgeamt
Bahnhofstrasse 15
6430 Schwyz
041/819 11 24

TG Fürsorgeamt
Rheinstrasse 11
8500 Frauenfeld
052/724 27 05

Anhang

Notfälle

– Die Dargebotene Hand, Telefon **143**

– Elternnotruf Basel **061/261 10 60**

– Chummertelefon der Schweiz. Stiftung zämeläbe **031/330 10 15**

– Sorgentelefon für Kinder **155 42 10**

– Help-o-Fon **157 00 57**

– Elternnotruf Ostschweiz (SG, AI, AR, TG) **071/244 20 20**
  (Mo–Fr 9.30–13.30 Uhr)

– Elternnotruf Zürich, Asylstrasse 79, 8032 Zürich, **01/261 88 66**
  (Mo–Fr 9.00–17.00 Uhr; Telefon 24 h in Betrieb; auf Wunsch anonym)

– Sorgentelefon Schlupfhuus für Kinder und Jugendliche **01/261 21 21**
  (auf Wunsch anonym)

– Toxikologisches Informationszentrum der Schweiz **01/251 51 51**
  (Notfalldienst)

E

Ecstasy 167, 216
eidgenössische Maturität 93, 121
Eidgenössische Technische
  Hochschule 124
Einführungskurse 134
Einschliessung 275
Eisprung 81
elterliche Gewalt 59
Elternabhängigkeit bei Stipendien 126
Elternnotruf 75, 289
Elternvereinigungen drogenabhängiger
  Jugendlicher 215, 309
Entlassung aus der Schulpflicht 274
Entwicklung 28
Entwicklungsaufgaben 28
Ernährung 75
Erziehungshilfe 275
Esoterik 254
Ess-Störungen 228
Euro 26 187f., 303
Eurocheckkarte 262

F

Fachhochschule 116
Fachlehrer 92
Fakultäten an der Universität 124
Fast Food 75
Ferien 108, 134, 152, 303
Ferienjob 143, 261
Fernsehen 174
Fernsehgewalt 243
Fernsehverbot 175
Fiat Lux 233
Film 178
Fixerräume 250
Fluchtverhalten 199
Fortbildung 134
Frauenärztin 82
Frauenberufe 120
Free-Base 217
Freizeit 141
Freizeitkurse 147
Freizeittreff 158
fristlose Kündigung 110
fürsorgerischer Freiheitsentzug 258

G

Gasse 158
Genussmittel 202
Gechlechtskrankheiten 82
Gewalt 239
gewaltfreie Erziehung 242
Gewerkschaften 112
Gläserrücken 255
Globetrotter 152
Graffiti 164
Gross-, Kleinbetriebe 106
Grufties 163
Grundausbildung 66
Guru 252
Gymnasium 91, 121

H

Haft 276
Haftung 63
Hallen- und Indoor-Sport 150
Hare Krishna 233
harte Drogen 205
Haschisch 210
Haushaltslehre 138
Hauswirtschaftsjahr 138
Heavy Metal 163
Heilsarmee 232, 252
Heimeinweisung 265
Heiratsmündigkeit 268
Hemmungen 28
Heroin 212, 218, 258, 308
Hip Hop 164
HI-Virus 49
Höhere Fachschulen 116
Home Boys 164
Homosexualität 42, 312
Hooligans 164
Hygiene 28

I

Ich-Botschaften 22
Identität 33
illegale Drogen 204, 308
Infotainment 176
Internat 122
Interrail 152
IV und Sucht 250

J

Jugendanwalt 191, 275
Jugendarbeit 188
Jugendgewalt 239
Jugendhaus siehe Jugendtreff

Jugendkrise 14, 20
jugendkulturelle Lebensstile 167
Jugendliebe 40
Jugendparlamente 188
Jugendpsychiatrie 29, 299
Jugendrebellion 20, 169
Jugendreligionen 230
Jugendstrafrecht 239, 275
Jugendtreff 158
Jugendurlaub 188
Jugendwohngruppe 60
Jungparteien 188

K

kantonale Maturität 122
Kinder Gottes 233
Kinderarbeit 143
Kindesschutzmassnahmen 285
Kindesvermögen 263
kirchliche Vereine 160
Kleidervorschriften der Schule 272
Knaus-Ogino-Methode 84
Kokain 212, 218, 258, 308
Kollektivstrafen 273
Kondom 50, 51, 84
Konkubinat 287
konstruktives Streiten 21
Konsumieren 143, 156, 240
Konsumsucht 223
kontrollierte Heroinabgabe 213
Kostgeld 262
Krankenkasse 60, 251, 284
Krankheit 108
Kündigung 110

L

Landdienst 193
Landmark Education 235
Latenzzeit 13
Lebensversicherungen 60
legale Drogen 204
Lehrabschlussprüfung 93, 103
Lehre 67, 89, 97, 101, 298
Lehrlingsheim 61
Lehrlingslohn 103, 108, 261, 279
Lehrmeister 103, 105
Lehrvertrag 102
Leistungstraining 151
Lerntypen 68
lesbische Beziehungen 42, 312

Lesen 172
Liebe 39
Lohn 103, 108, 261
Lokalradio 178
LSD 216, 217

M

Magersucht 228
Matura 67, 93, 122
Maturitätstypen 122
Medien 172
Medienkompetenz 176
Medikamente 209
Menstruation 41, 83
Methadon 213, 219, 251
Mietvertrag 62
Militärdienst 77
militärische Hierarchie 78
Militärischer Frauendienst 79
Minipille 85
Mobilität 182
Monatsblutung siehe Menstruation
Moon-Sekte 234
moralisches Denken 18
Moses David 252
Mündigkeit 267
Musik 148

N

Nachhilfe 135
Nebenbeschäftigung 110
negative Gefühle 29
Neuapostolische Kirche 252
New Age 255
New Wave 165
Notschlafstellen 75
Numerus clausus 136

O

Okkultismus 255
Onanie 42
Opus Dei 253
Osho-Rajneesh-Bewegung 253

P

Pariser siehe Kondom
Passivität 156
Patchwork-Identität 33, 168, 182, 199
Pensionskasse 108
Periode siehe Menstruation

Register

A

A bis Z der Gassensprache 218
Ablösung 52
Abschlussprüfung 93
Absenz 108
Abtreibung 80
Acid 163
Aggression 29, 239
AHV- und IV-Prämien 108
Aids 49, 81, 250, 305
Akkordarbeit 109
Akne 16
Akteneinsicht 270
Aktion 7 193
aktives Zuhören 22
Akzeleration 16, 39
Alkohol 206, 259, 308
Alternativszene 171
Anlagen 27
Anlehre 66
Anwalt 191, 275, 315
Arbeitsbuch 103
Arbeitsleistung 275
Arbeitslosigkeit 108, 132, 296f.
Arbeitsverdienst des Jugendlichen 261
Arbeitszeit 107
Astrologie 254
Aufklärungsliteratur 45
Aufsichtsbehörde von Schulen 137
Au-pair-Stellen 137
Aushebung 77
ausländische Jugendliche 27
Auslandjobs 187, 304
Auslandstudium 132
Ausweisungspflicht 190
autogenes Training 95

B

Baghwan 233, 252
Behinderte 67, 187, 306
Beistand 285, 288, 291
berufliche Weiterbildung 134, 147, 299
Berufsberater 70, 293
Berufsbildung 67, 116, 295
Berufsbildungsamt 103, 112, 295
berufsfremde Arbeiten 109
Berufsinformation 71
Berufsmatura 115
Berufsmittelschule 114
Berufsschule 103, 111, 114, 135
Berufswahl 64
Berufswahljahr 138
Beruhigungsmittel 94, 209
Beschneidung 81
Beschwerderecht von Schülern 275
Betäubungsmittelgesetz 257, 258
Bezirksschule 118
Bildungssystem 117
Bildungswesen 117, 298
Binden 83
Blauring 160
Bordell 81
Bravo 174
Breakdance 164
Briefgeheimnis 76
Brutalos 245
Bücher 172
Budgetberatungsstelle 278, 307
Bulimie 228

C

Cannabis 210, 258
Cliquen 161
Comics 173
Coming out 43
Computer 134, 179
Computerspiele 180
Crack 217

D

Denkentwicklung 18
Depression 29
Designer-Drogen 216
Diaphragma 84
Dienstverweigerung 77, 313
Diplommittelschule 119
Dreimonatsspritze 85
Drogen 159, 201, 204, 250, 308
Drogenhandel 258
Drogenprävention 220
Drogentherapie 215
Drogen und Recht 258

Suche nach einem Anwalt

Bei der Suche nach einem Anwalt helfen folgende Stellen:

Demokratische Juristinnen und Juristen
der Schweiz (DJS)
Rue de Lausanne 18
1700 Fribourg
026/323 13 66

Der Schweizerische Beobachter
Beratungsdienst
Förrlibuckstrasse 10
8021 Zürich
01/448 74 74

Schuldenberatung

Caritas Schweiz
Soziale Aufgaben Schweiz
Löwenstrasse 3
6002 Luzern
041/419 22 22
(Zentralstelle, verweist an kantonale Stellen)

Schweiz. Stiftung zämeläbe
Waffenweg 15
Postfach 666
3014 Bern
031/330 10 10

SV-Service
Betriebliche Sozialberatung
Postfach
8032 Zürich
01/385 53 21/22

Verein Schuldensanierung
Hopfenweg 15
3007 Bern
031/371 84 84

Verein Sanierungshilfe Basel
Beratungsstelle
Rufacherstrasse 54
4055 Basel
061/301 58 47

Sekten und religiöse Sondergruppen

Arbeitsgemeinschaft gegen
destruktive Kulte SADK
Elsbeth Bates
Ruppen
9450 Altstätten
071/755 61 07

Evangelische Orientierungsstelle
Pfarrer Georg Schmid
Städtli 79
8606 Greifensee
01/940 19 73

Ökumenische Arbeitsgruppe
«Neue religiöse Bewegungen in der Schweiz»
Präsident: Kaplan Joachim Müller
Wiesenstrasse 2
9436 Balgach
071/722 33 17

Ökumenische Beratungsstelle Religiöse
Sondergruppen und Sekten
Pfarrer Martin Scheidegger
Matthofring 4
Postfach 3907
6002 Luzern
041/360 78 19

Infosekta
Birmensdorferstrasse 421
8055 Zürich
01/454 80 80
(Do 9–11 Uhr)

Militär

Militärdepartementsstab
Sektion Schulen und Kurse
3003 Bern
031/324 12 11

Forum Jugend und Armee
Freiestrasse 131
8032 Zürich
01/383 48 10

Beratungsstellen für Dienstverweigerer

Die folgenden Beratungsstellen nennen Ihnen Adressen in Ihrer Region:

BE Beratungsstelle für
    Militärverweigerung
    Quartiergasse 17
    3013 Bern
    031/333 01 00
    (Mi 9–12 Uhr, Do 14–17 Uhr)

BS Beratungsstelle für
    Militärverweigerer
    Bombachstrasse 33
    4057 Basel
    061/692 90 29
    (Di 20–22 Uhr)

SG Beratungsstelle für Zivildienst und
    Militärverweigerung
    Engelgasse 22
    9000 St. Gallen
    071/222 45 68
    (Fr 16–19 Uhr)

SH Beratungsstelle für
    Militärverweigerer
    Mattenstrasse 6
    8212 Neuhausen
    052/672 15 19

VD Centre Martin Luther King
    Ave. de Béthusy 56
    1012 Lausanne
    021/652 27 27
    (13–17 Uhr)

ZH Beratungsstelle für
    Militärverweigerung
    Köchlistrasse 3
    8004 Zürich
    01/240 07 42

    Beratungsstelle für
    Militärverweigerung
    Theaterstrasse 30
    8400 Winterthur
    051/213 51 52

Homosexuelle und Lesben

Homosexuellen-Organisationen

BE HAB
Mühlenplatz 11
3011 Bern
031/311 63 53

LU HALU
Wesemlinrain 20
6006 Luzern
Sorgentelefon: 041/410 35 32
(Mo 19–21 Uhr)

SO Begegnungszentrum
Altes Spital
Ob. Winkel 2
4500 Solothurn
032/623 66 20

ZH HAZ Homosexuelle
Arbeitsgruppe Zürich
Begegnungszentrum
Sihlquai 67
8005 Zürich
01/271 22 50

SPOT 25
Sihlquai 67
8005 Zürich
01/273 11 77
(schwule Jugendgruppe;
Mi 20–22 Uhr)

CH Pink Cross
Schwulenbüro Schweiz
Zinggstrasse 16
3007 Bern
031/372 33 00

Adressen für junge Lesben

BS LIBS (Lesbeninitiative Basel)
Frauenzimmer
Klingentalgraben 2
4057 Basel
061/681 33 45
(tel. Beratung Mi 20–22 Uhr)

ZH Lesbenberatungsstelle
Mattengasse 27
8005 Zürich
01/272 73 71
(Do 18–20 Uhr, sonst
Anrufbeantworter)

Schwule Jugendgruppe
Sihlquai 67
8005 Zürich
01/273 11 77

Homosexuelle Arbeitsgruppen
Zürich
Begegnungszentrum
Sihlquai 67
8005 Zürich
01/271 22 50

Anhang

ZH Infra
Mattengasse 27
8005 Zürich
01/272 88 44
(Di 15–19.30 Uhr,
juristische Beratung ab 18.00 Uhr)

Nottelefon für vergewaltigte Frauen
Postfach 3344
8031 Zürich
01/291 46 46
(Mo–Fr 10–19 Uhr, Fr/Sa 0–8 Uhr,
Sa/So 0–8 Uhr)

Frauenambulatorium
Mattengasse 27
8005 Zürich
01/272 77 50

Frauenhaus Zürich
Postfach 365
8042 Zürich
01/363 22 67

Verein Mütterhilfe
Beratungsstelle
Badenerstrasse 18
8004 Zürich
01/241 63 43

Infra
Zentralstrasse 39
8610 Uster
01/941 02 03
(Mo 14–18 Uhr)

Frauenhaus Winterthur
052/213 08 78

CH Schweizerischer katholischer
Frauenbund
Zentralsekretariat
Postfach 7854
6007 Luzern
041/210 49 36

Junge Frauen und ihre Mütter

Mit gynäkologischen Fragen kann man sich wenden an:

Sozialmedizinischer Dienst des
Frauenspitals Basel
Assistenz- und Oberärztinnen
061/325 90 70
(unentgeltliche Beratung,
Teenager-Sprechstunde Mi 12–16 Uhr)

Frau Dr. med. M. Zürcher Krauskopf
Kinder- und Jugendgynäkologische
Sprechstunde Kinderspital Bern
Medizinische Kinderpoliklinik
3010 Bern
031/632 94 11

Frau Dr. med. Regina Bitter
Spezialärztin für Gynäkologie und
Geburtshilfe FMH
Ambulatorium an Kinderspital
Wildermeth
2502 Biel
032/322 44 11

Frau Dr. med. Tanja Wörner
Adoleszenzsprechstunde
Kreisspital Wetzikon
8620 Wetzikon
01/934 11 11

Jugendmedizinsprechstunde
(inkl. Kinder- und Jugend-
gynäkologie)
Herr Dr. med. J. Laimbacher
Ostschweizer Kinderspital
Claudiusstrasse 6
9006 St. Gallen
071/243 71 11

Frauenberatungsstellen

AG Frauenhaus Aargau
Postfach
5200 Brugg
056/442 19 11

BE Infra
Bollwerk 39
3011 Bern
031/311 17 95
(Di 18–20 Uhr, Do 9–11 Uhr,
Sa 11–13 Uhr)

Frauengesundheitszentrum
Aarbergergasse 16
3011 Bern
031/312 31 20

Frauenhaus
Postfach
3000 Bern 7
031/332 55 33

BS Frauenhaus Basel
061/681 66 33
Beratungsstelle Nottelefon
Fachstelle gegen sexuelle Gewalt
an Frauen
Opferhilfe für Frauen
Pflüggässlein 5
Postfach
4001 Basel
061/261 89 89
(Mo, Mi–Fr 9–13 Uhr und
Mo–Fr 14–18 Uhr)

FR Frauenhaus Freiburg/Opfer-
beratungsstelle
Postfach 807
1701 Fribourg
026/322 22 02
(für Frauen ab 18 Jahren)

LU Frauenhaus Luzern
Postfach 110
6004 Luzern
041/360 70 00

SG Frauenhaus
071/223 1 3 56

Beratungsstelle
Wassergasse 1
9000 St. Gallen
071/222 29 12

Beratungsstelle und Sozialdienst
für Frauen und Familien
Frongartenstrasse 16
9000 St. Gallen
071/228 09 80

Katholischer Frauenbund
Beratungsstelle
Magnihalden 7
9000 St. Gallen
071/222 45 60

SH Nottelefon für Frauen
Beratungs- und Informationsstelle bei sexuellen Übergriffen
Postfach 1011
8201 Schaffhausen
052/213 61 61

Frauenhaus Schaffhausen
Postfach 1614
8201 Schaffhausen
052/625 08 76

Beratungsstelle für Frauen
Neustadt 23
8200 Schaffhausen
053/625 60 00

TG Beratungsstelle des Vereins
zum Schutz misshandelter Frauen
Postfach 1002
8500 Frauenfeld
052/720 39 90

Anhang

NW Beratungsstelle für Alkohol- und
Suchtprobleme
Engelbergstrasse 34
6370 Stans
041/618 76 03

OW Drogenberatung Obwalden
Frau Katrin Elmiger
St. Antonistrasse 4
6061 Sarnen
041/666 64 60

SG Drogenberatung
Rosenheimstrasse 2
9008 St. Gallen
071/245 05 45

SH SCHÄRME
Auffang- und Beratungsstelle für
Jugendliche und junge Erwachsene
Fischerhäuserstrasse 24
8200 Schaffhausen
052/624 33 88

SZ Kinder- und Jugendpsychiatrischer
Dienst
Amt für Schuldienste
Bahnhofstrasse 23
6430 Schwyz
041/819 19 55

TG Beratungs- und Präventions-
stelle für Alkohol- und Drogenprobleme
Region Frauenfeld/Diessenhofen
Oberstadtstrasse 6
8500 Frauenfeld

TG Alkoholberatung
052/721 17 43
Drogenberatung
052/721 17 44
Suchtprävention
052/721 17 45

UR Drogenberatungsstelle Uri
Tellsgasse 19
6460 Altdorf
041/874 11 81

VS Contact
Walliser Liga gegen die
Suchtgefahren LVT
Sebastiansgasse 7
Brig-Glis
3900 Brig
027/923 25 72

ZG Jugend- und Drogenberatung
des Kantons Zug
Aegeristrasse 56
6300 Zug
041/728 39 39

ZH DROP-IN Zürich
Psychiatrische Beratungsstelle für
Jugend- und Drogenprobleme
Asylstrasse 23
8032 Zürich
01/252 54 55

Selbsthilfe von Eltern Drogenabhängiger

Verband der Elternvereinigungen DAJ
Scheurenweg 41
2504 Biel
032/342 18 31

Drogen

Alkohol

Alkohol- und Suchtfachleute
Schweiz. Fachverband
Burgmatte 23
6208 Oberkirch
041/921 98 44

Schweizerische Fachstelle für
Alkoholfragen und andere
Drogenprobleme SFA/ISPA
Postfach 870
1001 Lausanne
021/321 29 11

Anonyme Alkoholiker AA
Cramerstrasse 7
8004 Zürich
01/241 30 30

Beratungsstellen am Wohnort vermitteln
die Sozial- und Fürsorgeämter der Wohngemeinde.

Illegale Drogen

AG Fachstelle für Suchtberatung und
    Prävention
    Metzgergasse 2
    5000 Aarau
    062/822 65 38
    (Mo–Fr 10–12 und 14–18 Uhr)

AI Sozialberatungsstelle Appenzell
    Innerrhoden
    Blumenrainweg 3
    9050 Appenzell
    071/787 31 55

AR Beratungsstelle für Suchtfragen
    des Kantons Appenzell
    Ausserrhoden
    Jugendberatung
    Hauptstrasse 60
    9053 Teufen
    071/333 44 33

BE Stiftung Contact-Bern
    Jugend-, Eltern- und Drogenberatungsstelle
    Monbijoustrasse 70
    Postfach
    3007 Bern
    031/378 22 22

BL Kinder- und Jugendpsychiatrischer Dienst
    Goldbrunnenstrasse 14
    4410 Liestal
    061/921 44 10

BS DROP-IN
    Drogenberatungsstelle
    Ramsteinerstrasse 30
    4052 Basel
    061/312 67 10

GL Sozialberatungsstelle des
    Kantons Glarus
    Winkelstrasse 22
    8750 Glarus
    055/645 27 27

GR Jugend- und Drogenberatungsstelle
    Loestrasse 37
    7000 Chur
    081/257 26 90

LU Kantonale Drogenberatungsstelle
    Luzern
    Winkelriedstrasse 11
    6002 Luzern
    041/210 73 71

IV-Stelle Uri
Dätwylerstrasse 11
6460 Altdorf
041/874 50 10

Kant. IV-Stelle
Av. Pratifori 27
1950 Sion
027/324 96 11

IV-Regionalstelle Zug
Baarerstrasse 11
6300 Zug
041/728 32 30

IV-Stelle für den Kanton Zürich
Josefstrasse 59
8005 Zürich
01/275 11 11

Psychisch Kranke

INSIEME
Schweizerische Vereinigung der Elternvereine für geistig Behinderte
Silbergasse 4
Postfach 827
2501 Biel
032/322 17 14

Kinder- und Jugendpsychiatrischer Dienst
des Kantons Zürich
Freiestrasse 15
8032 Zürich
01/251 52 20

Budgetberatung

Arbeitsgemeinschaft der Schweizerischen
Budgetberatungsstellen ASB
Hashubelweg 7
5014 Gretzenbach
062/849 42 45

Behinderte

Pro Infirmis
Feldeggstrasse 71
8008 Zürich
01/388 26 26

Schweizerischer Invalidenverband (SIV)
Froburgstrasse 4
4600 Olten
062/212 12 62

Rechtsdienst für Behinderte
Bürglistrasse 11
8002 Zürich
01/201 58 27
(Mo–Fr 8–12 Uhr)
Wildhainweg 19
3012 Bern
031/302 02 37
(Mo–Fr 9–12 Uhr)

Service juridique pour handicapés
Place Grand St-Jean I
1001 Lausanne
021/323 33 52

Stiftung für junge Behinderte
Jakob Federer-Aepli
Kübachstrasse 269
9442 Berneck
071/744 77 60

Schweizerischer Verband für
Behindertensport
Chriesbaumstrasse 6
8604 Volketswil
01/946 08 60
(9–12 und 13.30–17 Uhr)

IV-Probleme, Eingliederungsmöglichkeiten

Sozialversicherungsanstalt
IV-Stelle
Berufliche Eingliederung
Kyburgerstrasse 15
5001 Aarau
062/836 81 81

IV-Stelle Bern
Abt. Berufliche Eingliederung
Chutzenstrasse 10
3001 Bern
031/379 71 11

IV-Stelle Bern
Zweigbüro Biel
Güterstrasse 27
2502 Biel
032/322 63 43

IV-Stelle Bern
Zweigstelle Burgdorf
Bahnhofstrasse 57
3400 Burgdorf
034/429 08 52

IV-Stelle Graubünden
Rohanstrasse 5
7001 Chur
081/255 41 11

IV-Stelle Luzern
Landenbergstrasse 35
Postfach
6005 Luzern
041/369 05 00

Sozialversicherungsanstalt
des Kantons St. Gallen
IV-Stelle
Brauerstrasse 54
9016 St. Gallen
071/ 82 66 33

IV-Stelle Schwyz
Rubiswilstrasse 8
6438 Ibach
041/819 04 25

Beratung zu diversen Problemen

Aids

AG Aids-Hilfe Aargau
    Entfelderstrasse 17
    5000 Aarau
    062/824 44 50

BE Aids-Hilfe Bern
    Wylerstrasse 109
    3014 Bern
    031/331 33 34 (deutsch)
    031/331 33 32 (französisch)

BS/ Aids-Hilfe beider Basel
BL Claragraben 160
    4057 Basel
    061/692 21 22

GR Aids-Hilfe Graubünden
    Lürlibadstrasse 15
    7000 Chur
    081/252 49 00

LU Aids-Hilfe Luzern
    Wesemlinrain 20
    6006 Luzern
    041/410 69 60

SG/ Aids-Hilfe St. Gallen Appenzell
AI/ Tellstrasse 4
AR 9001 St. Gallen
    071/223 68 08
    (Mo–Fr 9–12 Uhr)

SH/ Aids-Hilfe Thurgau/Schaffhausen
TG Rathausbogen 15
    8200 Schaffhausen
    052/625 93 39
    Oberstadtstrasse 6
    8500 Frauenfeld
    052/722 30 33

SO Aids-Hilfe Solothurn
    Dornacherplatz 17
    4500 Solothurn
    032/625 85 59

VS Aids-Hilfe Oberwallis
    St. Martiniplatz 1
    3930 Visp
    027/946 46 68

ZG Fachstelle für Aids-Fragen Zug
    Zeughausgasse 9
    6300 Zug
    041/710 48 65

ZH Zürcher Aids-Hilfe
    Birmensdorferstrasse 169
    8003 Zürich
    01/461 15 16

CH Aids-Hilfe Schweiz
    Konradstrasse 20
    8005 Zürich
    01/273 42 42

    Bundesamt für Gesundheitswesen
    Zentralstelle für Aids-Fragen
    Frau Odemar
    3097 Liebefeld
    031/970 87 11

Arbeitseinsätze

Sozialeinsatz in Familien und
Wohnbausanierung
Pro Juventute
Seehofstrasse 15
8008 Zürich
01/251 72 44

Landdienst-Zentralstelle
Mühlegasse 13
8001 Zürich
01/261 44 88

Caritas Schweiz
Freiwilligeneinsätze im Berggebiet
Löwenstrasse 3
6002 Luzern
041/419 22 22

Auslandaufenthalte

Dachverband zur Förderung von
Jugendaustausch
Intermundo
Schwarztorstrasse 69
3007 Bern
031/382 32 31

International Summer Camp
Weissenbühlweg 29a
3007 Bern
031/371 81 77

BIGA
Sektion Auswanderung und Stagiaires
Bundesgasse 8
3003 Bern
031/322 42 02

Freizeit

Jugendverbände

Schweizerische Arbeitsgemeinschaft der Jugendverbände (SAJV)
Schwarztorstrasse 69
3007 Bern
031/382 22 25

Jugendhäuser, Freizeitzentren

Adressen erhalten Sie bei den Wohngemeinden.

Ferien, Reisen

Schweizerischer Studentenreisedienst SSR
Ankerstrasse 112
8004 Zürich
01/297 11 11

Globetrotter-Club
Travel Service
Rennweg 35
8001 Zürich
01/211 77 80

Schweizerischer Reisebüro-Verband
Utoquai 39
8034 Zürich
01/252 82 30

Junge Kirche Zwinglibund
Brauerstrasse 60
8004 Zürich
01/241 07 07

Arbeitskreis Tourismus und Entwicklung
Missionsstrasse 21
4055 Basel
061/261 47 42

Arbeitsgemeinschaft
Schweiz. Entwicklungs-
organisationen
Monbijoustrasse 31
3011 Bern
031/382 12 32

Schweizer Wanderwege
Im Hirshalm 49
4125 Riehen
061/601 15 35

IG Velo Schweiz
Postfach 6711
3001 Bern
031/318 54 11

Railtour Suisse SA
Chutzenstrasse 24
3007 Bern
031/378 00 00

Euro 26
Belpstr. 49
Postfach
3000 Bern 14

ZH Erziehungsdirektion des
   Kantons Zürich
   Abteilung Stipendien
   Schaffhauserstrasse 78
   8090 Zürich
   01/259 23 26

CH Bundesamt für Bildung und
   Wissenschaft
   Bildungswesen
   Wildhainweg 9
   3001 Bern
   031/322 96 69

   BIGA, Bundesamt für Industrie,
   Gewerbe und Arbeit
   Abteilung Berufsbildung
   Bundesgasse 8
   3003 Bern
   031/322 29 85

   AJAS
   Verein zur Förderung der
   Ausbildung junger Ausland-
   schweizerInnen
   Alpenstrasse 26
   3006 Bern
   031/351 61 40

FL Liechtensteinische Stipendienkommission
   Herrengasse 6
   9490 Vaduz
   075/236 67 78

Amt für Ausbildungsbeiträge
des Kantons Basel-Stadt
Münzgasse 16
4001 Basel
061/267 29 11

FR Service des subsides
d'information
Rue de l'Hôpital 1
1700 Fribourg
026/305 12 51

GL Erziehungsdirektion des
Kantons Glarus
8750 Glarus
055/646 65 02

GR Stipendienstelle des Kantons
Graubünden
Quaderstrasse 17
7001 Chur
081/257 21 21

LU Stipendienstelle des Kantons Luzern
Sempacherstrasse 15
6002 Luzern
041/228 51 11

NW Amt für Ausbildungsbeiträge
Marktgasse 3
6370 Stans
041/618 74 01

OW Erziehungsdepartement des
Kantons Obwalden
Fachstellen für Stipendien
6060 Sarnen
041/666 62 43

SG Erziehungsdepartement des
Kantons St. Gallen
Amt für Stipendien
Regierungsgebäude
9001 St. Gallen
071/229 31 11

SH Erziehungsdepartement des
Kantons Schaffhausen
Stipendienstelle
Herrenacker 3
8200 Schaffhausen
052/632 75 08

SO Erziehungsdepartement des
Kantons Solothurn
Abteilung Stipendien
Rathausgasse 16
4500 Solothurn
032/627 29 71

SZ Kantonales Amt für Berufsbildung
Stipendienstelle
Bahnhofstrasse 15
6430 Schwyz
041/819 19 24

TG Rechnungs- und Stipendienamt
des Kantons Thurgau
Schlossmühlestrasse
8500 Frauenfeld
052/724 11 11

UR Kantonales Amt für
Berufsbildung Uri
Abteilung Stipendien
Attinghauserstrasse 16
6460 Altdorf
041/875 20 60

VS Département de l'instruction
publique
Section Bourses et Prêts
Planta 3
1950 Sion
027/606 40 85

ZG Erziehungsdirektion Zug
Abteilung Stipendien
Baarerstrasse 19
6304 Zug
041/728 37 41

Au-pair, Welschlandjahr und Sprachaufenthalte

Pro Filia
Beckenhofstrasse 16
8035 Zürich
Inlandstellenvermittlung
01/363 55 00
(Mo–Do 10–12 und 14–16 Uhr)
Auslandstellenvermittlung
01/363 55 01
(Di, Do, Fr 10–12 und 14–16 Uhr)

ORTEGA
Au-pair-Jahr im Tessin oder Welschland
Kesslerstrasse 1
9000 St. Gallen
071/223 53 91

DIDAC Schulen
Das neue Welschland-/Tessinjahr
Effingerstrasse 6A
3011 Bern
031/382 21 21

Jugendamt Olten
Informations- und Vermittlungsstelle
für Jugendliche
Hammerallee 19
4600 Olten
062/212 65 40
(9–11.30 und 14–16.30 Uhr,
ausgenommen Mi, Sa)

Schweizerische Kaufmännische
Stellenvermittlung
Sprachdienst
Bahnhofstrasse 110
8001 Zürich
01/212 22 33

Anlaufstellen für Stipendiengesuche

AG Zentralstelle für Ausbildungsförderung
Laurenzenvorstadt 19
5000 Aarau
062/835 22 70

AI Kantonale Stipendienstelle
Kaustrasse 4a
9050 Appenzell
071/788 93 61

AR Erziehungssekretariat Appenzell Ausserrhoden
Stipendienabteilung
Regierungsgebäude
9102 Herisau
071/353 61 11

BE Erziehungsdirektion des
Kantons Bern
Abt. Ausbildungsbeiträge
Sulgeneckstrasse 70
3005 Bern
031/633 83 40

BL Ausbildungsbeiträge
Basel-Landschaft
Rheinstrasse 31
4410 Liestal
061/925 50 66

BS Gewerbl.-industrielle
Stipendienkommission
Elisabethenstrasse 23
4010 Basel
061/271 02 88

TG Departement für Erziehung
    und Kultur
    Regierungsgebäude
    8500 Frauenfeld
    052/724 11 11

UR Erziehungsdirektion
    Attinghauserstrasse 16
    6460 Altdorf
    041/875 22 44

VS Erziehungsdepartement und
    Departement der Sozialdienste
    3, Place de la Planta
    1951 Sion
    027/606 40 00

ZG Erziehungs- und Kultusdirektion
    Baarerstrasse 19
    6304 Zug
    041/728 33 11

ZH Direktion des Erziehungswesens
    Walchetor 10
    8090 Zürich
    01/259 11 11

Privatschulen und Weiterbildung

Verband Schweizerischer Privatschulen
Christoffelgasse 3
3011 Bern
031/311 89 00

Schweizerische Vereinigung für
Erwachsenenbildung (SVEB)
Oerlikonerstrasse 38
Postfach
8057 Zürich
01/311 64 55

Schweizerischer Verband für
Fernunterricht
Postfach 866
8280 Kreuzlingen
071/672 44 44

Schweizerischer Kaufmännischer
Verband (SKV)
Hans Huber-Strasse 4
8002 Zürich
01/283 45 45

Agentur für Privatschulen
S. und H. Gujer AG
Mühlegasse 14
8025 Zürich
01/261 74 70

Schulpsychologische Dienste

Die örtliche Schulkommission oder Schulpflege weiss über diese Adressen Bescheid. Private Schulpsychologen findet man im Telefonbuch verzeichnet (meist unter «psychologische Beratung»).

Kinder- und jugendpsychiatrische Dienste

Adressen können Ihr Arzt oder die kantonale Gesundheitsdirektion vermitteln.

Schul- und Ausbildungsfragen

Allgemeine Adressen

Auskünfte zum Schul- und Ausbildungssystem und zu rechtlichen Fragen geben:

AG Erziehungsdepartement
    Regierungsgebäude
    5001 Aarau
    062/835 35 35

AI Erziehungsdirektion
    Kaustrasse 4a
    9050 Appenzell
    071/788 93 61

AR Erziehungs- und Kulturdirektion
    Regierungsgebäude
    9102 Herisau
    071/353 61 11

BL Erziehungs- und Kulturdirektion
    Rheinstrasse 31
    4410 Liestal
    061/925 51 11

BS Erziehungsdepartement
    Münsterplatz 2
    4051 Basel
    061/267 81 81

BE Erziehungsdirektion des
    Kantons Bern
    Sulgeneckstrasse 70
    3005 Bern
    031/633 84 36

FR Direktion für Erziehung und
    kulturelle Angelegenheiten
    Rue de l'Hôpital 1
    1700 Fribourg
    026/305 12 02

GL Erziehungsdirektion
    Gerichtshausstrasse 25
    8750 Glarus
    055/646 65 00

GR Erziehungs-, Kultur- und
    Umweltschutzdepartement
    Quaderstrasse 17
    7001 Chur
    081/257 21 21

LU Erziehungsdepartement
    Bahnhofstrasse 18
    6003 Luzern
    041/228 51 11

NW Erziehungsdirektion
    Marktgasse 3
    6370 Stans
    041/618 74 01

OW Erziehungsdepartement
    Brünigstrasse 178
    6060 Sarnen
    041/666 62 43

SG Erziehungsdepartement
    Regierungsgebäude
    9001 St. Gallen
    071/229 32 29

SH Erziehungsdepartement
    Bahnhofstrasse 28
    8200 Schaffhausen
    052/632 75 09

SO Erziehungsdepartement
    Rathaus
    4500 Solothurn
    032/627 29 05

SZ Erziehungsdepartement
    Bahnhofstrasse 15
    6430 Schwyz
    041/819 19 11

SAH – Schweizerisches
Arbeiterhilfswerk
Mülhauserstrasse 113
4056 Basel
061/381 20 80

Treffpunkt für Stellenlose
«Glaibasel»
Feldbergstrasse 148
4057 Basel
061/693 23 01

Treffpunkt für Stellenlose «Gundeli»
Winkelriedplatz 6
4053 Basel
061/361 67 24

LU Informations- und Beratungsdienst
für Arbeitslose
Caritas Kanton Luzern
Morgartenstrasse 19
6003 Luzern
041/210 00 66

ZH Kirchliche Dienststelle für
Arbeitslose
Badenerstrasse 41
8004 Zürich
01/241 60 40
Sprechstunden: Mi + Fr 14–15 Uhr
oder nach tel. Vereinbarung

Impuls
Beratung für Arbeitslose
Hohlstrasse 86a
8004 Zürich
01/242 79 34
Tel. Beratung: Mo, Do 14–17 Uhr
Di 9–12 Uhr
Pers. Beratung: Di nur mit Termin
Do, Fr offene Beratung 9–12 Uhr

Koordinationsstelle für
Arbeitsprojekte
Palmstrasse 16
8400 Winterthur
052/267 56 70

Kontaktstelle für Stellenlose
Zentralstrasse 39
8610 Uster
01/941 02 03
Do 9–12 und 14–16.30 Uhr

Anhang

TG Amt für Berufsbildung und
    Berufsberatung
    Verwaltungsgebäude
    St. Gallerstrasse 11
    8500 Frauenfeld
    052/724 23 89

UR Kantonales Amt für Berufsbildung
    Attinghauserstrasse 16
    6460 Altdorf
    041/875 20 60

VS Dienststelle für Berufsbildung
    Planta 3
    1950 Sion
    027/606 42 80

ZG Amt für Berufsausbildung des
    Kantons Zug
    Aabachstrasse 5
    6300 Zug
    041/728 32 10

ZH Kantonales Amt für Berufsbildung
    Abteilung Lehraufsicht
    Ausstellungsstrasse 80
    8005 Zürich
    01/447 27 00

Lehrlingsberatung

Stifte-Telifon der Gewerkschaften:
Basel 061/681 33 06
Bern 031/382 49 19

Aarau 062/835 21 50
Solothurn 032/622 26 33 (8–12 Uhr)
Zürich 01/241 85 00 (Sa 10–12 Uhr)

Schweizerischer Kaufmännischer Verband 01/283 45 45 (für kaufmännische Lehrlinge und Lehrlinge im Verkauf; Mo–Fr 9–12 und 14–17 Uhr)

Arbeitslosigkeit

Arbeitsämter der Gemeinden und Kantonale Ämter für Industrie, Gewerbe und Arbeit (KIGA) sowie:

BE Sozial- und Beratungsdienst der
    katholischen Gesamtkirchgemeinde
    Victor Bührer
    Murtenstrasse 48
    2502 Biel
    032/322 30 64

BS Kontaktstelle für Arbeitslose
    Bläsiring 86
    4057 Basel
    061/691 24 36
    (tel. Anmeldung)

OVERALL
Genossenschaft für
integriertes Arbeiten
Nonnenweg 36
4055 Basel
061/261 14 15

Arbeitslosen-Kontaktstelle
Claragraben 139
4057 Basel
061/691 24 36 und 681 43 22

Kantonale Berufsbildungsämter

AG Kantonales Amt für Berufsbildung
Vordere Vorstadt 13
5001 Aarau
062/835 22 00

AI Kantonales Amt für Berufsbildung
und Berufsberatung
Kaustrasse 4a
9050 Appenzell
071/788 93 61

AR Kantonales Amt für Berufsbildung
Regierungsgebäude
9102 Herisau
071/353 61 11

BE Kantonales Amt für Berufsbildung
Laupenstrasse 22
3011 Bern
031/633 57 00

BL Amt für Berufsbildung Baselland
Burgstrasse 2
Postfach
4410 Liestal
061/925 67 10

BS Amt für Gewerbe, Industrie
und Berufsbildung
Utengasse 36
4058 Basel
061/267 81 81

FR Kantonales Amt für Berufsbildung
Ringmauern 5
1701 Fribourg
026/305 25 00

GL Amt für Berufsbildung
Gerichtshausstrasse 25
8750 Glarus
055/646 65 26

GR Amt für berufliche Ausbildung
Graubünden
Loestrasse 32
7001 Chur
081/257 27 68

LU Amt für Berufsbildung
Hirschmattstrasse 25
6002 Luzern
041/228 51 11

NW Kantonales Amt für Berufsbildung
Berufsschulhaus
6370 Stans
041/618 74 33

OW Kantonales Amt für Berufsbildung
Grundacher
6061 Sarnen
041/660 18 45

SG Kantonales Amt für Berufsbildung
Burggraben 20
9004 St. Gallen
071/229 31 11

SH Kantonales Berufsbildungsamt
Herrenackerstrasse 9
8200 Schaffhausen
052/632 72 56

SO Kantonales Amt für Berufsbildung
und Berufsberatung
Bielstrasse 102
4502 Solothurn
032/627 28 80

SZ Kantonales Amt für Berufsbildung
Bahnhofstrasse 15
6430 Schwyz
041/819 19 24

Anhang

GR Amt für Berufsbildung
    Graubünden
    Quaderstrasse 17
    7001 Chur
    081/257 27 68

LU Berufs- und Weiterbildungsberatung
    des Kantons Luzern
    Winkelriedstrasse 35
    6002 Luzern
    041/228 52 38

NW Berufs- und Studienberatung
    Rathausplatz 9
    6370 Stans
    041/618 74 40

OW Zentralstelle für Berufsberatung
    des Kantons Obwalden
    Brünigstrasse 178
    6060 Sarnen
    041/555 53 44

SG Kantonale Zentralstelle für
    Berufsberatung
    Burggraben 20
    9004 St. Gallen
    071/229 38 52

SH Berufsberatung des Kantons
    Schaffhausen
    Herrenackerstrasse 9
    8200 Schaffhausen
    052/632 72 59

SO Zentralstelle für Berufsberatung
    Bielstrasse 102
    4500 Solothurn
    032/627 28 90

SZ Zentralstelle für Berufsberatung
    Bahnhofstrasse 16
    8808 Pfäffikon
    055/410 66 20

TG Kantonale Zentralstelle für
    Berufsberatung
    Freiestrasse 13
    8500 Frauenfeld
    052/724 25 66

UR Kantonale Zentralstelle für
    Berufsberatung
    Attinghauserstrasse 16
    6460 Altdorf
    041/872 00 20

VS Berufsberatung
    Kettelerstrasse 14
    3900 Brig
    027/923 67 19

ZG Berufsberatung des Kantons Zug
    Baarerstrasse 21
    6300 Zug
    041/728 32 18

ZH Zentralstelle für
    Berufsberatung
    Schaffhauserstrasse 78
    8057 Zürich
    01/259 23 89

    Studien- und Berufsberatung
    des Kantons Zürich
    (Information und Beratung für
    Mittelschüler und Studenten)
    Hirschengraben 28
    8001 Zürich
    01/261 50 20

    Städtische Berufsberatung
    Amtshaus Helvetiaplatz
    Molkenstrasse 5–9
    8004 Zürich
    01/246 62 11
    Informationszentrum
    Konradstrasse 60
    8005 Zürich
    01/246 62 11

Beruf und Ausbildung

Allgemeine Adressen

BIGA
Bundesamt für Industrie,
Gewerbe und Arbeit
Bundesgasse 8
3003 Bern
031/322 29 44

Schweizerischer Gewerkschaftsbund
Zentralsekretariat
Monbijoustrasse 61
Postfach 64
3000 Bern 23
031/371 56 66

Schweiz. Arbeitgeberverband
Florastrasse 44
8008 Zürich
01/383 07 58

Schweizerischer Gewerbeverband
Sekretariat
Schwarztorstrasse 26
3007 Bern
031/381 77 85

Zentrale Stellen für Berufsberatung

AG Kantonale Zentralstelle für
    Berufsberatung
    Vordere Vorstadt 13
    5001 Aarau
    062/835 22 19

AI Kantonale Berufsberatungsstelle
    Kaustrasse 4a
    9050 Appenzell
    071/788 93 61

AR Kantonale Berufsberatungsstelle
    Regierungsgebäude
    9102 Herisau
    071/353 61 11

BE Zentralstelle für Berufs- und
    Laufbahnberatung des Kantons Bern
    Brunngasse 16
    3011 Bern
    031/633 49 01

BL Amt für Berufsberatung
    Oristalstrasse 10
    4410 Liestal
    061/925 51 11

BS Amt für Berufsberatung
    des Kantons Basel-Stadt
    Rebgasse 14
    4058 Basel
    061/267 86 82

FR Kantonales Amt für Berufsberatung
    Rue St-Pierre-Canisius 12
    1700 Fribourg
    026/305 41 86

GL Kantonale Berufsberatungsstelle
    Gerichtshausstrasse 25
    8750 Glarus
    055/646 65 25

SH Amt für Justiz
    Mühlentalstrasse 105
    8200 Schaffhausen
    052/632 74 19

SO Amt für Gemeinden und
    Soziale Sicherheit
    Abt. Soziale Dienste und
    Gemeinden
    Wengistrasse 17
    4500 Solothurn
    032/627 22 93

SZ Amt für Gesundheit und
    Soziales
    Soziales und Vormundschaft
    Bahnhofstrasse 15
    6430 Schwyz
    041/819 16 65

TG Departement für Justiz
    und Sicherheit
    Departementssekretariat
    Regierungsgebäude
    8500 Frauenfeld
    052/724 22 02

UR Gesundheits- und Fürsorgedirektion
    Schmiedgasse 9
    6460 Altdorf
    041/875 22 44

VS Kantonales Jugendamt
    3930 Visp
    027/948 02 89
    (deutsch)
    Avenue Ritz 29
    1950 Sion
    027/606 48 40
    (französisch und deutsch)

ZG Jugendberatung des
    Kantons Zug
    Aegeristrasse 56
    6300 Zug
    041/728 39 39

ZH Direktion des Erziehungswesens
    Jugendamt
    Walchetor
    8090 Zürich
    01/259 11 11

UR Fürsorgedirektion
   Schmiedgasse 9
   6460 Altdorf
   041/875 22 44

ZG Kantonales Sozialamt
   Bahnhofstrasse 32
   6300 Zug
   041/728 31 75

ZH Informationsstelle des
   Zürcher Sozialwesens
   Gasometerstrasse 9
   8005 Zürich
   01/272 40 41

Fragen der Vormundschaft und Jugendhilfe

AG Kant. Gesundheitsdepartement
   Telli-Hochhaus
   5004 Aarau
   062/835 35 35

AI Jugendsekretariat
   Marktgasse 2
   9050 Appenzell
   071/788 94 55

AR Gemeindedirektion
   Sekretariat
   9102 Herisau
   071/353 61 11

BE Kantonales Jugendamt
   Sekretariat
   Gerechtigkeitsgasse 81
   3011 Bern
   031/633 76 33

BL Erziehungs- und Kulturdirektion
   Jugendsozialdienst Baselland
   Ergolzstrasse 3
   4414 Füllinsdorf
   061/901 31 23

BS Justizdepartement
   Jugendamt
   Rheinsprung 16/18
   4051 Basel
   061/267 81 81

GL Fürsorgedirektion des
   Kantons Glarus
   Postgasse 29
   8750 Glarus
   055/646 66 00

GR Amt für Zivilrecht des Kantons
   Graubünden
   Reichsgasse 25
   7001 Chur
   081/257 26 31

LU Vormundschaftsbehörden der
   Gemeinden

NW Justizdirektion
   Amt für Vormundschaft
   Engelbergstrasse 2
   6370 Stans
   041/618 72 51

OW Erziehungsdepartement
   Jugend- und Elternberatung
   Brünigstrasse 178
   6060 Sarnen
   041/666 62 56

SG Amt für Soziales des
   Kantons St. Gallen
   Spisergasse 41
   9001 St. Gallen
   071/229 33 18